2021年中国明史研究报告

吴德义　丁修真　李建武 主编

天津出版传媒集团

天津人民出版社

图书在版编目（CIP）数据

2021年中国明史研究报告 / 吴德义, 丁修真, 李建武主编. -- 天津 : 天津人民出版社, 2023.8

ISBN 978-7-201-19672-5

Ⅰ.①2… Ⅱ.①吴… ②丁… ③李… Ⅲ.①中国历史—研究报告—明代—2021 Ⅳ.①K248.07

中国国家版本馆CIP数据核字（2023）第156330号

2021年中国明史研究报告
2021NIAN ZHONGGUO MINGSHI YANJIU BAOGAO

出　　版	天津人民出版社
出 版 人	刘　庆
地　　址	天津市和平区西康路35号康岳大厦
邮政编码	300051
邮购电话	（022）23332469
电子信箱	reader@tjrmcbs.com

责任编辑　吴　丹
装帧设计　汤　磊

印　　刷	天津新华印务有限公司
经　　销	新华书店
开　　本	710毫米×1000毫米　1/16
印　　张	22.25
字　　数	309千字
版次印次	2023年8月第1版　2023年8月第1次印刷
定　　价	78.00元

前　言

《2021年中国明史研究报告》付梓在即，感慨系之，略述其由。

2021年初，天津师范大学明清史研究中心成立。我和同道一起思索怎样才能更好地促进自身发展，并为明清史学术研究做一点事情，大家提出了许多想法，最后决定首先从编纂该年度的中国明史研究报告入手。素知兄弟院校安徽师范大学、廊坊师范学院具有可观的明史研究力量，如三校优势互补，协同努力，将能更好地完成编写任务。在年中一次明史会议上，我与丁修真教授、李建武副教授谈及此事，三方一拍即合，达成初步合作意向。是年底，三校正式决定分别撰写中国（大陆）明史研究报告的各部分，又请徐泓先生出面邀请到闽南师范大学刘伊芳副教授负责台港澳地区明史研究报告的撰写。

该研究报告启动前后，正值新冠疫情肆虐之时。在此影响下，原来设想的一些线下商讨，不得不改在线上进行。初稿于2022年中期已基本完成，原本要组织一次审稿会议，请专家学者提出修改意见。只是我一直比较固执地以为，学术会议最好是在线下举行，只有面对面的接触，视听的全面参与，才能更好地实现顺畅的学术交流和情感的融汇，才是更有效率与温度的学术活动。故而一直期盼着疫情好转，开展线下研讨，可惜事不遂愿。等待之中时间逝矣，召开线下会议也失去了良机，且时效性的要求不允许再拖延，因此在年后就只得紧锣密鼓地进入书稿出版的相关事宜之中。

明代是中国历史上一个非常重要的时代，明代的制度文化多有创新之处，清承明制，其影响深远以迄于今。明代也是一个中外交流活跃的时代,除传统的周边国家与地区外,西方文明的东来也给古老中华文明带来巨大影响。近年来,明史研究呈现出异常活跃、繁荣的局面:一方面出现了一支力量雄厚的老中青结合的研究队伍,从历次参加明史会议人员来看,可谓人才济济,且代际相传,后继有人,令人欣喜;另一方面表现为明史研究成果众多,涉及政治、经济、军事、文化、社会、民族、文学与艺术、中外关系等诸多方面。据统计,2021年各种明史研究论文共3000余篇,专著50余部。这些论著的作者有蜚声中外成就卓著的老先生,也有才华横溢担当大梁的中青年学者,还有朝气蓬勃如初升太阳的硕、博士生乃至大学生。对于如此多作者如此多成果,该份报告显然难以一一吸纳,只能根据议题要求选择需要的、合适的,尽管我们已很努力,但仍可能存在编采不完全恰当之处。如有遗珠之憾,还请各位同行多多谅解!

世间每一件事物的存在,均有其因缘。这份报告的诞生,首先是所有参与该课题的师生不畏艰难、努力兑现承诺的结果,他们的努力和奉献堪称可贵。但玉成该报告立项、完成与出版的,还有许多人与事:南开大学历史学院何孝荣、李小林、庞乃明、敖堃先生主编出版的《2018年中国明史研究报告》,对本报告有着启发作用;明史学界敬重的南炳文、陈支平、范金民、李小林诸先生同意担任该研究报告顾问,使我们感受到巨大的支持与关心;天津师范大学秦龙副校长、社会科学处尚海涛副处长,以及历史文化学院刘殿芬书记、张乃和院长,为本报告的顺利立项与出版贡献良多,天津师范大学、安徽师范大学、廊坊师范学院联合提供出版经费,还有天津人民出版社的吴丹编辑从审稿到出版做了很多工作。书结良缘,所有的缘都值得被珍惜和铭记!

最后,希望这份报告能够为广大的明史爱好者、研究者提供一份有益的参考资料。同时,对于书中存在的问题和不足,我们热诚欢迎各位学界同人和读者诸君提出宝贵意见!

吴德义

2023年8月3日

目　录

2021年明代政治史研究报告 ………………………………… 1

　一、政治生态 ……………………………………………… 1

　　(一)中央政局 ……………………………………………… 1

　　(二)地方政局 ……………………………………………… 3

　　(三)社会舆论 ……………………………………………… 7

　　(四)政府机构 ……………………………………………… 7

　　(五)政府运行机制 ………………………………………… 9

　　(六)礼仪制度 ……………………………………………… 14

　　(七)选举制度 ……………………………………………… 17

　　(八)法律制度 ……………………………………………… 17

　二、政治群体 ……………………………………………… 18

　　(一)皇室:帝王、后妃、藩王 …………………………… 18

　　(二)宦官 …………………………………………………… 22

　　(三)官吏 …………………………………………………… 22

　三、政治事件 ……………………………………………… 27

　四、政治思想 ……………………………………………… 31

　五、结语 …………………………………………………… 32

2021年明代经济史研究报告 ·················33

一、学术会议与相关研究综述 ·················33

二、经济制度与国家治理 ·················33

三、财政问题研究 ·················35

    (一)财政经济总论 ·················35

    (二)中央及地方财政收支与转型 ·················36

    (三)赋役制度 ·················38

    (四)白银货币研究 ·················38

四、各类经济活动 ·················40

    (一)农业 ·················40

    (二)手工业 ·················43

    (三)渔业 ·················44

    (四)盐业 ·················44

    (五)商业 ·················45

五、区域经济发展 ·················51

    (一)区域经济与市镇发展 ·················51

    (二)水运交通 ·················54

    (三)水利设施建设 ·················57

    (四)宗教经济 ·················58

六、对外贸易 ·················59

    (一)对外贸易与交往 ·················59

    (二)外贸管理 ·················61

    (三)朝贡贸易 ·················61

七、经济与法律 ·················63

八、结语 ·················64

2021年明代军事史研究进展报告 ·················65

一、军事制度 ·················65

（一）卫所制 ………………………………………………… 65

（二）营兵制 ………………………………………………… 67

（三）武官制度 ……………………………………………… 68

（四）赏罚制度 ……………………………………………… 69

（五）其他军事制度 ………………………………………… 70

二、海防、边防与江防 ……………………………………… 70

三、军事经济与技术 ………………………………………… 72

四、军事社会 ………………………………………………… 72

五、军事人物、家族及将士群体 …………………………… 73

六、军事地理 ………………………………………………… 75

七、军事文献 ………………………………………………… 76

八、战争史 …………………………………………………… 77

九、结语 ……………………………………………………… 79

2021年明代社会史研究报告 ………………………………… 81

一、学术会议与研究综述 …………………………………… 81

（一）学术会议 ……………………………………………… 81

（二）社会史研究综述 ……………………………………… 83

（三）书评 …………………………………………………… 83

二、区域史与地方社会 ……………………………………… 84

（一）区域社会史 …………………………………………… 85

（二）城乡社会与基层管理 ………………………………… 88

三、社会群体 ………………………………………………… 95

（一）士绅群体 ……………………………………………… 95

（二）女性、长幼群体 ……………………………………… 102

（三）工商群体 ……………………………………………… 111

四、家族史 …………………………………………………… 117

（一）家族发展 ……………………………………………… 117

  （二）家族治理 ……………………………… 119

五、礼俗、信仰与日常生活 ……………………… 121
  （一）日常生活与社会习尚 ………………… 121
  （二）婚丧礼俗 ……………………………… 126
  （三）民间信仰 ……………………………… 127

六、人口、医疗与环境 ……………………………… 134
  （一）人口与移民 …………………………… 134
  （二）医疗与疾病 …………………………… 135
  （三）生态环境与农业 ……………………… 137
  （四）河道水利与灾荒救治 ………………… 138

七、学术热点 ………………………………………… 142

八、结语 ……………………………………………… 142

2021年明代文化史研究报告 …………………… 144
 一、学术流派及其思想 …………………………… 144
  （一）程朱理学的流传与发展 ……………… 144
  （二）阳明心学兴起 ………………………… 146
  （三）王门后学风行 ………………………… 148
  （四）关学研究 ……………………………… 153
  （五）东林学派及明末两大儒的学术思想 ………… 154

 二、教育与科举制度 ……………………………… 157
  （一）书院发展与民间教育 ………………… 157
  （二）科举制度 ……………………………… 159

 三、宗教信仰 ……………………………………… 161
  （一）宗教政策 ……………………………… 161
  （二）佛教 …………………………………… 162
  （三）道教 …………………………………… 164
  （四）其他宗教 ……………………………… 165

（五）民间信仰 …………………………………………167

四、礼法制度与政治思想…………………………………168
　（一）礼法制度建设 ………………………………168
　（二）政治思想的践行与发展 ……………………170

五、社会风俗……………………………………………171
　（一）岁时节令 ……………………………………171
　（二）婚丧嫁娶 ……………………………………171
　（三）衣食住行 ……………………………………172

六、宫廷文化……………………………………………174

七、灾害文化史…………………………………………175

八、家族文化与族群文化………………………………176
　（一）家族文化 ……………………………………176
　（二）族群文化认同 ………………………………179

九、结语…………………………………………………180

2021年明代文学与艺术史研究进展报告 ……………182
　一、明代文学…………………………………………182
　（一）明代文学整体性研究 ………………………182
　（二）小说 …………………………………………184
　（三）散文与序 ……………………………………189
　（四）诗词与骈文 …………………………………190
　（五）戏剧文本 ……………………………………192
　（六）文学理论与文学批评 ………………………194
　二、明代艺术…………………………………………197
　（一）书法 …………………………………………197
　（二）绘画 …………………………………………201
　（三）音乐与戏剧表演 ……………………………210
　（四）建筑与园林设计 ……………………………214

三、结语 ……………………………………………………215

2021年明史文献研究与出版进展报告 ………………217
　一、明代文献整理出版情况 ……………………………217
　　（一）史料与档案文献 ………………………………217
　　（二）明人所撰修文献 ………………………………221
　　（三）今人整理的明代诗词文集 ……………………223
　二、明代历史文献研究进展情况 ………………………227
　　（一）明人撰修史志研究 ……………………………227
　　（二）明代碑刻与纸背文献研究 ……………………230
　　（三）明代书画乐曲类文献学研究 …………………232
　　（四）明代文人诗文集研究 …………………………232
　　（五）明代科技类文献研究 …………………………233
　　（六）明代边疆类文献研究 …………………………233
　三、结语 ………………………………………………233

2021年明代民族关系研究报告 ………………………235
　一、边疆冲突研究 ………………………………………235
　　（一）与周边海域、国家的冲突 ……………………235
　　（二）在西南地区的冲突 ……………………………239
　　（三）在西部边地的冲突 ……………………………240
　　（四）在辽东地区的冲突 ……………………………242
　二、边疆治理研究 ………………………………………243
　　（一）边地行政建置 …………………………………243
　　（二）边疆治理与治策 ………………………………246
　　（三）防御体系的建立 ………………………………249
　三、土司研究 ……………………………………………253
　　（一）土司地区社会治理 ……………………………254

(二)土司与国家认同 ……………………………… 255

(三)土司承袭 …………………………………… 256

(四)改土归流 …………………………………… 256

(五)土司机构 …………………………………… 257

(六)其他研究 …………………………………… 258

四、民族群体研究 …………………………………… 258

(一)族群研究 …………………………………… 258

(二)移民与地域社会 …………………………… 259

(三)民族关系 …………………………………… 260

五、茶马贸易 …………………………………………… 262

六、边地思想文化与特殊景观 ……………………… 262

(一)人才选拔 …………………………………… 263

(二)史料分析 …………………………………… 263

(三)思想与文化 ………………………………… 265

(四)特殊景观 …………………………………… 266

七、重要人物研究 …………………………………… 266

(一)女性人物研究 ……………………………… 266

(二)男性人物研究 ……………………………… 268

八、结语 ……………………………………………… 268

2021年明代对外交流研究进展报告 ………………… 269

一、对周边国家交流研究 …………………………… 269

(一)中朝交流研究 ……………………………… 270

(二)中日交流研究 ……………………………… 279

(三)中琉交流研究 ……………………………… 287

(四)中越交流研究 ……………………………… 290

二、中西交流研究 …………………………………… 292

(一)以传教士作为媒介的中西交流研究情况 ……292

（二）宗教与中西交流研究及西学东渐问题的思考 ………… 295

（三）明代中西交流代表人物研究 …………………… 298

（四）明代中西文化交流研究 …………………… 300

（五）明代中西关系的综述及文献整理 …………… 302

三、丝绸之路及郑和研究 ……………………… 304

（一）有关丝绸之路的研究 …………………… 304

（二）郑和相关的研究 …………………… 306

四、结语 ……………………………… 308

2021年台港澳地区明史研究报告 …………… 309

一、前言 ……………………………… 309

二、台港澳地区明代研究的相关学会及学术活动动态 ………… 310

（一）中国明代研究学会动态 ………………… 310

（二）台湾"中研院"明清研究推动委员会 ……… 313

三、台湾地区科技主管部门学术补助奖励 ……… 320

四、专著与学术期刊论文 …………………… 322

（一）专著 ……………………………… 322

（二）学术期刊论文 …………………… 327

五、学位论文 ………………………… 334

（一）博士学位论文 …………………… 334

（二）硕士学位论文 …………………… 338

六、结语 ……………………………… 342

2021年明代政治史研究报告

天津师范大学历史文化学院

刘梦楚　陈　昊　潘泽月　胡心洁

明代创立的政治制度与明代政治发展史,在中国古代历史尤其是政治史研究中占据重要地位,向来受到史学界重视。据不完全统计,2021年度明代政治史出版专著10余部,研究论文200余篇。从既有成果来看,研究内容广泛,包括政治生态、政治制度、政治群体、政治事件、政治思想诸方面。现将有关研究成果按类条列如下。

一、政治生态

所谓"政治生态",即政治主体在一定政治环境下生存和发展的状态。结合2021年度研究状况,可将明代政治生态分为中央政局、地方政局、社会舆论等3个维度进行阐述。

(一)中央政局

对明代中央政局的探讨,主要集中于阶段性尤其是嘉靖时期的政局态势。胡吉勋《威柄在御:明嘉靖初年的皇权、经世与政争》(中华书局,2021年)专论嘉靖初年政治争议,所涉内容涵括朝廷与地方司法、吏部人事、勋戚世家、边事和公共工程及皇权在这些政治争议中的影响,作者希望以此略窥明世宗对朝政控制状况及"威柄在御"局面的形成过程。张幼欣《"兄终弟及"下的皇权更迭——论〈武宗遗诏〉中的新、旧之争》(《文化学刊》2021年第4期)以《武宗遗诏》为中心,分析张璁、杨廷和两派官员对《武宗遗诏》的不同解读,并进一步探讨了其中新旧两种政治思想理念的交锋。唐佳红《诏法之争与嘉靖初年政治——以李阳凤案为中心的考察》[《成都理工大学学报》(社会科学版)2021年第5期]以李阳凤案为切入点,剖析诏法之争与嘉靖初年政治的关系,并提出明代司法危机的爆发和统治危机的延伸均与嘉靖初年"大礼议"的政治背景相关联,由李阳凤案引发的诏法之争和其他一系列冲突事件均是嘉靖初期君臣政治角力的体现。刘凌凇《明代嘉、隆、万朝局研究述评》(《中国史研究动态》2021年第4期)指出,近40年来,有关嘉、隆、万朝局研究十分众多,主要集中在政局变化、内阁权力争夺、内阁制度发展、重要人物评价、重要改革及影响政局的重大事件等。

学者们对明代内阁制度与内阁权力发展的关注度也不减。焦堃《阳明心学与明代内阁政治》(中华书局,2021年)探讨了明中晚期阳明心学学派中人的政治活动和理念,并论述了王阳明及其门人在明代政治中的作用与影响。郭培贵、郑欣《明代阁臣选拔方式的阶段特点及其成因与效果》(《文史》2021年第2辑)认为明代阁臣选拔方式经历了5个发展阶段,即太宗至宣宗、英宗至宪宗、孝宗至穆宗、神宗至熹宗及思宗时期,梳理了以上阶段出现的15种选拔阁臣方式。指出明代选拔阁臣的方式虽不断增多,但选拔质量却总体趋于下降,这是由皇帝群体以及官员队伍素养及明中后期官场风气污浊、党争激烈等因素叠加造成的。张鑫《传衣钵:明代中后期内阁辅臣新型关系考论》[《内蒙古大学学报》(哲学社会科学版)2021年第1期]提出,明代中后期内阁首辅制渐趋成熟,辅臣为争夺这一要职常常发生激烈的政治斗争,同时也牵动着朝野各方政治势力的消长。申时行任首辅后以"传衣钵"的方式塑造了前后首辅间的政治继承关系,极大稳定了中枢政局。但随着时局变迁,尤其是朝野政治对立的加剧,这种阁辅关系也发生异化,成了垄断权力的"护身符"。张艺萱《晚明内阁的权势再起——以分票制为中心》(《贵州文史丛刊》2021年第3期)认为晚明君臣以反思张居正擅权为起点,否定嘉隆以来首辅专决票拟的传统,导致了内阁权势衰落。至天启年间,在党争事件中产生分票制,晚明内阁的权力运作自此呈现出截然不同的面相。分票制改变了内阁权力运作方式,为内阁重新集权、再现"宫府一体"提供了制度便利,加强了君相的紧密联系,但也加剧了内廷与外廷的矛盾,反映了晚明"宫府一体"引发的争议与外廷对待内阁的两难态度。

也有学者关注名臣对明代中央政局的影响。秦博《天顺初政局与石彪、杨能、李文、杨信四臣的封任》(《晋阳学刊》2021年第5期)论述了天顺初年复杂政局变化对石彪等四位武将任用与勋爵的影响,认为大同、宣府、延绥巡守将领石彪等人的封爵在很大程度上与政治因素有关,体现了英宗意图通过平衡"夺门"新贵与前朝勋臣势力达到稳定政局并加强军事防御的意图。吕寿鹏《杨荣与明初政局(1402–1440)》(哈尔滨师范大学硕士学位论文,2021年)考察了杨荣在明初的主要活动与贡献,借此阐明其在明前期政局中扮演的政治角色。

还有对明代灭亡与明清易代的论述。赵轶峰《重新思考明清鼎革——兼谈"十七世纪危机"、"大分流"、"新清史"》(《古代文明》2021年第1期)提出明清帝制农商社会说以阐释明清时期中国社会结构与历史演变基本趋势为核心,明清鼎革既为明清历史演变的一大关节,在明清帝制农商社会视阈中无可规避。杨宏雨《湮没的帝都与大明的兴亡》(《哈尔滨师范大学社会科学学报》2021年第1期)分析了明中都的兴废,并由此思考和讨论皇权主义存在的问题。认为朱元璋的专制皇权打造出堂皇的帝都,又因独裁导致了它的湮灭。中都的崛起与湮没,实为大明王朝兴亡的预演,体现了中国古代皇权政治理论的悖论。

(二)地方政局

有关明代地方政局的探究,边地治理是非常重要的对象。首先是对于西藏、河西走廊、贵州等地的治理研究。李帅《以文治边:文物考古视阈下明朝对西藏的经略》(社会科学文献出版社,2021年)从文物考古视角对明朝经略西藏主题进行综合研究,主要讨论了明朝治藏的政治与宗教策略、物质文化策略、思想观念策略以及内政与外交中的相关治藏举措等内容。田澍、胡睿《明朝有效控制河西走廊》(《历史评论》2021年第1期)提议学术界应多关注明朝河西走廊的治理及通过河西走廊与西域的通贡贸易所产生的积极意义。该文指出清朝是在继承明朝西北边疆治理的基础上逐渐统一西北的,明朝对河西走廊长时间的绝对控制和有效治理及通过河西走廊对西域的和平交往与交流,对清朝统一西北影响巨大。刘正刚、高扬《明嘉靖朝依"例"经略河西走廊研究》(《中国边疆史地研究》2021年第3期)指出"例"是明代法律体系的主要内容之一,现存嘉靖朝多部孤本"例"涉及对河西走廊边防治理的条文,其中涉及清理军伍、填充卫所、操练军人、改折色为本色、开中招商、奖励屯田、建墩堡护卫、闭关与安抚禁弛手段等内容,以增强边防实力、保障边储无患和维持朝贡有序开展,旨在维护边境稳定与安全。而且,"例"因时而变的特点,与明代法律体系变化轨迹一致。郭海东《钦使巡边与明嘉隆万时期的河西走廊经略》(《青海民族研究》2021年第2期)认为嘉、隆、万时期,巡边钦使在巡视西北边防时巡视事项和权限呈现逐步扩大的趋势,在其参与边防经略的过程中发挥了抚番定边的作用,强化了中央对河西走廊边疆事务的治理能力。谢景连《府卫分制:明代行政设置中的一种特殊"插花地"——以明代贵州为研究个案》(《贵州民族研究》2021年第2期)以明代贵州为例,探究了明代贵州境内府卫分制这种特殊"插花地"的形成原因及清理拨正的历史过程,进而明晰府卫分制的实质。

其次是对明代地方流民、盗贼和自然灾害的治理研究。吴燃《明代荆襄地区流民治理政策调整——以周洪谟与郧阳府的设置为切入点》(《长江文明》2021年第1期)以周洪谟与郧阳府的设置为中心探讨荆襄流民政策,指出周洪谟《流民说》引侨置郡县之法,试图通过设置州县来治理流民。但最终,荆襄流民的治理以设置郧阳府为解决方案。周洪谟《流民说》和郧阳府的设置看似有因果联系,其实背后流民治理政策的调整及其原因才是问题的关键。高天《明代滇西山乡"盗贼"治理研究——以铁索箐动乱为中心》(《昆明学院学报》2021年第5期)以铁索箐动乱为切入点,分析明代滇西山乡的"盗贼"治理,并提出铁索箐"盗贼动乱"是明代滇西地区突出的社会问题,严重危及明朝统治。嘉靖以后,官府通过剿抚结合的方式,于万历年间完成了对地方社会的控制和重塑。此事件的解决为理解明代滇西社会与王朝治理提供了新的方向。李明、汪云《明清时期淮河流域蝗灾治理措施研究》(《皖西学院学报》2021年第4期)对明清时期淮河流域蝗灾治理措施进行了讨论,指出明清时期淮河流域独特的自然环境和社会因素是该地区蝗灾频发的主要原因。而且面对蝗灾肆虐,形成了一套防蝗、治蝗的措施和方法,如开沟扑打治蝗、药物和生物治蝗等。这些措施在明清时期淮河流域的治蝗斗争中取得良好的效果,并给予现代蝗虫防治以启发。

也有学者探讨一些重要人物和官员群体对地方治理的作用。陈海斌《王阳明与南赣地方社会秩序的重建》(《赣南师范大学学报》2021年第2期)着意从社会教化的视角,重点以乡约、社学、书院等教化形式来分析王阳明巡抚南赣时期对地方社会秩序的重建及其影响。郭勤华《张九德与灵州》(《西夏研究》2021年第2期)指出,灵州在明代的军事地理位置十分重要,张九德在任河东兵备期间,除军事防御外,还注重地方民事管理,以避免灵州城迁徙,使得百姓耕田乐业,他对灵州的发展起到关键作用。武沐、赵洁《明代兰州之崛起》(《甘肃社会科学》2021年第3期)指出肃王移藩兰州与兰州的重要战略地位有着直接关系。肃王迁兰促进了兰州地区的政治、军事、经济、文化等多方面的全面提升,使兰州一跃成为周边地区的文化教育中心,更使明代兰州在军事上的战略地位与政治上的威慑作用超过历代。李建刚、沈浩注《论马文升与环庆边防建设》(《丝绸之路》2021年第3期)指出,马文升的军事才能最早体现在巡抚陕西期间,为抵御鞑靼入侵,他采取了如增机构、修边墙等一系列防御措施。巡抚期间,他长期驻守环庆,在环庆防御体系建设上居功至伟。张山梁《阳明学与明代南靖县治》(《福建史志》2021年第5期)从王阳明在靖邑治乱,革弊补益;其门生胡希周、后学陈宗愈担任南靖知县，广施仁政；后学李材、黄浩在当地传播心学，教化民众等3个方面阐述了王阳明及其门生、后学在南靖经济、社会、文化等方面发展中的贡献。宋永泉《偏沅巡抚在湖南建省中的作用探析》(《贵州师范学院学报》2021年第10期)以"省"的军政首脑——巡抚——以及其衙署的变迁为主要参照，提出湖南建省(湖广分省)是逐步完成的。湖南建省(湖广分省)始于巡抚分治，偏沅巡抚设立之初，负责代理湖广巡抚属地职责，到与湖广巡抚划区分治，再到更名为湖南巡抚。在此过程中，偏沅巡抚起到十分重要的作用。

还有学者关注明代地方区域空间的变化。宋可达《明代应天巡抚辖区考辨——兼论"飞地"承天府的归属》(《历史地理研究》2021年第2期)辨析了应天巡抚的初设及其兼辖地区及承天府的归属问题，指出学界习称的嘉靖十四年(1535)至隆庆初年应天巡抚一度辖有承天府这一"飞地"的说法不足以凭信，是受《明世宗实录》误导的结果。董乾坤、周晓光《制度与空间：明代"四乡"初探》(《史林》2021年第1期)探讨了明代地方志中频繁记载以东、南、西、北命名的"四乡"的形成问题，指出四乡仅具有明晰边界的地域单元性质，形成于明代，特别是嘉靖以后才逐渐形成的。在社会事务组织中，基本作为组织单元加以利用。明初预备仓的设置为四乡提供了大致的框架，地方政府的屡次赈灾活动让民众产生了四乡的边界意识，而明中后期推行的保甲制度则让它具有了固定且清晰的边界标识，四乡最终确立。李慧宏、杨园章《山海并立：明清时期福建行政区划调整的基础与原则》(《福建史志》2021年第3期)认为地理环境和人类活动共同影响了历史上福建行政区划的调整。晋代以降，福建地区的行政区划形成了山海并立的格局。宋代开始，福建核心地带也逐步向沿海地区转移。后经明清两代调整，山海并立格局虽未被打破，但西部山区的重心日益向山海交界带靠拢，最终形成了今日福建省的政区形势。冯玉婷《明代洪武朝县级政区变动研究》(西北师范大学硕士学位论文，2021年)指出，洪武时期是明代地方行政区划的奠定时期。明朝建立后，在对统县政区进行调整的同时，亦对县级政区进行了省并、复置、隶属改变等变革。洪武朝依据动态的社会现实对县级政区的因时调整,体现了统治者在立国初期对如何合理调整政区这一问题的不断反思和实践。

(三)社会舆论

有关明代社会舆论的探讨,与明代的政局和社会治理相关联。毛亦可《明代文书行政中的地方社会意愿表达》(《历史研究》2021年第5期)分析了明代连名呈至公呈的发展历程,提出公呈制度是明代地方社会不断壮大,生员、乡绅对地方事务参与日益深入的表现,对于推动明代各级官府听取地方社会的意愿、在政策决定时将之纳入考虑范围起到了积极作用。毛亦可的另一文《论明末乡绅地方公议的程序——以〈祁彪佳日记〉为中心的考察》(《史学月刊》2021年第8期)通过对《祁彪佳日记》中的多处对其本人参与地方公议的详细记载,讨论明末乡绅地方公议的程序,提出明末江浙地区乡绅参与的地方公议存在召集、议事、决议等3个主要环节。王申萌《明初"里老人"理诉制度及其现代启示》(《潍坊学院学报》2021年第4期)认为明初"里老人"是普遍存在于乡村社会中的政治现象,也是传统社会治理模式在制度上的体现。它依托于中国传统社会的"熟人"关系,通过理诉息讼、劝谕教化,在客观上有助于稳定社会秩序、教化民众、节约司法成本、减少盘剥及官民矛盾。王浩《明代徽州的乡约推行与县域治理》(《江西社会科学》2021年第8期)指出,明代徽州乡约最早推行于成化年间,作为县域治理的重要手段,为明代徽州的府县官员们反复实践,在一定程度上起到了整齐城乡礼俗教化、稳定地方社会秩序、助益县域治理的积极作用。

(四)政府机构

有关政府机构的研究分为中央与地方层面。

从中央层面上对内阁、锦衣卫等政治机构的研究。曹循《明代锦衣卫官制与职权新探》(《历史研究》2021年第1期)介绍了锦衣卫的设置、职能、堂官选任、属员情况,指出锦衣卫职责体现出应时而变的特点。锦衣卫官制与职权演化的过程,是明中后期"文治道路"具有典型性的个案。张金奎《明代锦衣校尉制度略论》(《史学月刊》2021年第10期)从明代锦衣校尉的来源、校尉的职责与基本管理制度介绍了明代校尉制度基本情况。从明代锦衣校尉的发展历程和特点中窥视明中后期锦衣校尉制度败坏的深层原因,探讨役法改革背景下王府校尉雇募化的发展方向。认为晚明校尉的冗滥化是由诸多社会演变的因素导致的,是新旧势力多层博弈的反映,是制度体系和社会发展不相适应的表现。张艺萱《晚明内阁的权势再起——以分票制为中心》(《贵州文史丛刊》2021年第3期)一文以天启年间因党争事件产生的分票制为切入点,论述了分票制下晚明内阁权势的回归。她指出分票制改变了内阁权力运作的方式,使内阁首辅重新集中权力,再现"宫府一体"的权力格局。分票制虽加强了君主与首辅的联系,但其运作弊病也加剧了内廷与外廷的矛盾,这反映了晚明时期"宫府一体"引发的争议与外廷对待内阁的两难态度。

学界对卫所、督抚、巡检司、京畿道等地方机构制度的考稽有不少新角度。部分学者突破了对地方机构的单一性研究,尝试构建将地方机构设置与区域社会及其发展情况相结合的综合性考察框架。如吴才茂《明代卫所制度与贵州地域社会研究》(中国社会科学出版社,2021年)以明代卫所制度的沿革为主线,从人群移动和民族交融等方面考察贵州地域社会在明清时期形成的历史过程,指出正是明初开设的卫所制度造就了当代贵州文化多元并存的基础。这也开拓了卫所研究的新视角,建立起一种从当地人群的行为着眼探讨区域社会与王朝国家体制历史的富于启迪的分析框架。任建敏《万历本〈苍梧总督军门志〉中的嘉靖史料考索——兼论明代两广总督地位的变迁与成书因由》(《文史》2021年第1辑)一方面通过文献校勘及史料互证的研究方法,逐卷确定在万历本《军门志》各卷文字内容的准确成书时间,并通过考定万历本《军门志》中留有的嘉靖本文字,分析该志的嘉靖史料;另一方面将嘉靖本与万历本《军门志》的成书置于明代两广军政格局的变迁以及明代两广总督的权力急剧变化的大趋势下考证,在如此的历史背景之下挖掘其反映的明代制度设计与安排。吕成震《明代京畿道的设置与运作研究》(《古代文明》2021年第1期)从明代御史刷卷制度和京畿道及在京刷卷制度两方面出发,梳理了明代京畿道的设置、沿革、职能运作,以探究其制度特点及运作实效。牛浪《明代云南府巡检司的设置与分布研究》(《文山学院学报》2021年第4期)详尽分析了云南府巡检司的设置及其沿革以及云南府巡检司的分布特点,指出云南府巡检司的设置对于明代的云南府社会基层治理方面的积极作用。屈超立《明清督抚制度的特点与作用》(《人民论坛》2021年第26期)从督抚制度的形成和演进、督抚制度的特点及其作用等3个方面分析了明清督抚制度。指出明清是中国古代地方监察制度史发展的重要阶段,由皇权直接控制下的督抚监察制度对于地方监察和廉政建设、理顺中央与地方关系发挥了重要作用。

还有学者关注到了王府文官制度。如田宗莹《明代王府文官制度研究》(延安大学硕士学位论文,2021年)深入研究了明代王府文官制度的设计与演变过程,总结其演变特点,并在此基础上,以王府文官制度为切入点,探研明代中央集权与宗藩的关系及明代宗室与地方社会的关系。孟烨《明代州县裁判与裁判文书研究》(知识产权出版社,2021年)以裁判文书为主要素材,在解构裁判文书的基础之上,力图还原明代司法裁判的实际样态。此外,在明代民事裁判研究方面,按照裁判展开的顺序,结合裁判文书,对裁判程序的细节进行研究。

(五)政府运行机制

近年来,有关明代政府运行机制的研究颇受史学界重视。

关于明朝政府决策体制、官员选拔制度的研究成果。张梦垚《明朝中央决策体制研究》(中国政法大学硕士学位论文,2021年)一文,将明朝中央决策体制视为一个应对决策任务的系统,综合分析其静态的决策制度、决策机制和动态的体制运转状态,指出明朝的中央决策体制是依据明朝的政治状况建立的,其自身不断依据政治现实的运转状况进行动态调整,能够灵活地适应明朝的政治架构。尽管其中存在人治缺陷,但总体而言是适合明朝政治并维系了明朝政治的相对稳定与平衡。任官回避制度是明代官制的重要组成部分,李凯玲《明代"王亲官"回避制度考析》(《湖北师范大学学报》2021年第3期)详细分析了明代任职回避制度重要内容之一的"王亲官"回避制度。指出此制度不仅使明代官制走向更加规范、合理,而且其制度产生、发展与形成背后所反映出的明代宗藩政策的走向,也具有深刻意义。

关于明代官员考核制度的研究成果较多。张祥明《明代军政考选制度研究》(中华书局,2021年)就明代军政考选制度做了梳理,探讨了明代军政考选制度产生的原因、起源和演变,驻京武官军政考选,镇戍武官军政考选和明代军政考选制度实施过程中存在的问题以及该制度实施产生的影响,最后对明代军政考选制度的产生、发展、变化和实施的效果进行总结反思。杜立晖《从〈毅庵奏议〉纸背文献看明代官吏考核制度》(《历史档案》2021年第1期)以上海图书馆藏《毅庵奏议》纸背文献之一——明万历四年(1576)山东布政司官吏考语册为切入点,对其反映出的明朝对布政司考察的细节进行详尽探索,进而对明代官吏考核制度进行探讨。他指出明朝对布政司考察时的被考察官员既包括该区域在任官员,也包含离任官员。考察所用的考语文书内容涉及被考核人、考核人、考语、考核等级等。

除此之外,文章内还对明后期考语失实的现象进行了分析。袁丽霞、杨娅《明代言官反腐研究》(《黔南民族师范学院学报》2021年第2期)通过对有明一代言官的选任与考绩、言官机构的组成、言官的反腐职权和运作机制的详细分析,指出言官的反腐职权和他们的运行机制在明代的政治生活中发挥了重要效用,是明代政治生活中不可或缺的一部分,对维系明代政治制度起到了积极作用。对于明代监察体系运作的讨论也颇受关注。黄阿明《制外之例:明代免觐考察制度》(《史林》2021

年第4期）系统探讨了明代地方官员免觐考察制度的发展演变过程，尤其是免觐制度形成的阶段性、免觐的频次和幅度。他指出免觐考察从特例到普遍、由事实到惯例，自上而下形成一套奏请程序，在既定的朝觐考察制度之上又衍生出一套免觐考察制度，成为明朝朝觐考察制度不可分割的一部分，增加了对明代朝觐考察制度运作实态性的认识。但是从大量的免觐考察事例中，又反映出它对朝觐考察制度的功效，与明初朝觐考察制度设计的初衷和本意相悖离。朱声敏《明代的司法监察官约束机制及其当代启示》[《井冈山大学学报》（社会科学版）2021年第3期]考察了保障明代司法监察机构有效运作的措施，包括权力制衡机制的建立、严密系统的规章制定、规范监察官行为的"重典治吏"等，这些是保证司法监察官依法履职和保证司法监察活动依法有序进行的有效措施。同时，对于当下的监察体制改革具有一定的借鉴意义。吕成震《明代都察院之河南道研究》（吉林大学博士学位论文，2021年）以河南道都察院为中心，对河南道御史的选任及其所辖职务进行分析，认为河南道对明代吏治的参与和监察一定程度上侵夺了吏科的权力，亦有弥补行政系统自身管理职能不足的作用。河南道因其在明代考察、言路以及举劾等方面的特殊地位成为晚明各党争夺的焦点，但晚明科道不过徒持公论之名，加剧了明末政治的内耗。李小霞《从厂卫角度分析明朝监察制度》（《兰台内外》2021年第17期）从明朝中叶厂卫干预司法权和监察权实行特务统治为切入点，探究了厂卫监察制度对明朝统治的影响，并指出这背后的根本原因是封建君主专制下皇权与官僚体系之间不可调和的矛盾。此种情形下，监察制度发挥了极其有限的作用并逐步走向变异。明朝厂卫监察在强化了明朝统治的同时也加大了明朝政治的腐败，破坏了明朝的司法制度。

文书在政务运行及信息沟通过程中起着重要作用，也成为学者们的重点研究对象。柏桦有两篇文章分别探讨明清时期府县官对上与对下政务运作。其一《明清时期府县官对上政务运作》[《安徽理工大学学报》（社会科学版）2021年第1期]通过府县官对上文书形式、晋见上司与陈说、建言与条陈等3个方面的分析,指出府县官在对上政务运作过程中的表现,受个人对政务方面的考量、与同僚交往的顾忌,以及复杂的官僚政治形势的影响,导致行为各异,产生的实际效果也不尽相同。柏桦、李静《明清时期府县官对下政务运作》(《古代文明》2021年第1期)以一种扩展性视角,对府县官对下文书种类、接见下属礼数以及向下最重要的政务催征科役等3个方面对明清时期府县官对下政务运作的情况进行了介绍,是不同于以往研究之处,也是一种扩展性的视角。孟烨《明代州县裁判与裁判文书研究》(知识产权出版社,2021年)以裁判文书为主要素材,在解构裁判文书的基础之上,力图还原明代司法裁判的实际样态。此外,在明代民事裁判研究方面,按照裁判展开的顺序,结合裁判文书,对裁判程序的细节进行研究。

另外,在政务信息沟通方面的研究主要集中在朝廷敕谕文书的颁发与传递。陈时龙《明代诏敕的赍送与传播》(《中国史研究》2021年第3期)对明代由上至下的官文文书——诏书和敕谕赍送与传播的全过程做了详细研究,通过个案论述诏敕如何出京发往目的地、诏敕在府州县及卫所之间的接送、诏敕在县以下的传播与扩散。指出明代诏敕的传播是随着明代官僚体系由中央向外不断延伸的,这体现了皇权对明代基层社会的渗透。马子木《明代手敕考》(《历史档案》2021年第4期)以明代中枢政务运作中常见的手敕为研究对象,考释了手敕的制作与形制、行用范围与格式、性质。总结得出明代手敕更具有合法性,是文官与内官系统合作的产物,也是制度化的政令文书,需要受到常规政务运行机构和运行机制的制约,并不能成为超越内阁、成为皇帝直接与外廷诸司沟通传递政令的渠道。杨柳《明代诏令文本的原貌与流变——以洪武朝为中心》(《文献》2021年第6期)以有明一代诏令保留最多、分散较广的洪武一朝为限,对比分析《明太祖御笔》《明太祖御制文集》《皇明诏令》《皇明诏制》《王忠文公集》《明实录》《高丽史》等文献中所见的诏令,总结出诏令在初稿、颁发、收录等过程中会因为执笔者修改、传写有误、收录者的个人有意识或有选择地摘录或改动等,产生文本流变,导致各版不尽相同。文章也有意通过分析探究在各类文献中收录的诸多版本诏令的差异性,哪类文献的保留最接近原版这一重要问题。同时,对于明代诏令文本的原貌及流变的研究也是明代特殊文书的整理研究中的重要组成部分。刘宗勇《明代铁券整理研究》(西北师范大学硕士学位论文,2021年)主要对现存的5副明代铁券文物进行整理与研究,系统梳理了其形制、券文内容、所属者生平及世系等资料,明确了铁券的构造、颁授条件、存储管理方式以及使用权限等具体规定。总结指出明代铁券在明朝初年洪武、永乐年间颁授最多,它也是皇帝用于巩固君臣关系,加强中央统治的重要手段。

关于明代基层社会控制与运行的研究。孔伟《明代皇权与基层社会控制研究》(郑州大学出版社,2021年)以社会控制理论及"权力的文化网络"理论为视角,审视、探索明代皇权对基层社会的控制。将明代皇权细化为军权、行政权、立法权、司法权等,指出明代皇权对基层民众的控制是全方位与多层次的,主要体现在人身、法律、军事、教育、思想、宗教和规范控制等7个方面。杜志明《明代地方武力与基层社会治安研究》(人民出版社,2021年)全面梳理了有明一代基层社会治安问题,系统总结了明代卫所体系外各类地方民兵武装的兴衰及其对基层社会治安的影响。王申萌《明初"里老人"理诉制度及其现代启示》(《潍坊学院学报》2021年第4期)认为明初"里老人"是普遍存在于乡村社会中的政治现象,也是传统社会治理模式在制度上的体现。它依托于中国传统社会的"熟人"关系,通过理诉息讼、劝谕教化,在客观上有助于稳定社会秩序、教化民众、节约司法成本、减少盘剥及官民矛盾。徐彬《明清乡村绅权建构与社会认同研究——以徽州士绅修谱为中心》(中国社会科学出版社,2021年)提出明清徽州作为中国封建社会后期具有典型特征的区域社会,因宗族组织完善、教育发达、徽商兴盛,士绅阶层十分活跃。士绅们利用家谱编修的契机,通过宣扬宗法思想、正统思想及新安理学,构建了乡村社会中的文化权力;利用家谱的影响力,获得了族内和社会的认同,达到了参与并有效实现乡村社会治理的效果。

另外,魏天辉、毛佩琦《明代诏狱审判程序的构成及其运行》(《西南大学学报》(社会科学版)2021年第1期)以明代特殊的"诏狱"为考察对象,广泛采择明代官方司法文献,对明代中央的司法审判程序的构成及其运行进行了全新的探讨,以说明诏狱的法律性质是一个实践中形成的司法惯例,而非规范的司法制度,因此带有先天不足。又在皇权的历史环境下,必然导致司法审判的不公。明代诏狱审判必然被历史淘汰,也反映了任何人、任何司法实践都不可违背"法者,天下之公",天下共治的司法秩序也是需要皇帝和臣下共同经营与维护的。耿洪利《古籍裱纸背后的故事——明代官府公务接待》(《北京档案》2021年第1期)通过对沈阳师范大学馆藏隆庆刻万历递修本《文苑英华》的封皮裱纸——明万历年间福建官府废弃公文纸上的内容进行解读,分析其中所反映出的明代官府公务接待问题。

(六)礼仪制度

近年来明代礼仪制度是明代政治史研究中的一个热点,涉及有祭祀典礼、仪仗和服饰形制、礼俗用乐等方面。有学者通过将明代礼制置于其所处时代背景中,以礼制变迁角度解读明朝重要事件。陈士银《摇曳的名分:明代礼制简史》(浙江古籍出版社,2021年)以礼仪变迁为研究视角,通过名分礼仪来解读发生在明朝的重要历史事件。围绕"名分",论述了"吴王令旨"、藩王夺权、两皇并存、天子征伐等正史轶事。

关于祭祀典礼方面的研究,王安定《祭如在:明清之际西学观照下的儒家丧葬礼》(复旦大学出版社,2021年)一书突破传统的"争论学"误区,比对了明清之际儒士矛盾杂陈的有关丧祭祀的观点,阐明礼与中庸的内在逻辑关联和儒家的魂魄观,重新考量儒家丧祭礼。赫剑竹《幽明难隔:明代帝后陵祭祀研究》(东北师范大学硕士学位论文,2021年)通过梳理明代官方文献,全面论述了明代皇帝、皇后陵祭的情形,以及陵祭的时间、参与机构及人员、陵祭的礼仪、陵寝祭祀的各项开支等基本情况。通过皇帝亲自谒陵、遣官祭陵、颁布陵寝禁例等相关事宜,分析陵祭所彰显的政治文化含义,解析陵祭礼制的制定及修改与统治者政文化治诉求的关系,揭示了明代帝后陵祭祀反映出的政治寓意与文化内涵,展现出帝制时代下伦理观念与政治统治意识的有机结合。李娜《明代吉礼圜丘祭天乐仪考》(《当代音乐》2021年第10期)通过对明代祀天大典仪式音乐表演整个流程的考察,分析太常寺卿、太常少卿、太常博士、太常卿以及导引官、赞礼郎、协律郎等人员的各自职责,力图再现明代吉礼圜丘祭天乐仪之原貌。高莹《试论泰山与嵩山在明洪武朝祀典中的地位变化》(《泰山学院学报》2021年第2期)一文通过分析明洪武元年(1368)皇帝亲祀汴梁之神,洪武十年(1377)命李善长在祀中岳的祭祀大臣配置等举措,指出这些都透露出朱元璋曾欲建都河南而做礼制上的准备,也影响到了泰山祀典地位的变动。宋暖《明清时期山东乡贤崇祀文化探析》[《济南大学学报》(社会科学版)2021年第5期]通过分析明清时期山东乡贤祭祀文化的发展与演变,探究其逐步普遍化、制度化的背景以及其在社会教化和政治教化方面的特殊功能,发掘其特殊的社会意义。周嘉豪、徐红《中国古代荒政的非理性治理因素考察——以明清时期城隍祈雨为例》(《学术探索》2021年第9期)引入灾害政治学的视角来考察明清时期地方官员的祈雨仪式,探讨中国古代的城隍信仰、制度作为一种普遍分布、受众广泛的公共崇拜的政治功能问题,展现荒政中的公共治理逻辑,归纳"平情之治"在大一统王朝国家的一些运作方式之特征。由此可发现礼制层面的公共祭祀是非常政治与日常政治的融合体,地方官需要根据朝廷法律与社会自然情势来把控仪式的节奏韵律,非理性活动实则蕴藏着行政决策的理性考量,官僚政治与神祇崇拜呈现出互相渗透、戏仿与拟制的复杂关系。更全面地观察古代荒政治理之逻辑,可丰富传统社会的风险控制理论,并在批判的基础上汲取可用资源。

对服饰形制和仪仗的研究。马晓晨《明代皇室常服制度研究》(东北师范大学硕士学位论文,2021年)通过对明代皇室官服制度的介绍,分时段考察了明皇帝、明代后妃、东宫、亲王常服服制以及东宫诸王妃及宗室女冠服的服制及其流变。进一步发掘皇室常服制度背后所蕴含的形制稳定、仿古不拘泥于古制的特点，揭露其与政治的紧密联系。徐文跃《北京大学图书馆藏〈大明冠服图〉研究》(《文津学志》2021年第2期)通过对《大明冠服图》君臣燕居冠服制度的记载及图说的成书过程的分析，指出《大明冠服图》在强化对嘉靖初年创制、改制冠服的认知和深入认识嘉靖年间礼仪改革两方面，发挥着重要且积极的作用。白瑶瑶《从宫廷画作〈出警入跸图〉窥探明代仪仗服饰》(《中国美术研究》2021年第1期)以明代宫廷画作《出警入跸图》为研究对象，从图中人物形象及其服饰、妆发等细节入手开展研究，发掘其背后的内涵，就其反映出明代服饰制度中的礼制思想和尊卑观念进行了探究。

关于礼俗用乐的研究。李媛《明代〈太常续考〉中的吉礼用乐考述》(天津音乐学院硕士学位论文，2021年)以明代《太常续考》中所记载的吉礼用乐为切入点，在分析明代以前及明代吉礼的发展历程基础上，从仪式规制和礼仪用乐两方面进行论述，发掘《太常续考》的撰述背景并探讨其价值和意义。高楠《明清两代大同府礼俗用乐研究》(天津音乐学院硕士学位论文，2021年)在介绍大同府概况的基础上分析大同府在中祀(庙学祭孔)和小祀(关帝庙祭祀)中的礼乐用乐；军礼(卫所)中儒学建制下的礼乐用乐以及代王府中的礼乐用乐。进一步对比中央与地方礼乐系统的一致性和差异性，探讨礼乐系统对于民间习俗的辐射作用。

还有对君臣祷雪制度和明宗藩丧葬制度的探研。余焜《明嘉靖年间君臣祷雪活动述论》(《历史档案》2021年第1期)结合嘉靖一朝的政治生态环境深入挖掘君臣祈雨、禳灾活动背后的深层次的政治内涵。通过分析嘉靖朝君臣祷雪活动频发的原因、祷雪活动的概况，揭露出祷雪活动中蕴含的农本思想、反省时政缺失的思想内涵，同时指出祷雪活动是神话皇权的手段和工具。郭燕华、凃明星《明代楚藩葬制葬俗典型特征研究》(《开封文化艺术职业学院学报》2021年第9期)通过对明代楚藩宗室墓葬考古成果的总结与分析，作者将其与明代其他宗藩和民间墓葬相比较,论述了明代楚藩葬制葬俗典型特征,如夫妇入葬各执半镜、黏结瓷碗制作棺椁、年幼子嗣名字忌入圹志、多种原因长期待葬、墓道之中添置祭坑等。较为全面地展示了楚藩葬制及楚藩宗室的生活状态和丧葬观念。

(七)选举制度

2021年度有关明代选举制度的研究热度较之前稍减。曹循《明代武举与武官选任新探》(《中国史研究》2021年第1期)通过对明代武举的开设、会试武举的受官与任用、乡试武举的录取与任用等方面分析明代武举的作用与历史地位。指出明后期对武举的过度重视、武举地位达到顶峰,是文官政治畸形发展、武人地位进一步低落的曲折反映,也是导致其军事失败的因素之一。时亮《明清溧阳马氏家族科举、仕宦与著述考论》(《回族研究》2021年第2期)探讨了溧阳马氏家族的家族科举、仕宦历程与著述成就。该家族为官者无论身处京师还是为政地方,都对当地文化发展起到了推动作用。

(八)法律制度

近年来研究多以发生在地方的典型性事件和法律制度在地方的实际应用为切入点,以小见大地去探讨明代法律制度功能的利弊得失。孟烨《明代州县裁判与裁判文书研究》(知识产权出版社,2021年)一书以有明一代州县的裁判文书为研究史料和素材,在完成对裁判文书解读的基础上还原明代州县司法裁判的实际面貌。刘正刚、高扬《明嘉靖朝依"例"经略河西走廊研究》(《中国边疆史地研究》2021年第3期)通过分析河西地区的卫所与边防建设、河西地区边储政策的演变,指出嘉靖朝对河西走廊因地制宜出台的"例",在维护边地安全与稳定上发挥了重要作用,"例"因时而变的特点也与明代法律体系变化轨迹相一致。王彬、刘闪闪《明朝申明亭制度的法律功能研究——以里老人主持理讼为视角》(《哈尔滨师范大学社会科学学报》2021年第3期)以申明亭理讼的主持人——"里老人"为研究视角,分析了里老人制度产生的基础、受理诉讼案件的范围、理讼的调节与判决等,对里老人理讼功能做出了评价,指出它是中国古代历史上典型的、成体系的、具有特色的诉讼制度,对于当今诉讼制度的完善有着积极的借鉴意义。

还有学者拓宽了明代法律制度研究的史料范围和研究方向。如徐忠明《众声喧哗——明清法律文化的复调叙事》(商务印书馆,2021年)一书拓展了明清时期司法文化研究的资料范围,将谚语、笑话、竹枝词和地方志纳入其中。对这些资料反映出的庶民百姓的法律意识、法律心态和法律诉求进行分析,尝试利用传记资料探讨明清时期的司法实践,探讨司法运作与司法裁判中被档案所遮蔽的一些"隐秘"问题。

二、政治群体

政治群体即基于共同特征与利益诉求的政治活动的参与者,其研究对象主要包括皇室宗亲、宦官及官吏人等。通过考察他们的政治活动及与制度、政局之间的互动关系,探析其实际产生的影响与作用,这拓展了政治史的研究视阈。

(一)皇室:帝王、后妃、藩王

对皇帝群体的研究主要是对其治国方略进行探讨。王玥珺《明代皇帝对宗室外戚防备政策的三次变迁》(《今古文创》2021年第25期)探究了明朝对外戚宗室防备政策的3次变迁。洪武时期明太祖对宗室的态度是宽容和依仗,靖难之役与汉王叛乱后,皇帝对皇亲外戚采取防范政策。至嘉靖朝,此类防范政策随着统治危机的日益严重而逐渐松动。该文指出了这种防备政策产生的根源是皇帝对宗室皇亲的不信任感。吴德义、陈昊《明太祖对藩王的钳制措施及其成效探析》(《廊坊师范学院学报》2021年第2期)指出明太祖朱元璋对藩王的钳制措施包括亲身说教、委任王府官教导、编纂训诫书籍等手段,其一系列举措致使诸藩王的权利尤其是军事权受到了一定限制,但分封制依旧为之后的靖难之役埋下隐患。杨孝青《论明太祖朱元璋的文化治国方略》[《重庆科技学院学报》(社会科学版)2021年第1期]指出明太祖采取系列措施,包括提倡儒家礼乐精神,从中央到地方建立完整的教育体系,恢复儒家伦理道德,引导全社会形成良好的道德风尚等方面,认为此方略的实施有益于社会稳定,对中华文化的发展也产生了深远影响。

也有对皇帝人格、形象进行的研究。刘桂娇《朱元璋的政治人格对其重典治吏的影响研究》(山东大学硕士学位论文,2021年)通过追溯朱元璋的个人经历和成长历程分析其政治人格的生成机制,从结构理论视角对朱元璋的政治人格进行全面分析,探究其政治人格对明初实行的"重典治吏"政策产生的影响。杨德会《从英主到昏君:明英宗形象嬗变探析——兼论"清廷诋毁明朝说"》(《保定学院学报》2021年第6期)初步探讨了明英宗形象的演变历程及原因,指出明英宗的形象在历史典籍中前后不同,存在从英主到中主再到昏君的演变历程。该文认为清廷为抬高自身而贬低明朝的观点值得商榷,其主要目的是维护清朝皇权。

对藩王宗室的研究主要着眼于其政治、经济、军事活动。杨永康《"清沙漠者,燕王也"说质疑——蜀献王朱椿〈与晋府书〉所见晋王朱㭎北征事迹》(《南开学报》(哲学社会科学版)2021年第3期)指出从蜀献王朱椿《献园睿制集》中的《与晋府书》来看,在晋王朱㭎北征事迹中,"不战而屈人之兵"的是朱㭎,而非朱棣。《奉天靖难记》与《明太祖实录》则编造了"燕王清沙漠"的谎言,此说法经两次建构,旨在塑造朱棣英勇神武、深受明太祖朱元璋喜爱的完美形象,以强化其继承大统的合法性。吴滔、谢宁静《晚明新封藩王的财源与权势——以惠王为例》[《厦门大学学报》(哲学社会科学版)2021年第3期]以明惠王朱常润为中心,分析其财源的供应以及其建立权势的过程,指出惠王渐有一方之主之势。并以此个案认为晚明新封藩王有越过藩禁,介入地方政治、经济和军事的趋势,甚至或有主导地方社会秩序的可能。

还有对地方宗室及宗室王府内部管理制度的研究。刘爽、高益荣

《晚明秦藩宗室朱谊㳣家世及结社考》（《渭南师范学院学报》2021年第3期）通过考证临潼宗室朱谊㳣的生卒年、结社情况，爬梳其诗集及明人别集，廓清"青门七子"的来源并大致还原了"青门社"的成社过程、成员构成及诗社活动，补充丰富了晚明关中诗坛的资料，强调了其文化意义。田宗莹《明代王府文官制度研究》（延安大学硕士学位论文，2021年）深入研究了明代王府文官制度的设计与演变过程，总结其演变特点，以王府文官制度为切入点，探研明代中央集权与地方宗室的关系及明宗室与地方社会的关系。李良红《明代唐王府研究》（黑龙江大学硕士学位论文，2021年）梳理了朱元璋第二十三子朱柽唐王府的王府运作情况，考察了唐王及王府人员的权利与义务。并指出唐王府权力趋势日渐缩小，最终不得不沦为宗室机构和坐食禄粮的地方藩府，此对国家及南阳府有显著影响。

对宗室与中央政权的关系也有探讨。彭勇《家国一体：明末外戚刘氏家族的命运》（《史学月刊》2021年第4期）以明末崇祯皇帝生母的娘家、外戚海州刘氏家族为考察对象，通过国家给刘家拨付养赡田、拨军修坟和刘家捐资助饷、阖门自尽等历史事件，得知明末国家命运、皇权及外戚家族之间有着密切关联，更清晰地体现出"家国一体"的特征。胡开全《蜀献王与建文帝》（《文史杂志》2021年第2期）通过近年来从日本找回的《献园睿制集》分析了蜀献王朱椿与诸位皇室兄弟之间的关系，梳理了朱椿历经洪武、建文、永乐三朝的过程，指出其政治立场并推论建文帝逃蜀的说法不成立。

考古学界对明藩王宗室的墓葬有了新的研究发现。《太原东山发现国内规模最大明代中晚期藩王墓》（《文物鉴定与鉴赏》2021年第9期）对太原东山明代中晚期藩王墓晋端王墓的墓葬规制，出土随葬品等考古发现进行了简要概括，并指出晋端王墓葬及陵园的考古工作，为提升新时期山西考古的发掘理念，提高数字化、科技化水平，实现考古工作的高质量发展，进行了积极的探索和实践。刘毅《明代藩王陵墓》（《大众考古》2021年第3期）梳理了明代藩王陵墓现状、制度、研究方法、考古学价值等内容,并指出明代藩王墓研究工作最重要的社会现实意义是由考古学研究成果转化为文化遗产保护。易立、谢涛《明代蜀王陵墓的发现》(《大众考古》2021年第3期)以明代蜀王陵墓为中心,考察了其城北、城东及城南陵区,并综合文献记载总结了明代蜀王陵墓特征。孙凯《河南明代周藩王墓调查研究纪略》(《大众考古》2021年第3期)利用正式考古发掘有关周藩墓葬的资料结合相关历史文献与方志资料,对周藩所有的亲王墓和部分郡王墓进行了实地勘察与研究。通过对明朝分封在河南的周藩王墓葬特征的考察,在一定程度上反映出河南地区明代藩王墓葬的发展脉络。刘永亮《明代楚藩陵园的规制布局》(《大众考古》2021年第3期)以明楚藩愍王陵园为例探讨楚藩陵园的规制布局,指出楚藩陵园为典型的诸王共享同一兆域,遵循着"合族而居,合朝而葬"的陵园布局理念。从中既可以看到明代丧葬祖制的特点,又可看到明代中期以后帝陵对藩王葬制的具体影响。楚藩陵园为研究明代的藩王体制、皇家的丧葬制度以及明代武昌府的政治、经济、文化等,提供了珍贵的实物资料。白瑶瑶《明代湖北地区宗藩墓葬的墓室特点》(《大众考古》2021年第3期)根据湖北地区已公布资料的宗藩墓,从墓室分类、自身传承以及墓葬材料的研究进行分析,揭示了湖北地区明代宗藩墓葬墓室的特点,进而将其作为分析明代陵寝制度的重要参照。陈冰《西安明秦王墓墓园》(《大众考古》2021年第3期)从现存陵园遗址、墓园形态、五府井的地名对应、选址原则、墓主认定等几方面对西安现存的明朝分封在此的历代秦藩王墓葬进行了介绍。并指出西安的历代明秦王陵园保存相对完整,我们可以通过明秦王墓了解明代宗藩,该墓的考古工作尚有较大的进展空间。刘毅《明代藩王陵墓的考古学研究》(科学出版社,2021年)从考古学角度对明代藩王陵墓进行了深入研究。明朝皇子子孙繁衍,支派众多,因而在各地遗留下大量宗室成员墓葬,其中亲王陵墓规模较大,相应的历史、文物价值也较高。这些明代藩王墓具有比较高的考古学价值和文化遗产价值,在中国古代晚时段考古学研究中还具有进行方法论尝试和探索的标本意义,值得特别注意。

(二)宦官

对宦官群体的研究主要聚焦于宦官的知识化进程与宦官进行的政治活动。马磊、阙凡雨《明代洪武朝宦官知识化研究》(《重庆三峡学院学报》2021年第2期)指出明代宦官知识化进程可追溯至洪武一朝。在此过程中,识字宦官逐渐成长为知识型宦官,其于各内廷机构的活动逐渐对明代皇权政治、国家的治理产生深远影响。吴兆丰《明代宦官历史教育论析》(《史学史研究》2021年第2期)通过讨论明代宦官与帝王的历史教育、内书堂与明代宦官历史教育、明代史鉴书籍的编纂与宦官历史教育等3个方面,分析出历史教育成为帝王、宦官与儒臣三者交互沟通和影响的纽带。中晚明时期专门针对宦官的史鉴书籍的盛行,体现以历史教育为中心的史学经世致用功能的增强,这构成了明中后期史学史的特征与时代性内容。

(三)官吏

有探讨中央官员与政局关系及其历史地位者。吕寿鹏《杨荣与明初政局(1402–1440)》(哈尔滨师范大学硕士学位论文,2021年)梳理了杨荣在明初政局上的活动和贡献,并借此来考察其扮演的政治角色,进一步确认了杨荣与明前期政局发展间的关系。宋立杰《符号的构建——沈一贯反东林形象的历史考察》[《烟台大学学报》(哲学社会科学版)2021年第3期]探究了沈一贯与东林之间的关系实态,浙党与其的关联以及沈一贯作为被编织出来的党魁的政治角色的原因。马宇彤《王翱执政作为研究》(辽宁师范大学硕士学位论文,2021年)以明代中期著名的文臣王翱为研究对象,考察其一生的执政历程。该文指出,王翱的存在,一定程度影响了明朝中期政治局势的发展与稳定。姚诗聪《姚广孝的历史地位及被丑化原因》(《江苏地方志》2021年第2期)分析了姚广孝的历史成就,考察其应得的历史地位以及其形象被丑化之原因。指出姚广孝作为明初的杰出人物之一,其在政治、军事、思想等领域的成就,不愧于"千古第一全才"的褒扬。马宇彤《明代王翱铨选吏部》(《佳木斯大学社会科学学报》2021年第1期)通过介绍王翱铨选吏部之职能,指出王翱在执掌吏部的10余年中,与内阁首辅李贤共同辅佐英宗,使天顺朝政局渐趋稳定,并为宪宗、孝宗两朝拣选了数位有才干的官员,为"弘治中兴"奠定了人才基础。

也有对整个文官集团的讨论。王雅璇《明英宗时代文官权力和地位演变研究》(西北大学硕士学位论文,2021年)指出,正统、景泰、天顺是明朝历史的重要阶段,此时明朝统治从洪武、永乐时期的严肃冷酷开始步入正常发展轨道,文官权力与地位的演变是其主要表现,他们在正统、景泰、天顺三朝的重要朝政中扮演着重要角色。英宗幼年继位,文官从而获得扩大政治影响力的契机,此后,在景帝即位、铲除夺门新贵中亦起到关键作用。同时,其军事权力也有重要发展,并且待遇在俸禄、荫子、诰敕与封赠的获得等方面都有所提高。以上均为文官进一步提升政治地位,在朝政中发挥更大的作用创造了条件。但文官面对皇权仍处于明显的弱势地位,这奠定了整个明代文官政治的基调。

有对被贬流官群体的研究。陈为兵《张翀谪戍黔中事迹考略》(《唐山学院学报》2021年第5期)从张翀被谪戍贵州的事件出发,论述其在贵州的生活情况,如撰写《浑然子》、开门授课、广泛交游当地官员和士人等,其经历达成了张翀本人与贵州地区文化的双向互动。高君丽《明代广西谪宦研究》(山东师范大学硕士学位论文,2021年)以明代贬谪广西的官员群体为研究对象,概述了其基本情况与被贬原因,探究这一群体的落罪心态和创作活动,总结了其政治、教育活动等给广西带来的影响。顾春军《明代礼部尚书倪谦在宣府的贬谪生涯——以新发现〈故程母杜氏孺人墓志铭〉为线索》(《社会科学动态》2021年第1期)以《故程母杜氏孺人墓志铭》为线索,结合《明实录》《倪文僖公集》等文献,刻画出倪谦在宣府的4年贬谪生涯,考辨倪谦被贬原因,并考察明朝谪戍制度的变迁、言官在政治生活中的作用等问题,进而探索明中期的政局演变。

有探讨官员在地方任职的情况。张佩国《节省治理：傅岩在歙县的为政实践》(《史学集刊》2021年第6期)傅岩作为一方"循吏"，其在歙县的为政实践包括教化儒生、加强保甲制度、训诫土棍、赈灾救荒等。该文认为地方治理的有效性在于能够实现帝国控制与地方社会的文化契合，而不是个人的道德评价，指出傅岩作为地方官，其为政空间的有限性。李建刚、沈浩注《论马文升与环庆边防建设》(《丝绸之路》2021年第3期)指出在马文升巡抚陕西期间，为抵御鞑靼入侵采取了一系列措施进行防御，如增机构、筑城堡、扩兵员、益马匹等。认为马文升对环庆的边防建设尤为重视，其对边防体系建设的贡献不可小觑。赵福寿《归有光通判顺德府事考》(《邢台学院学报》2021年第3期)指出，顺德府通判归有光专司马政，以无事为得职，而在天灾时却能够勇于担责，体恤民情。其提倡以文明道，为顺德府留下相当丰富的文化遗产。何伟、何泽《明代名宦文林温州治绩述略》(《温州职业技术学院学报》2021年第2期)以明代长洲人文林为研究对象，指出其在温州的治绩主要表现在4个方面：其一，以乡约整合乡村社会，推行礼俗教化；其二，建立正祀取代淫祀，引导民众的信仰取向；其三，制定了一系列"息讼"的制度；其四，在任期间重视民生，纾解民困。这表明文林在任期廉洁自守，体恤黎民，在德、行及事功上的表现堪称贤吏。苏卫国《明代任职辽东官员杂考二则》(《鞍山师范学院学报》2021年第3期)分析梳理了存世明代辽东任职官吏史料，得知史载王锴一人实有多人事迹，以及判定"分守道"一职可能出现漏载情况。该文以上两例考证有助于全面认识某个职官及其在辽东地区发挥的作用。郭勤华《张九德与灵州》(《西夏研究》2021年第2期)考察了张九德在灵州城设置的军事防御措施和地方民事管理措施。后人感念其功德，将其供入灵州城"三贤祠"。刘召明《高启辞官原因新论》[《苏州科技大学学报》(社会科学版)2021年第3期]梳理了文献资料中提及的4种高启辞官原因，分别是"用人不当"说、"年少未习理财"说、"不合作"说与"避祸"说。该文对高启仕宦南京时的自述类诗歌进行分析，得出高启辞官的重要原因是宦情忧苦与客居乡愁。李燕《张履祥乡村礼治社会的构建》(《嘉兴学院学报》2021年第3期)考察了明清鼎革时期的遗民学者张履祥的生平事迹。其人为学济世务实,积极致力于构建以礼化俗、复礼乡约、以兴礼让、兴孝崇礼的乡村礼治社会。张履祥始终重视礼治教化,并为重建社会秩序作出了努力。

也有对官员个人的生平、交游及人物形象的分析。刘涛《明代名宦罗青霄的家世及其生平事迹考述》(《蜀学》2021年第1期)考证了明代嘉靖、万历年间名宦罗青霄字号、生卒时间,户籍出身、家世与早年求学经历,还梳理了罗青霄的师承渊源,对罗青霄宦绩以及故里事迹进行考辨。重构了罗青霄一生的历史,揭示了罗青霄产生的历史影响。吴家栋《倪益考辨》(《岭南文史》2021年第3期)对倪益是何地进士,倪益与雷州地区的因缘关系,倪益中举、中进士的时间,倪益的家庭成员组成情况等问题进行了考证。刘晓慧《郭正域年谱》(兰州大学硕士学位论文,2021年)通过辑录明代文学家、政治家郭正域的传记资料与其文集,参阅同一时代人物的年谱、文集资料等,完成郭正域年谱与交游情况的书写,呈现了郭正域的人生经历、政治选择以及其个人交往情况,同时也反映了万历中后期的政治与社会。周扬波、黄越《况钟形象的历史变迁》[《苏州科技大学学报》(社会科学版)2021年第5期]指出,况钟生前因吏干清正,被塑造为"青天况钟"的形象,这是一种理想官员的典范,但况钟仍有负面讥评。明中叶之后,其形象在官方和民间逐渐上升,负面色彩日益淡化。该文认为此类历史文化遗产需辩证对待,而不是脱离历史条件无限拔高。刘涛《明代名宦桂嘉孝的家世及其生平事迹考述》(《长江文明》2021年第2期)以成都历史名人桂嘉孝为中心,考察桂嘉孝的一生,发现其族谱、户籍等有不同记载,且桂嘉孝虽为名宦却未获立传。该文对此系统考察,还原其历史地位,为巴蜀历史人物研究提供了新方向。朱虹《明代杨光溥研究》(山东师范大学硕士学位论文,2021年)以明中期文学家杨光溥为中心,对其生平家世、著述交游、文学创作等几方面展开考述,力图呈现杨光溥在明代文坛中价值与地位。刘蕾《明代顾起纶研究》(江南大学硕士学位论文,2021年)从3部分来探究明代官员、诗人顾起纶及其作品。首先,详细考证顾起纶的家世生平、交游及著述。其次,分析与解读顾起纶的诗歌作品,并借此考察其艺术特征。最后,以顾起纶的明诗选本《国雅》为中心,阐明顾起纶的诗学观。通过以上3部分的探究,力求客观公正地对顾起纶作品以及其人在文坛上的地位进行评价。徐茹月《徐作肃生平交游考》(西藏民族大学硕士学位论文,2021年)以徐作肃的《偶更堂集》为中心,参考其好友侯方域、贾开宗、陈维崧、宋荦等人的诗文,并结合文献记载,较完整地还原了其家世背景和交游历程。该文为徐作肃其人以及明清易代背景下的中州文人群体的考察提供了更多史料。余劲东、陈雅丽《明代锦衣卫都指挥使刘守有生平考论》(《黄冈师范学院学报》2021年第2期)考察了明万历中前期锦衣卫都指挥使刘守有的家族背景、仕宦履历、为政经过及生平交游情况,有助于了解锦衣卫的权力运行情况,增强对锦衣卫系统内官员个案的关注,同时有利于黄冈地区的历史文化探究。方冬《徐霞客与东林人士交往考述》[《河南理工大学学报》(社会科学版)2021年第2期]考察了徐氏家族的徐霞客与东林人士之间的关系和交往,而这种交往也体现出江南大族间的社会交际情况。该文认为东林人士高度认可徐霞客的地理考察历程及《徐霞客游记》的价值,双方交往的思想渊源是徐霞客与东林人士思想的契合。师瑞、马赛《杜文焕生平事迹考》[《延安大学学报》(社会科学版)2021年第1期]以晚明儒将杜文焕为研究对象,考察其家族谱系、从戎生涯与治学事迹。指出杜文焕对维护晚明的区域稳定及陕北三教思想的传播与发展贡献很大。徐佳慧《李梦阳与郑岳关系考辨》[《兰州文理学院学报》(社会科学版)2021年第5期]考证了李梦阳于江西任职期间身陷奏讦案的经过,指出郑岳与李梦阳并非向来不和,官方记载未必可信。

还有对仕宦家族的分析研究。文爱群《明代遂安伯陈镱、陈伟墓志铭综考》(《北京民俗论丛》,2021年)考察了明代遂安伯陈氏家族的世袭情况,补阙了《明史》的功臣世袭表,展现出遂安伯陈氏家族的世袭源流及其家族成员的婚姻关系。时亮《明清溧阳马氏家族科举、仕宦与著述考论》(《回族研究》2021 年第 2 期)探讨了溧阳回族马氏家族的家族科举、仕宦与著述历程,展现其家族在历史文化上的积极影响。张中磊《明代西宁卫陈土司家族之始祖建构——以新见〈陈氏家谱〉为中心》[《青海师范大学学报》(社会科学版)2021 年第 3 期]通过考察《陈氏家谱》,发现其始祖陈子名的身份和历史经历了漫长的塑造过程。指出陈子名的历史活动是其后人从李文忠、梅思祖等人的历史载录中演绎形成。周国祥《明清时期延安赵彦家族事略》(《延安文学》2021 年第 2 期)介绍了明朝著名人物赵彦的生平事迹,梳理了明清时期延安赵彦家族的传承世系,赵氏名人官职爵位、文化业绩,朝廷官府彰显赵氏家族的举措以及赵氏后裔的探寻等。安频《湖南新田骆氏锦衣卫家族考论》(《湖北第二师范学院学报》2021 年第 3 期)通过研究《明史》《明神宗实录》《新田县志》等文献史料,考察了骆氏锦衣卫家族以及家族内部锦衣卫制度的传承与运转等情况,以对锦衣卫制度有更深的了解。

三、政治事件

对明代具体政治事件的考察,一般是研究不同时期的重要改革和变动事件。其中,对于洪武至正统年间的政治事件,吕诗尧《方孝孺事件及其对明代士风的影响》(文化艺术出版社,2021 年)以明初“方孝孺事件”为研究中心,探讨了方孝孺的“护道”基本思想、“护道”方式,以及“方孝孺事件”前后士人思想、行为的对比,并分析导致这种变化的影响因素。同时考察了“方孝孺事件”后,王阳明重建“信仰体系”的努力及对明代中后期的士风影响。翟爱玲《从开国立制视角看“靖难之役”发生的历史逻辑》[《洛阳理工学院学报》(社会科学版)2021 年第 1 期]考察了洪武朝时明太祖设立祖制,到建文朝时建文帝的“新政”调整,再到朱棣时的融合祖制与发展“建文新政”的情况,梳理了明前期政治演变的历史轨迹,指出“靖难之役”是实现该政治演变的必要转换环节。冯刚《靖难之役与西南边疆安全研究》(大理大学硕士学位论文,2021 年)以西南地方志和《明实录》为主要史料,辅助田野调查、私人篆书碑刻资料、明代名人传记等,并以"靖难之役"为线索,通过分析建文帝、朱棣二者与西南边疆的关系,探索明朝西南边疆的安全与"靖难之役"的内在联系,有助于我们更深入地理解西南边疆发展史,也为当今边疆安全治理问题提供借鉴和参考。[日]新宫学《明代迁都北京研究:近世中国的首都迁移》(外文出版社,2021年)则把历来作为孤立政治史事件的迁都北京,扩大到洪武至正统年间,并于整个明朝初期政权确立的大背景下进行综合性考察分析,对其迁回曲折的过程进行系统梳理,继而论述了迁都北京在政治、经济、社会等方面引起的一系列变动,以及这些变动对此后中国乃至东亚世界的深远影响。

对于天顺时期的政治事件,秦博《天顺初政局与石彪、杨能、李文、杨信四臣的封任》(《晋阳学刊》2021年第5期)提出,天顺初年,复杂的政局变化影响了册封勋爵与任用武将。军功以外的政治因素在大同、宣府、延绥巡守将领石彪、杨能、李文、杨信的封爵中占很大比例。反映了英宗试图通过平衡"夺门"事件新贵与前朝勋臣势力,以达到稳定政局、加强军事防御、巩固王朝统治的意图。

有关正德年间的政治事件,范有为《"威武南巡"——南京文人的明武宗书写》(《今古文创》2021年第24期)指出,史家对发生于明武宗正德十四年(1519)的明武宗南巡议论颇多。但南京文人作品中,对明武宗南巡的姿态却有着别样书写。通过探究这些文人作品,能够对明武宗及此事件产生新认识。

对于嘉靖、隆庆时期的政治事件,唐佳红《诏法之争与嘉靖初年政治——以李阳凤案为中心的考察》[《成都理工大学学报》(社会科学版)2021年第5期)]指出,刑部尚书林俊因嘉靖二年(1523)的李阳凤一案,对世宗以诏废法表达了强烈抗议,最终,林俊被迫辞职自解。但之后由杨廷和等人发起的言官抗疏运动则扩大了林俊所发起的"诏法之争",对李阳凤案的讨论集中于对皇帝遵守祖宗法度的守统意识与君主亲贤远佞的道德自觉的争辩上,前者关涉的是明代长久以来司法危机的爆发,后者则是统治危机延伸的结果,这与嘉靖时期"大礼议"事件的政治背景密切相关。由李阳凤案而引发的诏法之争和其他一系列的矛盾事件，皆为嘉靖初期君臣的政治角力，也为我们提供了一个考察当时政治态势的新视角。张幼欣《"兄终弟及"下的皇权更迭——论〈武宗遗诏〉中的新、旧之争》（《文化学刊》2021年第4期）指出，《武宗遗诏》中明确提及用"兄终弟及"的方式进行传位，但此举引发了嘉靖初的"大礼议"事件，影响了嘉靖初年的政局。该文以《武宗遗诏》为中心，分析杨廷和、张璁等官员对《武宗遗诏》的不同解读，并进一步探析其中新、旧两种思想观念的碰撞。谢宁静《明代辽藩内斗与辽王朱宪㸅被废案》（《长江大学学报》（社会科学版）2021年第2期）着眼于宗藩内部矛盾，重新考察了辽王朱宪㸅被废一案。通过分析废辽一案始末及各方态度，指出辽王被废的重要原因是嘉靖时期辽藩内部争权夺利的斗争和以广元王为首的辽藩宗人在废辽一案中的推波助澜。

对于万历时期及以后的政治事件，陈世松《明清之际"蜀难"初探》（《中华文化论坛》2021年第5期）指出，"晚明蜀难"和"易代蜀难"这两个历史阶段构成了明清之际的蜀难悲剧。期间，蜀民作为四川地方社会的主体，惨遭杀戮，其受祸之残酷，举世罕见，国内同时期他地不可与之相比。而传统士人对蜀难的检讨，多建立在浅层，并将其归纳为"天怒、人怨"两方面。经过分析相关史料，明晰了此次蜀难既是17世纪极端气候变化的结果，又是明代制度败坏的产物。安家琪《王锡爵晚年"密揭事件"考论》（《历史文献研究》2021年第1期）通过重审王锡爵奏疏等有关史料，发现该"密揭"为伪作，"密揭事件"实为东林党人策划的一次针对王锡爵的政治行动，其旨在利用"政治共识"制造舆论，阻止王氏重返内阁，同时也为东林党人秉政提供可能。此事件是王锡爵仕宦历程中重要的政治事件，深刻影响了王氏政治生命的走向及对其的后世接受。黄阿明《万历三十八年"郑继芳私书"与辛亥党争》（《社会科学》2021年第5期）考察了以托名浙江巡按御史郑继芳所作的"私书"与辛亥党争的联系、过程及影响，最终"私书"制造者实现了其目标。"郑继芳私书"事件，为明末党争借助京察这一形式来排挤、打击异己党派势力提供了强有力的例证。崔广哲《虞山绝婚与万历党争》(《历史档案》2021年第1期)以虞山绝婚案为中心,分析赵用贤与王锡爵关系的变化,来考察万历党争。指出绝婚案是由张居正夺情事件引发,是万历二十一年(1593)内阁派与反内阁派之间斗争的高潮,反映了万历中期的党争分化在阁、部对立冲突中日益明显,开启了晚明党争之格局。阳正伟《杨涟弹劾魏忠贤史事新探》(《昆明学院学报》2021年第5期)指出,因为政治纷争及杨涟个人性格关系,杨涟对魏忠贤进行了二十四大罪状的弹劾,该弹劾引起了外廷的附和响应,虽在一定程度上震慑了魏忠贤,但最终因讨魏阵营成员复杂、内部不能统一、讨魏不够坚决等原因,叶向高被逼走,迫使魏广微投向魏忠贤,致使魏忠贤完全操控内阁。内廷客氏等人对魏忠贤的庇护,天启帝对魏忠贤的宠信等原因,使杨涟的斗争趋于失败。贾峰、肖庆伟《郑芝龙降清的历史考察》(《河南科技学院学报》2021年第9期)指出,永隶明朝后,郑芝龙擒灭了海上诸盗后拥立了隆武帝,并结合实际情况提出了"稳固南方、整军备战、徐徐图之"的作战方针。无奈隆武帝妄自尊大,执意离闽,与郑芝龙发生了根本冲突,加上郑芝龙因出身不被接受,致使他与隆武朝上下离心。明清鼎革之际,郑芝龙并未"愚忠"明室,而是顺势接受清政府的招抚,但若因此将他视为南明逆臣,未免有所偏颇。颜广文《〈明史·陈璘传〉中陈璘"贪贿"四案考实》(《广东第二师范学院学报》2021年第1期)通过梳理史料,考察出《明史·陈璘传》中记载的陈璘"贪贿"四案均没有确切证据,属于对历史的恶意歪曲。陈璘不存在严重贪贿问题,其功名靠血战而非靠贪贿而成就。孙卫国《"再造藩邦"之师》(社会科学文献出版社,2021年)对万历抗倭援朝战争进行研究,该书对比了朝鲜王朝与明清史料,考订出明军总人数及其群体特征,并以石星、宋应昌、李如松、杨镐、丁应泰、董一元等作为代表,系统梳理了明军将士在战争中的有关问题,力图呈现其在战场上的军事风貌。同时关注到,因为南兵的英勇善战朝鲜君臣希图学习《纪效新书》,并重建朝鲜军队。作者于该书最后两章溯源了《明史纪事本末》与清官修《明史》对明军将士的书写,试图说明清初的政治文化左右了史家们的历史书写。

四、政治思想

明代政治思想研究主要包括统治者和士人集体两方面。

有关统治者的政治思想研究方面。解扬《话语与制度：祖制与晚明政治思想》(生活·读书·新知三联书店，2021年)一书从事件、文本、制度等3个角度对税使危机、征辟制度、经筵制度展开研究，探究祖制在明代的形成与发展及其在晚明政治舞台上发挥的效用，认为当时的政治家面对政治危机无力解决，向祖宗之制寻求解决之法。肖俏波《"道治天下"：明太祖〈御注道德经〉治道思想》(《政治思想史》2021年第2期)通过对明太祖《御注道德经》的研究，指出明太祖朱元璋怀有将探索政治事务的性质和圣人之道相联系的政治愿望。王榕烽《明成祖的孝道观及其孝治实践》[《宁夏大学学报》(人文社会科学版)2021年第3期]分析了明成祖的孝道观及其形成原因和治孝实践，并指出明成祖孝治天下的局限性。

有关明代士人的政治思想研究。一是阳明学对政治的影响。焦堃《阳明心学与明代内阁政治》(中华书局，2021年)一书从历史的角度探讨中晚明阳明心学流行的社会背景和学派中人的政治理念和活动。张山梁《阳明学与明代南靖县治》(《福建史志》2021年第5期)在分析王阳明在靖邑治乱，除弊增益的主政措施和县治思路的基础上，进一步分析其门生后学胡希周、陈宗愈在担任南靖知县期间延续阳明教化民众之思路，广施仁政、传播心学、教化民众，推动了南靖经济、社会、文化的发展。二是对士人个体或群体的政治思想的评述，如李磊《明代政坛的士人写照》(《人民论坛》2021年第31期)通过分析明朝建立，指出政治架构及其对士人从政意识的塑造；科举制与理学的推行使朝庭与官僚士大夫之间形成了价值共识；认为明朝士人从政精神的塑造与从政模式的形成，源于明朝以士人为政治、社会、文化中坚的治理结构。栗丽枝《〈司铨奏草〉所载明万历名臣王国光吏治思想分析》(《晋城职业技术学院学报》2021年第3期)在分析王国光吏治思想的形成及其思想的主要内容的基础上指出王国光吏治思想对吏治改革实践所起到的作用。蓝法典《"士大夫—乡绅"视野中的权力冲突与困境——以明中后期〈圣训六谕〉现象为中心》(《政治思想史》2021年第2期)从《圣训六谕》现象引发的关注与解读入手分析了其出现及复兴的背景,指出在"士大夫—乡绅"视野中产生的错位认知。

五、结语

政治史向来是历史研究的重点。2021年度的明代政治史研究,其成果数量较多,研究内容亦较为广泛。学者们从明代政治制度设计出发,对明代内阁政治及权力的变化、锦衣卫职责、名臣与政治关系、嘉靖时期政局以及边疆与社会基层治理、社会舆论的作用等问题的探讨,深化了关于明代政治生态的认识。对明代政府运行机制及其实践的探讨,揭示了明朝政府发挥权力的实际途径及成效。有关明代政治群体的研究涉及人员众多,注重揭示社会联系中的个人及个人在历史发展中的作用。而对于明代政治事件的分析,则注意利用新史料,从新角度得出颇具新意的结论。关于明代政治思想方面的研究,从数量上看虽不多,但一些专题性的探讨比较深入且富有启发性。总体来看,2021年度明代政治史的研究不但注重政治制度的分析,还注重对其政府机构实际运行的探讨;不但重视中央层面政治的分析,还重视地方和基层社会的治理以及思想层面的探讨,研究对象与内容不断得到拓展,产生更多令人信服的新成果。

2021年明代经济史研究报告

安徽师范大学历史学院

丁修真

据笔者统计,2021年共出版明代经济史相关著作6种,发表期刊论文207篇,硕博论文20篇。本文尝试从学术会议与相关综述、明代经济政策、财政研究、农工商业与区域经济研究、对外贸易研究等方面,对2021年的明代经济史研究状况进行梳理、评述。

一、学术会议与相关研究综述

2021年发表的有关明代经济史的研究综述。侯冠宇、朴美杰《侧看为峰:近20年韩国学界对中国明代经济史研究的热点、趋势与展望》(《中北大学学报》2021年第1期)梳理近20年韩国学界文献并对其演化路径进行分析,发现其呈现考察热点较集中、研究区域不平衡、问题意识颇明确、史料运用较薄弱、宏观研究偏丰富和基层社会需关注等特点。杨鹏、王思明《二十年来明清两湖地区经济史研究综述》(《湖南社会科学》2021年第4期)对近20年来(2000—2020年)明清两湖地区经济史研究做了综述。朱林《近二十年来明代商业出版问题研究综述》(《新纪实》2021年第20期)从生产、流通、消费和社会影响方面对明代商业出版的研究成果予以总结,以期为后续研究者提供借鉴。

二、经济制度与国家治理

经济发展与国家治理息息相关。赵轶峰《权力与财富——对明清社会结构变化的一种侧面观察》(《中国经济史研究》2021年第1期)从权力与财富关系的角度观察明清时代的土地所有制分层结构、国家与商业和商人的关系、货币体制的演变,认为明清两朝从未间断调节权力与财富关系,政府调节的基调是在适应市场经济、保障经济秩序的过程中把市场经济所激发的社会财富尽量多地掌控在权力体制控制范围之内。吴先知《量质互悖:明中后期两浙盐业缉私的定量考核制度及演变》(《盐业史研究》2021年第1期)认为明中后期两浙盐业缉私的定量考核的内容是以限获为依据,通过赏罚机制实现对吏役的督促,由此形成的定量考核体系确保正盐的市场垄断地位。侯鹏《16世纪江南田赋征收机制的转变与地域社会关系的变动》(《中国经济史研究》2021年第2期)认为16世纪江南田赋征收实现了摊派标准的简明划一,但在实际运行中并未形成一个统一的会计核算体系,整个征收活动始终分散在无数个私人关系交织成的牟利网络之中,并指出这一方面让征收牟利行为广泛流行,也让田赋改革失去了利用和整合乡村社会关系的可能。丁亮《市场与徭役:明代地方政府的财政流通机制探论》(《中国经济史研究》2021年第5期)指出明代确立赋役财政体制对基层社会进行了强有力的改造,国家以高度的计划性和组织性控制社会经济,压缩私人商贸的活动空间,并认为市场繁荣未必会推动赋役财政体制的货币化改革,相反市场会嵌入赋役财政体制,客观上帮助政府实现财政目的。

　　盐业与国家治理关系的讨论是2021年经济史研究的一个热点。崔光耀等《明代仓储制度探究》(《黑龙江史志》2021年第1期)总结出该时期仓储制度的不同类型,阐明仓储制度的积极作用,并对其现代意义做了阐释。吕小琴《明清近场私盐治理的改革困境及制度移变》(《深圳大学学报》2021年第1期)认为从明代近场私盐弛禁条例到清代老少牌盐制度,施行的效果远未达统治者预期,私盐合法化手段并未解决社会救助问题。王嘉川《明代两淮盐场的灶户生活与灶户管理》(《扬州文化研究论丛》2021年第1期)认为明代两淮运司一方面采取各种措施减轻灶民负担,维护灶丁正常的生产、生活环境,同时又对豪灶私煎、私售等违反盐业政令的行为进行惩罚或劝诫,一定程度上缓解了社会矛盾。彭恩《明代贵州实土卫屯制的实施及其成效》(《农业考古》2021年第6期)认为实土卫屯制的实施促进了贵州土司地区农业经济开发,推动了西南边疆和内地的一体化进程,在贵州开发的历史进程中占有重要地位。罗冬阳《明前期盐粮开中与国债市场的运行》(《社会科学战线》2021年第10期)指出明代开中法实施过程中因盐引的使用不自觉地运用赤字财政、发展国债及国债市场的历史事实,使得明政府以存积、常股的盐课分类形式自我约束以保障信用。叶锦花《在属地管理与垂直管理之间:明初到清前期福建盐场管理体制的演变》(《学术研究》2021年第11期)认为明初至清前期,福建盐场管理有属地管理和垂直管理两种体制,属地管理又有有无在地盐政机构设置之别。

三、财政问题研究

明代财政问题日益得到学者的重点关注,主要涉及中央及地方财政收支、赋税制度与白银货币化等问题。

(一)财政经济总论

苏新红《太仓库与明代财政制度演变研究》(中国社会科学出版社,2021年)以太仓库收支制度的演变为主线,对明廷内库、皇室财政与国家公共财政的关系进行分析,认为多种关系相互交织动态呈现了明代财政制度的整体演变。刘利平《从马政到财政:明代中后期太仆寺的财政功能和影响》(中华书局,2021年)利用诸多一手史料并收集大量数据,运用数理统计等方法对书中观点进行严密的分析和论证,探讨了明代中后期太仆寺财政功能的产生及其对国家财政的影响问题。胡克诚《皇权与财政:试论明代大运河上的宦官角色》(《运河学研究》2021年第1期)认为明代宦官在维护宫廷财政的相对独立性之中扮演了重要角色,体现了皇权对以大运河为干线的地方财赋征解过程的直接干预,代表了在贡赋经济体制下,皇室与政府在社会财富再分配上日渐"公私分明"的博弈关系。张会会《〈明代浙直地方财政结构变迁研究〉出版》（《中国经济史研究》2021年第1期）对丁亮《明代浙直地方财政结构变迁研究》进行了介绍，认为该书以明代浙江和南直隶部分地区赋役财政结构的变迁为研究对象。

吴兆庆《明后期宣大山西三镇马市市本来源考述——兼述抚赏银在市本中的作用》（《中国经济史研究》2021年第5期）梳理了山西三镇马市市本及抚赏银来源结构，指出其中反映出明后期财政管理因中央各部门财政分权而导致的权责不明、极为混乱的一面。王文素等《明清时期"减税"政策的实施及启示》（《税务研究》2021年第12期）认为明清两朝推行以"减并赋役"为主要内容的结构性的"减税"政策，虽然取得减轻赋役负担和均平税负的效果，但未能及时调整财政支出规模和结构，造成国家财政"收支"总量失衡、"央地"财力失衡和"内外"管理失衡等混乱局面。赵龙《从屯田看世宗一朝财政与明之兴衰》（《西部学刊》2021年第21期）以《明史·食货志》《明实录》为主要材料，结合前人研究成果，梳理明代屯田事业的兴衰，考察屯田与财政、军事的关系，指出以屯田为代表的财政崩坏是明代实际灭亡的主要原因之一。

（二）中央及地方财政收支与转型

明代中央及地方财政收支与转型备受学者关注。申斌《赋役全书与明清法定财政集中管理体制的形成——兼论明清国家财政治理焦点之转移》（《中国经济史研究》2021年第1期），阐述了明清两代法制管理体制的形成。余格格、郭永钦《从〈赋役全书〉看薪俸工食银的核算与发放》（《历史档案》2021年第2期）结合地方官厅档案，以"工食银"中对应人员名单为线索，区分了役食银两册和衙役清册两种不同功能的文本形式，并探讨政府核算考成中"虚分数"等问题，从侧面揭示政府核算时的具体操作方法。彭凯翔《明清经济史中的国家：一个对话的尝试》（《中国经济史研究》2021年第2期）认为国家能力对经济的作用反映在国家的不同角色里，在比较视野下，国家能力概念为理解明清经济变迁提供了学术可能,指出明清时期国家的财政有保守的一面,但并非其提供国内公共产品的主要约束,且明清时期中国的经济制度未必是资本主义式的,但在保护产权、促进金融增长等方面也有值得重视的机制。陈丽、贺军妙《明中后期财政困境与府县应对——以华北府县为考察中心》(《廊坊师范学院学报》2021年第2期)认为在怎样完成中央财政分派税赋的足额上缴、保障府县地方机制的正常运作,以及让百姓在征纳税赋时与官府保持合作方面,华北府县官员通过灵活处理彼此的关系取得了一定社会效果。赵中男《明弘治时期的藩王赏赐与国家财政》(《安徽师范大学学报》2021年第2期)介绍了明代藩王赏赐产生的财政问题,指出弘治时期是明代国家财政状况恶化的重要转折点。黄阿明《明代朝觐经费地方财政化考察》(《中国史研究》2021年第3期)认为朝觐经费地方财政化演变过程与明代赋役制度改革进程大体一致,且在继续深化赋役改革的趋势下,朝觐经费转至地方官库支取赃罚银成为改革趋势。刘文文《明初怀庆府"粮重"说考辨》(《史学月刊》2021年第3期)对怀庆府"粮重"说进行了考辨。

李宝《明中期福建地方财政职权的扩张——以役法改革为中心的考察》(《福建史志》2021年第4期)认为明中期以来福建地方行政支出及额外征收日渐增多,所需皆以"里甲役"与"均徭役"的名目向里甲摊派,造成基层里甲疲敝,丧失应有机能;与此同时,中央向地方施加的征税压力不减反增。周雷《赋税改革与国家转型:16世纪中国与奥斯曼帝国的比较》(《东方学刊》2021年第4期)认为中国和土耳其在16世纪以后的财税制度供给逻辑截然不同,中国自晚明以后逐渐将财税权力收归中央,并极力打击地方精英集团及资本势力,完全掌握对地方资源的汲取及分配权力,这也是明清中国日益腐朽衰败的重要原因之一。刘志伟的《从国家财政体制转型的视角看一条鞭法》(《史学集刊》2021年第5期)介绍了一条鞭法的内容及实施情况,认为一条鞭法的实施在本质上是王朝财政体制的转型表现。李宝、孙清玲《论明末清初福建上供物料制度的变迁》(《福建技术师范学院学报》2021年第6期)认为上供物料作为明清两代正项田赋之外的额外补充,涉及王朝国家的政治、经济、社会诸因素,具有重要研究价值。赵龙《关于明清时期"逋赋"与免除"逋赋"的几点思考》(《黑龙江史志》2021年第7期)对明清时期"逋赋"、免除"逋赋",以及这两者之间的关联做了相关思考。陈阳《张居正改革对当下中国央地财政关系改革的启示》(江西财经大学硕士学位论文,2021年)采用文献研究法对历史资料和文献进行总结,并通过与目前我国中央与地方财政关系进行对比分析,提出我国中央与地方财政关系改革面临的问题和启示。黎荣昇《明清时期广东太平关及其商品流通研究》(广东省社会科学院硕士学位论文,2021年)对明清时期广东太平关的税收与中央财政关系的发展过程做了详细的探讨。

(三)赋役制度

申斌《明代中叶赋役经制册籍纂修的扩展机制——财政管理技术传播之一例》(《史林》2021年第1期)以浙江赋役册籍编纂经验的形成与传播为例,说明嘉靖时期各地赋役经制册籍的普遍编纂,不仅是由于各地赋役改革的需要,同时也是新财政管理技术知识的扩展及其对主政者产生影响的体现。青木夏香《重赋之下的"孝义":明前期常熟赋役改革中的粮长集团》(《史林》2021年第3期)介绍了周忱改革的过程与主要内容,指出明初以降江南的地方政治气氛得以扭转,地方社会的权力结构也伴随着赋役改革而变化。刘道胜、宋杰《照丁粮朋贴、置产立会与明清徽州图甲职役的津贴》(《安徽史学》2021年第3期)以徽州相关文书记载为中心,尝试梳理明清图甲职役使费与津贴筹措的主要途径及其运作实态。

(四)白银货币研究

白银货币化对促进货币流通、推动明代社会经济发展具有重要的意义,相关研究也颇为热门。邱永志、张国坤《明清铜钱流通体制的式微与重整》(《重庆大学学报》2021年第1期)认为明清铜钱流通体制从式微到重整的转变原因在于明清商品经济既有基础不同,市场组织力量存在差异,民间对于小额通货的需求不断上升,以及最为关键的原因是清廷强有力的货币政策。王昉、徐永辰《晚明白银货币化的制度变迁实现机制——基于交换媒介属性的思想史考察》(《江西社会科学》2021年第2期)从货币思想层面分析,认为白银货币化的制度变迁建立在一个互利互制的利益协调基础上,强化了社会成员选择白银作为主要流通货币的一致意愿。卢伟《明清时期海外白银流入的经济内涵探讨》(《经济资料译丛》2021年第3期)介绍了明清时代中国经济发展处于世界领先水平且拥有持续的国际收支顺差的原因,进而指出产生这种现象的重要原因是在明清白银货币体系下,货币供给及其增长主要源于海外白银的流入,相应产生了对于获取海外白银的强劲需求。马应保、罗敬达《再论白银货币化与明代资本主义转型幻象》(《兰州交通大学学报》2021年第4期)认为白银涌入明朝带来的是虚假的商品经济繁荣,并未真正助推明朝向近代资本主义转型。

万明《全球视野下的明朝覆没——基于白银货币化的分析》(《河北学刊》2021年第5期)考察了17世纪早期全球市场一般性经济下滑的现象,认为它是自16世纪经济全球化开端以来一次严重的全球性衰退,而明代中国经济的衰退自1596年左右已经开始,明神宗财政治理新形态——内官税收体制出台成为阻滞国家与社会转型的主要原因。梁晓强《明代云南铜产与铸钱》(《曲靖师范学院学报》2021年第5期)介绍了明代云南产铜的状况,指出明朝时期云南生产的铜被大量用来铸钱,甚至就在云南本地铸钱的历史境况。王育茜等《明清徽州货币交易的历史考察》(《中国钱币》2021年第5期)认为徽州作为具有独特文化属性的地域,货币的具体使用情况有着自身的特色与规律。杨靖圆《明清之际的火耗问题及于成龙对其治理概述》(《佳木斯大学社会科学学报》2021年第5期)就火耗问题的产生和发展、于成龙对于火耗的治理及其对后世火耗治理所产生的影响进行概述。罗晓东、隋华《试论明代广西铸洪武通宝钱》(《文物鉴定与鉴赏》2021年第17期)介绍了广西发现洪武通宝钱币的种类,并通过类型分析总结其特点,探讨当时广西的经济情况。罗晓东《明代广西洪武通宝钱币研究概述》(《文物鉴定与鉴赏》2021年第19期)以前人对广西洪武通宝钱币的研究为基础,对这些研究成果进行综述,为其他学者进一步研究洪武通宝钱币提供借鉴。李俊良《论法定数字货币的"去中心化替代"难题及应对策略——基于中国明代货币演化的经验教训及启示》(《中国商论》2021年第24期)通过解析各类数字货币技术外衣下的本质,结合对称量银取代大明宝钞的历史事实,进而对制度性取代信用货币的案例进行分析,探讨了数字货币的前景。张雷《明前期宝钞问题研究(1368—1449)》(云南师范大学硕士学位论文,2021年)探讨了明代前期宝钞的问题,阐述了其积极作用及缺陷。王勇《白银内流背景下的明代货币思想演变》(西北大学硕士学位论文,2021年)对白银内流背景下的明代货币思想演变做了探究。

四、各类经济活动

以农、林、牧、渔、商等为代表的各类经济活动,与国家经济的发展有着千丝万缕的联系。商人群体的发展密切了区域间的经济关系,市镇经济发展更是改善了人民的居住条件。

(一)农业

1.区域农业

王小丰、方志远、韩美君《明清时期西辽河地区农业开发的动力与制约因素》(《农业考古》2021年第1期)对西辽河地区农业开发的动力与制约因素做出了进一步讨论。朱泽坤、吴玲玲《明清时期贵州农田水利建设材料整理与研究》(《凯里学院学报》2021年第1期)对清代贵州农田水利建设进行研究。杨成、周丕东《明清时期贵州传统农业与社会适应性研究》(《贵州文史丛刊》2021年第1期)考察了明清贵州传统农业的特征,且分析了明清贵州传统农业与当时的政治制度、经济体制以及民族多样性的相互适应问题。张汉青、肖立军《试论明代畿辅水利营田的首

次实践——以丰润、玉田县南兵营田为中心的考察》(《农业考古》2021
年第3期)认为丰润、玉田两县营田中仍存在成本过高、杂处民间等问
题,指出明廷开展营田期间出现的南兵违抗军令甚至哗变的情形反映
出蓟镇南兵管理中存在问题。关传友《明清时期皖西地区的农业经济
结构》(《农业考古》2021年第4期)指出明清时期皖西地区的农业产业结
构是一个以粮食为主兼及林副业的自给自足的农业经济结构,认为农
林业经济的发展促进了皖西城镇集市和商品贸易的繁荣。宋娜《论明
末与清前期黔北地区集市的繁荣与农村经济发展》(《遵义师范学院学
报》2021年第4期)认为万历年间平播之役后,明廷对播州杨氏土司统领
之地进行了大规模的改土归流,此举促进了黔北地区农村集市的繁荣
发展与当地社会进步。

丁柏峰、王耀科《明清时期河湟地区自然灾害与农业发展》(《农业
考古》2021年第4期)认为明清时期河湟地区自然灾害种类繁多,发生频
率高,给区域社会造成了极大影响,对农业生产危害尤剧。郑星《明代
河南农村集市的发展与地域分布考述》(《农业考古》2021年第4期)认为
农村集市作为市场层级中最基层的市场,在农村市场的发展和繁荣中
扮演着不可或缺的重要角色。张可然《明清时期长江中游的社会经济
发展变化研究》(《农业技术经济》2021年第9期)对明清时期长江中游的
社会经济发展变化进行了探究。王小丰《明清时期西辽河地区农业开
发研究》(江西师范大学硕士学位论文,2021年)对明清时期西辽河地区
的农业开发进行了研究。钱恒生的《移民、垦荒与米谷:明清时期湘鄂
赣米粮业区域化形成与发展》(南昌大学硕士学位论文,2021年)对明清
时期湘鄂赣米粮业区域化形成与发展做了详细研究。

2.农作物与农业技术

崔思朋《明清时期丝绸之路上农作物传播及对中国的影响》(《全球
史评论》2021年第1期)认为农作物的传播也成为明清时期中国与世界
往来的重要媒介,极大地促进了中西方之间的交流,农作物的传播也为
重新审视这一时期中国与世界之间的往来提供了新的视角。胡火金等

《明清时期太湖流域水灾危害及灾害链——以江苏苏州为中心的考察》(《农业考古》2021年第4期)介绍了明清时期太湖流域水灾发生及应对情况,认为历史上太湖流域水涝灾害频仍,苏州地区尤重,扰乱了人们正常的生产生活,阻碍区域经济社会发展。杨幸、高升荣《古代山西枣地位变迁——以明清山西地方志为中心》(《农业考古》2021年第6期)以明清时期山西地方志为中心,对山西"枣"的地位变迁做了分析。冯玮《明末赣、陕两地道地枳壳之兴替与江西"枳种"入川》(《农业考古》2021年第6期)认为自明中后期开始的气候变化、政治中心东移是推动"商州枳壳"道地药材产地由秦岭移转至江西临江府的重要因素。王星光、李勇《明代河南"小麦居半"析论》(《中州学刊》2021年第9期)考察了明代河南地区小麦种植情况,认为河南"小麦居半"的状态形成于明代,这主要源于政府的推动、先进技术的支持与饮食习惯的促进。

3.土地问题

栾成显《顺治丈量与万历清丈比较研究——以休宁二十七都五图鱼鳞册为例》(《安徽师范大学学报》2021年第3期)将遗存的休宁二十七都五图顺治丈量鱼鳞册与该图万历清丈鱼鳞册进行比较性的研究,指出顺治丈量田土是在继承万历清丈基础上进行的,且更为深入和彻底,在稳定清初社会秩序方面发挥了重要作用。岸本美绪《民间契约与国家干预——明清时代的"契约正义"问题》(《中国经济史研究》2021年第2期)以"绝卖的土地可否回赎"这一问题为中心,通过明清国家允许当事者回赎绝产的若干事例,探讨当时为政者在解决此类问题时所依据的逻辑。吴才茂《明代卫所军户原籍田产处置初探——以清水江文书"成化二年转批粟文海田地合同"考述为中心》(《中国史研究》2021年第4期)对清水江文书《成化二年转批粟文海田地合同》进行考辨,指出该文书所涉事项并非卫所军户抛荒屯田,实系卫所军户在原籍的田地,并认为该合同签署主要是为了解决卫所军户与原籍军户军役纠纷与分担问题。

（二）手工业

袁越鸿《明清时期柞蚕业兴盛原因探析》(《农业考古》2021年第1期)介绍了明清时期柞蚕业发展状况，认为影响柞蚕业兴衰的根本因素是技术与对蚕丝及蚕丝制品的需求。刘佩的《明代宁夏地区手工业军事化探究》(《宁夏大学学报》2021年第1期)对明代宁夏地区手工业的军事化进行研究，指出这种手工业生产方式对支助边防有重要作用。张瑾《明清北方制瓷业发展考察——以彭城窑为中心》(《河北北方学院学报》2021年第2期)认为彭城窑制瓷业的繁荣发展带动了彭城经济的发展。薛元可《明代"空白期"瓷器问题初探》(《贵州大学学报》2021年第4期)认为无论是"禁烧令"还是"禁海令"，都能够从侧面反映出正统、景泰、天顺年间的瓷器生产并非空白。刘金林《地方志与矿冶文化的传播——以明清时期〈大冶县志〉为例》(《文化软实力研究》2021年第4期)对明清时期《大冶县志》各种版本进行了概括，并对嘉靖《大冶县志》、同治《大冶县志》、光绪续修《大冶县志》有关矿冶文化资源的记载进行了介绍，认为明清时期《大冶县志》的修订对黄石矿冶文化的传播以及近代重工业的发展起到促进作用。梅盛龙等《香菇发源地探秘(六)——明代菇民从矿工到菇民的艰难逃亡之路》(《食药用菌》2021年第5期)论述明代矿冶产业发展的曲折历程，介绍了矿冶业封禁与开采政策反复以及开矿农民起义遭到朝廷的残酷镇压的历史实情。刘涛《历史名产戴时宗绿豆酒考》(《酿酒》2021年第5期)围绕《古今图书集成》所收诗作进行分析，重构戴时宗绿豆酒的发展历程。

林盼《资源何以成为"诅咒"？——对明清时期淮安地区官营产业发展的案例分析》(《开放时代》2021年第6期)通过对明清时期的淮安地区这一案例的分析，呈现政府主导下的漕运业与盐业的发展，以及如何形塑以资源部门为核心等问题。该文为区域经济发展中的"资源诅咒"理论提供了机制性案例分析，并提出政府在"掠夺"的前提下所进行的扶持措施，并不会导致共享型、普惠型的经济增长等观点。黄今风《明清时期扬州漆器工艺的装饰艺术》(《收藏与投资》2021年第12期)基于明清时期扬州漆器工艺及其装饰进行技术分析,对漆器工艺品历史、美学特征、艺术表现方式等因素作探讨,并总结其艺术特点。李朝霞《明清时期晋东南地区民间画工行业特点分析》(《艺术教育》2021年第12期)通过对晋东南地区现存寺观祠庙壁画的田野调查及晋城、长治等地碑刻资料的查阅,梳理出多位民间画工的相关信息,进而探究明清时期晋东南地区民间画工行业的传承方式及职业特点,并进一步对其社会价值进行阐述。朱文哲《"奔走射利"明代中后期商品化的篆刻市场》(《艺术市场》2021年第12期)认为晚明时期的篆刻市场十分活跃,出现了购藏者、印人、古董商、居间人、造假者等不同身份的人群,他们的互动和交往共同促成了篆刻艺术的商品化发展。李丽佳《基于〈明史·食货志〉的明代商品设计研究》(南京艺术学院硕士学位论文,2021年)从官营手工业、民营手工业产品以及外来商品的3个角度出发,总结明代商品经济繁荣发展下其商品设计的特征,以及商品设计行为的经济性与社会性。

(三)渔业

白斌、方挺、池丽莎《明清时期宁波海洋渔业文化研究》(《中国港口》2021年第S1期)通过对明清时期涉及海洋渔业的文献进行梳理,以及和沿海其他区域比较,指出宁波海洋渔业文化最明显的特征为海洋渔业捕捞方式和捕捞产业的分工。胡可杰《耕海牧渔:明清时期福建沿海居民渔业活动研究》(广西师范大学硕士学位论文,2021年)对明清时期福建沿海地区居民的渔业活动进行了研究,阐述了当地居民曲折的发展历程。

(四)盐业

段雪玉、汪洁《明清至民国时期广东大亚湾区盐业社会——基于文献与田野调查的研究》(《海洋史研究》2021年第2期)根据田野调查搜集所得民间文献、口述史料,结合地方史志文献,勾勒出明清时期大亚湾区盐场(栅)社会历史。尹巧瑞《论云南的南明盐政与清初因革》(《清史研究》2021年第5期)介绍了南明管制下云南地区盐务生产状况,认为明清鼎革之际,滇盐成为南明政权供应军需之利薮,清代在其基础上将官灶分成由比例制改为定额制,有利于加强中央对云南地方的统治以及促进当地社会发展。管志怡、王智汪《汲海煎雪:明代台州盐业与私盐问题研究》(《佳木斯大学社会科学学报》2021年第6期)介绍了明代台州盐务管理机构及其职责,指出嘉靖年间票盐制度的确立是导致私盐贩运猖獗的主要原因,极大威胁台州地方社会稳定,弱化政府对地方的控制。赖晨《略论明代廉州的海盐业》(《广西地方志》2021年第6期)认为由于商屯刺激、统治者重视海盐业务和廉州生产海盐的传统,在明中叶以前,廉州成为今广西境内最大的海盐生产基地,而由于安南海盗的侵扰以及漕运官吏的腐败,又导致廉州海盐生产日益衰落。尹巧瑞《明代王府食盐述论》(《史学月刊》2021年第9期)认为王府食盐的运输由盐务专署、地方政府、王府人员与盐区灶户负责,运价由盐务专署和地方政府承担。王府食盐加剧了国家财政危机,扰乱了基层社会的市场秩序,危害了盐法的平稳运行。廖雯《明代盐政及盐业与文学》(南京师范大学硕士学位论文,2021年)以两淮地区为例,分析明代盐政制度对文学的影响,进而探讨文学与经济制度之间的关联性。

(五)商业

1.商人群体

明代商人群体的壮大,商帮的勃兴以及商人从事海运贸易等问题都是学者关注的焦点。

徽商研究。李德楠、吕德廷《民变、风水、舍利塔:万历后期临清社会的重建——兼论运河城市临清的徽商元素》(《徽学》2021年第1辑)介绍了万历时期临清民变以及民变后出现的经济衰退、科举不兴等困境,认为徽商在临清风水塔的兴建过程中发挥了重要作用。肖飞燕《明末海商巨魁李旦和颜思齐关系研究》(《闽商文化研究》2021年第1期)在整理既有研究的基础上梳理出对双方关系的认知存在一个逐渐转变的过程,指出前期论证两人实质是同一个人,颜思齐只是李旦在另一个场合的名讳,进而通过分析两者的生活轨迹指出他们是两个完全独立的历史个体。姚伟《明清徽商在皖江流域的商业经营与社会公益活动》(《淮北师范大学学报》2021年第1期)介绍了皖江地区徽商参与公共设施营建、赈济灾民扶危济困、维护正义抵御外侮等行为,认为徽商在儒家伦理道德观念影响下,坚持以义取利且不忘回报社会,积极推动地方社会公益事业建设,体现了商人与社会发展的良性互动。张浩《归德孟尝:明清徽商"焚券弃债"的动机与启示》(《黄山学院学报》2021年第1期)认为"焚券弃债"体现了徽商同类相感、互帮互助之谊,反映了徽商重信然诺的契约精神和以义为利的商业道德,此举作为一种深谋远虑的公关行为,有利于缓和社会矛盾与提高徽商社会形象。徽商"焚券弃债"行为背后的思想对现代商业发展具有一定的借鉴意义。郑春勇、金春贵《依附皇权:明清时期徽商的兴衰及其启示》(《廉政文化研究》2021年第1期)介绍了徽商结交权贵、重金买官、送女联姻、行贿寻租等主要经营策略,认为徽商的崛起与其精心构建依附型政商关系的战略选择是分不开的,指出在依附皇权得势之后,徽商又通过贱买贵卖、排挤同行、垄断经营等手段攫取巨额利益。刘鑫《明清时期运河区域的徽商研究》(《黄河 黄土 黄种人》2021年第1期)紧密围绕明清时期运河区域的徽商这一宏观性研究命题,依托多元化的材料,重点阐述和考察徽商的兴起及商业经营活动与运河之间的内在关系,从运河区域的徽商及运河区域内徽商的经营、文化交融等诸多方面阐述。

张浩《贾而任侠:明清徽商精神气质的另面》(《淮北师范大学学报》2021年第2期)认为明清徽商除了显著的"贾而好儒"的特点外,还有鲜明的"贾而任侠"的另面。孙佳雨《明清徽商与陕商之比较研究》(《西安文理学院学报》2021年第2期)将徽商与陕商的经营理念、思维方式等进行比较,认为徽商是将商业经营看作最终崇儒仕进的一个跳板,而陕商虽然也受到了儒家文化的熏陶。梁仁志、葛俊超《弃儒与归儒：徽商家族的职业抉择——明中后期士商关系再探讨》（《安徽商贸职业技术学院学报》2021年第4期）认为徽州"弃儒就贾"现象及汪道昆"良贾何负闳儒"等言论通常被作为明中后期商人社会地位提高及士商融合的证明，并指出"舍贾归儒"现象的广泛存在说明徽商仍然以业儒为首要选择。王世华、马洪伟等《徽商的起点和终点：明清"第一商帮"传奇》（《环球人文地理》2021年第5期）对徽商的家学渊源、生存策略、经营理念与商业交往等问题进行了全面介绍。郑民德、余敏辉《明清江苏运河区域的徽商及其社会互动》（《江苏地方志》2021年第5期）认为：徽商在江苏运河区域的经营，一方面刺激了大量商贸型城市的崛起，活跃了当地市场、丰富了民众的物质生活；另一方面也使运河文化包容开放、兼收并蓄、积极进取的特点得以展现，增强了江苏区域文化的活力与魅力。戴昇《学以成商：明清徽商学徒的贸易知识与生意学习》（《安徽史学》2021年第6期）认为徽商学徒在学艺期间需要掌握辨物、估价、识银、算术等贸易知识，同时还要学会书写记账、交际往来、辨别良莠、调整经营策略等本领，指出徽商学徒学习经营贸易的内容、缘由与举措，深深根植于明清社会经济发展的现实，亦体现了商业群体自身的发展脉络。范金民《明清时期活跃于苏州的外地商人》（《中国中小企业》2021年第10期）认为在苏州各行各业外地商人的身影中，安徽商人是活跃于苏州的人数最众、势力最雄的外地商人。

晋商、陕商等商人群体。冯磊《明代晋商兴起的政商环境与德性特质》（《山西高等学校社会科学学报》2021年第3期）认为明代晋商的崛起是传统政商关系不断调整的产物，具体又与晋商在良性政商交往中形成的4种德性密不可分。段建宏、孔雨薇《明清泽潞商帮宗族的物质层面建设》（《长治学院学报》2021年第4期）认为泽潞商帮宗族在商业发展到一定程度的基础时，不约而同地利用自身的经济实力辅助宗族壮大，通过修订族谱、修建祖茔、创修祠堂、筑造大院等方式，促使宗族不断繁衍传承，进而在地方基层事务中彰显本宗族的实力，扩大宗族在地方社会的影响。陈书录《明清商贾与〈聊斋志异〉及山东雅俗文学的典型分析》(《河北学刊》2021年第5期)认为清初蒲松龄小说《聊斋志异》等呈现出明清商贾与山东文学交叉的态势,主要表现为诗文与小说呼应中的立法救弊,打击豪强奸商以及形理兼备之中的经商择偶等,指出这既是明清商贾活跃时代背景下市民意识觉醒的重要方面,也是明清山东地域文化与文学的特色之一。史金《陕西商帮的历史沉浮与商业特点——从明清时期说起》(《文博》2021年第6期)以明清陕西商帮为个案,通过历史的梳理寻找陕西商帮商业理念的特点,分析这些特点在生成陕西商帮的商业生态和发展道路上的利弊得失。叶改芸《浅析明代榆林长城上的"边客"》(《今古文创》2021年第26期)对明代榆林长城线上的"边客"做了相关论述。

2.商业贸易

张洁等《明清时期山西泽潞地区潞绸贸易状况分析》(《蚕业科学》2021年第1期)从地理位置、交通运输、政治环境等3个方面分析山西泽潞地区发展潞绸业的主客观因素,研究明清时期潞绸贸易场所和组织以及潞绸贸易流通路线。王振忠《明清徽商与长江流域的木材贸易》(《地方文化研究》2021年第1期)利用新近发现的民间文献重点介绍了新见民间文献中的徽州木商史料,探讨徽商与长江流域的木材贸易,指出整个长江流域的干支流特别是长距离的木材运输中,徽州木商无疑是最为活跃的商帮。杜英东《明清、民国时期的怀仁古镇商业》(《文史月刊》2021年第2期)讨论了明清、民国时期山西怀仁古镇的商业。许檀《明清时期的通州商业》(《中国社会经济史研究》2021年第3期)介绍了明清时期通州地区流通的主要商货种类,并从牙行、牙税的设置讨论张家湾的商货转运量,指出很可能大于通州城,进而指出通州和张家湾是晋商经营的北疆贸易和中俄恰克图贸易的重要转运码头。刘森林《明代江南硬木良材的来源和消费》[《安徽大学学报》(哲学社会科学版)2021年第4期]介绍了明代江南市场硬木和良材的主要来源,指出各地通过木材运输进行经济交流成就了船只、园林、书籍和家具的黄金时代,模塑了早期近代江南物质文化的荣耀,也揭示了资源日渐匮乏及硬木良材高成本的实相。刘森林《论明代江南家具的延长型消费》[《安徽师范大学学报》(人文社会科学版)2021年第4期]通过对出土文物、传世实物、图像和政书方志、文集小令、笔记日记、海外观察等文献的比对与辨析,明确了明代江南硬木家具发轫于成、弘时期,迨嘉、隆、万、启、崇等诸朝渐丰,证实了正统和主流髹漆镶嵌家具是明代礼制纲常、等第序位的物质载体和标志。

张洁《茶马古道线路兴替:基于官办茶马贸易的考察》(《西北民族研究》2021年第4期)分析了明清之际茶马贸易拓展至川边的历史境况,认为至清朝,随着甘边茶马司的悉数裁撤,官办茶马贸易走向衰落,川边、滇边凭借自身优越的资源禀赋延续着对藏贸易的繁荣。廖国一、欧冬梅《明代合浦珍珠采捞、商贸的历史探析》(《广西社会主义学院学报》2021年第4期)认为珍珠商贸主要是为进贡与民间贸易,两种贸易方式共同带动了明代合浦经济及周边区域的发展。明代合浦珍珠采捞、商贸对明代经济社会、海洋生态环境产生了积极和消极的影响。郭福亮《明清时期济宁的茶叶贸易与茶馆区隔》(《农业考古》2021年第5期)考察了明清时期济宁茶叶贸易状况和茶馆分布,指出不同茶馆消费区隔的背后反映的是不同社会层次群体所持有的社会资源与生活条件状态,认为明清时期运河的全线开通是促进济宁商业逐渐繁荣的重要推动力。姚健、樊志民《试论明清时期陕西茶品牌的嬗变》(《安徽农业科学》2021年第12期)认为明清时期陕西茶品牌嬗变是由茶马贸易制度的演变、人口迁徙融合、内在文化濡化等因素造成的,陕西茶的发展有利于推动统一的多民族国家形成,促使制茶技艺简化与陕西地区经济水平的发展。王天歌《晚明陶瓷贸易中的艺术与经济》(《牡丹》2021年第20期)认为明清时期陶瓷作为商品和世俗艺术的特点愈发凸显,当时政府并未建立专门的机构来服务商业交换、监控商品交易,或者保证财政平衡。姚健《明代陕西商茶研究》(西北农林科技大学硕士学位论文,2021年)运用文献研究法和田野调查法对明代陕西商茶进行研究。王鑫《明清时期张库大道商贸发展及其影响探究》(河北师范大学硕士学位论文,2021年)从中外文献入手对张库大道上的贸易商人进行地域性划分,深入地探讨张库大道对于不同地区所产生的影响,为现今延续张库大道的发展做好理论铺垫。

3.商业与文化

商业的蓬勃发展促进了文化上的变迁。高露露《晚明消费文化与社会风气研究的回顾》(《长江文明》2021年第2期)指出晚明消费文化繁荣发展不仅体现在具体的物质层面上,更进一步影响到心物之间的关系,也造成士商关系的变化和权力的互动,并进一步强调这种互动上升到国家层面则是"禁奢令"的出现,并以此来限制消费文化和行为。吴跃农《扬州盐商与苏商文化》(《江苏地方志》2021年第2期)针对扬州盐商与苏商文化进行了阐述,指出盐商在扬州等地的经营活动与日常生活促进了当地文化繁荣发展。楚程茜、马立军《商帮、会馆与戏曲传播——以明清在豫山陕商人及其会馆为例》(《四川戏剧》2021年第3期)认为山陕商人在会馆中因对戏曲的热衷,以及为寄托桑梓情怀和自身商业需要离不开对戏楼建筑的精雕细琢,由此会馆戏楼成为明清戏曲表演的重要场所,这极大地带动了戏曲文化的传播与展示,会馆中频繁的戏曲活动有力促进了商贸及市场的繁荣。李少勇《文化与权力:明清木兰陂水利纠纷与地方社会》(《农业考古》2021年第4期)考证了木兰陂水利文献,并结合历代方志中莆田水利的相关记载展开研究,相关方围绕水利资源与灌溉权利产生了激烈的纠纷与冲突,积极地利用宗族身份、祖先功迹与陂集文本等文化象征性资源以达到目的。

赵艳霞、刘芸飞《明清泽潞商帮宗族的精神构建》(《长治学院学报》2021年第4期)认为泽潞商帮宗族以传统儒家思想为基础,结合宗族特征凝练出与社会教化相契合的宗族规约,以此教育管理族人,指出其借助行业网络,从精神层面构建具有行业特征的信仰体系在积极参与地方公共事务中发挥着重要作用。陈华、王鑫方《从具象到意象:明清泽潞地区铁器的文化分析》(《长治学院学报》2021年第4期)对明清时期山西泽潞地区铁器文化进行分析,指出在泽潞商人的推动下,铁器成为主要贸易商品。在此过程中,铁器逐渐突破其本身的物质具象而日益显现其文化意象,这不仅增强了铁器与人们生活的关联,而且增强了人们的文化自信,凸显了铁器制作行业特殊的心理与信仰。常文相《儒、贾之间:明代商人的职业选择及价值理念》(《齐鲁学刊》2021年第6期)考察了明代商人经商的心理需求与价值取向,指出许多商人源于对传统儒家文化伦理的深度认同试图在实践层面打开儒、贾之间的通路,进而实现儒贾相资互济、兼得并举的理想,在反映当时民间保持资财与传承诗书二者呈现越来越明显共生性征的同时,也展示出明代中国商品经济同既有帝制体系并行共荣的独特历史经验。刘蓝予等《传统商业文化的长期经济影响——基于明清商帮的实证研究》(《管理世界》2021年第11期)利用明清时期县级层面的商帮数据对以明清商帮为代表的传统商业文化对当代经济发展的长期影响进行了实证研究,发现明清时期商帮活跃地区当代经济发展水平更高,进一步指出在这些传统商业文化浓厚的地区存在居民创业活跃与社会交往更频繁的状况。魏文静《明清以来江南赛会的商业特征与消费文化》(《作家天地》2021年第33期)认为明清江南民间赛会的商业特征体现在3个方面,即出于营利目的的主动办会,基于专业市镇和专业分工的办会投资,侧重娱乐消费的办会收益分配等,进而指出明清时期专业市镇经济和专业化分工带动了以娱乐消费为特征的消费文化发展。

五、区域经济发展

(一)区域经济与市镇发展

1.区域经济的繁荣

柴小羽《明清河南怀庆府经济发展概况》(《长江丛刊》2021年第8期)根据现掌握的资料对河南怀庆地区的经济发展做简要分析,指出明清时期的河南经济发展程度并未迅速下降,怀庆地区的农业、手工业、药材业适应了商品经济发展趋势,不仅使人民富裕起来,转变了传统的农本思想,还活跃了本地区的商品流通。于腾《试探明清时期华北沿运城市夜市经济的繁盛——以济宁为例》(《今古文创》2021年第35期)介绍了济宁夜市经济发展状况,认为随着明朝对运河的疏浚,济宁在明廷支持与地理位置优越双重力量推动下经济不断繁荣,对城市经济、农村经济、外商入济与城市发展发挥着不可或缺的作用。朱年志《明清山东运河小城镇渡口驿的历史考察——以地方志资料为中心》(《运河学研究》2021年第1期)考察了夏津县渡口驿地处河工水利与漕运要道发展的相关情况,认为明清时期山东运河航运的畅通带动了沿线许多中小城镇的发展与繁荣,漕运仓储与驿站的设置完善了它的多项职能,也加强了这一地区与周边的联系。[美]费丝言《谈判中的城市空间:城市化与晚明南京》(浙江大学出版社,2021年)认为历史学家不应将城市化视为商业化发展的副产品,而应将其视为每个朝代的制度框架和文化趋势所塑造的过程。在此基础上,该书指出这一特点在明代尤为明显,其城市发展的性质和结果被证明是由明初设想的乡村理想所定义的。作者以长江流域的大都市南京为例,展示了在明代城市居民如何利用为农村制定的制度和文化资源重塑城市地位的途径和手段。

2. 市镇经济的发展

陈新海《明清时期草原丝路沿线城市张家口的发展与职能演变研究》(《史学集刊》2021年第3期)认为张家口城市职能的演变历经张家口堡、张家口上下堡和张家口城市3个阶段的不同发展,指出随着张家口城市职能的增加与主要职能的转化,张家口城市的实体地域以堡子为中心向北推进,一度扩大到大境门以外的元宝山地区,在中外交流过程中发挥着积极作用。吴闻达、季宇《明初城墙包砖问题试析》(《故宫博物院院刊》2021年第3期)通过统计明初南直隶、湖广、江西三省的城墙包砖情况考察了明初城墙包砖的基本面貌,并根据明代各级城市所用城砖的烧造与征调情况,探讨包砖的相对成本,指出明初城市包砖与城市的等级、所处地区的军事战争形势密切相关。张献忠、李宗辑《国家—市场视域下的城市发展：以开埠前天津为中心》(《史学集刊》2021年第4期)以天津城市的发展为中心考察明清时期地方市镇的发展状况,认为随着商品经济的发展,市场在城市形成和发展中的作用也日益增强,尤其指出为顺应市场发展需求,明朝通过增设兵备、巡抚等职守,不断进行国家力量的自我调适,从而夯实了天津的区域中心市场地位,在明中期逐渐构织了以卫城为中心的北方商贸网络。

王耀《城外街区的扩张：明清汉江沿岸城市商业功能的增强》(《陕西理工大学学报》2021年第6期)认为商品、商人在城市的集中以及沿汉江商路的开拓、完善,使得明清时期汉江沿岸11座城市的街区呈现向城外规模扩张的显著趋势,指出城外街区的拓展与城市商业活动息息相关,在一定程度上改变了城市的空间格局,并与城内街区共同塑造了明清汉江沿岸城市的基本面貌。孟祥晓《明清卫河流域州县城易土为砖现象探析》[《历史教学》(下半月刊)2021年第7期]介绍了明初卫河沿岸修建的砖窑情况,指出这些砖窑烧造主要供应京师宫室城墙建设,至明朝中后期随着砖产量的增加,建筑用砖开始由皇家走向民间,为该流域大范围的州县城墙易土改砖提供了可能。王雁、赵朗《透视明清时期辽南城镇变迁》(《侨园》2021年第8期)对明清时期辽南城镇变迁做了详细的探究,认为当地卫所的设立和发展,以及各类商品流通促进了辽南城镇发展日益走向成熟。

康煜婕《明清到民国初期宁夏沿黄地区城镇体系变迁研究》(内蒙古师范大学硕士学位论文,2021年)对明代、清代和民国不同历史时期下宁夏沿黄城镇体系的发展特征、过程等进行分析,总结出不同历史时期城镇体系发展的差异,把握宁夏沿黄地区城镇体系发展演化的总体脉络,指出黄河在城镇体系形成与演变过程中发挥了重要作用,使得宁夏沿黄城镇体系逐渐形成了如今独具特色的沿岸城镇体系分布格局。李玉静《明清张家口市圈研究》(华中师范大学硕士学位论文,2021年)认为张家口市圈有一个从传统互市到开放贸易的发展过程,影响其发展的因素亦有一个从国家规制到民间主导的动态变化,同时市场区域和建筑规模也随着贸易的拓展而扩大。何宛蓉《明清时期粤西南地区的商品经济与市镇发展研究》(江西师范大学硕士学位论文,2021年)认为虽然明清时期粤西南地区商品经济的发展存在不足,但其发展不仅满足了当时该地百姓日常生活与生产需要,同时客观上推动乡村地区市镇化,促进城乡市场网络形成,更助力了广东社会经济向近代化发展。许檀《明清华北的商业城镇与市场层级》(科学出版社,2021年)在实地调查和个案研究基础上,对明清时期华北城市与市场进行了综合性研究。该书对明清时期冀鲁豫3个省50多个较重要的城、镇进行了系统考察梳理,在城市覆盖面上远超过以往华北研究中的举例性考察,弥补了以往研究中最薄弱的部分。作者开创的以商人会馆集资的"抽厘率"折算经营规模,利用商人捐款的地域分布考察商镇腹地范围的方法,以及对传统城市研究新的指标体系的探索,有助于推进传统商业城镇研究的量化和深入。刘文华《〈明清华北的商业城镇与市场层级〉出版》(《历史档案》2021年第3期)对许檀所著《明清华北的商业城镇与市场层级》做了详细的评介。

(二)水运交通

1.运河

随着建设中国大运河经济带上升为国家战略,大运河保护与传承的呼声日益高涨,且受到学者的密切关注。李德楠、吴霄彤《郑民德著〈明清运河漕运仓储与区域社会研究〉评介》(《运河学研究》2021年第1期)对郑民德先生所著的《明清运河漕运仓储与区域社会研究》做出了评介。张程娟《长运之后:明代中后期漕运派兑改革与卫所分帮机制》(《学术研究》2021年第9期)基于明代漕法变化历程考察了明中后期漕运派兑改革情况,认为从兑运到长运均为解决江南地区的漕运问题,也是军民州县水次交兑的进一步推广,进而指出历任漕运总督所推派兑改革虽在"定派"与"轮兑"之间反复不定均蕴含追求定制之精神,而漕运改革过程中从卫所到漕帮的变化,既体现了长运之后漕法的具体运作,又反映了明清漕运卫所的转变态势。田冰、张可佳《元明清时期河南境内大运河的延续与衰落》(《黄河科技学院学报》2021年第3期)认为唐宋以前河南境内大运河是中国大运河的源头和主干,具有极其重要的历史地位和作用,指出元明清时期河南境内的大运河已经退出主导地位,成为京杭大运河的辅助通道。郝宝平、郭昭昭《明代京杭大运河山东段水源管控的工程技术创新》(《江苏科技大学学报》2021年第4期)认为京杭大运河山东段开通后,成为实现南北通航的"咽喉",指出明廷为保障漕运畅通不仅对山东境内水系及大量泉源进行了人工改造,还修建了戴村坝引水工程,也为了实现南北分水的定量控制,修筑了南旺分水枢纽,进而实现对该段运河水源的有效管控。陈梦玲、郭昭昭《明代大运河淮扬段水利工程的系统治理》(《档案与建设》2021年第11期)认为明代大运河淮扬段南接长江,北连黄河与淮河,沿途湖泊连片,水系复杂且水患严重,对大运河的通航和漕运常构成威胁。明政权在运河与长江交汇处优化闸坝设置,在运河沿线渐进式启动河湖分离工程,在黄淮运三大水系交汇处建设枢纽工程。

陈喜波、贾濛《漂来的繁华:明清北运河水系变迁与通州张家湾码头兴衰——兼论张家湾运河文化遗产保护、传承和利用》(《首都师范大学学报》2021年第5期)分析了北运河区域运河水系变迁情况,指出这种变化是决定张家湾码头兴衰起伏的主导因素,大运河为历史上的张家湾带来了富庶与繁华,进而认为张家湾运河文化底蕴深厚,运河文化遗产数量多、类型丰富,值得深入研究并加以系统保护。郑民德《明清运河漕运仓储与区域社会研究》(人民出版社,2021年)借助社会史、社会学、民俗学的研究方法,对明清运河漕运仓储与区域社会关系进行研究与探讨。在叙述其制度变迁的基础上,深入探究漕运仓储中"人"的主观能动性,以及对区域社会造成的冲击与影响。通过漕仓这一漕运系统的构成环节去展现明清漕运以及社会的变革,客观陈述与评价漕仓在明清社会中的地位与作用。

运河的不断发展促进市镇的变迁。高元杰《黄运关系与明清时期的改漕治河思潮》(《运河学研究》2021年第1期)认为明清长期存在的改漕治河思潮,在一定程度上为晚清黄河北徙的确定、漕粮海运的进行做好了思想准备。许哲娜、喻满意《运河空间效应与明清时期江南市镇发展——以苏州吴江为中心的考察》(《城市史研究》2021年第1期)介绍了苏州地区市镇发展情况,认为大运河拓展了吴江区域市场空间,把吴江与全国性市场联系在一起,改变了区域内部市场形态,提升了周边地区消费的便利性和生产资源的优化配置。胡梦飞《策彦周良的〈入明记〉中的明代江苏运河城镇》(《档案与建设》2021年第1期)叙述了日本僧人策彦周良所撰《入明记》中记载的江苏运河城镇全貌。孙竞昊、佟远鹏《遏制地方:明清大运河体制下济宁社会的权力网络与机制》(《安徽史学》2021年第2期)考察了济宁地区社会文化发展状况,指出明清时期济宁地区的商品化、城市化由中央政府的漕运引发和支持,大运河的运转重塑了济宁的国家与社会关系。范金民、罗晓翔《明清苏州经济中心地位略论》(《史学集刊》2021年第3期)认为从当时苏州的经济总量、商品生产和商品流通来看,其中心都市的地位远在另一工商城市杭州之上。胡梦飞《策彦周良〈入明记〉中的明代沧州运河》(《沧州师范学院学报》2021年第3期)展现了明代中后期沧州沿运地区社会风情,为研究运河交通史和城市史提供了重要视角。李希《〈漂海录〉与明弘治初年的南北交通——“国际记忆中的浙东”之三》(《博览群书》2021年第4期)阐述了朝鲜人崔溥路经京杭大运河的过程,认为《漂海录》是展现运河沿线百姓生活状态的宝贵史料。孟祥晓《“保漕”背景下明清卫河转漕吏民群体形象初探》(《青海社会科学》2021年第4期)认为卫河漕运中涉漕人员构成的复杂情况及运作实态,是明清国家漕运系统运转情况的一个直观反映。胡梦飞《日本遣明使眼中的明代浙东运河——基于策彦周良〈入明记〉文本研究的视角》(《浙江水利水电学院学报》2021年第5期)认为浙东运河是中国大运河的重要组成部分。邹晓华《明清小说中的江南漕运》(《江苏地方志》2021年第6期)对明清小说中的江南漕运做了探讨。于法霖《明代马濠运河的兴衰及其影响》(《中国民族博览》2021年第15期)认为马濠运河本可大大拉动其两岸商业,但却迅速衰落,指出马濠运河北端海中的黄岛,也经历了整岛荒芜的历史。

2.交通建设

武倩《明代徽州邮驿研究》(《宿州学院学报》2021年第1期)以明代徽州地区邮驿的演变为切入点,指出在明中后期邮驿体系弊端丛生的背景下徽州邮驿发生变化,主要表现为将驿站改设为急递铺,徽州邮驿体系所承载的信息流、物资流与人员流等皆反映出明代徽州社会内部互动以及持续与外界交流的样态。陈琨垚《明清时期富屯溪和金溪流域的交通建设》(《福建史志》2021年第1期)基于对明清时期富屯溪和金溪流域交通情况的考察,指出这一地区交通以水路为主、陆路为辅,形成了较为完善的交通格局,其交通建设情况受域内各种区位因素影响甚深,进而认为当地交通适应了自然条件的限制与商业发展的需要,对本区域的经济发展起到了促进作用。李宝《论明代福建桥梁建设的成就及原因》(《福建文博》2021年第2期)通过对地方文献的分析,结合实地对桥梁的考察发现,明代福建修建桥梁总数为800多座,居于历代之冠,其兴盛的原因与明代完备的桥梁资金募集、修建维护方法息息相关。翁泽仁《以"驿"为媒:论明清时期驿道对贵州社会发展的影响》(《安顺学院学报》2021年第6期)认为陆驿和水驿的开辟与大兴修筑不仅加强了中央王朝对贵州的统治和管理,而且加速了贵州境内区域间及民族间的联系,也推动了贵州与内地的交往与联系。张建峰《明清时期徽州桥梁的变动与兴修》(安徽大学硕士学位论文,2021年)考察了明清两代对桥梁兴修的制度规定,对明清时期徽州桥梁数量以及分布做出分析,并以具体事例探究桥梁的重修与备修。

(三)水利设施建设

程珊珊、李婷婷《浅析黄河文化历史遗产的经济价值——明代水利工程戴村坝工程的经济价值分析》(《适应新时代水利改革发展要求推进幸福河湖建设论文集》,2021年)从黄河文化遗产的价值定位展开讨论,具体以东平湖大清河流域的戴村坝水利工程为例,进一步探讨黄河文化遗产的经济利用价值。张建民《茭簰考释——兼及江汉平原湖区人水关系》(《中国农史》2021年第1期)考察了江汉地区水利设施建设情况与人居环境,认为明清时期长江中游地区地方文献记载的茭簰,并非漂浮种植性质的葑田,而是漂浮居住性质的水上居家设施,指出茭簰是湖区农家适应环境变化、根据生产生活需要而做出的相对选择,是当地居民趋利避害、协调人水关系的代表性举措。廖艳彬《明清鄱阳湖流域水利开发与环境演变》(《南昌工程学院学报》2021年第5期)考察了明清时期鄱阳湖流域水利开发与环境演变之间存在着正负向生态效应关系,指出一方面水利开发改善了农业耕作环境,推动了广大山地和湖区地方社会的发展,产生了正向生态效应;另一方面与山争地、与水争地的过度开发加大了生态压力,给地方社会生产和民众安全造成负面影响。在其基础上该文进一步认为,地方官府在其中管理的缺失成为流域区生态失衡加剧的催化剂。

(四)宗教经济

贺晏然《赐潭之争:明清时期南京灵应观公产的变迁》(《史林》2021年第1期)梳理了南京灵应观公产的变迁历程,认为公产的变迁涉及明代南京灵应观对乌龙潭所有权的争夺,牵涉礼部祠祭司、官方宫观和南京守备衙门等多个机构,其中又涉及豪绅侵夺寺观产业、宫观统属关系变迁、中央机构在寺观经济中的利益争夺等诸多线索,是观察寺观经济变迁与地方社会经济特征的视角。杨宪钊《因寺成墟与因墟立寺:明清珠三角墟市与佛寺的互动研究》[《五邑大学学报》(社会科学版)2021年第1期]考察了明清时期珠三角地区市镇发展情况,认为这一地区由于商业蓬勃发展,形成了自身所特有的商业体系,而这样具有重要经济机能的市场运作体系中,佛寺在其中起到了重要作用。周上群《明代寺院赋税探析》(《佛学研究》2021年第1期)对明代寺院赋税变迁进行梳理,认为在佛教政策管理下,明代寺院经济来源有所收缩,而随着时间的推移,从明初赐田免税、蠲免徭役发展到后来赋役同征,以及加征军饷,其赋税问题呈现出更多的弊端,加重了寺僧的经济负担和生存压力。

史习隽《明末清初上海天主教会与徐光启一族的田房交易——以〈敬一堂志〉为中心》(《宗教学研究》2021年第4期)以《敬一堂志》为中心对教堂建设、西儒官甲与房屋租赁等3个方面进行考察,揭示了上海教会与徐氏一族二者之间受助、互助、援助的3种经济关系。同时,结合明末清初的社会环境与经济政策探讨了上海教会的教产发展与经济自养体系的形成,并对奉教家族与教会之间的关系进行了反思。王国棉《圣俗之间:明代五台山寺院经济中的收入问题》(山西大学博士学位论文,2021年)以明代五台山寺院收入为视角,系统研究明代五台山寺院经济收入的来源及其相关问题。通过对明代五台山寺院香火收入、寺田收入和寺院经济相关的物产收入等问题的深入分析,进而明晰五台山寺院经济的发展状况及其影响因素,以期对明代五台山寺院所处的历史场景有一个客观真实的认识。同时,研究五台山寺院经济收入,对当前我国如何加强和创新寺庙管理、建立健全寺庙管理长效机制和发挥佛教在社会治理中的重要作用也具有可咨借鉴的价值。

六、对外贸易

(一)对外贸易与交往

明代对外贸易与交往是学者关注的热点问题。罗一星《从国家礼品到民间用器——明清广锅的海外贸易》(《海洋史研究》2021年第1期)通过对明清两代重大历史节点与广锅出口之间关系的考察,重构广锅从国家礼品到民间用器的变迁过程,阐述广锅在海外诸国物质文明进程中产生的作用。赵中男《郑和第七次下西洋述论》(《中国区域文化研究》2021年第2辑)认为郑和下西洋几乎完全是由政府垄断的远航贸易行为,并非私人海外贸易,不符合社会经济发展的内在需求,只能靠专制权力来短期维持,因而根本无法持久。李庆《明万历初年中国与西属菲律宾首次交往考述》(《历史研究》2021年第3期)展现中国与西属菲律宾首次交往的整体图景。赵桅《从容美土司贡茶看地方与中央的关系》(《青海民族研究》2021年第3期)认为朝贡作为元明以来土司制度内容的一部分,在土司地区普遍实行,贡赐往来反映了地方与中央关系的互动。张晓东《郑和下西洋的海权性质》(《史林》2021年第4期)重新审视郑和下西洋的性质,指出郑和舰队使用军事力量为朝贡贸易护航,掌握航线上的制海权,但总体上存在不充分、不平衡的特点,认为郑和海洋经略活动是近代海权历史潮流的前奏,也是全球航海贸易时代的前驱,其下西洋活动的中止,意味着对当时海权探索的能力与可能性的扼杀。张沁兰、方宝川《明代洪武永乐年间中琉关系探微》(《东南学术》2021年第4期)介绍了洪武至永乐年间明廷遣使谕赐琉球与册封琉球国王、琉球国朝贡明廷、琉球国派遣"官生"入学南京国子监等中外交流情况,认为这种交流奠定了封贡体制下中琉宗藩关系的政治基础,构成了中琉关系的基本内容,对明清两代中琉关系发展产生了深远影响。

李肖胜《论明朝中后期左右中外贸易的各种势力》(《寻根》2021年第5期)将各级官吏利用职权染指中外贸易分为3种不同的类型。潘洵《论明代朱纨、林希元之争》(《江苏第二师范学院学报》2021年第5期)以明人朱纨、林希元关于海禁政策的不同主张为视角,探讨明廷的海外贸易主张和态度。黄薇、黄清华《澳门开埠前中葡陶瓷贸易形态初探以上川岛花碗坪遗址为例》(《收藏》2021年第5期)对澳门开埠前中葡陶瓷贸易形态进行了探讨。石志杭《〈朝贡与利润:1652—1853年的中暹贸易〉出版》(《中国史研究动态》2021年第5期)认为该书考察了17—19世纪暹罗与中国在朝贡关系下的海运贸易行为,并分析了中国在暹罗的海外贸易和国内经济中的重要作用。刘涛《明万历间漳州李氏宗族反对参与对外贸易原因探析——来自福河李氏宗族大潭墘房头的案例》(《淮阴师范学院学报》2021年第6期)考察了清康熙三十五年(1696)所修福建省漳州府龙溪县李氏族谱,发现该谱对明万历年间参与吕宋对外贸易的族人多持反对态度,不符合以往认识的百姓对隆庆"开海"的态度,进而运用历史人类学研究方法进行文本分析,发现万历年间所修家谱是这一说法的源头。

(二)外贸管理

谢章辉、王智汪《明代泉州市舶司设置沿革与职能变迁考述》(《湖南工程学院学报》2021年第1期)论述了泉州市舶司由起初管理市舶贸易的独立经济机构转变成笼络海外诸国的政治手段的过程。伍媛媛《清宫档案里的柔远驿——中国与琉球历史交往的特设机构》(《清史论丛》2021年第1期)介绍了明洪武五年(1372)琉球中山王察度遣使入明朝贡与成化八年(1472)在福州设怀远驿的情况,指出它是琉球来华使臣进京的中转站,也是琉球商人在福建的贸易中心,对促进中琉两国政治交往、商业贸易、文化交流等具有不可替代的作用。涂志伟《明中晚期以月港为中心的国际海上贸易网络》(《闽商文化研究》2021年第1期)具体研究明代中晚期以月港为中心的国际海上贸易网络的形成及分布、漳州河口输出大宗货物的多种主要贸易经营方式、东南亚区间贸易方式及大宗商品的流向。钱晟《元明鼎革时期刘家港掠影:兼释日本入元高僧龙山德见〈行状〉》(《国家航海》2021年第1期)以途经刘家港回日本的日本僧侣为考察对象,对处于元明鼎革期的太仓刘家港状况做整体把握。石晶晶《明代双屿港与十六世纪东亚海上贸易网络的形成》(上海师范大学硕士学位论文,2021年)以双屿港为突破口,参考中、英、法、葡、西、日等多国相关文献,结合区域实际情况,发掘16世纪东亚海洋贸易网络发展的内在逻辑和规律。

(三)朝贡贸易

学者对朝贡贸易的探究逐步深化。陈昆、孙秀冰《明代朝贡体系下的海上贸易》(《安阳师范学院学报》2021年第4期)认为朝贡贸易与海禁是驱动明代朝贡体的两驾马车,规范了明朝对外关系,进而指出明代

61

实行海禁时期是东西方联系日益密切的重要时期,也是中国走向世界的最佳时机。在此期间明政府不鼓励外国商人到中国自由贸易,也给本国商人各种限制和打击,造成了中外商人之间的不平等竞争,弱化了中国商人走向世界的能力,使中国错失了走向世界的良好时机。吕钟良《论明代朝贡贸易的商业价值》(《文物鉴定与鉴赏》2021年第16期)认为朝贡贸易本身也具有一定的商业价值,也是重视利益的。向勇《明清朝贡体制下的文化交流与实物往来》(《深圳大学学报》2021年第5期)系统介绍了明廷在朝贡体制下开展对外交流的不同形式,认为朝贡体制是我国古代社会内部"差序格局"外化为国际关系的"华夷秩序"的制度设计,体现了古代社会对外文化交流注重礼教天下和德治外邦的传统,进而指出朝贡体制作为明清朝廷主导的华夷尊卑等级的社会秩序的制度设计,在维护国家和平、促进经贸往来之余,在一定程度上促进了文化交流和传播。

陈振杰《日本画家笔下的明清长崎中国商船、商馆》(《丝路百科》2021年第1期)对日本画家笔下的明清长崎的中国商船、商管做了介绍。衣保中、郭思齐《明清时期中朝贸易的发展与演变》(《吉林大学社会科学学报》2021年第2期)介绍了明清时期中朝贸易情况,认为中朝贸易的发展有政治上求稳定与经济上求利益的双重动力因素,推动着中朝贸易在宗藩封贡体制下缓慢发展,指出这种贸易虽表现出明显的保守倾向,但维护了双方的政治地位和领土安全,有利于中朝关系的和谐稳定,在推动两国经贸交流良性发展的同时,也促进了中国东北和朝鲜北部地区的经济开发。陆爱未《从万历朝鲜战争"朝鲜辩诬"中解读中朝封贡关系》(《今古文创》2021年第40期)以万历朝鲜战争中的"辩诬"为出发点,运用文献研究的方法,理清信任危机的缘由以及朝鲜的应对措施,解读中朝封贡关系。周佳《中日勘合贸易中的明代丝绸研究》(东华大学硕士学位论文,2021年)从中日勘合贸易中的明代丝绸着手,分4个部分对明代丝绸在日本的传播与影响进行研究,认为以丝绸为媒介的贸易形式促进了中日文化交流与经济互通。冯丽红《江户早期唐船贸易及唐商管理研究》(浙江大学博士学位论文,2021年)通过考察明代商船贸易及其管理制度,分析唐船贸易制度的变迁和唐商管理模式的变化,进而解读当时的中日贸易的真实状况,探析中日贸易是如何从以中国政府主导的"朝贡贸易"走向以中国民间商人赴日贸易为主的贸易形式。

边疆朝贡贸易同样不可忽视。赵淑清《瓦剌与明代大同贡市》(《中国历史地理论丛》2021年第1期)以瓦剌与大同开市为考察中心,分析了大同贡市在促进瓦剌与明朝经济贸易和交流方面的作用,认为大同作为瓦剌贡道的重要地点,其贡市贸易经历了均势博弈下的约贡路市、瓦剌崛起下的通贡马市、明廷全面内守下的绝贡闭市和外羁内守下的封贡互市等4个时期,指出朝贡关系中明廷政治利益和蒙古经济利益的非均势博弈是导致边疆关系变动的关键要素,而平等互利的贸易原则才是维持边疆长期稳定的砝码。滑学磊等《俺答封贡后的明蒙古经济关系——以张家口为中心》(《中国市场》2021年第6期)从俺答封贡事件出发,围绕张家口军事重镇与经济枢纽的地位,对明后期明蒙经济关系进行探讨,进而寻找出明后期70年左右的明蒙经济交流所带来的深远影响。

七、经济与法律

经济不断发展难免会引起交易纠纷,经济与法律往往有着密切联系。杜正贞《明清时期东南山场的界址与山界争讼》(《史学月刊》2021年第2期)分析了明清时期商业贸易中的山界争讼事件,指出明代争讼中利用鱼鳞图册进行山场确权的案例增加,但界址的变动使得鱼鳞图册在山界争讼中的作用有限,民众在买卖、继承中形成的契约和分界合同仍然是山场划界和确权的主要依据。邱澎生《当经济遇上法律:明清中国的市场演化》(浙江大学出版社,2021年)对苏州商人团体、苏州与松江棉布加工业、云南铜矿业与重庆航运业的种种经济组织做了具体分析,借以呈现明清中国在"经济组织、法律体系、文化观念"三者间的密切互动。在比较明清中国与西方商业制度史的异同时,作者主张简化近代西方种种复杂的发展历程,探究包括中国在内的西方以外地区各自的市场演化道路。陈鹏飞《经济与法律交织下的明清社会——评邱澎生〈当经济遇上法律:明清中国的市场演化〉》(《区域史研究》2021年第1期)对邱澎生的《当经济遇上法律》做出了评介,认为该书试图突破传统的"欧洲中心论",从中国社会经济史的发展脉络和材料入手,并从市场演化的视角加以探索,以理解明清社会经济发展与变迁的史实,在探讨明清社会经济组织与法律体系构建等方面都多有创见。

八、结语

历史研究需要不断推陈致新,以跨学科、多视角、全方位的方法来挖掘史料、钩沉史迹。回顾2021年明代经济史研究,诸多学者广泛运用史料,如地方志、笔记、小说等,不仅丰富了历史学研究的视野,也极大地丰富了研究成果。学者们从明代经济制度顶层的设计以及国家治理层面不断深化,探讨中央与地方的财政关系,涉及白银货币化、赋役制度等,这些都是2021年度明代经济史研究中的重点问题。社会经济活动方面,如农、林、牧、渔、盐等产业不断发展,商业的拓展以及商人群体的壮大,则进一步推动了市镇经济的发展,这使得市民阶层居住的条件不断改善,以及交通设施不断完善。在对外贸易上,陆上丝绸之路起到了承接中外经济文化交流的重要作用。海上贸易不断发展,朝贡贸易仍然成为重要的一部分。总体来看,中央与地方的财政关系、徽商研究、对外贸易与交往成为学者所探讨的热点,明史经济研究将进一步深化,力求为现实提供更多的图鉴。

2021年明代军事史研究进展报告

廊坊师范学院社会发展学院

程彩萍　迟雪鑫

2021年,明代军事史研究成果斐然,据笔者不完全统计,2021年度发表学术论文53篇,出版专著7种。其内容涉及军事史研究的多个方面,包括军事制度、海防、江防与边防、军事经济与技术、军事社会、军事人物、家族及将士群体、军事地理、军事文献、战争史等方面。现将2021年度研究成果概述如下。

一、军事制度

(一)卫所制

卫所制是明军的基本编制,是明代军事制度的重要组成部分。

锦衣卫作为亲军卫之一,是明代重要的军事及行政管理组织,学者们对此多有探讨。曹循《明代锦衣卫官制与职权新探》(《历史研究》2021年第1期)以档案资料为主要线索,指出缉捕谳狱及城市管理是锦衣卫堂官的首要职掌,侍卫皇帝则居次要地位。北镇抚司官专理诏狱,北镇抚司狱与锦衣卫狱是两所不同的监狱。锦衣卫处理的案件以京师地区一般犯罪居多。堂官、镇抚司官主要由兵部推选,嘉靖中叶以后,文化与司法考试是选官必经之途,从而使文臣子孙掌握卫务,锦衣卫趋于文职化。堂官、镇抚司官职掌、排序及其人选要求显示,明中后期锦衣卫的性质更接近于治安司法机构。张金奎《明代锦衣校尉制度略论》

（《史学月刊》2021年第10期）关注了明代锦衣校尉制度，指出明代的实职校尉仅存在于锦衣卫及其职责延伸之王府当中。明初，校尉在选拔、配给、使用等方面都有着严格的制度规范。明中后期，校尉制度有所变革，但日趋冗滥化，沦为部分民众规避差役、享受优待的一个捷径。这既是制度败坏的结果，也是制度体系落后于社会发展步伐、新旧势力多层面博弈的一种反映。

也有学者从个案角度探究锦衣卫。安频《湖南新田骆氏锦衣卫家族考论》（《湖北第二师范学院学报》2021年第3期）通过《明史》《明神宗实录》《新田县志》等史料、方志，勾勒锦衣卫家族的基本轮廓，探寻锦衣卫制度在家族内的传承与运转。余劲东、陈雅丽《明代锦衣卫都指挥使刘守有生平考论》（《黄冈师范学院学报》2021年第2期）指出刘守有出身于被称为"荆湖鼎族"的麻城锁口河刘家，且在明代中后期的政治舞台上扮演了重要角色。作为理当只对皇帝负责的锦衣卫，刘守有却能在皇帝、宦官和朝官中斡旋自如，尽力周济士大夫，并且广泛结交文化名流，与过往刻板印象中的锦衣卫形象绝不相同。刘守有在万历时期的活动，一定程度上促成了时人对锦衣卫观念的转变。

为了维持卫所制度的运行，明廷非常重视发挥舍人、余丁及军妻的作用。张金奎《明朝立国前后的军中舍人与演武余丁》（《安徽史学》2021年第5期）以档案资料为切入点，从个案出发，探讨了明朝立国前后舍人、余丁的实际使用状况，指出明朝建立前多种名目的舍人和正军家下男丁可合法代在伍官兵参战。明朝建立后，多种名目的舍人逐渐被撤销、合并，最后仅存散骑舍人和听差舍人，但提前入伍的祖制以幼官舍人营和随侍营的名义被保留下来，只是其军事职能日渐丧失，逐渐沦为猥贱杂差。明朝中后期，由于卫军逃亡等原因，明廷重新捡起强征舍人、余丁入伍的"法宝"，不仅没有达到预期效果，反而引发了一系列问题。唐佳红、周致元《明代卫所军妻相关问题探微》（《历史档案》2021年第3期）对明代卫所军妻相关问题进行研究，指出明廷针对军妻群体制定了一些优待政策，包括资粮供给、优抚孤寡军妻及一些保护性法律。

明中后期,卫所军制逐渐溃坏,相关制度也日渐废弛,军妻处境日艰,而明廷对她们的优恤政策又渐成具文,因此军妻往往相率逃亡,军妻制度最终也并未能遏制卫所军制的溃坏。

明廷为守卫地方,在内地设立都司卫所,在边疆民族地区则设立军民府(特殊的卫所形式)。王浩《元末明初徽州地区军政机构的演变》(《徽学》第15辑,社会科学文献出版社,2021年)指出元末明初徽州地区的军政机构,经历了分枢密院(辖翼元帅府)—兴安卫/徽州卫—徽州守御千户所—新安卫的建制沿革。蔡亚龙《元明边疆治理的传承与变迁——以明初军民府沿革为中心》[《中央民族大学学报》(哲学社会科学版)2021年第3期]认为军民府在明初沿革的背后,深刻反映着元明两朝边疆治理及其理念的传承和变迁:"灵活治边"的原则是元明两代的重要共识,土官制度和土司制度分别在元明两代起源和确立,王朝中央"华夷观"抬头和边疆内、外分层逐渐明晰,推广以卫所为载体的"军民融合"边疆治理模式。

(二)营兵制

营兵制包括京营兵制和省镇营兵制,是明代重要的军事制度,在明中后期居于主导地位。其中省镇营兵指挥系统包括文职系统、武将系统、巡按等监军系统。学者们对省镇营兵指挥系统进行了探讨。

张萌《明代甘肃总兵群体研究》(黑龙江大学硕士论文,2021)从明代甘肃总兵的设立及职掌、明代甘肃总兵群体概况及个案分析、明代甘肃总兵的评价等3个方面对甘肃总兵群体进行系统的分析,指出明廷对甘肃总兵的任用反映了西北边防形势的变化。夏志刚《明代嘉靖倭乱之后浙江总兵考略——〈明代职官年表〉〈浙江军事志〉补正》[《浙江海洋大学学报》(人文科学版)2021年第2期]主要就《明代职官年表》之浙江总兵部分予以辨误校勘及补遗,并提供相对完整的明代历任浙江总兵年表以供研究者借鉴,并补《浙江军事志》之不足。韩虎泰《明代环南海地区防御中参将的设置及辖区变动考》[《海南师范大学学报》(社会科学版)2021年第3期]考察了明代不同时期该地区的陆海防御重心的时空演变,指出这一军事防务的演变过程与参将的设置及其辖区的时空变动密迩相关。

郭海东、陈武强《奏报与应对:明嘉靖朝九边兵变中御史的作用》[《河南师范大学学报》(哲学社会科学版)2021年第6期]指出嘉靖朝平息九边兵变过程中,巡按御史的信息奏报为明朝及时做出决策提供了信息参考。巡按御史在兵变平息中献计献策、率军平叛等积极作用的发挥,显示出皇权对边镇的掌控。然而身为天子耳目的御史也存在选择性奏报信息的情况,这又导致边镇长久以来聚集的军政矛盾无法从根源上化解。巡按御史奏报边情的直言距离真言存在一定差距。

(三)武官制度

武官的选任与考核是明廷控制将领的重要手段,受到了学界的关注。

明代武官选途有四:世职、武举、行伍(名色武官)、纳级。曹循探讨了武举和名色将官。曹循《明代武举与武官选任新探》(《中国史研究》2021年第1期)利用兵部档案等史料,认为武举会试、乡试俱开设于天顺八年(1464),最初以荐举的名义推行,成化末年始有武举之名。因将领选任资格和职业户计制的限制,武举长期只能发挥从卫所武官中选拔将领的作用。嘉靖中叶以后选将资格放宽,户籍限制也被突破,武举方成为军民进身为将的重要阶梯。明后期的武举在录取规模与任用规格两方面达到了中国古代武举制度发展的顶峰。武举依赖政策保障,在出身主导的低级将领选除中超过了世职,但在功绩主导的中高级将领升迁中仍逊于世职。指出明季过度重视武举,任用大批缺乏练兵作战经验的人员为将,是军事失败的重要因素。曹循《明代名色武官考论》(《史学月刊》2021年第2期)指出嘉靖后期,为应对"南倭北虏",明廷始授权督抚等委任军民布衣,授以名色千总、名色把总等名目领兵,是为名色武官。名色武官成为百姓投军入仕、提高社会身份的重要途径,给明朝军事体制注入了诸多积极因素,为"倭乱"的平定和万历前期军力的重振提供了重要支撑。明后期,名色武官日趋冗滥,引发种种乱象,冲击了传统等级秩序和国家对于军队的控驭,明廷因而限制名色武官的任用,产生了较大的消极影响。这类军职后为清朝沿用并加以改造,是为绿营外委官。

会推是明廷选任高级武官的主要方式。李小波《明代武官会推制度的形成与演变》(《历史档案》2021年第4期)考察了明代京营和各地将官会推制度的演变情况,指出明初对高级武官的选任并无明确制度,皇帝简任是主要方式。正统之后,兵部的人事权开始扩张,高级武官多由部推,至成化初兵部竟成被抨击对象。会推则被朝臣视为制约兵部权力的手段而得到提倡,经过成化一朝的酝酿,于弘治元年(1488)正式确立。随后又根据被推官职的高下区分出会推层级,制度逐渐被完善。迟雪鑫、肖立军《明代镇守总兵会推制度探析》[《沈阳大学学报》(社会科学版)2021年第4期]阐述镇守总兵的选任方式经历了由皇帝直接任命到会推的嬗变;从会推总兵制度的出现、确立及原因,会推制度的流程和原则3个方面分析了会推制度;评价了会推总兵制度的积极作用,指出会推总兵制度在执行过程中存在荐举官员受贿、当选总兵能力欠佳、督抚考语不实、督抚侵夺总兵职责等弊端,并认为弊端是明朝后期军事失利的重要原因。

军政考选既是武官考核制度,也是选任制度。张祥明《明代军政考选制度研究》(中华书局,2021年)考察了都司卫所武官、在京武官、镇戍武官的军政考选,并探讨了明代军政考选存在的问题及影响。

(四)赏罚制度

赏罚是朝廷控驭军队的重要手段。任柳《"麓川战役"与云南卫所军功研究》[《云南民族大学学报》(哲学社会科学版)2021年第1期]以《武职选簿》档案为核心史料,从云南卫所职役在麓川战役中的军功升赏角度探讨统治者"以靖边境""护国捍边"的举措。认为军功升赏的激励机制可以增加职役群体的战斗力,更有利于麓川叛乱的平定。军功授予依参战地点环境的险恶程度、战阵的难易情况区别升赏,是为明朝廷"以靖边境""护国捍边"的实际举措。李贤强《明代北部边疆兵变的发生与处置》[《湖北大学学报》(哲学社会科学版)2021年第4期]指出明代北部边疆兵变在时间分布上呈现初期后期多、中期少的V字形特征,在空间分布上呈现出先从西到中、再东西并发的发展态势。明廷对北部边疆兵变的处理经历了从抚剿不定到以抚为主的转变,表明明廷应对兵变的方式更加务实、理性。明廷对叛兵首恶和当事官员的追责日益加重,与叛兵素质、叛乱程度、吏治革新息息相关。从明初到明末,北部边疆的兵变越来越难处理,影响越来越大,最终加速了明朝的衰亡。

(五)其他军事制度

除以上研究之外,还有学者从军事信息安全的角度研究明代军事。魏长春、熊剑平《明清时期军事信息安全管理方法研究》(《情报杂志》2021年第6期),从多个侧面对明清时期军事信息的安全管理方法进行梳理和总结,对其时军事信息管理工作的主要方法和重要论述等进行揭示。指出明清时期对军事信息的安全管理非常重视,并在方法和制度等方面有着深入探讨,种种精巧设计对于维持政权稳定起到了一定作用,也对后世产生了深远影响。

二、海防、边防与江防

有关明代海防研究,包括海防军事体系、海洋管理、对日本的政策等方面。

宫凌海《控扼东南:明代浙江卫所与海洋管理研究》(上海人民出版社,2021年)梳理了浙江沿海卫所如何在海上军事防卫、海洋秩序维护、海洋经济活动管理、沿海行政治理等4个方面发挥作用。指出明政府通过沿海卫所实施海洋管理,深刻体现了统治者保守的海洋观念。赵亚军《"用海"复辽：海上力量与明末"三方布置"战略之成败》(《军事历史研究》2021年第1期)考察了"三方布置"战略的形成与演变,指出为贯彻这一战略,天启初年明朝先后建立登莱、东江两军镇,基本构建起登莱海防体系,改变了辽东之军事格局。但因明廷不时兴起裁抚、撤镇之风波,其海上力量之建设也时遭掣肘,以致登莱、东江二镇频发动乱,海上精锐多被后金所用,最终导致"三方布置"战略难以有效施行并走向破产。崔健健《现实与反馈——洪武"不征"日本新说》(《独秀论丛》第4辑,广西师范大学出版社,2021年)认为洪武"不征"日本的国策始终处于一个不断发展、完善的动态过程,中日外交现实对明太祖"不征"政策的反馈作用是巨大的。洪武前期,倭患在中国沿海肆虐,明太祖对划分"不征"的标准(不为中国患)做出策略性退让,将日本列入"不征"名单。日本也一度如明太祖所愿,成为明太祖践行"不征"政策的典范。随着洪武朝对日外交的深入发展,日本"叛服不常",中日关系每况愈下。洪武十九年(1386),胡惟庸"通倭事始著",明太祖"怒日本特甚,决意绝之",中日关系降至冰点。随后,明太祖依旧将日本列为"不征之国",却是以"不征"的形式与日本"绝之"的结果。

边防和江防也被探讨。陈跃、韩海梅《明代哈密危机与嘉峪关开闭之争》(《安徽史学》2021年第2期)梳理了明政府的嘉峪关开关与闭关之争,指出明政府对吐鲁番在开关与闭关问题上的反复不仅受西北边情变化影响,而且与内部朝政波动有关。最终,明政府承认吐鲁番吞并哈密,确立了西域地区的新秩序,开启了明代西北边疆的新局面。夏斌、陈伟明《崇祯年间张国维与南直江防——以〈抚吴疏草〉为中心的考察》(《安徽史学》2021年第2期)关注了时任应天巡抚张国维的核心策略即增兵,包括"招募主兵"与"抽调客兵"两项举措,并推行"以东御西"的方针政策,在兵力、财政方面仰仗江南四府的供给。指出张国维抚吴期间,义军未能成功渡江,确保了江南赋税重地的稳定,也为明王朝赢得了喘息之机。

三、军事经济与技术

军事经济的研究包括军粮、冬衣布花、官营手工业等方面。刘佩《明代军粮概论》(《农业考古》2021年第6期)从明代军粮的制作、军粮的发放标准以及将士墓中的军粮留存这3个方面,对明代军粮进行探析。指出军士总结了各类军粮的保存与加工方法,对军粮加以改进,并研发出了新品种。崔继来《明代九边军兵的冬衣布花赏赐》(《安徽史学》2021年第2期)以明代九边军兵的冬衣布花赏赐为个案,动态考察冬衣布花赏赐对象与标准的调整、布花的解运、保证发放效果的措施等问题,认为冬衣布花赏赐一定程度上保障了军兵生活,很多时候又难收实效,缺乏有效整合与监督机制的多头财政体制和官员腐败是主要原因,君主个人意志和国家明显的施政失当影响亦深。刘佩《明代宁夏地区手工业军事化探究》[《宁夏大学学报》(人文社会科学版)2021年第1期]认为独特的地理位置决定了宁夏地区手工业的发展向军事靠拢,边防军屯制度保障了军事生产有序进行,杂造局、兵车厂等官府手工业的开办确保军备生产顺利无忧,盐业、军器等手工业生产在宁夏地区大规模开展,官营手工业成为主流。正是官局的积极生产备战削弱了蒙古铁骑入侵中原的势头,宁夏在长时间内能够安养生息,农牧业得以较快发展。

军事技术的论文主要围绕火器展开研究。冯震宇《红夷大炮东来与明朝的兴亡》(《文史知识》2021年第6期)认为红夷大炮传入明朝是由徐光启、李之藻、孙元化等主导的3次赴澳购募西炮西兵所促成的,使得明朝火器技术的发展进入了新阶段,并对明清鼎革产生了重要影响。

四、军事社会

有关卫所与所在地社会的互动情况,学界从各地区作为切入点进行了探讨。杜洪涛《戍鼓烽烟:明代辽东的卫所体制与军事社会》(上海古籍出版社,2021年)采用社会学与历史学结合的方法,着重探索了明代辽东施行的卫所体制的历史变迁,探讨了辽东都司在辽东社会的行政职能及运行,对明代卫所体制的产生、发展、消解、社会影响等变迁有全方位的关照。吴才茂《明代卫所制度与贵州地域社会研究》(中国社会科学出版社,2021年)考察了实土卫所逐渐向州县系统演进、卫所城的选址与变迁、卫学教育、卫所移民等问题,指出明清时期贵州地域社会的形成,与明代卫所制度有直接和紧密的联系。蒋宏达《嘉靖倭乱前后的沿海卫所与海疆庇护网络——以杭州湾南岸地区为中心》(《史林》2021年第3期)利用此地丰富的明代卫所和地方社会史料,指出嘉靖倭乱为王朝国家与海疆社会的重新整合提供了契机。以此为转折点,沿海庇护网络从向外游离转为向内聚敛,其主导力量由具有离心倾向的卫所武官、窝家势要一变为代表王朝国家的各级官府。在此形势下,"一条鞭法"改革次第展开,江浙海疆复归平靖。崔继来《腹里卫所移民与地域社会演进——以明代赣州卫为个案》(《赣南师范大学学报》2021年第4期)关注了明代赣州卫军事移民与地域社会,指出赣州卫军事移民总体呈现南方籍多于北方籍、早期移入者比例高于中期和晚期的态势,他们很好地融入地域社会,积极参与地方事务,还使得赣州地区风俗发生变化。

此外,还有学者探析民兵与地方社会的关系。杜志明《明代地方武力与基层社会治安研究》(人民出版社,2021年)全面梳理有明一代277年的基层社会治安问题,系统总结明代卫所体系外各类地方民兵武装的兴衰及其对基层社会治安之影响。指出有明一代卫所制度与地方武力相兼而设,由此形成一种"官民相得"的国家兵防体系与基层社会治安防御体系。地方武力之建设与发展虽对社会治安具有"急诊"之疗效。但国家在卫所制度之外又以民养兵,繁重的赋役反而成为明代社会治安恶化的重要因素。

五、军事人物、家族及将士群体

军事人物的研究包括戚继光、陈璘、左良玉、李如松等武将。刘润、吕超《略谈戚继光"领兵擢将"之道》(《西部学刊》2021年第11期)通过考察戚继光在士兵训练、武将的选取培养的各项举措,认为正是由于戚继光在"领兵擢将"上的正确实践,才使得一支纪律严明、作战勇敢、战功卓著的"戚家军"得以建立。莫昌龙《晚明陈璘军功考略》(《韶关学院学报》2021年第1期)认为陈璘在岭南、东北、西南三地建立军事功勋,平定两广匪患、驱逐朝鲜半岛日本倭寇、剿平西南诸苗叛乱,维护了晚明边疆安全和稳定,促进了两广、朝鲜和西南地方的民族融合、文化进步和经济开发。晚明朝廷给了陈璘极大的荣宠,其死后,通过封赠、祭葬等一些礼仪活动,成就了陈璘与朝廷的君臣之义和家国天下的政治道德理想。袁垣《武将选择与明末政局——以明末名将左良玉为例》(《西部学刊》2021年第14期)通过对明末政局四个时期具体历史事件及其后果的考察,指出左良玉作为明末实力武将的代表,在关键时刻的政治军事选择对明清鼎革之际历史走向的影响巨大。他在壮大自己实力后的几次选择都加速了明朝灭亡,甚至为清朝统治全国扫清了障碍。郭汉深《一代名将李如松死因考辨》(《文史杂志》2021年第6期)经对比考证史料,认为李平胡、张玉等先阵亡,致使李如松未得计划中的策应而寡不敌众,战死沙场。

有研究关注官军家族。马星宇、杨园章《明清时期下层卫所归附人的在地化——以福建惠安燕山出氏为例》[《闽南师范大学学报》(哲学社会科学版)2021年第1期]探究了燕山出氏的在地化过程,认为明初身为纳哈出部属的出氏先祖不归公被安置到福州中卫,成为军户;其后,与妻儿一道被调拨到惠安县屯种,从塞外牧民转型为东南农户。作为屯军,出氏家族的婚姻、迁居、产业均围绕军屯展开。自第五世始,出氏家族分化为大妈支和细妈支,初具宗族雏形。明清易代,出氏卫所屯军的身份逐渐弱化,最终成为民户,又凭借粮户归宗政策,构建新的宗族。出氏族人不断强调自身归附人和卫所屯军身份,一方面凝聚族人,一方面凸显其产业来历的合法性。邵磊《明赠都督佥事李杰墓暨李杰家族史事考略》(《南京晓庄学院学报》2021年第3期)指出李淑妃直至洪武末季依然健在并"摄六宫事"。李杰墓于洪武三十一年(1398)夏五月二十日终获臻于公侯秩级的规制,当与李淑妃殉葬孝陵有关。故而李杰墓与其说是开国功臣墓,不如说是洪武朝的外戚墓。认为李杰墓神道碑的作者可能是"靖难之役"后被明成祖杀害的建文忠臣方孝孺之辈。

有研究关注将士群体。孙卫国《"再造藩邦"之师:万历抗倭援朝明军将士群体研究》(社会科学文献出版社,2021年)对比研究了朝鲜王朝与明清史料,考订出明军总人数及其群体特征,并以石星、宋应昌、李如松、杨镐、丁应泰、董一元、陈璘等为代表,系统梳理明军将士在战争中的相关问题。

六、军事地理

卫所城池、长城关城的研究吸引了军事史、历史地理、建筑学等学科的学者探讨。

军事史学者关注军事防区的形成过程及防务。王雯、解丹《明代紫荆关路军管体系形成过程及其历史背景研究》(《河北地址大学学报》2021年第1期)通过对《四镇三关志》和《西关志》中章疏题奏部分的内容进行研究,梳理明长城真保镇紫荆关路军事管理体系的形成过程,总结出3个阶段,分别是嘉靖元年(1522)之前,兵权轻、辖区广、管理松;嘉靖元年(1522)至嘉靖二十年(1541),兵权加重;嘉靖二十年(1541)后,兵权重辖区缩小管理集中,最终成熟于嘉靖三十三年(1554)。陈政禹《明清惠州海防建置及遗存述略》(《惠州学院学报》2021年第1期)以惠州的海防遗存为基础,深入挖掘整理历史资料,使人们对遗址背后所反映的明清时期惠州海防卫所的建制、海防军队的防务以及当时的海患与应对策略有清晰的了解,以揭示惠州是明清时期广东海防重地这一历史事实,为今天惠州海防文化遗存的开发利用提供历史动能。

历史地理学者关注自然环境与城池的关系以及城堡设立时间等问题的考证。康煜婕《明代黄河与宁夏镇之关系研究》(《宁夏师范学院学报》2021年第3期)认为明代宁夏镇依托于黄河进行军事防御而设立,城镇发展受黄河水运以及黄河水患的影响。今天宁夏地区的城镇格局就是以明代宁夏镇作为基础发展起来的。冯晓多《明代宁夏镇历史地理研究二题》(《西夏研究》2021年第1期)指出枣园堡为正统四年(1439)所设,旧址在今中宁县枣园乡;嘉靖十八年(1539),枣园堡因秋青草采集争议而改隶广武营。灵州亦有枣园堡。明代宁夏河渠提举司乃工部侍郎罗汝敬为解决豪强占据水利而奏设于宣德六年(1431),但其实际职权少有作为,因其不具有征人为其服役的权力,且其与管屯官之间存在责权重叠,最终于成化元年(1465)被废除。

建筑学者关注城池的形制、军事聚落的时空演变。王珍珍、刘国维《明代广东海防卫所城防工程形制分析》(《南方建筑》2021年第1期)通过查阅史籍、系统调研和数据分析,对明代广东海防卫所城防工程的城垣本体、构成要素及垣外城壕的尺度形制和营造方式进行统计、分析及归纳,揭示广东地区海防卫所的空间形制、尺度规律,并通过与内地卫所、府县城垣尺度的比较,明确明代广东地区海防卫所的形制特点,明确明代城防工程军事防御功能与制度的高度统一性和有效性特征。吴蓓、谭立峰、张玉坤《明代海防与长城军事聚落时空演变比较研究——以南直隶海防与宣府镇长城为例》(《中国文化遗产》2021年第1期)选取南直隶海防与宣府镇长城作为代表性区域,对海防和长城的军事聚落时空演变进行比较研究。指出两防区虽在统一的防御思想和军事制度指挥下,又形成各自的特点:海防军事聚落布局开放、规模灵活多变,长城军事聚落设防严密、等级分明。

七、军事文献

学者们从版本学以及史料价值等方面研究军事文献。韩雨颖《高拱〈边略〉版本流传述略》(《边疆经济与文化》2021年第2期)系统考察和梳理了《边略》传世的各种版本,厘清它们之间的流传演变关系,对研究边疆史地在史料方面提供了很大的帮助。王平《"经世"意识与明嘉靖、万历时期北方边防图籍——以记述蒙古史料为中心进行考察》[《青海师范大学学报》(社会科学版)2021年第2期]在梳理嘉靖、万历时期北部边防图籍文献具体情况的基础上,总结出了其强烈的经世思想,以及内容丰富、体例各异、重视地图的作用等史籍特点。秦桦林《美国国会图书馆藏晚明史籍〈壬午平海纪〉考略》(《图书馆杂志》2021年第9期)认为该书对于研究晚明史、海洋史以及上海地方史都具有宝贵价值,但经考察,此本并非完帙,不仅正文存在缺佚,还脱去序言与所附《平海图》。《平海图》现藏中国私家之手,今后应将《平海纪》与《平海图》合璧出版,才能最大限度挖掘出其中蕴含的重要史料价值。李若晴《粤东平寇与明刊本〈三省备边图记〉》(《美术研究》2021年第1期)该书以图文并茂的形式记录了编撰者苏愚所参与的平定倭寇、海寇、山寇和叛苗等数十次战事。隆万之际粤东、潮惠二府平定山寇,是一件震动朝野的大事,在广东历史上具有深远意义。苏愚时任伸威道兵备副使,是第一线军事指挥官,指出《三省备边图记》中有关平定山寇的图画与题记,为我们考察这一事件提供了难得的史料。赵振华、郭洪涛《谈明末偃师县〈夏侯募习壮勇保城御寇碑记〉》(《洛阳考古》2021年第1期)指出偃师知县夏士誉临危不乱,以砖石修葺城墙,组建5000民兵队伍演习战射,击退攻打县城的农民军。叙事纪功碑记系翰林王铎中年精心之作,为使书迹久传,用刻帖的方式排列文字书丹上石。观其书法,深受二王影响,用笔出规入矩且流转自如,劲健洒脱而力道千钧。

八、战争史

战争史研究,包括史实考证、战争发生的逻辑、对战争的认识与书写等方面。

史实考证方面。毛雨辰《洪武五年明军西征史事稽考》[《闽南师范大学学报》(哲学社会科学版)2021年第2期]梳理了冯胜西征的相关史料,认为洪武五年(1372)明军中路主力惨败后,为化解北元反扑的危机,朱元璋采取了召回西路军,扼守北疆要塞的决策。冯胜弃退甘肃,正是受这一战略决策影响所做出的选择。杨永康《"清沙漠者,燕王也"

说质疑——蜀献王朱椿〈与晋府书〉所见晋王朱枫北征事迹》[《南开学报》(哲学社会科学版)2021年第3期]依据朱椿《献园睿制集》中的《与晋府书》,指出"燕王清沙漠"的说法是朱棣的史臣们精心编造的谎言,目的在于塑造朱棣英勇神武、深受朱元璋喜爱的完美形象,强化其继统的合法性。李新烽、郑一钧《郑和下西洋三战的性质是自卫》(《历史评论》2021年第2期)认为郑和下西洋是明代一场大规模的和平外交活动,当时中国虽为世界强国,但没有恃强凌弱、仗势欺人,而是平等待邻、以德服邻,与海外诸国共享天下太平。

战争发生的逻辑方面。翟爱玲《从开国立制视角看"靖难之役"发生的历史逻辑》[《洛阳理工学院学报》(社会科学版)2021年第1期]关注了明初政治体制的建设与发展进程,认为从太祖立制到建文更化,再到朱棣时的融合祖制与"建文新政",显示出明代前期政治调整演进的历史轨迹,而"靖难之役"则成为实现这种政治演进必要的转换环节。刘喜涛、宋明哲《明朝东亚地缘政治思想及其在抗倭援朝战争中的体现》(《长春师范大学学报》2021年第11期)认为明朝的东亚地缘政治思想可以概括为:在"守在四夷"的基础上"时谨备边",保障边疆的安定,同时以军事力量为后盾,通过羁縻怀柔政策来维持东亚的封贡秩序。指出抗倭援朝战争是明朝在东亚地缘政治思想基础上的一次大规模军事实践,充分体现了明朝的东亚地缘政治思想的原则和运行机制,对研究朝鲜王朝的中华认同理念及明代东亚国际关系具有指引和探索意义。

对战争的认识与书写方面。朱若翌《晚明士人对壬辰战争以及日本的认识(1599—1644)》(山东大学硕士毕业论文,2021年)认为晚明高级官员黄克缵和李邦华受壬辰战争影响后对战争本身的认知发生转变,在海防上尤其是北方沿海地区防倭上的见解与实践加深了他们的忧患意识。不止高级官员,普通官员如黄汝亨也在关注战争的后续影响和日本的动态。未得进士资格的在野士人茅元仪与吴应箕,眼见明朝消亡,对于壬辰战争的观察视角与官员不同。激烈变化的政治格局和内忧外患的现实情况使得他们对于过去的反思更为积极,并从中寻找经世之法,此时辽事成为他们最为关切的问题,而对日本的警惕之心不减。晚明士人所编经世文献中,陈子龙、徐孚远、宋徵璧主编的《明经世文编》成书虽晚,但书成迅速,编纂群体在拣选相关文编时,同样也关照到了涉及壬辰战争和日本的文人与文集。指出相比嘉靖时代,晚明士人因御倭援朝的壬辰战争而对"倭患"有了新的认识。不仅仅是危及沿海祸乱一方的流寇,而且成为威胁中央和国家安全的大患。郑宁《明清官修史书对"正统北狩"的历史书写》[《中央民族大学学报》(哲学社会科学版)2021年第2期]关注明清两朝对于"正统北狩"的史事撰写,认为明朝史官在编修《明英宗实录》时,没有广泛使用各类资料,而是有选择地采信了袁彬、杨善所记述的有利于明英宗形象建构的故事版本,并在此基础上进一步修改加工,从而精心建构了明朝官方语境中的"北狩"历史,着力渲染了明英宗宽厚仁德、华夷共尊的形象。在清朝官修《明史》的过程中,其他的故事版本与著述材料得到了清朝史官的重视,在较早编成的文本中出现了不利于明英宗形象的"北狩"的历史书写。但在《明史》统稿、成书的过程中,这些不利于明英宗帝王形象的内容被不断修改、删除。在清高宗的亲自指示下,最终成书定稿的《明史》文本虽然批评了明英宗的政治能力,但仍旧粉饰"北狩"史事,基本沿袭了明朝官方精心建构的历史叙事。指出官修史书之所以如此,关键在于"正统北狩"的历史书写关乎帝王形象与皇权尊严,触及王朝帝国的重要利益。明、清虽有王朝更替,但存在着无可割舍且至高无上的权力继承关系,粉饰"北狩"史事,实有利于清王朝的利益。

九、结语

纵览2021年明代军事史研究成果,选题范围广、研究力度深,有以下几点鲜明的特征:其一,制度史研究仍然是明代军事史研究的重点,卫所制度、武官制度中的选任与考核制度受到学界关注;其二,明代军事社会史研究活力十足,卫所与地域社会等论题已纳入研究范畴之内,成为可喜的学术创新点;其三,海防、边防热度不减,江防也受到关注;其四,明代的军事遗址受到建筑学、历史地理学等相关学科学者的关注,交叉学科研究成为明代军事史研究的重要补充。总之,2021年明代军事史研究成绩斐然,许多当下学界呼吁的历史学创新研究的方向,如活的制度史、交叉学科等,在该领域均有所体现。

2021年明代社会史研究报告

天津师范大学历史文化学院

乔玉红　田帅虎　丁梦真

2021年度明代社会史研究的成果颇为丰富。据不完全统计,2021年度发表的与明代社会史研究相关的学术论文有260篇左右,出版专著约24种。其内容涉及社会史研究的多个方面,如区域史与地方社会、社会群体、宗族史、民俗与日常生活、人口与医疗及环境等。

一、学术会议与研究综述

2021年召开了多个历史学的学术研讨会,会议主题丰富多样,代表了学人瞩目的学术前沿,其中有不少成果涉及明代社会史的研究。另有数篇关于明代社会史研究的综述、学术书评发表。研究综述不仅总结了以往的研究成果,也为今后的研究提供了不少参考和借鉴,学术书评则对前人研究论著的主要内容和观点进行提炼总结,做出中肯的评论。

(一)学术会议

2021年5月,由北京大学中国古代史研究中心、北京大学人文学部主办,中国社会科学院考古研究所协办的"帝都的格局与功能——中国古代都城考古与文献研究"国际学术研讨会在北京大学中国古代史研究中心会议室举行。学者们围绕多个议题展开发言,其中多有涉及明代者。如北京大学历史学系李新峰的《明代皇城四题》、日本山形大学人文社会科学部新宫学的《北京外城的出现——明嘉靖"重城"建设始末》、故宫博物院王子林的《两块石头与北京城的格局》等，分别对明代南京和北京的皇城建构和格局进行研究。2021年6月，由《妇女研究论丛》编辑部、《中华女子学院学报》编辑部、《山东女子学院学报》编辑部、天津社会科学历史研究所、南开大学性别文化与社会发展研究基地、南开大学历史学院联合举办的第五届"性别与百年中国"学术论坛在南开大学召开。其间关于明代的论文如乔玉红《闺秀诗中的自我认同和生命书写——以明代岭南闺秀刘兰雪为例》通过分析明代岭南闺秀刘兰雪的诗作，挖掘其中的自我认同与生命书写，从而呈现了一个史书之外的立体闺秀形象。2021年8月，江西师范大学历史文化与旅游学院、江西师范大学中国社会转型研究中心、区域社会研究资料中心、传统社会与江西现代化研究中心主办了"区域史研究的多元可能与持久魅力——第四届闽浙赣区域史研究工作坊"的线上会议。会议从"人群信仰与政治革命""制度变迁与地方实践""区域市场与商业文化""文献编纂与使用流传"4个领域进行了研讨，其中多有涉及明代者。2021年9月在中国四川成都召开的"中国城市规划年会暨2021中国城市规划学术季"针对城市规划问题进行了讨论，其中有多篇关于明代建筑规划的文章。如王自然、郭巍、左心怡的《明十三陵整体空间营造手法探讨》通过对十三陵整体空间营造手法的探讨，表现蕴含在陵寝建筑选址中中国传统理想的人居环境，展现天人合一原则下的中国传统空间营造智慧。刘洁君的《明清时期山东运河沿线城市的空间形态研究——以临清为例》以运河城市临清为例，通过对明清时期临清城发展的自然地理背景、区位交通、社会文化、经济发展4个方面的分析，总结临清发展的主要因素，解析临清城市内部空间形态演变的边界、街巷结构、功能区划布局与标志物等形态特征，为当今运河城市建设提供思路。2021年10月，西北大学历史学院、中东研究所与《史学月刊》编辑部在西安共同举办了"第五届新史学青年论坛"。学者们围绕"社会变迁与国家治理"的主题分别从中国古代史、中国近现代史、世界史与史学理论等多个方向进行研讨,展开了深入而广泛的学术交流,其中亦有数篇论文涉及明代。

(二)社会史研究综述

刘飞《明清徽商精神与晋商精神的内涵研究综述》(《边疆经济与文化》2021年第1期)梳理了学术界之前对明清时期徽商精神和晋商精神的研究,聚焦商帮精神独特内涵的阐述,多角度探析商帮精神发展根源的同时,挖掘商帮精神研究的历史进程、研究视角并深挖其独特内涵。

(三)书评

《学术评论》2021年第1期刊登了两篇对郝平、杨波的《超越信仰:明清高平关帝庙现象与晋东南乡村社会》一书进行评论的文章。如韩晓莉《多维视野下的民间信仰与乡村社会——评〈超越信仰:明清高平关帝庙现象与晋东南乡村社会〉》(《学术评论》2021年第1期)认为该书立足区域社会,深描"关帝庙现象",从庙宇、村庄、区域、中国乃至中华文化圈多个维度描述关帝庙现象的具体表现,全面揭示关帝庙现象背后的多重意义。刘永祥《从"神灵中心"到"庙宇中心"的转向——〈超越信仰:明清高平关帝庙现象与晋东南乡村社会〉的学术特色》(《学术评论》2021年第1期)认为该书以乡村视野对关帝庙现象展开整体性建构,充分收集与解读碑刻史料,以关帝庙为中心刻画乡村普通人群的行为,成功实现了从"以神灵为中心"到"以庙宇为中心"的转向,开辟了一条民间信仰研究的新路径。张佳星《评〈狂欢与日常:明清以来的庙会与民间社会〉》(《今古文创》2021年第27期)认为该书以贴近人民群众生活的庙会为研究切入点,既介绍了庙会的功能、分布等情况,又探讨了与之相关的一系列社会问题,指出研究者应该从习以为常的生活现象背后发现它们所代表的某种共通的东西。

《新纪实》则分别于第4期和第5期刊登了对赵园《明清之际士大夫研究》一书的两篇评论。如孙珍珍《遗民"死义"与责任的两难——读赵园〈明清之际士大夫研究〉》(《新纪实》2021年第4期)认为该书从"遗民论""遗民生存方式""时间中的遗民现象""关于遗民学术"等4个方面向读者展示了明清之际士大夫的治生方式,通过这些理解易代之际士大夫为何会选择不死而走上"存明""存汉""存史"的道路。刘洋《晚明遗民生死观简析——读〈明清之际士大夫研究〉有感》(《新纪实》2021年第5期)认为该书以晚明"遗民"为研究主题,揭示了遗民在面对时代剧变时的无奈与悲怆,指出在明清时期的士大夫看来,无论是生存还是殉国,均应该表现出对故国的忠诚,生存意义与精神价值,均成为遗民指导自身行为的重要标准。

张竞琼、李冬蕾《探寻传统服饰研究的微观视角——评〈中国传统佩饰·明清"盼帨"研究〉》(《名作欣赏》2021年第11期)认为该书以明清服饰配件"盼帨"为研究对象,从其定名、历史定位、形制特点、结构特征等总结其影响因素与文化内涵,指出此书对服饰品研究视角的选择与开拓、传统服饰研究方法的探索和传统文化弘扬都具有重要意义。

常利兵《〈晋商冀家〉:一部晋商家族史研究的新作》(《文史月刊》2021年第11期)认为该书从微观视角对介休北辛武村晋商冀氏家族进行了全面的考究和阐述,对其起源、经商缘由及贸易网络进行考察,收集了多种文献资料。书中附有大量插图,以便读者更加清晰地了解晋商冀家的繁荣与发展。

2021年举办的历史学学术会议中,其中关于明代社会史的研究成果多与会议主题相关,如体现在明代城市规划、建筑空间及其布局,以及区域社会的研究等方面。相对而言,对明代社会史研究的学术史回顾及成果综述较少,仅有1篇对徽商和晋商精神内涵进行比较的成果总结。针对社会史著作撰写的书评较多,偏重对民间信仰、士大夫群体、社会生活、工商群体等几方面的总结与评述。

二、区域史与地方社会

2021年针对明代区域社会以及基层社会生态的研究和探讨、地方社会的治理与秩序等的研究成果众多,不仅有理论研究,还涉及不同地域的科举、经济、农业水利、环境、灾害和管理等多个方面。其中,关于城乡社会与基层管理的成果尤为丰富,多集中在乡贤带领下乡村秩序的建构,城市研究则关注城市的空间布局、社会生活,还涉及基层政府与地方的互动、民事诉讼、民间契约等。

(一)区域社会史

1.理论研究

姜成洋、李文《区域史研究与方志利用——论史景迁〈王氏之死〉》(《安徽史学》2021年第2期)以美国汉学家史景迁撰写的《王氏之死》一书为例,介绍如何运用方志资料来建构明清交替之际山东郯城动荡的城乡面貌,体现了研究区域史过程中地方志的重要性,但同时也折射出历史研究过分依赖方志时导致的局限性,从而引申出区域史研究如何与地方志相结合这一理论问题的深入思考。夏勇《明代地域总集编纂之特征与成就综论》(《新疆大学学报》2021年第6期)总结明代地域总集的编纂特点,认为明代地域总集已然相当接近完全体,可谓地域总集之所以形成现有格局的一个承前启后的关键发展阶段。

2.河南

柴小羽《明清河南怀庆府经济发展概况》(《长江丛刊》2021年第8期)对明清时期河南怀庆地区的农业、手工业、药材业等行业的经济状况进行分析,认为这些行业的拓展适应了商品经济的发展趋势,不仅转变了传统的农本思想,使人民富裕起来、活跃了商品流通,还影响到周边地区。郑星《明代河南农村集市的发展与地域分布考述》(《农业考古》2021年第4期)论述了河南农村集市的数量、集期的地域分布差异和集市发展的地域差异,把河南的乡村集市和全国部分集市做了对比,指出地势地貌的不同影响了交通的进一步发展,使集市的发展呈现不平衡的状态。牛建强、姬明明《明代河南洪涝灾害的量化研究》(《西南大学学报》2021年第6期)对明代河南发生的洪涝灾害进行量化统计,论述了不同等级的洪涝灾害在河南的时空分布特征,在广泛吸收和借鉴学界关于灾害等级量化成果的基础上,将气象灾害和客水为灾纳入考察范围,建立起一个完整的洪涝灾害等级划分体系。

3. 贵州

朱泽坤、吴玲玲《明清时期贵州农田水利建设材料整理与研究》(《凯里学院学报》2021年第1期)认为明清时期贵州的农田水利建设取得了一定成就,相关研究不仅有助于了解贵州农林经济发展的状况,也可管窥中央和地方政府为加强对贵州地方控制所做的努力。翁泽仁《明代贵州民族治理中的民生关怀问题探析》(《贵州民族大学学报》2021年第2期)对于贵州地区的少数民族及土司制度、中央对贵州地区以夏变夷的方式进行论述,探讨了明廷对贵州的民族治理政策。王力《明代贵州科举宾兴研究》(《贵州民族大学学报》2021年第3期)从多个方面论述贵州地区宾兴兴起的原因和经费的来源、受助者的情况等。许继莹《明代贵州科举发展初探》(《兴义民族师范学院学报》2021年第4期)论述了明代贵州地区的教育状况,借贵州的科举情况分析各方面对于贵州教育发展的帮助,阐述对国家教育的启示作用。

4. 福建

丁修真《明代福建地区的科举竞争与地域专经》(《安徽师范大学学报》2021年第5期)通过梳理明代福建各府的中式人数,分析其变化趋势以及竞争关系。李琳倩《试述明清闽西畲民的社会参与》(《福建史志》2021年第5期)阐述了闽西畲民汉化的过程,尤其是明清时期畲民在与汉族交融过程中在保有以山为基、以农为本的山地农耕文化传统的同时,对当地经济、政治、文化、社会等方面的参与。

5. 广西

李瑜玲《承袭制度与地方习俗:明代女土司瓦氏夫人研究》(《遵义师范学院学报》2021年第5期)对广西女土司瓦氏夫人进行研究,认为瓦氏夫人能够成为女土司,除了在当地承袭制度中女性同样拥有继承权外,还和瓦氏夫人本人的杰出才能有关。

6.广东

郑晓琪《明清时期惠州气候变迁与社会经济发展刍议》(《文化学刊》2021年第3期)阐述广东惠州在明清时期的气候变化和该变化对惠州社会经济以及百姓生活所造成的消极影响,即农业生产遭到破坏、百姓生活困苦,引发流民作乱,激发了社会矛盾。

7.甘肃

许若冰、杜常顺《明代岷州地区的民政治理与行政制度变迁》(《中国历史地理论丛》2021年第4期)认为,明代岷州以番民治理为核心的制度调整及其州卫共治格局的形成,是明朝政府的行政运作,是藏边局势、行政成本以及番民社会特点等因素综合施治的结果,反映出岷州复杂的社会结构与演进历程,也体现出明王朝在边疆卫所经营与地方行政制度转型中的艰难抉择。

8.安徽

关传友《明清时期皖西地区的农业经济结构》(《农业考古》2021年第4期)指出,明清时期皖西地区的农业产业结构是一个以粮食为主兼及林副业的自给自足的农业经济结构,农林业经济的发展促进了皖西城镇集市和商品贸易的繁荣。

9.海南

李彩霞《乡族·科举·港口:明代琼州文人地理网络与地缘认同》(《中国历史地理论丛》2021年第3期)论述了以琼山为中心的科举地理网络,包括以唐舟、海瑞为中心的家族科举网络和以丘濬为中心的师友科举网络。作者认为,重视科举与贬谪地文化性格是地缘认同的表现,从边缘到前沿是地缘认同的延伸,这对今天海南的自由贸易港建设仍具有借鉴意义。

10.西辽河流域

王小丰《明清时期西辽河地区农业开发研究》(江西师范大学硕士研究生学位论文,2021年)从环境史、边疆史、农业史等多门学科相结合的角度论述明清两代辽河地区的农业发展背景和发展成果,把当地农业发展和商品经济的发展及满蒙政治联系到一起,讨论自然灾害和水土流失等负面作用对西辽河地区农业发展的影响。

(二)城乡社会与基层管理

1.乡绅、乡祠和乡约

关于乡绅,徐彬《明清乡村绅权建构与社会认同研究——以徽州士绅修谱为中心》(中国社会科学出版社,2021年)指出,明清徽州作为中国封建社会后期具有典型特征的区域社会,因宗族组织完善、教育发达、徽商兴盛,士绅阶层十分活跃。士绅们利用家谱编修的契机,通过宣扬宗法思想、正统思想及新安理学,构建了乡村社会中的文化权力,同时又利用家谱的影响力获得族内和社会的认同,达到参与并有效实现乡村社会治理的效果。蓝法典《"士大夫—乡绅"视野中的权力冲突与困境——以明中后期〈圣训六谕〉现象为中心》(《政治思想史》2021年第2期)认为,"士大夫—乡绅"的双重身份为推广《圣训六谕》的明代乡绅群体提供了一种"乡村—庙堂"间彼此优容、错位认知的可能性,可以通过宣泄心学激发的道德热情来稀释皇权的压力。但乡绅阶层既需要利用地方特权宣讲《六谕》,又无法遏制自身豪右化的发展趋势,这一内在矛盾导致明代乡绅推广《六谕》的道德热情除去为自身非正式的地方支配权寻找道德合法性外,并不能落实为秩序的重建。戴联斌《明代家刻与士绅社会:以杭州张氏为例》上、下(《印刷文化》2021年第1期、2021年第2期)以杭州张瀚家族自16世纪至19世纪末的著述和刻书活动为例,指出家刻活动是士绅家族文化策略的一部分,其目的是维持其文化传统和士绅身份,与土地、教育同等重要。作者将文章所用方法称为"目录学重建",认为这是利用中国传统目录研究中国书籍史的第一步。毛亦可《论明末乡绅地方公议的程序——以〈祁彪佳日记〉为中心的考察》(《史学月刊》2021年第8期)指出,《祁彪佳日记》的记载显示,明末江浙地区乡绅参与的地方公议存在召集、议事、决议等3个主要环节,对这3个环节的不同特点进行讲述与分析。李曼琪《明代大理士绅参与教育研究》(大理大学硕士学位论文,2021年)以明代大理府的士绅为研究对象,探讨他们在明代大理教育中的参与情况,分析士绅参与教育背后的文化意义,阐明明代大理士绅参与教育的影响。

关于乡祠,许建和、侯倩倩、欧阳国辉《明清时期乡村祠堂的社会功能与治理方式》(《中外建筑》2021年第9期)从祠堂的沿起、社会功能、社会治理方式等3个方面对明清时期的乡村祠堂展开研究,探讨这一时期乡村社会治理特征及其对当代乡村治理文化建设的借鉴意义。

关于乡约,李燕《张履祥乡村礼治社会的构建》(《嘉兴学院学报》2021年第3期)指出,张履祥是一位生活在明清鼎革之际的遗民学者,他为学力求济世务实,通过多种方式积极致力于乡村礼治社会的构建:如参与组建葬亲社,以礼化俗;为保聚之说,复礼乡约;知稼穑之艰,以兴礼让;修谱明世系,兴孝崇礼。王浩《明代徽州的乡约推行与县域治理》(《江西社会科学》2021年第8期)认为万历以降徽州乡约达到兴盛,地方官员纷纷采取宗族乡约化、巡行乡约、慎选约正副等方法,致力于解决乡约行之不实、流于形式等问题。乡约作为县域治理的重要手段,被明代徽州的府县官员们反复推行,在一定程度上取得了整齐城乡礼俗教化、稳定地方社会秩序,从而助益县域治理的积极作用。

2.城镇发展

关于商业市镇与码头城市,许檀《明清华北的商业城镇与市场层级》(科学出版社,2021年)通过20多年的实地调查和个案研究,对明清时期华北城市与市场进行了综合性的全面考察。考察和梳理的对象共涉及明清时期冀鲁豫3个省50多个较重要的城、镇,又以其中30多个不同等级、不同规模的商业城镇为样本和考查重点,开创了以商人会馆集资的"抽厘率"折算经营规模、利用商人捐款的地域分布考察商镇腹地范围的方法,对传统城市研究新的指标体系进行了深入探索,有助于推进传统商业城镇研究的量化和深入。康煜婕《明清到民国初期宁夏沿黄地区城镇体系变迁研究》(内蒙古师范大学硕士学位论文,2021年)梳理明、清和民国不同历史时期下,宁夏沿黄地区城镇体系的发展特征、过程,总结不同历史时期城镇体系发展的差异,把握宁夏沿黄地区城镇体系发展演化的总体脉络。作者认为,黄河在城镇体系形成与演变过程中发挥了重要作用,也有一定的制约。范金民、罗晓翔《明清苏州经济中心地位略论》(《明清史研究》2021年第3期)认为从明清时期苏州的经济总量、商品生产和商品流通来看,其中心都市的地位远在另一工商城市杭州之上,实为当地的经济中心。张献忠、李宗辑《国家—市场视域下的城市发展:以开埠前天津为中心》(《明清史研究》2021年第4期)认为随着商品经济的发展,市场在卫城发展中的作用日益增强,但卫所管理体制却严重制约了市场力量,成为城市发展的瓶颈。为顺应市场发展的需求,明朝通过增设兵备、巡抚等职守,不断进行国家力量的自我调适,从而夯实了天津的区域中心市场地位,在明中期逐渐构织了以卫城为中心的北方商贸网络。晚明东亚社会的动荡,为天津演进为中心市场提供了契机,并与全球市场相连接。清雍正年间天津设府置县,使其具备了为市场提供土地、人口、资源等的潜力,推动了市场的跃升,为城市发展的现代化积蓄了实力。王雁、赵朗《透视明清时期辽南城镇变迁》(《史海钩沉》2021年第8期)论述了明清时期分布在辽宁南部的城市群发展状况,认为随着列强的侵入,清政府在辽南部分地区的管理逐渐削弱,这些城镇政治功能逐渐下降,而营口、庄河、安东、大连等城镇的经济属性开始凸显,相对强大的交通运输能力,更加适合殖民统治的需要,这与当时的国际形势相一致。刘洁君《明清时期山东运河沿线城市的空间形态研究——以临清为例》(《面向高质量发展的空间治理——2020中国城市规划年会论文集》,2021年)指出临清在明清时期的城市发展背景是多元的。自然地理环境、运河的畅通是临清选址和发展的基础和动力;农业结构的调整、赋税的改革、功能分区的合理化、文风、民风民俗、生活习惯的变化以及水陆运输结合的便利交通条件也对临清城市空间形态的扩张以及功能变化起到一定作用。

关于城市空间布局,[美]费丝言著,王兴亮译《谈判中的城市空间:城市化与晚明南京》(浙江大学出版社,2021年)以长江流域的大都市南京为例,展示了明朝城市居民如何利用为农村制定的制度和文化资源重塑城市的地位。"王朝式城市主义"的发现为这一领域提供了一条理解帝制中国晚期城市化发展的新途径,使真正有意义的比较城市史成为可能。葛红洋《明清时期榆林城地缘结构与形态功能演变》(西北大学硕士学位论文,2021年)认为明清两朝军政形势的变化是榆林城发展演变的重要契机。从重点建设军事防御到关注城市的多元化发展,榆林城在明清时期的演变反映了当时的地缘结构和时代的需求,也映衬出榆林城与众不同的城市发展轨迹。陈喜波《明北京城中轴线形成原因探析》(《中原文化研究》2021年第1期)提出,北京城中轴线是北京古城文化的重要传承载体,是体现中国都城营建制度的巅峰之作,而北京城中轴线的形成则与明初永乐年间建设紫禁城有关。胡燕《明初北京城的中轴线》(《家族企业》2021年第5期)认为明代北京城的格局是仿照明初都城南京修建的,明初燕王朱棣在此修建燕王府,又在中海南部开挖一湖,形成了南海、中海、北海三海贯通的皇家御苑。三海居西,宫城位东,西为自然山水,东为方整城池,这一柔一刚的空间处理是皇城格局的一大特色。夏四达《明代桐城县建城规划述论》(《巢湖学院学报》2021年第4期)认为桐城县城外部依托山水的屏障之效及人工修筑的防御设施形成特有的两层城防设计;县城内部布局既是管子因地制宜的城市规划思想与古代仿生象物营造理念双重影响下的共性产物,又是将古代都城规划思想体系融入地方城市规划中的典型案例,体现出县城具备军事防御及政治教化的职能。陆韦志《明清永昌卫城结构与布局》(《河西学院学报》2021年第4期)指出,明清时期明西陲边防压力激增,出于军事防御的需要,永昌卫城在洪武二十四年(1391)、成化八年(1472)都进行了扩建修复,奠定了永昌城(今永昌县)城市格局的基本框架。清代永昌卫城得到了进一步扩建修筑,并于卫北昌宁湖附近多设军屯,开垦荒地,发展农业;城内建筑政治功能、文教功能、宗教功能以及美化功能区的布局日益明晰,府州郡县特质加强。代剑磊《论明清时期榆林城市的空间形态演变——以方志城图为中心》(《中国地方志》2021年第4期)通过考查方志城图来梳理明清时期榆林的发展变迁。作者认为方志城图作为了解地方城市形态的重要资料,不仅可以体现不同时代的城市发展演变,而且有助于了解地图史绘制与方志编纂之间的体系关系。周倩、陈钊《明代徐州卫沿革、人员编制与建筑布局考》(《文化学刊》2021年第8期)依托徐州的地方志,大致梳理明代徐州卫的沿革、人员编制与建筑布局等基本状况和所具有的历史、文化价值,为陈列释展、文物修复等研究利用打下了基础。吕锋、马凌《基于空间基因传承的咸阳市明清城空间发展策略初探》(《小城镇建设》2021年第9期)以陕西咸阳市明清城为例,从空间基因、格局基因、肌理基因、记忆基因等方面分析总结明清城空间格局改变、街巷肌理破坏和文化记忆衰退的现实困境。最后从总体格局基因恢复、街巷院落基因延续、文化记忆基因传承等3个方面提出明清城的发展策略。

关于城市生活,胡灿《明代泗州城市社会生活研究》(淮北师范大学研究生学位论文,2021年)以明代泗州的城市社会生活为研究对象,阐述明代泗州城及周边地区的农业、手工业、商业、居民结构和城市居民的衣食住行,论述泗州城精神文化生活及灾患状态下的社会生活。

关于城市生态,吴小伦《明清时期开封城市生态述论》(《黄河科技学院学报》2021年第6期)认为,明清时期黄河下游河道剧烈动荡造成开封整体性的生态退化,官民虽进行了一系列浚沟渠、治水井、营造园林的行为,但依然未能扭转城市生态退化的趋向,体现出生态治理的系统性、艰难性与历时性。

3.乡村管理

关于基层管理,孔伟《明代皇权与基层社会控制研究》(郑州大学出版社,2021年)以社会学的社会控制理论以及"权力的文化网络"理论为视角,审视、探索明代皇权对基层社会全方位、多层次的控制,认为主要体现在人身控制、法律控制、军事控制、教育控制、思想控制、宗教控制和规范控制等7个方面。钟楚莹《王阳明乡村治理思想及其实践研究》(西南大学硕士学位论文,2021年)对王阳明在乡村治理中的治乱、治愚和治贫思想做了考察和重构,着重探讨明中后期在社会失范、乡村失序的社会背景下,王阳明如何创造性地提出弭盗安民、化民成俗以及改善民生这一新型乡村治理模式。黄志繁《明清乡村治理体系中的文化认同》(《中国史研究动态》2021年第2期)中提到里甲制度是集赋役征收和基层管控为一体的基层社会治理制度,赋役能否顺利征收,体现了王朝对基层社会的治理水平,而文化的高度认同成为地方社会治理中的重要因素,也是明清时期地方社会治理可以相对简要而有效的根本原因。颜炳罡《明代乡村教化与当代乡村文明建设》(《乡村论丛》2021年第3期)认为在中央、地方官员、民间贤达三方互动下,明代乡村教化取得巨大成效,是明代社会长期稳定且持续繁荣的精神保证和价值支撑。袁钰《明清时期汾河流域基层社会治理模式探析——以习惯、习惯法、国家法为视角》[《太原师范学院学报》(社会科学版)2021年第3期]强调了在民间社会尤其是在中国传统的乡土社会的治理中,由于乡土社会生产生活实践中存在矛盾的复杂性,需要不同层面的地方规约和国家法律共同发挥作用。

关于民间契约,岸本美绪《民间契约与国家干预——明清时代的"契约正义"问题》(《中国经济史研究》2021年第2期)以"绝卖的土地可否回赎"这一问题为中心,通过明清国家允许当事者回赎绝产的若干事例,探讨当时为政者在解决此类问题时所依据的逻辑。陈雪娇、严帆《一批契约文书的发现解读明清时期瑞金县平地隘乡间的社会形态》(《炎黄地理》2021年第3期)以明清时期发现的一批契约文书为切入点,挖掘明清时期瑞金乡间的社会形态,如乡里建制、土地山林房产等财产的价值、社会经济兴衰变迁、典当制、契约制度及其形式、有关客家人迁徙情况及地域地名信息等。徐嘉露《明代民间契约中的"闽契"》(《中州学刊》2021年第6期)认为,明代福建地区的土地文书具有种类的多样性、称谓的复杂性、格式文书与实务文书的互动性等特点,同时亦有紧贴民间交易公平的价值取向、保留交易习惯的传统规则、地方契约规范经验的广泛传播等意义。

关于民间纠纷与诉讼,刘正刚、李东霖《明成化时期江西"好讼"现象与社会转型——基于条例的考察》(《学术研究》2021年第7期)以孤本《皇明成化条例》中多条针对江西人的事例为研究对象,发现明成化时期江西人在本土、异地乃至赴京诉讼的事例多为田土、债务等细事。这种情况的出现与成化时期江西人口流动频繁、异地经商活跃有关,但却与明初禁止人口流动、重农等政策相左,反映了成化时期社会开始转型的倾向。王申萌《明初"里老人"理诉制度及其现代启示》(《潍坊学院学报》2021年第24期)认为明初"里老人"是普遍存在于理诉中的乡村社会政治现象,也是传统社会治理模式在具体制度上的体现,它依托于中国传统社会的"熟人"关系,通过理诉息讼、劝谕教化,力求达到政平讼理的理想境界,在客观上稳定了社会秩序,实现了对民众的教化,节约了司法成本,减少了盘剥及官民矛盾。孟烨《明代地方纠纷解决模式的历史变迁——以徽州裁判文书为考察对象》[《复旦学报》(社会科学版)2021年第5期]以裁判文书为素材,观察明代地方治理模式如何从推崇乡治到力行州县裁判的历史性变迁。杜正贞《明清时期东南山场的界址与山界争讼》(《史学月刊》2021年第2期)认为,明代以后频繁发生的山界争讼是山场资源竞争加剧的表现,同时山场界址在此过程中也逐渐确定、清晰。而争讼中形成新的界址表述或者原有的界址表述被重新解释并为官方承认,人们对山场的认知也在这个过程中不断细化和书面化。

对区域史的研究一直是社会史研究中的重要内容,这在2021年学界对明代社会史研究的众多成果中能明显看出。关于不同区域研究的重点除对区域史研究理论的深入挖掘之外,亦涉及地方社会的方方面面,如不同地域的科举状况、经济发展、农业水利、环境和灾害治理等。关于城乡社会与基层管理的研究成果尤为丰富。其中,基层社会和乡村管理的研究成果多集中在乡贤带领下乡村秩序的建构,涉及了基层政府与地方的互动、民事诉讼、民间契约等多个具体内容。而城市研究则关注城市的空间建构和空间布局、社会生活等方面。相对而言,关于区域史研究的理论发掘略显不足。

三、社会群体

对社会不同群体的研究同样是社会史研究的重点内容。2021年对社会群体的研究偏重于士绅群体，尤其以对士人群体的研究最为突出。同时，针对女性群体的研究成果尤为丰富，可以说是社会群体研究的热点之一，其方向多集中于小说、艺术作品以及女性自身的文学或艺术创作。此外，针对工商业群体的研究成果也较多。

（一）士绅群体

1.进士群体

张萌《明代状元产生因素与仕途研究》（辽宁大学硕士学位论文，2021年）对明代89位状元进行系统研究，从地域、家庭、师承、自身素质、年龄等分析明代状元的产生因素，从明代状元的授官、升迁、陟黜情况以及影响因素分析明代状元的仕途。孔德成《明代陕西进士群体考论》（宁夏大学硕士学位论文，2021年）对明代陕西的进士群体进行考察，通过对相关文献资料的检索分析，考订明代陕西进士的总数，以及其时间与空间分布不均的特点；同时分析了陕西存在的特殊进士群体——卫所进士，及其在政治、军事、教育等方面的贡献。黄谋军《明代锦衣卫进士群体的构成特点及其成因》（《中国文化研究》2021年第4期）论述了明代北京锦衣卫进士群体的时段分布、原籍分布、户类构成特点及其成因，认为锦衣卫进士群体多为卫所官军后裔，大多在京师接受文化教育，在一定程度上能够反映京师的文化教育水平与科举风貌。牛明铎、侯景方《明代长垣县进士考论》（《新乡学院学报》2021年第8期）考察了长垣县的明代进士群体，对长垣县的进士从无到有、从少到多的情况和取得的甲次以及当地的进士家族进行考证，叙述了明代长垣县进士群体的任职情况及主要事迹。蒲素《明代宁德县进士群体初探》（《今古文创》2021年第47期）借助方志考察了明代宁德县进士群体，对明代宁德县的进士数量、任职情况以及所做的历史贡献进行研究。

2.士人和士绅群体

张松梅、王洪兵《明清之际知识精英的乡土回归与秩序重构》（《东岳论丛》2021年第4期）论述了明清之际知识精英对乡村社会建设的推动作用，从知识精英的入世理想、乡土情怀以及归乡之后对社会秩序的重建所起到的作用等方面进行叙述，指出明清变革之际，知识精英对乡村问题认知加深，推动知识精英致力于乡村社会建设，为清初乡村社会经济恢复发展、秩序重构和价值引领提供了重要的智力支持和思想保障。李禹阶、王超《明清士人对佛教轮回观的回应》[《西南民族大学学报》（人文社会科学版）2021年第2期]论述了明清士人对佛教轮回观的3种态度，通过对轮回的有无、轮回的社会功能是积极的还是消极的，以及明清士人基于儒学或世俗立场和对佛教轮回产生的新议与异见进行具体叙述，以表明明清士人对外来宗教采取的扬弃、利用的立场。郭敏《从王阳明葬娄妃观宸濠之变中的士人关系》（《上饶师范学院学报》2021年第1期）通过研究王阳明葬娄妃一事，对明代士人的姻亲、师门、同年等人际关系及其在娄妃死后对娄妃的安葬以及历史形象的塑造等各方面的作用进行详述，同时指出宸濠之变后以娄妃为连接点的士人关系网的变化对个人、家族以及皇权更迭都产生了深远影响。尤佳君《选官与学律——论明代科举制度下士子的法律素养》（《中国考试》2021年第3期）对明代士子的法律素养进行探究，论述其获得法律基础知识的途径以及在科举考试过程中必备的律学知识、入仕之后的律学实践等方面，指出明代士子在进入官僚队伍前就具备了一定的法律素养，故而明代科举制度下官员欠缺司法能力的看法并不允当。李磊《明代政坛的士人写照》（《人民论坛》2021年第31期）通过对明代士人在政治中的地位以及士林重心的发展进行探讨，论述在明代不同时期的士人群体对参与政治的不同选择。陈宝良、张睿霖《明代士大夫快乐精神的内在转向》（《安徽史学》2021年第5期）论述明代士大夫的快乐精神，从孔颜、宋儒基于"知足"的"贫乐"，转向基于"不知足"的"富乐"；从源于"惕厉""战兢"的"无逸之乐",转向源出于闲情逸致的"逸乐"及随之而来的及时行乐的观念,使得儒家的快乐精神发生了历史性的转向,既熔儒佛道于一炉,又日趋世俗化。杨金柱《晚明以降戏曲活动中士人与伶人角色的融合与转换》[《浙江师范大学学报》(社会科学版)2021年第5期)]论述了晚明时期的士人与伶人角色的融合与转换。士人群体不仅创作剧本,也会参加演出,再加上科举不顺或家道中落等情况,一部分士人会被迫入籍戏班;部分伶人在与士人的交往过程中主动向士人靠拢,有的通过冒籍科考、脱籍纳捐等方式转为士人,实现了身份与地位上的跨越与突破。在明清鼎革之际和晚清时期,部分伶人还展现出不输于士人的凌云气节。钟帆《形象学研究思路新探——以明末士人的西方形象研究为例》[《辽东学院学报》(社会科学版)2021年第6期)]以明代士人的西方形象的发展为脉络,通过政治、文化、经济、宗教等方面来分析西方传教士为了使明代士人接受基督教信仰所做的努力,指出在士人的西方形象构建过程中,主客体之间是"双向互动"的新思路。

徐茂明的《江南士绅与江南社会(增订本)》(中西书局,2021年)考察了江南士绅在明清时期不同阶段文化权力的不同,分析江南士绅与江南社会基层组织的关系、其家族与区域文化的互动等,同时阐述社会变迁中江南士绅的作用及产生的影响。李曼琪《明代大理士绅参与教育研究》(大理大学硕士学位论文,2021年)以明代大理士绅参与教育活动为研究对象,探讨明代大理府教育类型与士绅如何参与教育,以及对自身与社会的影响。朱亦灵《"生活与制度"视野下的明清士绅——以侯岐曾应对籍没为例》[《历史教学》(下半月刊)2021年第1期]从日常生活出发,勾勒出曾参与抗清运动的侯岐曾家族应对清廷籍没的全过程,说明个体在直面特定制度压力时腾挪空间有限,也显示晚明江南士绅凭借私人关系交通官府、影响国家政策的烜赫局面入清后已趋消逝。马俊亚《世本无圣:明清常州舜山地区乡村士子的耕读实践》[《复旦学报》(社会科学版)2021年第1期]通过对常州舜山地区耕读士子的研究,指出"耕读"的最终归宿是回归人性、回归理智的生活,并与官场保持一定的距离,而非入仕。同时,耕读传统保证了乡村民众免于饥寒、能够享受不同程度的教育,借此培养出一部分具有独立思考能力和独立人格的人,有利于社会的安定。吴蔚《"家园—他乡"之间:明清士人西山诗文的心灵空间》[《廊坊师范学院学报》(社会科学版)2021年第1期]论述了西山对于明清士人的代偿功能,使其成为士人的精神逃离场所。京师士人在朝市与山林之间的挣扎,使其难以找到出处之间的统一,也使得西山诗文体现了与皇权文化不一样的想象空间,其中饱含着士人的家国情怀。祝贺《市井文化与士人美学:明代江南室内陈设的双重审美特征》(《美术大观》2021年第4期)通过对明代江南地区的市井美学与以崇真尚俭、尊古守制为基本特征的士人美学的对比,指出晚明江南地区两者相互融合且辩证统一的趋势。

3.文人群体

贾峰《明郑文人群体研究》(闽南师范大学博士学位论文,2021年)从明郑文人群体的地域分布、形成过程、形成原因、成员构成和人物关系、著述与交游、价值观念、心态特征、创作思想、作品的艺术特色等多方面论述了作为明遗民的明郑文人群体。袁梦《明代北京文人结社与文学研究》(西南大学硕士学位论文,2021年)以明代北京地区的文人结社与其文学为考察对象,认为明代北京结社风气的兴盛,既是整个明代结社风气兴盛的反映,又与北京作为首都独特的城市生态密切相关。周玥彤《明代江苏地区文人诗文集序跋整理与研究》(上海师范大学硕士学位论文,2021年)以明代江苏地区文人诗文集中的序跋为研究对象,梳理了序跋中体现出的交游结社行为、思想内涵和序跋中的文集刊刻情况。龙翼《明代杭州文人结社与文学研究》(西南大学硕士学位论文,2021年)主要论述明代杭州的文人结社与其文学,认为明代杭州文人结社的兴盛既受整个明代结社之风盛行总趋势的支配,也有赖于杭州城市文化生态提供的地域条件和现实可能。张哲天《明嘉靖时期文人志怪笔记研究》(浙江大学硕士学位论文,2021年)对嘉靖时期的文人志怪笔记进行考察,梳理志怪笔记的创作与编纂情况,提出了案头虚构型、记录型、杂俎型3种编纂类型,同时对嘉靖时期志怪笔记中的主要内容、变化进行归类整理。胡舒菁《晚明江南文人笔记中器物的生活美学研究》(景德镇陶瓷大学硕士学位论文,2021年)以晚明江南文人笔记中记载的生活器物为研究对象,通过考察生活器物出现的场景和分类,分析其中蕴藏的美学意蕴及晚明文人对现实世界的理解。陈希洋《明中晚期的文人清供题材绘画研究》(湖北美术学院硕士学位论文,2021年)从清供题材及清供绘画流行的社会文化背景、文人的思想文化之变、清供元素在绘画中的表现运用等方面,探究明代中晚期文人在生活、思想和审美方面表现出的意趣与审美精神。韦云鹤《明清易代之际文人戏曲创作承变研究》(青岛大学硕士学位论文,2021年)认为明清易代之际,戏曲面貌呈现出较为鲜明的承前启后的特征:动荡的环境使文人戏曲创作心态由娱乐感性趋于现实理性;"尚奇""主情"的美学风尚使戏曲美学在晚明时期碰撞出灿烂耀眼的火花;"情"突破狭义的男女之情,举凡家国情怀、兴亡感慨、身世坎坷、侠肝义胆无不囊括进"情"的范畴。刘自川《明清书画交易中底层文人的生存境遇——以〈儒林外史〉为例》(《书法》2021年第1期)以《儒林外史》中底层文人的生存境遇为例来映射现实生活中底层文人的实际情况。商业的发展为文人带来了新的就业机会,但在当时的社会环境下,官吏阶层的欺压、乡绅阶层的蔑视以及盐商的凌辱都是底层文人在交易过程中会遭遇到的欺凌,而他们的选择也各不相同。都轶伦《矛盾、空间与解脱:论明中期吴中文人的仕隐困境》[《新疆大学学报》(哲学·人文社会科学版)2021年第1期]论述了明中期吴中文人在出仕与隐逸之间的选择困境,对科举时文的批判成为他们进取的阻力,吴中文人之间深挚且具有包容性的交游圈,以及吴中的地域文化自守观念,为他们提供了退守的空间。但由于社会环境与家族责任,科举入仕仍是摆脱这种困境的必要途径。蒋李楠《明代弘治、正德年间吴中布衣群体及其唱酬活动——以文徵明为中心的讨论》(《铜仁学院学报》2021年第1期)以文徵明为中心论述明代弘治、正德年间的布衣才子的唱酬活动。他们因科场失意而潜心诗文,其唱酬活动构成了吴中艺文的主要面貌,展现出一个地域群体的独特风貌。周海涛《元明之际吴中文人出处、雅集及诗学思想的演变》[《信阳师范学院学报》(哲学社会科学版)2021年第6期]分时段论述了元明之际吴中地区文人的出处、雅集以及诗学思想的演变,既呈现出一以贯之的连续性,又因时代演变呈现出差异性。李越《晚明绍兴文人结社考辩三则》[《绍兴文理学院学报》(人文社会科学)2021年第1期]以祁承爜和朋友结文社、祁彪佳入枫社、陶奭龄等人结曹山七老会为脉络,对这3个文社的兴起、性质、成员、结社时间等主要情况进行梳理。廖丹《明代松江书家群体与文人结社交游研究》(《中国美术研究》2021年第2期)考察明代松江地区广泛的文人交游和结社活动,总结了两种不同的结社目的:一是致仕与辞官的官员为了怡情养性,安度晚年而与亲朋、友人结社;二是读书人为了科举谋取功名前程而组织的社团。作者认为,在明代经济和思想解放的潮流中,松江地区一直与以苏州为代表的文化艺术圈不断碰撞融合,发展出了独特的松江区域文化。袁进东、夏岚《晚明苏州文人意趣与造物理念》(《江西社会科学》2021年第5期)对晚明文人意趣与造物理念进行梳理,指出由于经济、社会环境等原因,苏州文人形成了闲赏美学,以古为贵、追求时玩,建立起"宜人宜景宜自然"的造物标准,强调致用为尚的功能主义,体现出一种极具勇气的创新精神。钱国旗、薛繁洪《明代中后期江南文人的饮茶生活及其文化意蕴》(《东方论坛》2021年第3期)对明代中后期江南文人的饮茶生活进行考察,认为饮茶生活寄托了江南文人恬淡闲适的隐逸情怀,为明代茶文化的发展注入了独特的文化内涵。潘守皎《明清文人与曹州牡丹传播》(《菏泽学院学报》2021年第3期)主要论述了明代文人在曹州牡丹的传播中所做的贡献。

4.山人群体

冯保善《明清山人研究》(人民出版社,2021年)论述明清时期的山人群体的生成、隐逸的异同、个人品格、人生追求等,并列举了许多明代知名山人,通过对他们的研究,揭示其人生心路历程。其中,将清代最著名的山人李渔作为个案,详细叙述其人生历程、创作,阐释其独特的思想及人生选择。陶小军《明代中后期"山人"文化与书画治生》(《江苏社会科学》2021年第3期)论述了明代中后期以书画治生的"山人"文化,它反映了这一历史时期商业环境对文人阶层生存理念和思想观念的冲击。甘映红、周榆华《山人与晚明士风一隅》(《江西科技师范大学学报》2021年第4期)认为,嘉靖以来盛行的两种山人,以诗行谒的布衣文士和宦情冷淡的士大夫,两者虽行为方式不同,但目的都指向顺适己意。反映了明代中后期,心学流行、商业经济发展等因素导致主流价值观的引领作用受到削弱,士人的自我意识不断增强。

5.畸人群体

罗欣《晚明的畸人文化及成因》[《沈阳工程学院学报》(社会科学版)2021年第4期]对晚明畸人文化及成因进行研究,文人们对"畸人"认同且崇拜,其根源包括对《庄子》文化的继承以及时代的合力,指出晚明盛行的畸士之风反映了明代心学崛起背景下,文人对于传统文化资源的继承,以及在特殊时代背景下对自我个性的标榜和私人精神领域的维护。

6.流民群体

张亮《探寻明清时期流人文学作品中的辽北地域剪影》(《现代交际》2021年第12期)探究明清时期被流放到辽北地域的流人文学作品中描写的辽北风土民俗物产资源等,分析文化流人的构成、流人文化的发展特点及其中存在的辽北地域剪影,对研究明清辽北社会形态、历史文化等方面具有重要的史料价值。

7.遗民群体

孙国柱《追慕与超越——夷齐在明清之际遗民"逃禅"群体中的重构与回响》(《普陀学刊》2021年第1期)以明清之际遗民"逃禅"群体的精神坐标为研究对象。作者认为,虽然夷齐精神在明清之际的论述中出现了若干变形,但却从反面印证了夷齐精神所具有的不朽意义,是中国历代士人独立精神绵延不绝的价值源泉。周雪根《选择的艰难与艰难的选择——论明清之际滇云遗民诗人涌现及其生存方式》[《信阳师范学院学报》(哲学社会科学版)2021年第2期]将明清之际滇云地区明遗民的生活方式分为隐居、僧道、耕读、讲学、行医、文艺方伎等6大类,亦有身兼数任或一生都在整改生活方式的人。通过考察这些明遗民的生存境况,检视他们的治生言说,有利于发覆明遗民的精神价值。

(二)女性、长幼群体

1.社会与家庭中的女性

江昱纬《救婴与济贫:乳妇与明清时代的育婴堂》(秀威资讯,2021年)一书通过考察明清时期育婴堂的发展与人事编制、乳妇的来源与待遇、工作内容与生活规范、文献所记的乳妇与社会对乳妇的评价,探究育婴堂理想与经营实况间的落差,呈现明清善会、善堂更丰富的面貌,更凸显"救婴"与"济贫"难以两全之下,乳妇可能面临的困难与窘境。曾雪彬《论明清女性对造园的影响》(湖北美术学院硕士学位论文,2021年)论述了明清时期长期生活在园林、对园林进行管理的女性在园林建造方面的影响,认为女性将寄情山水的隐逸思想以及追求自由的爱情观念寄于园林之中。李怡欣《明清之际江南才媛社会关系网络探析》(贵州师范大学硕士学位论文,2021年)从江南才媛群体的发展脉络、血亲和社会关系网络等多方面来考察明清之际以顾若璞为中心的江南才媛群体,从性别视角对明清女性的社会关系进行讨论。艾丽君《闺门内外:明代品官命妇的世界》(华中师范大学硕士学位论文,2021年)从明代品官命妇制度与封赠情况、生存空间、个人生活、社会角色、对"女主内"观念的突破等多个方面入手,考察明代的命妇在闺门内和门闾外的生活情状和面貌形象。王新博《明代史籍中贤母的地位与形象》(东北师范大学硕士学位论文,2021年)从明代贤母的职责与权力、贤母的形象与类别、树立贤母形象的作用及其自主意识这三个部分对明代史籍中记载的贤母形象与地位进行了考察。李冬青《明代女性墓志铭共性书写研究》(东北师范大学硕士学位论文,2021年)

以女性墓志铭的文本为研究对象,从未嫁女在母族生活的共性、出嫁女的治家共性、墓志铭中的社会空间等3个方面对明代女性墓志铭中的共性进行考察,指出女性承担的不仅是男性所需履行的家庭生计重担,还有社会动荡中果敢与睿智的言行、家族及区域性的善行。胡正宁《明代女性的社会地位新探——以南京出土明代女性墓志铭为中心》(《哈尔滨学院学报》2021年第8期)以出土的墓志铭为依据,探索明代女性的社会地位。顾玥《明清社会的职业妇女:以稳婆身份的分流为中心》(《妇女研究论丛》2021年第4期)以明清时期为官府工作的稳婆为研究中心,介绍稳婆甄选、辨验、验尸、验伤、伴押、看管等相关职能的形成与工作侧重。作者认为,清代法律通过良贱划分,使民间接生的稳婆无法再为官府工作,一方面这是稳婆成为官府衙役后身份的必然转化,另一方面也体现出官方并不鼓吹这种妇女在外谋生、拥有固定收入的职业模式的形成。其本质是希望女性回归以家庭为主导的经济模式。曹文怡、莫山洪《论明代宦官婚姻中的女性群体》(《哈尔滨师范大学社会科学学报》2021年第4期)对于明代与宦官结成婚姻关系的女性群体进行考察,其中包括宫女、平民女子和妓女。这些女子长期处于一种尴尬的社会地位,使得明代宦官婚姻中的女性群体对根深蒂固的封建思想产生了怀疑,内发性地开启了女性自我意识的思考,间接促进了女性意识的解放。唐佳红、周致元《明代卫所军妻相关问题探微》(《历史档案》2021年第3期)探究明代卫所制下的军妻问题,对军妻及其来源、军妻的相关待遇以及实际生存状态进行论述,指出明廷无法保证军妻的生活、人身安全,且军士死后对军妻的抚恤成为具文,导致军妻相率逃亡,未能遏制卫所军制的溃坏。舒仁萍《〈土官底簿〉中所见女性的承袭》(《青春岁月》2021年第17期)以《土官底簿》为依据对女性承袭土官的现象进行考察,并对女性承袭的原因及造成的影响进行论述。戴元枝《论明清徽州闺塾师的教育活动》[《淮北师范大学学报》(哲学社会科学版)2021年第4期]论述明清时期徽州闺塾师的教育活动,她们在客观上推动了明清时期徽州教育尤其是启蒙教育的发展,有利于明清徽州社会整体文化素质的提高。

2.小说、艺术作品中的女性

曹佳颖《明清小说中"才妓"形象变迁及其文化透视》(上海外国语大学硕士学位论文,2021年)考察了明清小说中"才妓"形象的变迁和背后透露的文人心态的转变以及整个社会心理的变化。云玉杰《明末清初才子佳人小说中佳人形象研究》(哈尔滨师范大学硕士学位论文,2021年)论述明末清初才子佳人小说中佳人形象的产生、特征、文化内涵,认为佳人形象对男权文化的冲击以及女性话语权力的复苏,并了解其形象背后所反映的婚姻理想。任荣《论明末清初小说中的"另类"女性形象》(湖北师范大学硕士学位论文,2021年)以明末清初小说中的"另类"女性形象为研究对象,将这些女性与传统女性进行对比分类,通过分析"另类"女性在小说作品中的结局来了解作者的创作动机,深究其潜藏的文化内涵。金佳雯《晚明青花瓷中的女性形象研究》(景德镇陶瓷大学硕士学位论文,2021年)运用图像学的方法,从晚明青花瓷中女性形象的题材分类、艺术特征等方面入手,分析青花瓷中女性形象艺术特征形成的原因,即受到社会文化及同时期中国传统艺术等因素的影响。何卉、陈洪《论唐代小说中妒妇形象在明清叙事文学中的演变》(《明清小说研究》2021年第1期)论述唐代小说中妒妇形象在明清叙事文学中的新变化,作者认为在唐代妒妇题材小说中,作者只是简单诉说"故事",并未对妒妇加以评论或批判,明清小说家们在文学作品中明显表达对妒妇的批判和不满,而且更加丑化妒妇形象。邱锋《明末清初通俗文学中的"惧内"主题及性意识》(《国学论衡》2021年第9辑)认为"惧内"这种文学创作的主题在晚明与清初之际达到了流行的高峰,更多地出现在小说、戏剧等更具文学创意和技巧的形式中,大大强化了其讽刺性的张力和戏剧化的效果。通过对惧内与夫妻间性生活紧张的刻画,引申出对男女关系不同方面的探索,以及关于女性自我意识之觉醒的尝试。居鲲《明清小说中的狐女原型探究》(《名作欣赏》2021年第17期)指出,明清时期的文言小说和白话小说狐女的原型都是烟花女子。但文言小说中的狐女大多聪慧美貌,多情善良;白话小说中的狐女却多邪淫恶毒,乃至祸国殃民。实际上反映出了明清时期士大夫阶层与底层民众对烟花女子的不同看法和态度。张艳艳、何江波《论明末清初小说中"侠女"形象》(《齐齐哈尔师范高等专科学校学报》2021年第3期)以明清小说中塑造的侠女为研究对象,这些侠女形象不仅数量众多,而且与之前相比在许多方面都有创新和发展之处,从而使明末清初小说中的"侠女"形象有了独特的魅力。夏薇《男性的审美:明清小说中的四种理想女性》(《中国社会科学院研究生院学报》2021年第3期)指出,明清时期几部长篇通俗小说的作者基本都是男性,从主观态度和客观反映两方面表现出自己心中的理想女性:即"实用型""灵魂型""德情兼备型""缺憾美型"。这4类理想女性是宗法制出现以后逐渐形成的无职业、无知识、无意志、无人格的"四无"女性,这种"四无"女性却成为当时大多数男性心目中的理想女性。

3. 女性作品的研究

刘萱仪《明代女词人词作研究》(东北师范大学博士学位论文,2021年)以明代女词人和词作为研究对象,论述了明代女词人创作的整体风貌,阐释其繁荣的背景,探讨其词作的思想情致和形式风格上的艺术特征,进而评价其词史地位。周洲《明清艺术家族中的女性绘画研究》(四川美术学院硕士学位论文,2021年)从家学传承、作品风格、受到的艺术影响等方面论述明清艺术家族中的女性绘画,从女性的地位、生活条件来看其题材、风格的形成及这些因素造成的影响。郭文可《明代女性画家绘画艺术探究》(山东大学硕士学位论文,2021年)对明代女性绘画的发展、题材分布及创作特点进行考察,探究明代女性绘画的历史意义以及所引发的思考与启示。杨媛媛《晚明才女佛禅之风及其文学研究》(西南大学硕士学位论文,2021年)以晚明时期才女的佛禅文学创作为对象进行研究,考察晚明时期才女佛禅之风的背景、才女佛禅之风的思想、佞佛才女文学作品中存在的佛禅思想等,认为佞佛才女形成了自身独特的文学审美特点与创作目的。刘芮杉《明末清初江南女性书家研究》(曲阜师范大学硕士学位论文,2021年)对明末清初时期江南地区女性书家的处境、生活等进行考察,从性别史的角度分析作为书法史边缘的女性书家以及对其进行研究的困境。

曾佳《"似这般姹紫嫣红"——晚明时期关于江苏地区女性绘画的释读》(《中国美术研究》2021年第1期)考察晚明江苏地区的女性绘画及两大女性绘画流派——闺阁画家与青楼画家,通过对其生活区域、艺术题材、艺术风格、作品进入主流社会的流通途径等方面进行梳理,阐述江苏的地域性特质与女性画家频出之间的内在关联性。彭志《窒碍与挣脱:明清女性书写的文献载体及理论省思》(《中国传统文化研究》2021年第1期)指出,对烈女、才女形象的刻绘是明清方志的重要构成部分,两者均以男性视角形塑楷范,彰显道德教化的巨大力量。到了清末,则是以《女子世界》为代表的晚清女报通过各种方式,推动着女性自我意识的觉醒萌动。熊啸《容色描绘:晚明女性诗歌的新变及其原因与意义》[《聊城大学学报》(社会科学版)2021年第5期]论述晚明时期女性开始关注描绘女子容色的诗歌题材,探究其原因以及背后所代表的意义。作者认为,此类诗作的出现既是晚明女性诗歌书写空间拓展的表现,也与当时女性价值观的转变相关。马国云《论明末清初女性的流亡诗歌》[《山西大同大学学报》(社会科学版)2021年第4期]论述在明末清初的历史变局中,女性书写的流亡诗歌用独特的视角书写了个体"流亡"经历,真实再现了个体遭遇的苦难和民族的伤痛,具有"诗史"的意义和价值。同时,从诗歌"言志"的功能看,女性的"流亡诗歌"体现了她们在特殊的生命状态下的思想诉求和抗争,对社会现实多有刺讽,亦有着胸怀天下的情怀,呈现出"文人化"的特征。马小明《晚明女性意识的觉醒与诗文创作》(《天水师范学院学报》2021年第4期)对晚明女性意识的觉醒及其诗文创作进行考察,指出女性以其富含性别特色的抒写,为明末诗坛注入了新的血液。与此前女性文学创作以闺怨为主相较,晚明女性诗人的创作表现出了历史上少有的立言意识、节烈意识、史诗意识及名士意识。殷晓燕《汉学视阈下的明清女性诗词"疾病"书写》(《贵州社会科学》2021年第10期)认为,明清之际以"疾病"或"病况"为主题的女性创作的诗词逐渐增多。相比男性,女性对疾病的描写较为含蓄且多真情流露,因"疾病"带来的柔弱气质与女性相符,是以"疾病"作为一种女性审美被设立。融"病"入"情"的诗词作品不但体现了女性诗人的性别特征,又显现出女性日常生活审美化的美学观,提升了她们对生命的顿悟,拓展了女性诗词生命的空间范畴。张清华《明代女性诗选的编选标准》(《中国社会科学报》2021年11月22日第4版)对明代女性诗选的编选标准进行考察,指出明代女性诗选的编选主体是男性文人且多处于社会边缘,女性编选者则多负盛名。这些处于社会边缘的男性文人对处于同一境地的才女惺惺相惜,在编选时较为注重"清"这一审美标准,实际上隐含着男性编选者对隐逸独立、清正守节之"德"的追求。

4. 旌表与贞烈文化

张泽宁《明清正定和松江两府志〈列女传〉对比研究》(河北师范大学硕士学位论文,2021年)对明清正定和松江两府志中《列女传》的书写文本进行对比研究,分析两府列女志的相似性与差异性,并就明清列女群体的出现对当地乃至整个社会所带来的影响进行探讨。沈礼昌《〈石匮书·列女传〉与〈明史·列女传〉的比较研究》(内蒙古科技大学包头师范学院硕士学位论文,2021年)对《石匮书·列女传》和《明史·列女传》的文本进行比较研究,就两书传文的差异根据相关资料进行补证,分析《石匮书·列女传》的特点以及两书所含的写作意图。张泽宁《明清正定府县列女构成及对当时社会的影响——以〈乾隆正定府志〉记载为主》(《石家庄学院学报》2021年第1期)以《乾隆正定府志》为中心论述了明清时期正定府县的列女构成以及其事迹对社会的影响。孟凯《儒学与民族地区女性研究——以明代贵州地方志〈列女传〉为中心的考察》[《井冈山大学学报》(社会科学版)2021年第1期]以贵州地方志《列女传》为中心论述了明代儒学对贵州少数民族地区的渗透,儒家提倡的节、烈等女德日益被包含少数民族女性在内的社会各阶层女性接受与践行,从侧面反映出儒家思想对于当前提升少数民族的国家认同、文化认同等具有的借鉴意义。王姣姣《明清烈女类型及背景原因分析——以光绪〈铜仁府志〉为中心》(《黑龙江史志》2021年第5期)以清光绪时期《铜仁府志》为中心分析明清烈女的类型、被收入地方志的原因及历史背景。白凤、赵毅《明代山东烈女生存状态研究》[《辽宁师范大学学报》(社会科学版)2021年第4期]将明代山东地区烈女的生存状况分为未出嫁与出嫁两种状态进行考察,认为烈女并不完全像史书描述的那样千人一面,她们睿智、义气、担当,危急时刻为保贞节能够从容赴死,且有强烈的爱国主义情怀。权春燕《明代贵州的列女现象——以明万历〈贵州通志〉为中心的考察》(《四川民族学院学报》2021年第4期)以明万历年间《贵州通志》的记载为中心,将烈女类型主要分为:"贞""烈"两大类型。作者认为,在社会环境的影响下烈女对女性身体身份的建构认同导致了明代贵州地区烈女的大量出现。米盖拉、宗子萧、巫能昌《明末徽州的女性题材出版物与中国传统文化》(《徽学》2021年第1期)考察了明末徽州女性题材的文学作品和出版物,如《古列女传》《女孝经》《女范编》等,从而分析地方出版活动以及中日文化交流。梅东伟《论明代通俗小说的再嫁故事及其伦理价值构建》(《中州学刊》2021年第2期)考察明代贞节观念的强化与伦理实践的脱节所造成的现实生活中贞节道德的"失范"在通俗小说中的展现。作者认为,通俗小说的妇女再嫁故事书写折射出晚明社会的多元伦理取向,它是道德至上主义的伦理褊狭,也是面向日常生活和体察人情人性的道德宽容,同时更渗透着明确的礼法精神。

5. 性别观念

姜贞吟《女归成神:性别与宗族/亲、族群之间的多重交织》(台湾"中央"大学出版中心、远流,2021年)以客家族群聚居的桃竹苗与闽南族群为主、宗亲文化盛行的金门为研究对象,介绍宗族/亲组织、运行机制、宗族内的性别关系及其与性别的公私领域的交织,阐述宗族"结构之外"的女性与宗族的关系及宗族政治的继承,论述性别文化在宗族政治中作用及女性的"成神之路"。卢苇菁、李国彤、王燕、吴玉廉编《兰闺史踪:曼素恩明清与近代性别家庭研究》(复旦大学出版社,2021年)收录了美国学者曼素恩教授的13篇论文,附录其弟子论文4篇,以明清为主,下达民国,兼及越南、东亚和南亚。内容包括妇女史和性别研究的理论与方法、妇女婚姻、精英女性的生活与写作、神话中的妇女故事、贞节现象、妇女劳动等,为如何运用妇女和性别史的新视角加深中国史研究提供了样板,也可以从中发现国内妇女和性别史研究领域发展的轨迹。刘小侠《性别视域下的明洪武年间女性土官探析——以西南地区为例》(《文山学院学报》2021年第2期)对明洪武年间西南地区的女性土官进行了考察,指出女性土官的承袭方式主要集中在夫死妻袭、子死母袭、女儿袭职、母袭女职这4种类型。少数民族地区女性土官的设立体现出巩固政权的需要,女性土官对当地历史、儒学发展与民族交流都有很大贡献。王祖琪《婚姻焦虑:明清女性"易性"主题戏曲创作中的女性之恋再审视》(《文化艺术研究》2021年第2期)论述了明清时期戏曲创作中的女性之恋。作者认为,明清之际女性之间的恋情被宽容,甚至受到赞赏,这是因为女性之间的恋情不会危害到封建伦理,甚至会在一定程度上维护家庭的稳定,具有双性特质的知识女性备受推崇。"易性"主题戏曲创作的实质是对婚姻的焦虑。李礼《明清传统戏曲中"女性意识"的觉醒与反抗》(《戏剧文学》2021年第3期)以明代传统戏曲为中心论述了"女性意识"的觉醒与反抗。作者认为,随着一大批文人学士深受心学的影响,他们创作作品时逐渐摆脱"男尊女卑"的创作取向,开始追求女性意识的解放,使得女性意识逐渐觉醒。章建文、章森《明末清初桐城男性对当时同邑女诗人的批评》(《池州学院学报》2021年第2期)考察了明末清初桐城男性对女性诗人批评的立足点、对象的选择与关注点,比较男性长辈、同辈、晚辈与一般男性之间批评的异同之处,以揭示明末清初女性文学是如何在男性的世界中生存、发展的,窥探女诗人为此所付出的艰辛与努力。刘芮杉《她者的失位:明清女性书家地位探析》(《青少年书法》2021年第6期)对明清女性书法家的地位进行探究。作者认为,女性经济地位的上升是明清女性书家数量大增的根本原因,世家大族对女性教育的重视也推动了女性书家的产生。但受"书乃小道"的世俗观念影响、士人群体对女性书家群体的挤压以及女性对自己的轻视,都是在书法史中女性书家群体长时间处于失语状态的原因。曹佳丽《"名士""侠士""居士""道士"——浅论明清才女的性别面具》(《成都师范学院学报》2021年第10期)论述了明清时期才女群体追求"名士""侠士""居士""道士"等社会身份,但究其实质是她们借以应对固有的社会体系,拓宽创作空间与生存空间的"性别面具"。"性别面具"的使用在一定程度上改善了明清才女在社会生活中的境遇,为她们发声提供了便利,也在某种程度上遮蔽了明清才女在男权社会中的真实处境。赵丹坤《图绘、媒介与性别:明代〈采莲图〉的视觉呈现与性别阐释》[《南京艺术学院学报》(美术与设计)2021年第3期]以明代采莲图绘为中心,讨论该题材的母题构建及其在不同媒介上的视觉呈现与意涵。作者指出,在晚明时期,随着该题材从文学及绘画领域走向各式大众化媒介,"采莲"逐渐从一个蕴含男性视角及对女性审美品鉴的主题,转化为一种以视觉装饰为主的女性形象符号。

6.长幼群体及观念

熊秉真《幼医与幼蒙——近世中国社会的绵延之道》(广西师范大学出版社,2021年)通过对传统幼科典籍中的史料记载与古今传记材料进行考察,论述婴幼儿照护、哺乳、生理变化、成长与发育、士人笔下的儿童健康及对儿童的文化启蒙教育等,剖析了千年来中国家庭在婴幼儿养育方面的经验,展现近代中国家庭的经营与发展策略。唐浩《明代地方志孝行传书写研究》(东北师范大学硕士学位论文,2021年)对明代地方志孝行传的书写进行考察。作者认为,各地孝行的记载情况以及与《明史·孝义传》的对比,在选拔人物标准上更注重人物所具有的孝行,而非注重人物是否受到明朝政府的旌奖,且愚孝行为多有记载,同时存在刻意编造的情况。王童《明清儿童的〈孝经〉阅读》(海南师范大学硕士学位论文,2021年)从多个方面论述了明清儿童《孝经》阅读的意义、场所与方法、文本以及明清科举政策对其阅读的影响。陈豆豆《从

〈婴戏图〉看明代儿童的生活实景》(《北京民俗论丛》,2021年)以《婴戏图》为中心,考察明代儿童的生活。作者认为,明代《婴戏图》多描绘儿童可爱的特质,绘画内容写实、生动,气氛喜庆,色彩艳丽,创作风格中更注重融合意蕴且寓教于乐,艺术表现手法上更加成熟,其中传递出来的主题、文化内涵和寓意形式都达到了相当的高度。潘雪婷《从明清代表性小说看中国古代儿童启蒙教育》[《文学教育(上)》2021年第9期]从明清的代表性小说中考察中国古代儿童的启蒙教育,具体分析了中国古代对于蒙童进行教育的目的、受教育的地点、相关教材、内容、教育方法及思想,最后对其进行横纵向的对比来反思今日之教育。

(三)工商群体

针对工商群体的研究分得较为详细,包括对商人、灶户、印人、行帮、脚夫等,以及不同地域商人群体之间对比的研究,

1.徽商

戴昇《何以成商:明清以来徽商学徒的学艺历程与日常生活》[《安徽大学学报》(哲学社会科学版)2021年第1期]考察了明清以来徽商学徒日常生活中的学艺历程,说明明清以来商业学徒的职业培训虽是商业经济助推下的产物,但其背后蕴藏着的依然是以血缘与地缘为纽带的中国乡土社会的底色。谈群《明清徽商婚姻文化考察》(《黄山学院学报》2021年第1期)通过对徽商婚姻的特点和礼俗的梳理,探讨明清徽商独特的婚姻文化对徽商发展的积极影响。作者认为,婚姻资本为徽商的发展提供最初的资本来源,婚姻是推动徽商商帮形成的黏合剂,促进了商帮的壮大,也为徽商巩固了家庭。戴昇《学以成商:明清徽商学徒的贸易知识与生意学习》(《安徽史学》2021年第6期)探究明清时期的徽商学徒对经营贸易所需知识及其相关生意本领的学习,这些本领可通过父兄宗亲的言传身教、商书的学习、店内的请教模仿以及自身的体悟等途径来练就,过硬的经营本领为商业学徒日后成长为良贾奠定了坚实的基础。刘鑫《明清时期运河区域的徽商研究》(《黄河 黄土 黄种

人》2021年第1期)论述了明清时期运河区域徽商的商业活动及对文化传播的作用,徽商在运河区域内的经商过程促进了不同地区戏剧等文化的交流互动,促进了区域文化的繁荣,对明清社会经济的繁荣及文化的区域性交流做出了重要贡献。姚伟《明清徽商在皖江流域的商业经营与社会公益活动》[《淮北师范大学学报》(哲学社会科学版)2021年第1期]考察了明清时期徽商在皖江流域的商业经营与社会公益活动。明清时,徽商在皖江流域的活动重点集中在盐、粮食等行业,他们在儒家伦理道德观念影响下,坚持以义取利,投入巨大热情和丰厚资本积极参与当地慈善事业建设,与当地民众一起推动社会经济发展,维护社会秩序稳定,促进社会风气转变。郑春勇、金春贵《依附皇权:明清时期徽商的兴衰及其启示》(《廉政文化研究》2021年第1期)通过对明清时期徽商兴衰的考察,指出徽商通过各种方式依附皇权官僚阶级,然后通过贱买贵卖、排挤同行、垄断经营等手段攫取巨额利益。然而随着时代的变化及利益输送链条的断裂,徽商与皇权的依附关系也破裂了。作者强调,构建新型政商关系要以史为镜,在完善法治建设、转变政府职能和规范企业行为等方面发力,从根本上消除官商交往的"亚文化"和"潜规则"。张浩《归德孟尝:明清徽商"焚券弃债"的动机与启示》(《黄山学院学报》2021年第1期)认为"焚券弃债"体现了徽商同类相感、互帮互助之谊,反映了徽商重信然诺的契约精神和以义为利的商业道德,有利于缓和社会矛盾,提高徽商社会形象,助推事业发展。在经济社会发展的今天,徽商"焚券弃债"行为背后的思想,对推动现代商业发展仍具有十分重要的借鉴意义。李德楠、吕德廷《民变、风水、舍利塔:万历后期临清社会的重建——兼论运河城市临清的徽商元素》(《徽学》2021年第1期)论述了明万历后期徽商在临清社会重建过程中的作用。针对万历民变后出现的经济衰退、科举不兴等困境,临清当地官绅希望借助风水重振临清社会。临清舍利塔的修建得到了徽商的大力支持,徽商是推动临清商品经济发展和万历民变后临清社会重建的重要力量。杨群《明清休宁商人重教兴学研究》(《黄山学院学报》2021年第1期)考察了明清时期休宁商人在教育方面的投资。休宁商人对子弟的教育内容非常广泛，涉及经商、业儒、从政和做人等各方面，在教育上除营造良好的读书环境外，还综合运用"因材施教"和实践的教育方法。休宁商人对教育的重视，收到了一定的效果，促使休宁的文风更加兴盛。孙四化《明清徽商对徽州地方音乐发展与传播的贡献》(《内蒙古艺术学院学报》2021年第1期)论述了明清徽商对徽州地方音乐在发展与传播中的重要贡献。徽州地方音乐呈现出兼容性、乡土性和开放性的特点，既是徽州文化的组成部分，也是徽州文化的一个载体。徽州地方音乐在徽商影响下提升了社会影响，又伴随着徽商脚步而风行天下，扩大了传播范围和丰富了传播的形式。张浩《贾而任侠：明清徽商精神气质的另面》[《淮北师范大学学报》(哲学社会科学版)2021年第2期]论述了明清时期徽商"贾而任侠"的精神气质。作者认为，在徽州尚气与武劲之风的熏染下，在雄厚物质文化基础的支撑下，任侠成为徽商显示人格，融入主流社会的一种自我表现，是徽商践行儒家思想，实现人生价值的一种方式。王超《明末清初徽商艺术赞助的形式及其美术史贡献》(《佳木斯大学社会科学学报》2021年第3期)指出，徽商在程朱理学文化的影响下体现出经济和文化的双重特性。徽商的艺术贡献具体反映在促成了江南艺术市场的形成、影响了江南艺术发展和艺术审美的面貌、促进了艺术传播、提升了徽州地区艺术发展水平，呈现出徽商在艺术家资助、艺术品的收藏和鉴赏、艺术品经营等方面与艺术的良性互动。宋吉昊《明代徽商大规模书画收购的文化意义浅探》(《书法》2021年第6期)论述了明代徽商收购书画对中华民族艺术的文化意义。明代徽商大规模的书画探访、收购、交易、鉴赏和作伪活动虽然给很多经典书画作品造成过不少损失，却也让大量尘封已久的珍贵书画作品重见光明，即便是那些优秀的明代书画伪作和仿作也成为艺术经典。

2.山陕商人

姚健《明代陕西商茶研究》(西北农林科技大学硕士学位论文，2021年)从陕西商茶的兴起、发展、衰落、经营特点和利益分配等方面对明代陕西商茶进行研究,指出陕西商茶因为国家政策的管控减弱以及明末战乱而逐渐衰落。蒋晶《明清时期甘肃山陕会馆调查研究》(西北师范大学硕士学位论文,2021年)从明清时期甘肃山陕会馆的兴起、发展、建筑特点及装饰艺术、会馆的经济文化及社会功能等方面,对甘肃山陕会馆进行了调查研究。楚程茜、马立军《商帮、会馆与戏曲传播——以明清在豫山陕商人及其会馆为例》(《四川戏剧》2021年第3期)认为,山陕商人因对戏曲的热衷以及为寄托桑梓情怀和自身商业需要,多在会馆中建有戏楼,会馆戏楼成为明清戏曲表演的重要场所,极大地带动了戏曲文化的传播与展示,会馆中频繁的戏曲活动有力地促进了商贸及市场的繁荣。周嘉、张佩国《"把持"与"共利"之间——明清山陕商人之制度伦理》(《史林》2021年第5期)指出,为保证自身的利益,商人们建造会馆并在会馆中建立神庙、创设各种制度,不仅调和了商人与社会矛盾,也转化为一种道德化的日常行为。商业活动中的"把持"与"共利"是商帮制度伦理的一体两面,成为商业实践过程中长期存在的张力。杜君立《以农为本的陕商》(《同舟共进》2021年第9期)指出明清时期陕西商人的主营商品以茶叶和盐为大宗,这两类商品都有专营的色彩。不同于徽州商人因人多地少而被迫选择经商,陕商大多都是儒商兼业或农商世家,这导致陕商始终没有脱离小农意识,在后期资本积累规模上远远逊色于晋商和徽商。

3.晋商

冯磊《明代晋商兴起的政商环境与德性特质》(《山西高等学校社会科学学报》2021年第3期)论述了明代晋商兴起的政商交往环境中的商人德性养成及其行为特质。公私合作的"助公"精神、业商崇儒的"荣誉"取向、倚重人伦的"共富"品格、勤俭司时的"守福"智慧,是明代晋商通往成功的人文基础。但是,明末晋商的非理性政商交往则对其事业发展带来了极为不利的影响。李超《明清晋商在山西的分布》(《文化产业》2021年第19期)论述明清时期晋商在山西的分布情况,认为晋商在山西的分布与地理环境有很大的关联。黄孝东、张继焦《新古典结构-

功能论视角下晋商群体的形成与发展——与费正清的对话》(《北方民族大学学报》2021年第6期)以晋商群体的产生和发展为例,从新古典结构—功能论的视角出发,指出明朝政府实行的开中制和清政府对晋商的贸易政策倾斜,对晋商起到“朋友式庇护”的作用,实现了自上而下的资源配置,这使晋商在明清时期构筑了纵横欧亚大陆的市场体系,留下大量结构性遗产。

4.灶户

王嘉川《明代两淮盐场的灶户生活与灶户管理》(《扬州文化研究论丛》2021年第1期)论述明清时期两淮盐场的灶户生活与官府对灶户的管理政策。明朝政府对灶户给予一定的赈恤和优抚,如减轻赋税负担,维护灶丁正常的生活、生产环境及加强对盐丁及其子女的教育等,亦对灶户进行惩罚与劝诫。这些措施在一定程度上缓解了社会矛盾,有利于盐业生产的稳定。

5.印人

朱文哲《明中后期印人群体崛起的社会环境》(《荣宝斋》2021年第1期)认为明中后期商品经济迅速发展,使得民间文化取代官方文化成为主体,社会经济的商品化带来了文化的商品化,其中就包括篆刻。因此,印人群体开始兴起,他们中的许多人并不识字,仅将此看作谋生的手段。赵作龙《迩议三晋玺美学意蕴及对明清印人的启示》(《大学书法》2021年第2期)指出,三晋玺文字受地域、文化与审美等因素影响,形成了独特的审美风尚,其文字整饬谨严,体势纵长秀美,以高贵典雅的印风独树一帜。明清印人如朱简、黄牧甫等,吸收借鉴三晋玺的营养而独具特色,为后世印人学习三晋玺提供了参考。孙慰祖《明代文人篆刻的生成与印人的文化活动》(《中国书法》2021年第8期)考察了明代的文人篆刻生成的原因、特点、文化背景以及印人群体的文化活动,认为明代以来的篆刻本质上就是文人群体的一种艺术活动方式,部分印人在不知不觉中转变了身份阶层,由开始的谋生转换到参与文化活动中去。孙志强《晚明徽州吴氏印人与印学活动考论——以休宁商山吴氏、歙西溪南吴氏为中心》(《中国书法》2021年第8期)以休宁商山吴氏和歙西溪南吴氏为中心论述晚明徽州的吴氏印人与其印学活动,分析两个家族所处地域、二者的联系以及在篆刻方面的活动与成果,从而阐述宗族网络、地域风气与印学活动发展的关系。

6.行帮

王永玺、安红昌《明清行帮工会之根》(《中国工运》2021年第1期)对明清时期的行帮进行考察,分析工会的成立、成员组成、特点等,指出工会既组织斗争以保障自身权益又具有排他性,即行帮组织对待雇主、包工头和官府的压迫与剥削能奋起斗争,但其组织及斗争方式却具有明显的封建性。这些行帮会党,开启了中国工会运动的序幕。

7.脚夫

王勇《明代脚夫群体研究》(辽宁师范大学硕士学位论文,2021年)从明代脚夫群体的渊源与形成背景、脚夫役的分类及境遇等方面进行阐述,并对市镇兴起后脚夫群体的经济活动、社会形象、群体形象进行了分析。

8.商人群体的对比

对工商群体进行对比,主要内容在于梳理其异同。孙佳雨《明清徽商与陕商之比较研究》[《西安文理学院学报》(社会科学版)2021年第2期]对明清时期的徽商与陕商进行比较,从资本积累的方式、从商的动机以及对儒术的推崇等方面进行分析,指出自然地理环境的不同是造成徽商与陕商差异的重要原因。

综上,在对士绅群体的研究中,针对士人和文人群体的研究是学界高度关注的内容,这几方面的成果也较多。学者们较多地把研究内容放在明代士绅群体的思想、对仕途的追求以及审美等方面,对文人的群体性以及文人结社的研究也是一个重要方面。此外,对于文人生活意趣的关注,也有助于进一步还原士绅群体的精神面貌和生存状态。不过就地域性而言,受到较多关注的仍以南方的士绅群体居多,对北方士绅群体的研究有待进一步增加。关于女性和社会性别史的研究成果极多,主要集中在对女性群体的关注上,不仅看到女性在社会与家庭中所处的地位及面对的困境,也通过明代通俗小说及对女性作品的研究,侧面反映女性自我意识的觉醒,更加真实地还原了明代女性的生活图景。

对于长幼群体的研究相对略少,且多集中于儿童研究,偏向于明代社会的孝道教育,所以无法清晰地展现明代儿童与老人的生活状态。针对工商群体进行研究的成果有很多,其中尤以徽商研究为最。不少学者以学徒作为切入点来研究徽商的学习以及日常生活,一些学者则对徽商在各处的活动以及对艺术的传播与保存进行了深入研究。对山陕商人以及印人的研究也有一些成果,梳理了明代山陕商人群体对商业和精神文化的建构、印人群体由工匠到积极参与文化创作的身份转变。对底层从业者和工商群体的研究较少,还需进一步增强以还原其生存面貌。

四、家族史

2021年的家族史研究成果颇多,可以分为两大类,一是不同区域家族的发展历史,二是家族内部的建置与治理。其中不少研究注重所研究家族的独特性及其与社会变迁的关系。

(一)家族发展

1.南方

常建华《明清南方宗族研究的新探索(2015—2019)》(《中国区域文化研究》2021年第1辑)对近5年华中、西南和华南地区宗族研究的成果进行了总结。作者指出,近年对明清宗族的研究在空间上更加平衡,研究过程中也发现了新的宗族研究方法,诸如实践论、建构论、建设论等,为中国古代宗族的研究提供了借鉴和帮助。

2.山东

任雅萱《大户与宗族:明清山东"门"型系谱流变与实践》(《史林》2021年第1期)通过解读明清时期山东中部"门"型族谱文本和地方志,

说明明代中期赋役大户通过分"门"的方式应对差役,并且根据"门"建立宗族。明清时期"门"型系谱的形成,说明大户分"门"是山东乃至华北宗族的特征之一。杜靖《中国东部沿海的盐户宗族——以明清青岛城阳棘洪滩上崖、下崖孙氏宗族为例》(《社会史研究》2021年第6期),以青岛孙氏宗族为例研究盐户宗族的发展情况。孙氏宗族是传统儒家宗族理念和新的自然生态环境及生计模式相适应的产物,近代以来族中部分子弟告别传统儒业转向近现代教育,甚至留学东洋,族众的谋生方式也发生分化,借此反映东部沿海地区盐户宗族的社会状况。

3.徽州

祝虻《家史制作:明清徽州宗族祖先谱系的建构》[《安徽大学学报》(哲学社会科学版)2021年第3期]阐述了徽州地区宗族谱系的构建过程和结构,认为谱系对于宗族凝聚力有直接作用,谱系一旦形成便不会有太多的改变。因此,宗族谱系的创造空间会随着时间的推移而日渐缩小,谱系的稳定性却不会因此而增加。这对后来者研究徽州的宗族史具有参考意义。

4.甘肃

张国梁、尚季芳《明朝洪武年间兰州陈官营陈超后裔陈家沟家支世系研究——〈陈家沟延鼎家史〉谱牒档案续考》(《史料研究档案》2021年第10期)基于考据学、文献学和田野调查法,对明朝洪武年间兰州陈官营陈超后裔陈家沟陈氏家支世系做了详细的考证,诠释了一个完整的家族世系演变图,对完善陈家沟陈氏谱系具有重要的参考价值。

5.青海

张中磊《明代西宁卫陈土司家族之始祖建构——以新见〈陈氏家谱〉为中心》[《青海师范大学学报》(社会科学版)2021年第3期]探究了西宁陈氏家族始祖的由来,通过考证《陈氏家谱》的记载,梳理其始祖陈子名的身份和历史对其形象的漫长建构过程,为青海地区的家族史研究提供了参考。

6.安徽

唐炜《明清时期桐城姚氏家族的转型与延续》(《中国书法》2021年第6期)以桐城姚氏家族的十六世姚鼐作为家族学书的转型代表,按照时间脉络,对姚氏家族书法的思想渊源、书风特征及文化影响等方面进行论述。

7.陕西

周国祥《明清时期延安赵彦家族事略》(《延安文学》2021年第2期)以明代迁徙到肤施县的赵氏家族为研究对象,详细考察了赵氏的著名人物及官职爵位、赵氏名人的文化业绩等,梳理明清时期赵氏家族的发展和传承世系。王志强《忠义传家:明代华州的郡望东氏》(《渭南师范学院学报》2021年第9期)以明代华州地区出现的、被后人誉为"玉林凤群,科第世家"的科举世家东氏为研究对象,探究东氏家族的家风规训和地方家族的兴盛轨迹。

8.福建

武玥《晚明莆田林氏家族与三一教》(华中师范大学硕士学位论文,2021年)以莆田林氏家族儋州房林兆恩创立的学术团体发展而成的三一教为研究对象,考察林氏如何通过三一教教主、林氏士绅、学术领袖等复合身份,建构一个以自救为目的社会救助组织,使之成为民间宗教与地方宗族密切联系的共同体,并如何与官府配合挽救晚明莆田的社会危机。

(二)家族治理

1.家风

盛宇灏《明代潼关卫盛氏家族家风家教述论》(《保定学院学报》2021年第5期)从3个方面探究了潼关卫盛氏家族优良家风的传承:一是盛氏家族成员始终秉持保家安民、报效国家的信念;二是盛氏家族中先贤良才的崇高品德对后辈的深远影响;三是盛氏家族后代始终对家风传承较为重视,秉承"以学会做人为第一,以崇高道德为至上"的"耕读"家风。

2.家族与社会治理

岳宗霞《明清广西全州蒋氏宗族建构与地方社会》(青海师范大学博士学位论文,2021年)以明清时期广西全州的蒋氏宗族为研究对象,通过探讨全州几支蒋氏的家族建构,考察这一时期该地的宗族建构与地方社会状况。赵欣《明清鲁西南仕宦家族与基层社会》(山东师范大学硕士学位论文,2021年)提出明清时期鲁西南仕宦家族在"皇权不下乡"的时代,有效维护了基层社会的秩序,促进了当地经济、文教事业的发展。但他们也因占据大量的社会资源,在当地造成一些不良影响,如贫富差距的加大,使社会变得更加不公平。英泽、张文广《明清时期北方宗族与地方社会——以山西阳城白巷里望族为中心的考察》[《山西大学学报》(哲学社会科学版)2021年第4期]将田野调查、族谱文献和碑刻资料相结合,梳理了山西阳城白巷里的王、曹、杨、李四大家族在形成后对地方公益事业的积极参与。作者认为,宗族在不同时期、地域有各自的形态与功能,宗族和村社、里甲等基层组织的关系也不是单一的模式,这对于理解山西乃至北方地区的宗族有着重要意义。龙小峰《明清时期边疆地区的族群治理与区域社会变迁——以永安州莫氏家族为中心的考察》(《安徽史学》2021年第4期)认为永安州的莫氏家族通过"献地筑城"与"招抚蛮瑶"等行为,在官方对永安区域社会进行治理的关键节点发挥了特殊作用;此后莫氏走上科举传家的道路,在万历后期迎来家族发展的第一个繁盛时期;清代嘉庆、道光年间是莫氏家族的第二个繁盛时期,借机重塑了在地方社会的影响力;太平天国时期莫氏家族陷入衰落。金晶、祝亚雯《明清时期池州宗族与村落关系探析》(《池州学院学报》2021年第4期)提出在讨论池州传统村落的历史文化内涵和开发保护时,不应忽视宗族和村落之间的互动关系。一方面血缘宗族仍是乡土社会的重要纽带,另一方面宗族自身也在发生蜕变。刘涛《明万历间漳州李氏宗族反对参与对外贸易原因探析——来自福河李氏宗族大潭堀房头的案例》[《淮阴师范学院学报》(哲学社会科学版)2021年第6期]运用历史人类学的研究方法,在文献分析的基础上进行文本分析,考察了福建省漳州府龙溪县李氏族谱中对万历年间参与吕宋对外贸易的族人的记载,认为对这些族人多持反对态度的描述并不符合以往认识的百姓对隆庆"开海"的态度。该谱的反对态度反映隆庆"开海"前后的漳州地方社会思潮,本质上与海洋文明与农耕文明的差异有关。

在2021年关于明代家族史的研究中,涉及的研究地域十分广泛,涉及南北多个省份。在家族的发展上,注重考察不同地域、不同族群对于家族传承和家族文化的建构;在对家族管理的研究中,将家族的管理和地方社会的发展管理紧密结合起来,系统考察了多个家族的家风、家族治理和社会治理等方面的内容。这些研究对于以后的家族史研究有着一定的借鉴意义。

五、礼俗、信仰与日常生活

关于礼俗、信仰与日常生活方面的研究主要着眼于百姓的日常生活与社会习尚、婚丧礼俗以及民间信仰等3个方面。研究者试图借此还原明代社会基层百姓的生存状态,其中尤以关于信仰的研究成果最多。

(一)日常生活与社会习尚

1.日常生活

小田《风土与时运——江南乡民的日常世界》(中国社会科学出版社,2021年)以日常生活中的诸多要素为逻辑依据,对江南的时空坐落、劳作与生计、日常境遇、人际关系、婚姻生活、休闲方式和乡民观念等进行考察,展示江南乡民的日常世界,指出社会史研究需要置身其中,体悟当时人、当地人、当时人生活的意义。常建华《日常生活的历史学》(北京师范大学出版社,2021年)阐述了近10年中国社会史及日常生活史的学术研究理论及研究视野,对明代的宗族与日常生活进行考察,探究宗族在族人日常生活中的作用及影响。同时,借助笔记、刑科题本探究清代的城市生活和乡村生活,论述这两种史料的价值。常建华、张传勇主编《中国历史上的日常生活与地方社会》(科学出版社,2021年)论述了汉代以来日常生活的历史。汉唐宋部分的讨论集中在夫妻关系、物质文化、居住与日常生活研究；元明清部分侧重地域社会、日常生活及通过个人研究反映地方总体。此外还涉及清朝的丧葬礼及晚清消费风气的转变、近现代院落居民日常生活的论述及南北方的文化差异。王胜鹏、杨琼《明清时期江南地区的戏曲消费与日常生活》（民族出版社，2021年）考察明清时期的江南政治状况、人口状况、经济状况、文化状况、生活风尚等，对江南地区的戏曲、戏曲的演出群体、戏曲的受众群体、戏曲管理、戏曲娱乐消费的历史考察等多方面进行梳理，展示明清江南地区戏曲发展与观众、创作者、演出者及民众日常生活的互动关系，进一步探索中国戏曲与社会发展的关系。王春雨《明代日常生活空间的图像叙事与历史情境》（《湖北美术学院学报》2021年第2期）总结图像材料所显示的日常生活空间的大致面貌及各类图像本身所呈现出的特点。如家具、陈设用品与居住建筑共同建构了明代的日常生活空间，屋木、界画在明代较为低迷，但依然存在着大量的对日常生活场景的描绘，只是很难将画面中所绘场景与明代某一时期的日常生活空间直接联系起来。

2.信息传播

胡丹《明清"甲乙鼎革"之际的时事新闻传播》[《三峡大学学报》（人文社会科学版）2021年第1期]论述了明清"甲乙鼎革"之际的时事信息依托初期大众传媒所形成的信息网络，借助类型丰富的媒介形式，进行广泛的传播。作者认为，新闻载体的多元化及文本的通俗化，表明心系国事的不再限于士大夫阶层，以匹夫之身关注家国大事成为那个时代的特有标志和最后余响。戴新宇《〈历年记〉中所见明末清初新闻消息在民间的传播》（《重庆第二师范学院学报》2021年第1期）以《历年记》为中心，考察明清鼎革之际的新闻信息在民间的传播情况。明末清初社会动荡不安，民众只能通过新闻信息得知政府的消息。在接收到新闻之后，人们会对之做出反馈，于是形成民间舆论。通过这样一个过程，政府与民间形成了有效交流。胡丹、李花蕾《明清"甲乙鼎革之际"的时事书——兼及明末时事记录与历史书写的关系》(《新闻与传播研究》2021年第5期)对明清"甲乙鼎革之际"的时事书进行分析,指出时事书承担着快速传递时事信息的功能,是具有自身特色的商业化出版物,其作者群体众多,主要目的为传递信息,是服务现实的忧世之举,而非"存史"或"名山事业"。

3. 日用品与物质文化

胡真《明代中后期市民服饰"求贵""求异"现象研究》(东华大学硕士学位论文,2021年)从明代对"市民"的界定、明中后期市民服饰"求贵""求异"的表现等方面考察明中后期市民服饰的演变,同时从文化、商品经济、工业发展等方面分析市民服饰演变的社会文化动因。罗一星《从国家礼品到民间用器——明清广锅的海外贸易》(《海洋史研究》2021年第1期)考察明清时期的广锅贸易,重构广锅从国家礼品到民间用器的变迁过程。作者指出,郑和下西洋将广锅作为国家礼品赠予海外诸国的王室和中亚贵族,也有小部分流入百姓人家,此后广锅便成为重要的海外贸易商品。广锅在海外的消费群体也从王室贵族扩大到民间百姓,由象征身份等级的王室奢侈品变为家居必备用品。张劭昳《明代漆器人物形象的社会文化因素及审美特点》(《艺术品鉴》2021年第33期)认为,明代漆器不仅器型、纹样、技法更加丰富,其整体风格亦随着社会的发展而不断变化。明代漆器不同题材的人物形象受文人雅士心态的转变、商人社会地位的提高、市民的壮大、明代小说的兴盛等因素影响,各有其特点,生动地呈现了明代的社会生活风貌。吕美珊《明清时期葫芦药瓶的艺术特征与中医文化》(《陶瓷研究》2021年第1期)论述了明清时期葫芦药瓶的艺术特征及其所代表的中医文化。作者认为,葫芦药瓶蕴藏着中华民族传统美学与医学的文化思想,在明清的烧制更为广泛,面貌也愈发多元化,体现了我国古代劳动人民对美的理解和对美好生活的热爱。张雅馨、张悦心《明清时期平阳木版年画门神形象的嬗变》(《文化学刊》2021年第4期)对明清时期门神形象进行研究,通过探究文化内涵和艺术特征来了解门神形象的嬗变过程。年画寄托了人们祛除灾难、平安喜乐、祈福迎祥的美好祝愿,平阳木版门神年画不仅具有装饰门面的作用,也满足了人们保卫家宅的心理需求,且有极高的文化价值、艺术价值和历史价值。郭正军《江苏地区明代浇浆墓出土女性服饰研究》(《中国国家博物馆馆刊》2021年第5期)考察江苏地区明代浇浆墓出土的女性服饰,阐述女性服饰的变化。作者指出,明代浇浆墓出土的女性服饰数量大、种类多,表明明朝中后期女性更多地开始青睐裙子类服饰,对袍衫和袄这种传统服饰喜爱度逐渐下降。鲍家虎《明清剪纸》(《民艺》2021年第5期)论述剪纸艺术的发展以及明清剪纸的应用。作者认为,造纸术发明后剪纸随之出现,至明清时期工艺美术的发展使花剪纸的种类增加,应用范围更广,技巧也达到了前所未有的水平。董名杰《浙东明清古床木雕的古典美学意蕴与文化内涵——以宁海县前童古镇古床为例》[《美与时代(上)》2021年第7期]以宁海县前童古镇的古床制作为中心,论述明清时期浙东古床木雕所承载的历史文化内涵和艺术审美特性。江卓山、顿少通《赣北地区明清民居装饰浅析——以铅山县河口镇明清古街为例》(《工业设计》2021年第7期)以铅山县河口镇明清古街为中心,考察明清时期赣北地区民居装饰的表现手法、特征与构成,体现出古人对美好生活的愿景。蒋道霞《明清时期徽州的居住民俗》(《今古文创》2021年第30期)探究明清时期由于独特的地理环境和人文环境而形成的居住民俗文化。徽州的居住民俗分为村落、住宅两种。村落在选址、布局上都有其独特文化,一般聚族而居并修建宗祠、水口、牌坊等,住宅在选址和营建过程中都遵循一定的仪式,这些都是形成徽州居住民俗的因素。付会军《南阳地区馆藏明代铜镜赏析》(《文物鉴定与鉴赏》2021年第10期)论述南阳地区馆藏铜镜的题材、纹样、寓意等。铜镜的形制特征、类型特点、纹饰发展、铭文演变等反映了这一时期的政治经济、思想文化、社会生活和精神状态,是认识和研究古代社会生活珍贵的实物资料。郑波《试析明代装饰类玉器(玉带饰)取材、发展与演变规律》(《文物鉴定与鉴赏》2021年第10期)论述明代装饰玉器(玉带饰)的材质、取料、造型、工艺等环节的历史、文化背景及时代成因和经济状况。作者认为,明代统治者重视恢复从秦汉时期开始的统治者治玉、用玉的完整性及规范性,玉器用料虽不讲究,但纹饰、工艺并不逊色于前代。

4.饮食文化

[美]梅维恒、[瑞典]郝也麟《茶的真实历史》(生活·读书·新知三联书店,2021年)在对明清时期的茶史进行了专门论述的同时,考察茶从中国向外传布的途径与轨迹,探究茶在人类社会中具有的真实面貌。从茶的起源、制作、饮用及茶叶对外贸易等分析茶在中国古代王朝发挥的作用以及影响。蔡定益《明代小说中的茶馆文化》(《农业考古》2021年第5期)论述明代小说中茶馆的分类、从业人员、功能等,阐述茶馆文化。作者指出,茶馆是商业性专用饮茶场所,明代茶馆十分兴盛,小说中的茶馆虽然有许多虚构夸张,但也是对现实生活的真实反映。陶林琛《品茗——元明文人茶画中的精神世界》(《名家名作》2021年第1期)通过元明时期的茶画探究元明文人的精神世界。作者认为,茶画是茶文化中派生的一支,不仅为人们带来审美体验,也体现出人的精神世界。于腾、卫蓝心、朱欣悦《浅析明清运河沿岸济宁饮食生活的变迁与影响》(《今古文创》2021年第36期)论述明清时期大运河对济宁饮食文化的影响。济宁临近临沂运河,交通便利,汇集了来自五湖四海、大江南北的各式商品,其中不乏食材,丰富了济宁地区的食材种类,促进了济宁地区的饮食生活变迁。贡华南《良知与品味二重奏下的大明酒精神》(《美食研究》2021年第1期)考察在以良知主宰酒、提升饮酒的文化品味的二重奏下,大明酒精神的塑造。吴玲玲《从竹枝词看贵州明清酒文化》(《凯里学院学报》2021年第5期)探究贵州竹枝词中所体现的酒文化与祭祀之间密不可分的关系,贵州酒与贵州的民俗文化、祭祀礼仪紧紧缠绕在一起,形成贵州独有的酒文化。

5.社会习尚

[美]包筠雅著,杜正贞、张林译《功过格:明清时期的社会变迁与道德秩序》(上海人民出版社,2021年)研究明清嬗变时期功过格广泛流行

的社会现象。通过功过格来考察精英阶层对于明清之际社会经济变化，对明清时期的历史背景、社会变革、思想潮流等进行分析，梳理功过格广泛流行的原因及其对社会变迁和道德秩序的影响。刘耀《晚明通俗日用类书插图"跪拜现象"探析》(《形象史学》2021年第1期)对晚明通俗日用类书中所附插图的"跪拜现象"进行探究，根据被跪拜人身份的不同，插画中对人物形象以及人物关系的诠释也不同。这些跪拜式插图中充斥着严格的等级关系与维护正统的思想观念，其用意在于在晚明民间社会传统伦理道德失序的时代背景下，重建民间封建伦理秩序。张文硕《晚明坊刻戏曲与市民文化取向的转变》(《中州学刊》2021年第3期)通过考察明代坊刻戏曲文化内容、题材的转变，探寻晚明市民文化的转向。明晚期文化管控转向宽松，民间文学蓬勃发展，戏曲文学的创作也打破传统，内容以世俗题材为主，附有精美插画，并有评点，印刷图文精良。晚明坊刻带动了市民文化向世俗化发展，形成了初期的社会媒介。

(二)婚丧礼俗

1.婚俗

婚姻是人生大事，婚礼习俗对百姓而言非常重要。李庆勇《明代婚外情现象原因探究及其当代警示》(《安徽开放大学学报》2021年第4期)认为：明代婚外情现象较为普遍，有较大的社会空间，空闺羁旅，个体情感无节制宣泄，寻求刺激是婚外情的内动力；家庭的默许、纵容、逼迫成为婚外情的助推剂；不良的社会风气是明代婚外情滋生的土壤。谢一彪《论堕民的内婚制及其向外婚制的蜕变》[《绍兴文理学院学报》(人文社会科学)2021年第5期]指出，《大明律》和《大清律例》禁止"良贱通婚"，身为"贱民"的堕民只能实行内婚制，虽偶有个例与平民通婚或假借平民身份缔结婚姻，但内婚制一直是堕民婚姻的主要形式，一直到改革开放后，外婚制才取代内婚制成为堕民的主要婚姻形式。

2.丧俗

王定安《祭如在：明清之际西学观照下的儒家丧葬礼》(复旦大学出

版社,2021年)通过对明末清初儒士有关丧祭祀的矛盾杂陈观点进行比对,揭示偏见的同时反思阿奎那祭礼神学,以其宗教行为论为论域,对儒家丧祭礼进行重新考量。作者认为,儒家丧祭礼礼意之核心乃魂魄观,它与西方灵魂观的遭遇所产生的影响深远而细微。在历史比较的基础上,讲礼与中道/庸的内在逻辑关联以平行比较的方式阐发出来;在政教解构中重新审视儒家的3个维度,阐明儒家礼仪被遮蔽的信仰根基。张清江《〈朱子家礼〉与明清珠江三角洲丧葬礼仪实践——以地方志为中心的考察》(《中国地方志》2021年第1期)从明清时期的珠江三角洲地方志中探究《朱子家礼》在民间的具体实践。作者认为,珠江三角洲地区并非完全按照《朱子家礼》记载的丧葬礼仪实行,而是将原有礼仪中的违礼部分改造,根据当地风俗具体调整。郭燕华、涂明星《明代楚藩葬制葬俗典型特征研究》(《开封文化艺术职业学院学报》2021年第9期)对明代楚藩宗室墓葬的葬制葬俗进行考察,阐述其典型特征。作者认为,明代楚藩葬制除了遵从朝廷例制和鄂地习俗外,也有表达某种特殊诉求的个性特征,反映了施葬者个性化的心理诉求。

(三)民间信仰

1.文昌神信仰

赵树国《"先天之孔子":明清山东文昌崇祀的建构与传播》(《民俗研究》2021年第1期)指出,文昌神自明初传入山东,明中期以后逐渐发展,至万历中叶已成为山东地区信仰最为普遍的神灵之一。明代中期人们对于是否由朝廷祭祀文昌神这一问题一直存在争论,山东文昌崇祀略受影响。山东地方官、士人认为通过调整文昌祠庙的风水可兴文运、教化民众,故文昌崇祀成为一种难得的信仰资源,既适合儒家伦理又合乎政治需要,还能满足读书人的精神需求。

2.蝗神信仰

刘啸虎、黄燕《明清时期刘猛将军信仰的变迁研究》(《淮南师范学院学报》2021年第1期)论述明清时期刘猛将军信仰从"淫祀"到"正祀"

的发展过程。以刘猛将军信仰为例可以看出,民间信仰与官方祀典并非无法相容,两者在发展中寻求平衡的支点,在碰撞中达成和谐的状态,最终共同构成人们的精神记忆。

3.蚕神信仰

萧放、叶玮琪《蚕神献丝与三蚕圣姑:明清时期蚕神信仰文化中的"晋南故事情节"与习俗传统》(《中国农史》2021年第3期)考察明清时期山西南部蚕神信仰的故事情节,探究其习俗传统。作者认为,蚕神传说反映着当地民众的精神生活,应该成为地方文化传统重建的重要内容。

4.城隍信仰

武钰杰《明清安徽城隍信仰研究》(山东大学硕士学位论文,2021年)从明清时期安徽地区城隍信仰的发展状况、城隍的职能与灵应、城隍信仰与百姓的日常生活等方面,考察明清时期安徽地区城隍信仰的传播与发展。张民服、李颖骅《明清时期中原地区的城隍文化建构》[《郑州大学学报》(哲学社会科学版)2021年第2期]指出,明清时期城隍祭祀被纳入国家祀典,地方官员在利用城隍庙加强地方治理的同时赋予并强化城隍的教化作用,强化城隍文化中的司法职能及救荒赈灾的内涵。城隍神也被民众赋予了治病救人、保佑财产、保佑相关行业等神圣职能。明清时期官民对城隍信仰的建构,使其范畴更加丰富,形成独特的城隍文化。赵毅《明清时期宁夏地区城隍神信仰探析》[《兰州文理学院学报》(社会科学版)2021年第5期]探究明清时期宁夏地区城隍信仰的发展及文化建构。宁夏地区在明初即修建了城隍庙,其城隍祭祀遵循礼制,除南部地区杨郎中堡祭祀人物沐英外,再未见有关于人物神的记载,其信仰充满官方和政治军事色彩。

5.关公信仰

宋彩虹《明清山西关庙现象》(东北师范大学硕士学位论文,2021年)通过对山西地区关庙时空分布特点,以及关庙修建的组织、经费来源、经费支出、与佛道的关系等方面进行考察,探究山西地区的关公信仰、介绍关庙文化。郑玉玲《明清关帝祭典乐舞在闽台地区的承继与人文阐释——以东山、宜兰祭典为中心》(《宗教学研究》2021年第1期)以东山、宜兰祭典为中心,论述明清时期闽台地区关帝祭典乐舞中的承继及其中蕴含的人文内涵。闽南地区关帝信仰由一开始的官府倡建至在民间普及,最后成为闽台共仰的精神追求,形构了闽南地区的地域社会,维系了地方传统。杨雅楠《古代军事防御设施中的关公崇拜——以嘉峪关关城关帝庙为例》(《丝绸之路》2021年第1期)以嘉峪关关城关帝庙为例,论述明清时期军事防御设施中的关公崇拜现象。明朝统治者为维护政权,保障边疆安宁,极力推崇关公信仰,在包括长城在内的重要军事防御设施里修建关帝庙,使得明清时期嘉峪关关城的关帝庙成为当地重要的社会文化中心,不但是百姓祭祀的场所,也成为守边将士的精神支柱。

6.水神信仰

赵莹《明清山东龙神信仰研究》(山东师范大学硕士学位论文,2021年)考察了明清时期山东的龙神信仰,论述龙神信仰在山东地区的发展、成型、兴盛的自然环境和经济社会利益因素,以及山东龙神信仰的分布、庙宇修建,同时分析龙神作为自然神与人格神各自的形象特征和龙神信仰的影响。张玮、郝平《庙宇空间下的明清华北灾害信仰和乡村社会整合——以昭泽王信仰为例》(《云南社会科学》2021年第2期)以昭泽王信仰为例,论述明清时期华北地区乡村社会的灾害信仰。沼泽王信仰沿漳河传播,由"官民共主"到"民间组织",从灾害崇拜扩展为社神崇拜,其社会职能与效应超出满足民众御灾捍患的精神需求范畴,深入到乡村社会的方方面面。孙斐《明清晋陕地区龙王庙壁画图像比对研究》(《文物鉴定与鉴赏》2021年第7期)通过对比明清时期晋陕地区龙王庙壁画图像的特征、型谱、色彩,系统地梳理晋陕地区的宗教图像特征,指出这些壁画图像体现出浓郁的地方特色和历史文化内涵。

7.五通神信仰

李宛荫《明清时期五通神信仰的空间分布及信仰群体研究》(《文化遗产》2021年第1期)论述明清时期五通神信仰的发展、空间分布以及信仰群体的构成。五通神信仰自产生后便不断向外传播,主要分布于东南地区,其在全国各地的神格形象不尽相同,信仰群体的构成也比较复杂,体现了儒释道三教合流的信仰特色。

8. 宗族家神信仰

赵艳霞、刘芸飞《明清泽潞商帮宗族的精神构建》(《长治学院》2021年第4期)指出,泽潞商帮宗族的精神建设渗透在泽潞商人活动的各个方面。在完成财富积累之后,一方面加强宗族内部凝聚力;另一方面提升社会影响力,通过总结、提炼自身的族规、家训,确立相关的规则制度,使宗族日益强大,并通过修建院落、参与地方公共事务等方式提升社会影响力,通过共同的文化来统一宗族的精神价值。

9. 各地方的民间信仰

颜芳姿《妖怪、变婆与婚姻——中国西南的巫术指控》(三民书局,2021年)论述中国西南地区巫术和侗族的信仰与仪式,考察中国西南地区的巫术起源、变形、巫术指控与阶层婚,探究中国西南大量产生巫术指控的原因及变婆的出现如何影响当地人的婚姻观;通过变婆现象及其中包含的巫术指控,来思考边缘地区汉族与非汉民族间的关系问题。马克凡《沂山东镇庙现存明代碑刻整理与研究》(西北师范大学硕士学位论文,2021年)通过分析明代遣官前往沂山东镇庙致祭的碑文内容,借东镇庙的创建与重修来研究明代社会经济的变迁、祭祀制度的改革等相关问题。齐姗姗《社会性别视角下明清江南女性神灵研究》(西南大学硕士学位论文,2021年)以明清时期江南的女性神灵为研究对象,从社会性别的角度来探索女性神的神灵特征、伦理身份和神力来源、形象与功能等,挖掘女神与国家正祀及地方社会之间的关系。孙昊阳《明清蓬莱民间信仰研究》(山东大学硕士学位论文,2021年)以明清蓬莱民间信仰作为线索,多维度探究明清蓬莱的民间信仰与蓬莱地方社会的关系,并进一步了解蓬莱地方士庶的日常生活与心理状态。余练一丹、赖正维《福建中琉民间信仰历史遗存》(《福建史志》2021年第1期)考察明清时期福建中琉地区的海神信仰,认为海神信仰及祭祀活动贯穿于历代册封琉球的册封活动中,并随之传播至琉球。王华《明清时期太湖小船渔民信仰研究》(《北京社会科学》2021年第6期)认为,小船渔民信仰天主教既有世俗化的社会因素,也有长期处于社会边缘孤独心灵需要慰藉的精神因素。对王朝统治者而言,"舶来"的天主教威胁到其统治的稳固性,然而身处王朝秩序之外的小船渔民所形成的信仰共同体,构建了属于他们自己的信仰场域,甚至出现与帝国政令律法相左的实践事实。郑炳林、赵世金《从叛将到神灵:明甘州地区武烈帝信仰研究——以〈武烈庙旧迹记〉为中心》(《青海民族研究》2021年第1期)认为,唐朝将原是叛将的武烈帝列入官方祀典并立祠供养,此后在不同时期的战争中有灵迹故事流传。在统治者看来,陈果仁是维护统治的"战神""猛将",对于战争的胜负有非常重要的作用。同时也能通过文化上的引导,使该地区的诸多民族能建立起新的"华夷秩序",为边防的戍守做出贡献。胡可杰《论明代广西民间信仰的功能——以〈徐霞客游记〉为考察中心》(《南宁职业技术学院学报》2021年第2期)指出,《徐霞客游记》中广西地区的庙宇很多,政府对民间信仰采取默许甚至扶持态度,使得民间信仰得到蓬勃发展,具有鲜明的地方特色。由于地理原因,明代广西民间信仰除了具有教化、心理调适功能外,还有独特的"镇蛮"功能,促进了当地的民族认同与凝聚力,达到维持地区安定、王朝统治的目的。张凯、成臻铭《明代土司社会宗教信仰研究——以永顺土司区为例》(《青海民族研究》2021年第3期)通过对永顺土司区祭祀场所的研究,探讨明代土司社会宗教信仰取向以及土司对汉文化的向化之心。明代土司要对国家展现向化汉文化之心,亦要加强对土民的精神统治,所以他们引进汉地的宗教信仰并修建祭祀场所,将其中的一些礼仪替换成当地惯有的习俗来推动其传播。秦鼎《明清泽潞地区的风俗嬗变——以民间信仰为中心的考察》(《运城学院学报》2021年第2期)以泽潞地区的民间信仰为中心,探析民间信仰如何影响人们的日常生活,并推动社会风俗的嬗变,总结明清泽潞地区社会风俗变迁的历史特点。庄美连《明清时期妈祖信仰在湖北地区的传播》[《中国海洋大学学报》

（社会科学版）2021年第3期]考察了明清时期湖北境内妈祖宫庙的创建，探究妈祖信仰在湖北的传播。作者认为，妈祖信仰在与当地文化融合的过程中，自身的信俗特征也慢慢消失。曹莹《明清乡宁地区民间信仰研究——以地方志和碑刻为例》（《品位·经典》2021年第6期）通过地方志和碑刻考察明清乡宁地区的民间信仰，了解民间信仰对于人们生产生活的影响。作者认为，明清乡宁民间信仰主要是关帝信仰、龙王信仰、先贤信仰等，神灵所体现的忠孝仁义和神秘自然力量，既是对普通百姓的一种感染，也是封建愚昧时代下百姓的心理慰藉。王立、吴浩《姓名崇拜与明清小说"斗武通名"研究》（《社科纵横》2021年第6期）通过考察中国历史上的姓名崇拜，探究明清小说中"斗武通名"现象来源。姓名崇拜源自原始思维，由姓名崇拜的民俗禁忌诉诸文学作品中的"斗武通名"小说母题，一再强调了姓名对人本身的重要性，呈现出明清时期通俗小说发展日益迎趋市场需求的审美追求。

10. 乡贤崇拜

张泽琳、王元林《明清时期潮州府陆秀夫信仰形成初探》（《惠州学院学报》2021年第4期）考察了明清时期潮州府陆秀夫信仰的形成过程。作者认为，陆秀夫信仰在潮州府的兴起，迎合王朝教化之需，实际上是朝廷意志主动干预地方社会改造的体现。宋暖《明清时期山东乡贤崇祀文化探析》[《济南大学学报》（社会科学版）2021年第5期]探究明清时期山东地区乡贤崇祀文化的发展。山东乡贤崇祀文化是齐鲁文化的重要组成部分，在明清传统社会中乡贤选取有一定的程序和标准，亦具有自身地域特点，表现为崇尚儒学及其道德追求、强调文功、家族化等。这让乡贤崇祀具有一定的政治与教化功能，具有特殊的社会意义。胡梦飞《地方精英与民间信仰：以明清时期定陶仿山庙为中心的考察》（《黄河科技学院学报》2021年第12期）依据地方志和相关碑刻资料，通过分析明清时期地方精英阶层对神灵信仰的看法和态度，探讨儒家思想对民间信仰的影响以及国家"大传统"和地方"小传统"之间的关系。以士绅为主体的地方精英阶层通过撰写碑文来表达自己对神灵信仰的看法和态度,力图通过宣扬"神道设教"理念来对民众信仰施加影响。

11.宗教的世俗化

李生柱《功·事·礼:冀南的乡村打醮》(福建教育出版社,2021年)通过考察冀南地区的自然地理环境、村落传说、村落历史、日常生活、信仰群体与组织等,呈现打醮仪式深刻的文化创造性质,探索地方历史传统与民众信仰实践之间的话语叙事与逻辑关联及中国话语体系的生活根基。杨化强《中晚明时期江南民间的乡村佛教信仰——以乌程、吴江一带为中心》(《佛学研究》2021年第1期)论述明中晚期江南乌程、吴江一带的乡村佛教信仰。乡村佛教一般在乡村建庙而非寺院,其功能主要是信仰与教化,乡绅的力量与参与方式也在影响其发展。同时,寺庙传统的文化承载功能与祠堂类似,却比祠堂更具延展性和包容性。钟晓君《明代徽州士绅与齐云山道教信仰的世俗化》[《合肥学院学报(综合版)》2021年第4期]通过考察明代徽州士绅在齐云山的活动,探究齐云山道教信仰的世俗化。明代徽州的士绅充当了齐云山道教与世俗之间的桥梁,继而推动了齐云山道教信仰的世俗化。不过世俗化的影响是双向的,不仅作用于宗教层面,同时也通过士绅影响尘寰。

在与礼俗、信仰与日常生活相关的研究中,对于民众日常生活的研究较多,其中尤以对日用品、饮食以及流行风向的研究为最,社会动荡之时的时事新闻在民间传播的研究,有利于全面还原明代民众的日常生活状态,但是对于特定地区的研究较少,使得明代的社会生活图景不够丰满。婚丧礼俗的研究在社会史研究中所占比例不大,但是作为民众生活不可或缺的礼俗,对研究当时的社会风气有很大帮助;而丧葬礼俗则反映了民众对死后世界的美好愿望,以及儒家丧葬礼仪在地区实行过程中的变化。婚俗关注到了婚外情现象和堕民的婚制变化,丰富了社会史中对于婚姻制度的研究。但关于礼俗的研究不全面,如对民众生活比较重要的蚕俗并没有研究,其他礼俗也未涉及,对更真实地还原民众的习俗和社会生活不利。民间信仰的研究侧重于区域地理环境和人文环境影响下所建构或引进的信仰，能够清晰地认识到民众信奉神灵的原因，有助于我们了解其精神世界。比较遗憾的是此部分主要研究信仰的分布以及信仰群体，对各地信仰的祭祀礼仪研究较少。民间信仰是百姓的精神导向，研究社会史也需要对当时的社会精神导向进行考察，用以真实还原。各地的信仰各不相同，是以研究最多。学者们着眼于不同地域的民间信仰，除了探讨了各地信仰的不同及其原因外，对于国家正祀的共同信仰也提供了不少新的研究视角。此外，对于城隍、关公、水神等共同信仰的研究依然是热点。

六、人口、医疗与环境

本类研究的重点在于明代的民计民生问题，涉及人口与移民、医疗与疾病、生态环境与农业、河道水利与灾荒救治等诸多问题。

（一）人口与移民

人口与移民。蔡晓莹《移民社会与地域认同：明清以来永宁卫信仰体系的建构》（华中师范大学硕士学位论文，2021年）认为明清时期永宁卫的历史发展包含着民众通过层累建构信仰体系以加强地域认同，完成向新家乡融入的过程。这一过程始终包含王朝制度与民间实践两个层面。信仰体系的建构与地域认同的整合相辅相成，共同影响了地域社会的发展与明清国家的形成。马悦、苏晓红《江淮屯戍移民对明代洮州文化的影响》（《甘肃高师学报》2021年第1期）指出，在国家力量的推动下，以军事防御为目标的江淮汉人大规模进入洮州地区并长期担任本地高层官员，逐步取得地方控制权。虽然洮州的藏文化仍然是主流文化，但移民带来的江淮文化在洮州多民族共同发展的历史背景和现实条件下和土著文化相互影响渗透，一起形成了丰富多彩的区域文化。吴建勤《川西南明清移民孤岛汉族与少数民族关系研究》[《重庆交通大学学报》（社会科学版）2021年第5期]探讨了明清时期川西南地区的民族关系，一是孤岛汉族与后迁汉族的关系，二是汉族与周围少数民族的关系,归纳川西南民族关系的特征。孤岛汉族凭借其文化特质,保持着"我族"与"他族"的"双重"边界,显示出汉族和少数民族民族学境界的流动性,为如何处理民族关系、保护自己民族的传统文化提供新的案例。黄荣《贵州明代移民对遗存陶瓷影响的研究》(《陶瓷研究》2021年第5期)认为明代向贵州的移民是历史上朝廷组织的影响与规模最大的一次,移民的进入对明代贵州陶瓷器的制造、产地、品种、主要遗存地都产生了决定性影响,成为贵州经济、文化、技术发展的历史见证。李斌、吴才茂《明清以来清水江流域民间移民的生存策略》(《凯里学院学报》2021年第5期)指出,外来移民到达清水江流域之后以各种身份和方式转变为"当地人",再通过不同形式获取与当地人群一样的权力,真正成为清水江流域的"主人"之一,与少数民族一道,共同造就了"你中有我、我中有你"的和谐民族聚居区。

(二)医疗与疾病

1.瘟疫

吕曦桐《明代北直隶瘟疫研究》(辽宁师范大学硕士学位论文,2021年)以明代北直隶地区为研究对象,对北直隶各府、州、县瘟疫的发生情况进行分析,探求该地瘟疫发生的时空规律、气候影响。明政府和百姓实施相应措施以应对大疫的发生,尽管存在一些弊端,但在拯救人民生命、防止疫情蔓延、恢复生产生活等方面依然发挥了积极作用。郭守运、苏晓虹《明清白话小说中的瘟疫灾害书写探析》(《韶关学院学报·社会科学》2021年第1期)从明清白话小说中探究对灾害和瘟疫的记载,认为作者们通过观察、思考、记叙,运用文本展示灾害和瘟疫的灾难性后果,体现了中华民族在逆境中艰难挣扎和自强不息的精神,为后世树立了行为典范。赵宇莲、殷淑燕、刘静、毋子玉《明清时期导致人口大量死亡的疫灾时空分布及灾害链研究》(《干旱区资源与环境》2021年第2期)通过检索《中国基本古籍库》及《爱如生数据库·中国方志库》搜集史料,采用最小二乘法、空间插值等方法,探讨疫灾发生的时间与空间分布特征,通过灾害链分析疫灾发生的过程构建了导致人口大量死亡的疫灾频次与县次序列。陈武强、高君智《明代甘肃瘟疫的流行与防治》(《天水师范学院学报》2021年第2期)探讨了明代甘肃瘟疫流行的时空分布、形成原因、社会影响以及政府应对措施。作者指出,明代甘肃瘟疫的防治,政府是主导力量,对甘肃瘟疫的应对和防治视疫情而推行,对疫民的救济往往与灾民救济没有区分。魏诗晓《疫瘼·文瘼·民瘼——论傅山之治瘼》(《兰州职业技术学院学报》2021年第4期)论述了傅山通儒的造就与他一生孜孜以求的治瘼紧密相关。作者以傅山隐居室"青羊庵""霜红龛"为线索,以治瘼为核心,展现了傅山对民瘼的关注与疗救,发掘傅山现象背后的文武相资、实干坚韧的三晋文化精神。

2.医家

杨奕望《明清江南儒医的守正与通变》(上海书店出版社,2021年)遴选了明清两代上海医家资料中有代表性的18位医家进行个案研究,从江南地域、医儒交游、医德病患、中西汇通等4个方面,就师徒相授、家族传授、私塾自学等角度梳理他们的学术源流、交往互动,分析呈现江南文化对上海医药传承的影响。马志超《明代的医户与医籍》(《历史档案》2021年第2期)认为明代户籍中的医籍是一个双元概念,分指医户与太医院籍两种性质迥异的户籍。医户的演变过程说明配户当差制并不是明代一以贯之的户籍政策;而太医院籍始终与"役"有密切的联系,是一种"机构籍"。太医院籍的独特属性引发了冒籍等弊端,从而导致明政府对其进行整顿。盖建民《明清道教医家及其主要成就》(《中国民族报》2021年6月15日第8版)讲述明清之际道教医学得到繁荣发展并出现新的特点。自明代开始,道教医学的许多精华成分大多被汲取到中医基础理论及临床应用方面,促进了明清时代传统医学理论的创新与养生学的繁荣局面,道教与医学的关系更加密切。薛昊、陈仁寿《明清金陵江浦丁氏世医考述》(《中华医史杂志》2021年第4期)以明代南京江浦地区丁氏家族为例,考证了该家族世代从医的传承和延续。张玉漫、刘涛《明清时期儒、医融合的思想演变及其特征》(《社会科学战线》

2021年第12期)从儒、医关系发展,儒、医经典类比,儒、医思想融合等3方面入手,分析明清时期儒、医融合思想的演变及其特征:即以互融互显为主流,其中又存在着先儒后医、儒优于医等思想特点。清代出现的"儒易医难"等思想,则是对先儒后医、儒优于医思想的批判与平衡。

(三)生态环境与农业

1.生态环境

熊明威《明清时期颍、涡河流域水利治理与生态变迁(1375—1855)》(华东师范大学硕士学位论文,2021年)借助对颍河、涡河流域内水利的治理模式变化、人口变化以及生态变迁的分析,揭示在颍河、涡河流域内所产生的生态衰退问题,借此透视整个淮河流域的生态衰退趋势。冯贤亮《民命悬于水利:明清太湖平原的环境认知与生活应对》(《学术界》2021年第10期)认为明清时期太湖平原被深入开发,城市与乡村、平原与山乡、民间与官方等的环境感知、水利运作以及灾害应对等呈现出复杂的态势。地理环境差异、水域分布不均衡导致的公与私的社会分界、利益争夺等问题长期存在,构成环境规复与水利建设的诸多阻碍。但从国家与社会的视域出发,发展水利事业,符合国家与地方共同的利益追求。

2.农业

王小丰《明清时期西辽河地区农业开发研究》(江西师范大学硕士研究生学位论文,2021年)从明清时期西辽河地区农业开发的基础及背景、土地垦殖和水利发展、作物种植拓展与技术改进、农业开发的动因与制约、农业开发的效果及影响几个方面对西辽河地区的农业开发活动进行研究。明清时期对该地农业的开发奠定了后世农业生产格局,推动当地经济发展与社会进步。但过度的开垦、肆无忌惮的砍伐也造成大量土地沙漠化和水土流失,导致生态环境的破坏。杨成、周丕东《明清时期贵州传统农业与社会适应性研究》(《贵州文史丛刊》2021年第1期)考察了明清贵州传统农业的特征,分析明清贵州传统农业与政治制度、经济体制以及民族多样性的相互适应问题。作者认为,明清贵州传统农业的特征与当时社会发展状况相适应,表现在农业资源的互补性、多民族的相互融洽性以及政治制度与经济体系的相互调协性上。王小丰、方志远、韩美君《明清时期西辽河地区农业开发的动力与制约因素》(《农业考古》2021年第1期)认为自然灾害等是制约农业开发的主要因素,但因明清两代重视农业,大力支持西辽河地区的农业开发,使西辽河地区的农业开发成果颇丰。明清时期的农业发展有利于维护西辽河地区乃至边疆的稳定,良好的农业开发环境促进了西辽河地区经济的繁荣。

(四)河道水利与灾荒救治

1.水域和社会

郑民德《明清运河漕运仓储与区域社会研究》(人民出版社,2021年)对明清运河漕运仓储与区域社会关系进行研究,深入探究漕运仓储中"人"的主观能动性,以及对区域社会造成的冲击与影响。通过漕仓这一漕运系统的构成环节去展现明清漕运以及社会的变革,客观陈述与评价漕仓在明清社会中的地位与作用。许哲娜、喻满意《运河空间效应与明清时期江南市镇发展——以苏州吴江为中心的考察》(《城市史研究》2021年第1期)认为,明清以来苏州吴江地区市镇迅猛发展的重要原因之一是运河带来的空间效应。大运河把吴江与全国性乃至全球性市场紧密联系起来,改变区域内部市场形态,提升周边地区消费的便利性和生产资源的优化配置,引发了新型市场体系对传统市镇社会空间的冲击。徐静《明代宁夏镇"水头"研究》(《中国农史》2021年第5期)对宁夏镇水头的数量、分布和重要水头位置进行梳理,分析水头在明代西北边镇的重要作用,探究农耕民族与游牧民族在军事、经济和文化等各领域之间的交流、融合关系。陈喜波、贾灏《漂来的繁华:明清北运河水系变迁与通州张家湾码头兴衰——兼论张家湾运河文化遗产保护、传承和利用》(《首都师范大学学报》2021年第5期)认为,张家湾码头的繁荣发展与北运河水系变迁有着密切关系,是决定张家湾码头兴衰起伏的主导因素。

2.水利系统

刘诗颖《明清时期武威地区水利碑刻调查与研究》(西北师范大学硕士学位论文,2021年)对明清时期武威地区水利碑刻资料进行统计、分类、整理,按内容分为水利争讼、水利法规和水利建设等3类,提出现存水利碑刻存在保存环境差、保护措施缺乏和碑身损坏严重等3个方面问题,建议从改善碑刻保存环境、科学修复和及时留存数据等3个方面对现存碑刻保护和使用。井黑忍、张俊峰《自我与他人的边界——水利图碑所见中华帝国晚期山西水利社会的空间分析》(《社会史研究》2021年第2期)认为在山西,水利碑刻成为具有法律效力的水权证明,亦是维持当地社会水利秩序稳定的重要基石。因此水利图碑、水利文字碑包含丰富的历史信息,是探讨中国明清时期地方水利社会的重要史料。廖艳彬《明清鄱阳湖流域水利开发与环境演变》(《明清鄱阳湖流域水利开发与环境演变》2021年第5期)从鄱阳湖流域整体空间视阈出发,探讨明清时期流域内山地和湖区水利开发与环境演变之间的多重关系,阐述明清鄱阳湖流域环境演变的内涵及缘由。作者提出,上游山区和下游湖区民众之间与山争地、与水争地、围湖造田等行为加剧了流域内水利开发和环境演变之间的矛盾。陈梦玲、郭昭昭《明代大运河淮扬段水利工程的系统治理》(《档案建设》2021年第11期)认为大运河淮扬段是明代重要的河道治理、漕运管理、淮盐转运和漕船制造中心,影响着王朝政治、经济和社会的发展。明代官员为解决大运河淮扬段水系平衡问题,在水准测量、地形勘测、建设规划和规章制定的基础上,修建了数量众多且具有地域特色的水利工程,体现出古人因地制宜、因时制宜的智慧。

3.灾荒救治

阎妍《灾害与晚明社会危机——以王恭厂奇灾为例》(辽宁大学硕士学位论文,2021年)以王恭厂奇灾为例,研究晚明时期的灾害对明代社会造成的影响。作者认为,明末皇帝与士人矛盾的突出加剧了党争,使政治斗争更加激烈,军事实力减弱;社会管理的不足使民众抵御灾害的能力下降,小农经济的不稳定性更加凸显。在灾害与政治的相互作用下,明代逐步走向灭亡。张莹《明嘉靖时期洞庭湖区洪灾治理研究》(吉首大学硕士学位论文,2021年)以明嘉靖时期洞庭湖区的洪灾为研究对象,在洞庭湖区的洪灾灾情、成因分析的基础上,归纳总结出洪灾发生的一般规律,探讨这一时期洪灾的治理思想、治理措施、治理成效和社会评价等。田家溧、王超燕《明代河南抚按与灾荒救济》(《安阳师范学院学报》2021年第1期)以河南为例论述了明代抚按在灾荒救助过程中的作用,一方面肯定了抚按在报灾和赈灾的过程中的积极作用,一方面也揭示了抚按在工作过程中的贪腐和机械化对治灾的不利影响。张建国《明崇祯十三、十四年庐州府疫灾及社会救治》[《阜阳师范大学学报》(社会科学版)2021年第2期]以崇祯十三、十四年庐州府爆发的瘟疫为微观研究视角,以地方志为主要资料来源,分析庐州府疫灾成因、疫灾带来的社会危机,以及庐州府如何有效抗击疫灾,以期对后世有所启示。郁耀闯、王长燕、龚兰兰、卫旭东、马佳俊、王林刚《明清时期渭南地区旱灾的多尺度变化特征及其对气候变化的响应》(《江西农业学报》2021年第5期)选取我国明清小冰期(1368—1911年)作为主要研究时段,以位于季风边缘区的渭南地区为研究个案,搜集整理明清时期渭南地区的历史文献资料,利用集合经验模态分解(EEMD)等方法,探讨该时期渭南旱灾的多尺度变化特征及其与气候变化的关系,以期为区域干旱灾害的预测和防治提供参考依据。谢宏维、甘琪《明清时期江西的洪涝灾害与应对机制》[《江西师范大学学报》(哲学社会科学版)2021年第4期]认为,受到诸多因素的影响,明清时期江西的洪涝灾害造成了巨大危害。国家和地方社会积极寻找应对之策:官方实行蠲免赈济措施,地方官员、士绅同样各尽其力,捐资赈济;灾后,国家和地方社会还会举行祭祀活动,祈求神灵庇佑,以此达到安抚百姓的效果。丁柏峰、王耀科《明清时期河湟地区自然灾害与农业发展》(《农业考古》2021年第4

期)认为严酷的自然条件导致河湟地区的自然灾害对农业生产造成了巨大破坏。为应对自然灾害,人类种种对环境的适应和改造活动,对当地的农业生产起到积极作用,因此农业生产与灾害环境的互动,也是社会发展的重要推动力之一。李明、汪云《明清时期淮河流域蝗灾治理措施研究》(《皖西学院学报》2021年第4期)聚焦明清时期淮河流域的蝗灾治理措施,以期在现代治蝗过程中供以新的启发。作者认为,传统的"天人一体"农业灾害治理观念也启发出更为"绿色、和谐"的现代蝗灾治理新方法、新思路。胡火金、孟明娟、李兵兵《明清时期太湖流域水灾危害及灾害链——以江苏苏州为中心的考察》(《农业考古》2021年第4期)对明清时期苏州区域的洪涝灾害进行研究,认为水灾与疫病、地质灾害、寒灾、虫灾等灾害的并发连发,对受灾群众而言更是雪上加霜,扰乱人们正常的生产生活,阻碍了区域经济和社会的发展。毕硕本、张莉、王履华、鲁颖、许志慧《明清时期珠江流域旱涝灾害的空间分布特征》(《地理与地理信息科学》2021年第5期)通过收集整理明清珠江流域的历史气象灾害资料,计算544年间各府(州)的旱(涝)年数和年均旱(涝)灾县数比,运用最近邻分类算法和热点分析等方法,分析各子流域旱(涝)灾发生频次和空间分布特征,对于现代防灾减灾、气候预测等有一定参考价值。

4.河道治理

徐晶《明清时期桂江流域河道治理研究》(广西师范大学硕士学位论文,2021年)以桂江流域的河道治理为主题,研究明清时期国家对广西的治理和地方政府对河道的管理,进而阐述桂江流域的历史变迁。官府对桂江河道不同的管理体制和疏浚情况,既是明清两朝对广西治理的不同侧重,也体现了流域内人群因水而生、治水而活、与水共生的人水关系。陈业新、李东辉《国计、家业、民生:明代黄淮治理的艰难抉择》(《学术界》2021年第10期)论述了明代黄河频繁决泛,对运河漕运、明祖陵寝、泛区民生产生的影响。作者认为明朝黄淮治理的目的是保漕,护陵次之。当与保漕、护陵的需求矛盾时,民生难免成为"弃子",故有朝廷治水"惟知急漕而不暇急民"的感慨。

人口、医疗与环境方面的研究较多地将人口、移民和环境,医疗与疾病等问题结合起来进行探讨。在人口和移民研究上,学者较多关注外来人口如何和原驻人口的博弈和融合,如何从信仰、文化、风俗等方面建构共同的信仰体系和地域认同。在医疗和疾病的研究上,受到新冠疫情的影响,学者们对于瘟疫的书写、应对以及防治投入不少的精力,从方志、小说、数据库等入手,多方搜集史料。对明代医家的研究除了对明代医户的研究外,较多从思想观念入手,以考证医家的儒医、儒道结合思想的发展变化。在对生态环境与农业的研究上,研究成果并不突出,学者们较多地关注环境的治理问题和地方社会的农业开发。相对而言,学者们给予河道水利与灾荒救治较多的关注,如对明代不同时期、不同地域的洪涝灾害、气候变化、灾荒救治等进行大量研究,一些学者还尝试引入多种手段和集合经验模态分解等统计方法,探讨灾害的变化特征及与政治、环境等的关系,以观照不同地域政府和民间对灾情的应对、灾害的治理等举措。

七、学术热点

2021年6月在由中国水利研究会召开的"适应新时代水利改革发展要求,推进幸福河湖建设"会议中,程珊珊、李婷婷提交了《浅析黄河文化历史遗产的经济价值——明代水利工程戴村坝工程的经济价值分析》一文,它以东平湖大清河流域的戴村坝水利工程为例,从黄河文化遗产的价值定位展开讨论,进一步探讨黄河文化遗产的经济利用价值。

八、结语

纵览2021年明代社会史研究成果,数量众多,选题范围涵盖社会生活的方方面面,其研究成果多集中在古代基层治理思想与实践、古代科举制研究的多元融合、女性和长幼群体的研究。总体来看,有以下几点鲜明的特征。

第一，研究的领域越来越广，研究的深度向纵深处发展。第二，社会史与政治制度、性别医疗、文学作品、法律法规等多方面结合，不仅使得社会史研究的方法愈加多样化，进一步深化了社会史的研究，也为其他领域的研究提供了思路和借鉴。第三，对于女性群体和社会性别理论的研究更加深入，研究领域和范围更加广泛，对于女性作品的研究成为重现女性生存状态的一个突破点。第四，以小见大，多是以一事、一地、一家等具体情况来反映当时的社会生活，深化了对明代基层社会纷繁复杂的生存图景的研究。第五，与当今社会发展相联系，关注环境、灾疫、医疗和救助的研究，从明清社会史的研究中吸取经验，对后世的医疗建设提供了思路。综上所述，2021年明代社会史的研究成果丰富，紧抓时代发展热点，呈现百家争鸣的气象。

至于未来的研究期望有以下几点。第一，避免重复选题。社会史的研究强调对民众生活的考察和关注，在强调微观视角选题时，应该避免出现套用已有研究框架和观点，从不同地域着手进行类似选题的情况。应该以问题意识引导选题和研究思路。第二，要树立大历史观。现有的社会史研究要放在大的历史背景中进行，要注意从小事件上敏锐地观照整体的社会发展历史。第三，研究方法的多样性。2021年明代社会史的研究中已经出现利用数据分析等多种方法相结合进行社会史研究的成果，多种方法的运用能令社会史的研究更加立体化、具象化。第四，注意多学科的交叉。不同学科理论和内容与社会史研究相结合，可以进一步拓宽研究视域，扩大社会史研究的内容，使社会史的研究更加深化。

2021年明代文化史研究报告

安徽师范大学历史学院

余　焜

文化史历来是明史研究中颇受关注的领域,所涉内容丰富多样。2021年度明代文化史研究成果斐然正是这一研究趋势的鲜明体现。据不完全统计,2021年度共出版明代文化史专著和资料合集24种,有学术论文200余篇,涉及学术流派及其思想、礼法制度与政治思想、学校教育与科举、宗教信仰、族群文化与家族文化、宫廷文化、社会风俗和灾害文化史等多方面。现将2021年度明代文化史研究成果概述如下。

一、学术流派及其思想

程朱理学在明代思想界仍占据重要地位,为诸多士大夫所信奉和推崇。明中后期随着阳明心学风行,以心学为思想中心的学术流派不断涌现,与程朱理学发展共同构成了明代哲学思想体系。2021年度有关明代学术流派及其思想的研究主要有以下几方面:程朱理学的流传和发展、阳明心学兴起、王门后学风行、关学研究及东林学派的思想主张等。

(一)程朱理学的流传与发展

刘洋《从性情说看明代理学家诗法论的多重向度》(《文学遗产》2021年第2期)以明代理学家薛瑄、陈献章、胡居仁、王廷相等人所作诗歌为中心探讨这一群体的诗法论,指出其诗歌拓宽了宋元理学所倡性情说的内涵,由此观察明代理学注重经世和履践的学术性格。龚礼茹《在"积累"与"非积累"之间:从明人对陈白沙"致虚"说的异议说起》(《烟台大学学报》2021年第2期)认为明代朱子学者和阳明心学对陈献章"致虚"说产生质疑,指出明代儒者的关注点逐渐从经典著述到内心证悟的学术转向趋势。潘叶清《融合与互动:宋明时期心性变化与三教关系的演变发展》(《文史哲》2021年第3期)从宋明理学重要议题"三教异同"出发,指出三教关系变化在明代实为心性论发展变化的表现,朱熹、王阳明、焦竑等人对三教的不同认识加深了儒释道在心性论上的融通。王春梅《朱熹、王阳明对天理的理解——从二人对"子入太庙,每事问"的解释来看》(《学术探索》2021年第3期)指出朱熹、王阳明二人对同一事件的不同解释源于二人对"天理"理解的差异,对二人的天理认知进行比较。张昭炜《崇仁之学的主静转向与持敬回转》(《江西社会科学》2021年第5期)考察了明代理学家吴与弼、胡居仁、娄谅等人的持敬转向,认为这一转向为陈献章白沙学和阳明学的主静奠定了思想基础。张天杰《陆陇其的独尊诸子论——兼谈其对东林以及蕺山、夏峰等学派的评定》(《中国哲学史》2021年第3期)以明末清初理学家陆陇其"尊朱辟王"的学术思想为中心探讨其在"由王返朱"思潮和朱子学再度意识形态化过程中发挥的卫道作用。

另有相关学位论文和著作对明代理学发展进行考察。柳向忠《学术与治事:陈建〈学蔀通辨〉及其经世思想研究》(陕西人民出版社,2021年)对明中后期理学家陈建经世思想进行考察,依次从陈建《学蔀通辨》《治安要议》《皇明通纪》等3部著述考证其"究心学术邪正之分"至"国家因革之乱之故"的经世学术及治世思想,揭示陈建著述在明代理学发展脉络中的地位和价值。郑家玮《理学观念影响下的明初书法研究》(渤海大学硕士学位论文,2021年)基于明代文化专制的时代背景,指出书学思想被理学化的现状以及书法风尚的复古和以"理"为尚的时代特征。杜颖超《程敏政〈心经附注〉思想研究》(南昌大学硕士学位论文,2021年)考察了明中期程敏政对南宋理学家真德秀《心经》论说的补充和诠释情况,以此认为程敏政以理为本体,以心为修养工夫,其心学倾向源于朱子心性修养论。侯张岭《马明衡〈尚书疑义〉研究》(曲阜师范大学硕士学位论文,2021年)以理学家马明衡的"尚书观"为考察重点,在分析其对《尚书》内容的诠释基础上指出马氏解经重义理,具有改易经文、掺杂时事、以经解经等解经特点,并带有一定程度的复古倾向。

(二)阳明心学兴起

阳明心学研究一直是明代思想文化史领域的热点问题,2021年度有关阳明心学的研究论著颇多,择要梳理如下。

阳明心学重要论题。龚晓康《"不滞"与"不离":阳明心学视域下的良知与知识之辨》(《教育文化论坛》2021年第1期)指出王阳明既非以良知取消知识而落入泛道德主义窠臼,也非否定以知识泯灭良知,而是在承认知识价值的同时回归良知本体。吕本修《王阳明"致良知"思想及其道德价值》(《湖南师范大学社会科学学报》2021年第1期)从"致良知"的视角出发观察王阳明的思想演变历程,由此认为"致良知"彰显了阳明心学的道德价值,也在弘扬知行合一精神方面有所助力。邱高兴、黄成蔚《晚明浙江阳明心学的儒佛会通》(《社会科学战线》2021年第2期)分析了浙中王门代表人物援佛入儒的实践和努力,由此观察晚明心学与佛学会通的时代特征。朱贻强《王阳明致良知学说的工夫次第论思想初探》(《社会科学动态》2021年第2期)将王阳明工夫论与宋儒朱熹思想进行比较,强调王阳明工夫论吸取孟子尽心知性学说的精髓,创造性地将儒家资质境界说转化为工夫次第论,为我们复兴传统思想文化提供了诸多借鉴。李辉、王亚波《阳明心学中的喻象考察》(《云南社会科学》2021年第2期)考察了阳明心学中"植物""身体""镜子"3种喻象,认为这些喻象交互作用勾连出极具特色的心学世界。严飞《在整体的视域下论王阳明的"心学"思想》(《文道纵横》2021年第2期)指出王阳明思想中的心与物是一个整体的视域框架,内心所思所念与外在事物是相互关联的。李禹阶《论阳明心学的"心即理"与"心"非"理"》(《重庆师范大学学报》2021年第4期)分析了王阳明对"心""理"关系的认识,指出阳明心学通过直指本心的认识论方法将悟道主体和被悟对象相联系以诠释阳明心学的内在意蕴。郝绥涛《心、意、知:王阳明"格物"之内在意蕴》(《西安航空学院学报》2021年第4期)分析了王阳明格物理论的多重意蕴,指出这一理论建构蕴含着阳明心学的标志性特征,对促进社会思想解放有着重要意义。武道房《心学本体论与王阳明的文学思想》(《文学评论》2021年第4期)考察了阳明心学中的本体论与其文学思想的关系,指出这种本体论对其文学发生论、文学情感论和文学创作方法论等方面都产生了重要影响。卢祥运《王阳明"玩易"对其心学建构提供的方法论启示》(《贵阳学院学报》2021年第4期)从《玩易窝记》中相关记载分析,指出王阳明从方法论层面对《周易》的借鉴和取用主要在"阴阳合一"和"体立用行"两方面,这对其整个心学体系的建构至关重要。彭传华、张鹏伟《王阳明理欲之辨探微》(《湖南社会科学》2021年第4期)关注阳明理欲之辨的独特面相,指出这一理欲之辨的特色在于将客体维度的天理诠释为主体维度的纯乎天理之心,其省察克制的内在精神仍具有重要的现实价值。

林志鹏《从"良知之教"到"立命之学":由袁了凡其人其学看儒学转向及阳明心学的世俗化、民间化》(《云南大学学报》2021年第6期)以晚明袁了凡对阳明心学"主体性自觉"的传承观察阳明心学在晚明的思想转向,指出阳明心学寻求自我意识发展的特征在晚明时期劝善运动中发挥了重要作用。龚晓康、王斯诗《理欲的对立与统合——基于阳明心学的考察》(《贵州社会科学》2021年第6期)梳理了王阳明关于"理""欲"的思想认知模式,认为在阳明心学范畴内天理和人欲之间的恶对立并非道德法则与感性欲望的直接对立,而是"有执"与"无执"之间的论争。马寄、陆永胜《明代心学经学诠释观的两种图式——王阳明、湛若水为中心》(《学术研究》2021年第10期)通过探讨王阳明和湛若水不同的心学经学诠释理路来揭示明代心学经学诠释观的独特价值,由此认知明代心学的发展历程。王凯、成积春《儒家的突围与失落:阳明心学之发生及其狂禅化问题探究——以制度与文化为视角》(《学术探索》2021年第8期)基于专制制度不断加强的政治背景,指出阳明心学及其狂禅化进路是一场儒家文化的自我革命,但在探讨心性问题时未能处理好儒家义利之辨问题。卢盈华《天理在王阳明哲学中的定位》(《南京社会科学》2021年第8期)考察"天理"与"良知"的关系,进而认为"天理"与"良知"存在互动且"天理"的道德规范意涵在推动心学发展方面起了重要作用。

另有3部著作对阳明心学重要议题进行探讨。焦堃《阳明心学与明代内阁政治》(中华书局,2021年)讨论了王阳明及其弟子、后学在内阁问题上的态度立场,以及在实际政治中与内阁的种种联系,指出政治意识在以王阳明为代表的士大夫思维中占据主导地位,其心学思想作用于政治明显表达追求理想政治秩序的目标。李旭《心之德业:阳明心学的本体学研究》(上海文艺出版社,2021年)融合了阳明心学与西方现象学研究成果,从本体学观察阳明心学的哲理核心,探究知与行的内在关联,指出阳明心学中的知行合一、亲民、造士与觉民等思想对阳明心学体系的形成和推动明中后期思想界变动产生很大影响。李洪卫《王阳明身心哲学研究——基于身心整体的生命养成》(上海三联书店,2021年)对传统西方哲学和当代西方哲学关于自由意志问题的思考做了系统梳理,就阳明学在该方面的潜力做了相应提示,另就身心关系中凸显的晚近认识论方面的一些观点进行探讨,说明了知行合一与阳明所指示的"自由"是在具有直接行动力层面上的论说,且这个行动力是身心一体和身心整体的。

以上论著皆从王阳明所倡"致良知""知行合一""格物正心"等思想主张来探讨阳明心学思想体系,尤其对阳明良知之学和理欲之辨做了深入分析,很大程度上推动了阳明心学研究。

(三)王门后学风行

王门后学在传承阳明心学基础上又有诸多新言妙论,且衍生出众多学派,在明中后期思想界占据重要地位。2021年度有关王门后学的研究主要集中于江右王门、泰州学派、北方王门、浙中王门、北方王门与黔中王门等学派。

1.江右王门

牛磊《试论江右王门的宗族伦理建构——以王阳明、罗洪先、聂豹、邹守益为例》(《中共宁波市委党校学报》2021年第1期)指出江右王门学者从理论创新与社会实践两方面出发,致力于将宗族缔造成遵循道德教化的共同体,认为王阳明等人在实践中将“万物一体之仁”改造成对宗族伦理进行建构的理论基础。王小虎《“崇奢”还是“隆礼”——“新子学”视域下郭子章〈奢俭论〉的辩证逻辑》(《湖南工程学院学报》2021年第2期)分析了郭子章《奢俭论》所倡主要内容,以其所指“礼法之奢”非“崇奢”为主线指出在实际社会情况中满足礼法之标准的程度、形式和内容也可作适当损益。牛磊《归寂致知:聂豹的易学思想》(《宁波大学学报》2021年第2期)分析阳明后学主静派聂豹的思想主旨,认为聂豹借助对易理的诠释将易学容纳到阳明学框架之内,进而提出“物有万殊,揭虚寂以为归”的思想主张。刘涛《嘉靖〈漳南道志〉考述》(《长江文明》2021年第3期)从考证文献角度出发,分析侯廷训、邹守益等人的心学思想。魏志远《“识仁择术”:刘元卿对耿定向心学思想的继承和发展》(《井冈山大学学报》2021年第3期)考察了刘元卿自然之欲与不容己之本心的体用关系,进而指出其愿望为实现外在工夫与内在本体的自然统一。董甲河《王畿与江右王门工夫论之比较》(《武陵学刊》2021年第5期)指出王畿与江右王门工夫论的不同点在于王畿强调凡圣的同一性,主张良知见在,而江右王门则强调凡圣的差异性,认为良知主宰与扫荡私欲同等重要。彭丹《阳明学道统思想研究》(山东大学博士学位论文,2021年)分析了阳明学道统思想的由来、表现形式和发展轨迹,其中对邹守益、欧阳德、陈九川、胡直和万廷言等人的道统思想做了系统介绍,指出江右王门诸学者静观内省的学术风格和坚持心本位的圣学宗传立场对构建阳明心学体系产生了重要影响。

2. 泰州学派

总论泰州学派学术思想。童伟《任道与任情共生——审美现代性视域下泰州学派的"身""道"两难》(《江苏社会科学》2021年第1期)以审美现代性视角观察泰州学派,指出泰州学派在自我体认中强化了"爱身""保身"的私性自主意识,促成了中国任道与任情共生的审美现代性独特的双重指征。朱义禄《论泰州学派对日本明治维新思想的影响——以梁启超〈节本明儒学案〉为中心的考察》(《贵州文史丛刊》2021年第1期)考察梁启超《节本明儒学案》中关于泰州学派思想对日本明治维新思想产生的影响,意在表明泰州学派思想的进步性和传承性。钱成《论泰州学派"平民儒学观"对通俗文艺思潮之影响》(《常州大学学报》2021年第2期)在分析泰州学派思想体系基础上,指出泰州戏曲文化的勃兴在一定程度上源于泰州学派"百姓日用"的平民儒学思潮和"言情"文化思潮。刘霞《论泰州学派的精神内核及当代价值》(《长沙航空职业技术学院学报》2021年第3期)在分析泰州学派以身、心、修、为4个组织架构为学术体系的基础上,进一步讨论泰州学派思想的当代价值。郑文宝《学术破局与实践拥趸:泰州学派村治伦理的二元进路》(《武陵学刊》2021年第6期)分析了泰州学派的村治思想,对其讲会宣传、宗族治理与乡约规范进行介绍,进而指出泰州学派在治村路径上进行了多元化尝试和探索,形成了特色鲜明的学术标识。杨国荣《以事行道——基于泰州学派的考察》(《文史哲》2021年第6期)考察了泰州学派基本思想理路,认为泰州学派将"以事行道"的思想主旨融汇于日常生活中,在逻辑上包含着对人的作用的重点关注,这充分体现了泰州学派所提出的"造命由我"观念。钱晔《泰州学派文化传播与流行原因考察》(《汉字文化》2021年第10期)指出泰州学派的传播与流行有着合理的内在逻辑,其流行原因主要有契合市民阶层要求、传播途径亲民化和学者以自身品格感染大众等。

对泰州学派代表人物思想的研究。桑东辉《颜钧忠孝思想钩沉》(《武陵学刊》2021年第6期)指出泰州学派传人颜钧对道德心性的思考构成了其道德伦理的形上基础,并将忠孝思想作为民间教化的核心,旨在构建和谐有序的理想社会。耿加进《泰州后学罗近溪工夫思想的真精神》(《汉字文化》2021年第10期)对罗汝芳的心学思想进行考察,认为其提倡的体仁的工夫路径体现了对人性和积极力量的充分肯定,而将人的日常行为上升到道的高度,揭示了人性的平等。石霞《罗近溪心性思想研究》(山东大学硕士学位论文,2021年)考察了罗汝芳思想的形成历程和主要观点,认为其思想主旨为心性本体论和心性修养论,并通过与阳明心学、王门后学等学派思想的对比分析罗汝芳"孝悌慈"道德实践扩充至黎民百姓的心性思想架构。赵立庆《以身为本:王艮儒学思想研究》(山东大学博士学位论文,2021年)阐明了王艮儒学思想产生的时代背景、思想渊源和生平经历,对其本体论进行具体分析,强调王艮本体论不是宇宙论意义上的世界本源,而是生活世界的本然状态,且认为王艮所倡外王工夫论不仅指向主体的良知本体,而多注重实践和对人本身的探讨。王苗苗《何心隐心性论研究》(新疆师范大学硕士学位论文,2021年)考察何心隐在继承其师王艮思想基础上对心即本体思想的阐发,并对其提出的"寡欲""育欲"思想进行分析,指出何心隐思想带有自然主义倾向,体现了浓厚的平民意识,是早期人文主义思潮兴起的表现。

3.浙中王门

有关浙中王门的研究主要关注王畿、钱德洪等人的思想主张。汪建初《天泉证道与六祖坛经之比较研究》(《贵阳学院学报》2021年第1期)借探讨王畿、钱德洪等人的体用思想来观察阳明心学的特征,即与禅学相互渗透,指出阳明心学与禅学之间的内在关系以凸显心学的禅意特征。邱高兴、黄成蔚《晚明浙江阳明心学的儒佛会通》(《社会科学战线》2021年第2期)以浙中王门代表人物王畿、周汝登援佛入儒为切入点观察晚明心学与佛学会通交融的时代特征,指出浙中王门心学与佛学的会通呈现儒佛关系的多面向特色。汪学群《王畿先、后天之学的蕴义》(《贵阳学院学报》2021年第2期)认为王畿先、后天之学主要涉及正心诚意、体与用、本体与工夫、顿与渐的关系，倾向于先天之学，而在其影响下的钱德洪心学为后天之学。张震《明代工夫课程的兴起与演变》（华东师范大学博士学位论文，2021年）考察了王畿、钱德洪等人关于顿、渐的思想主张，指出钱德洪虽仍对渐教范式有所坚守，但总体而论顿教之风盛于渐教，顿悟型学习也因此在明中后期比渐修性学习得到了更多的强调和重视。王玉明《钱绪山哲学思想研究》（河北大学硕士学位论文，2021年）分析了钱德洪"渐""顿"的治学主张和思想体系，认为钱德洪在工夫和本体双重角度阐明了其独特的"致良知"路线，突出了人在事上精炼的重要性，同时也强调钱德洪心学主张在适应整个社会发展趋势上的历史局限性。邝妍彬《王龙溪"见在良知"思想研究》（南京师范大学硕士学位论文，2021年）对王畿"见在良知"论进行探究，认为这一主张不仅具有道德意义，且是能通天地、生万物的生命本源；作为阳明心学中争论颇多的焦点问题，王畿这一主张对道德主体能动性的凸显和救治当今社会的道德问题都有启发意义。张文婷《王龙溪心学视野下的易学思想研究》（安徽大学硕士学位论文，2021年）分析了王畿思考前人解读《周易》的心得体会，指出在龙溪心学视野下的易学思想建构是通过《周易》文本与前人易学思想发掘一定的理论资源，通过心学化的诠释与转换成为完善心学体系的理论支撑，且对王门后学孙应鳌、罗近溪等人思想的形成产生影响。

4.北方王门与黔中王门

钟治国《河洛王学的"万物一体为仁"说通论》[《西南民族大学学报》（人文社会科学版）2021年第4期]分析了尤时熙、孟化鲤和张信民等人的思想主张，指出这一学派所提倡的"万物一体为仁"是以见之于日用伦常的知分、安分、尽分为核心工夫，又注重从常人如何用功的层面上主张无我以复真我、去嗜欲之遮蔽以复本体之精明的工夫，由此表现出了丰富且切实的工夫面相。钟治国《论河洛王门学者孟化鲤的一体、安分之学》（《现代哲学》2021年第6期）考察了孟化鲤"万物一体为仁"的工夫论学说，指出其工夫论强调去除私欲对此仁的遮蔽，同时认为孟氏安分之学主张立己立人、成己成物,包含着万物原本一体的仁的境界。

王路平、石祥建《黔中王门大师李渭门下弟子考录》(《贵州民族大学学报》2021年第1期)梳理了黔中王门学者李渭门下弟子的基本情况,在介绍这些弟子思想主张的同时指出思想的繁荣促进了阳明心学在黔地土家族地区的传播,思南也成为贵州阳明心学发展的重镇之一。廖荣谦《明代"理学名儒"孙应鳌的交游与黔中王门的建构》(《内江师范学院学报》2021年第11期)梳理了孙应鳌的交游情况,指出其在与名儒硕学的广泛接触和交往中吸收思想精华并融会贯通,进而形成自己独特的思想理论体系。

(四)关学研究

关学研究主要涉及冯从吾、吕柟和南大吉等人的思想主张。朱嘉怡《从冯从吾和李颙对"无善无恶"的解读看关学经世精神》(《宁夏社会科学》2021年第4期)分析了冯从吾和李颙关于"无善无恶"的解读差异,指出二人虽在思想旨趣上有所不同,但其思想对社会都有强烈的现实关怀,依据对时代问题的不同理解和内心体悟而有不同的经世主张,这是关学经世精神的表现。都兰雅《试论冯从吾对于王阳明教说的诠释》(《许昌学院学报》2021年第6期)在讨论冯从吾对阳明心学的继承发展基础上指出其对阳明教说吸纳和重构在于救正王门"无善无恶"说之弊的思考,其目的在于重整阳明心学的玄虚支离乱象。魏冬《关学视域下"关中"的文化内涵——基于关学谱系建构文献的地域观念考察》(《咸阳师范学院学报》2021年第5期)以明清时期关学的发展脉络和地域传播考察"关中"一词的文化内涵,进而强调现代关学研究当从传统关学谱系建构者主体视域下的"关中"观念来建构关学历史发展脉络,以体现关学研究的价值和精神贡献。

贺千禧、何志虎《吕柟的士人观——以吕柟所书乡试录为中心》(《文化学刊》2021年第3期)结合吕柟为乡试录所作序言和相关论学言论探讨其士人观,指出吕柟的士人观主要体现在正经守道、躬行实践和经世致用等3个方面。孙德仁《吕柟礼学的去实体化转向及其意义》(《人文杂志》2021年第12期)在梳理明代关学发展情况基础上探讨吕柟将礼定位为形下经验层面的礼制和礼仪等思想主张,由此观察吕柟礼学的去实体化特征,认为其在形塑明代关学礼教性格的同时又为明清关学应对时弊、践行礼教提供依据。许宁、高贵朋《明清关学讲学思想的三个维度——以冯从吾、李二曲、刘古愚为例》(《宝鸡文理学院学报》2021年第6期)分别介绍冯从吾、李二曲和刘古愚讲学的宗旨及主要内容,指出从这些关学学者讲学思想的嬗变中可观察晚明理学转向、清初实学转化和晚清的近代转型等问题。刘鑫《南大吉"致良知"思想的当代高校美育习得透视》(《科学咨询》2021年第7期)从南大吉思想中的"致良知"主体入手,围绕"习得"问题挖掘"致良知"思想在当代高校美育中的时代意义投射,进而探讨美育的效果习得问题。李敬峰《阳明心学在关中地区的传播与接受》(《北京理工大学学报》2021年第2期)梳理了阳明心学在关中地区传播的历程,并对其传播和接受的模式进行分析,认为这一模式映射出关学与阳明心学的交融与互动,还促使阳明心学实现自我重构和完善。胡鑫栏《南大吉诗歌辑佚与研究》(西北大学硕士学位论文,2021年)考察了南大吉的家世、生平和交游情况,从其所作诗歌中窥探人生志趣和思想主张。杨瑞《王弘撰生平与著述研究》(西北大学博士学位论文,2021年)考察了明清之际关中学者王弘撰的生平及交游情况,指出其著述涉及经、史、子、集各方面,认为其一生行迹展现了明末清初关中地区明遗民的生活和生存状态,在很大程度上推进了关中地域文学和明遗民研究。

(五)东林学派及明末两大儒的学术思想

对东林学派的研究主要集中于探讨高攀龙、顾宪成等人的学术思想与政治主张。兰石洪《论高攀龙水居诗的哲理意蕴及诗史意义》(《贵州文史丛刊》2021年第1期)分析了高攀龙所作水居诗的哲理意蕴,认为这类诗表现了高攀龙高雅的生活乐趣,体现了哲人潜心性理的思辨色彩和淡泊心态。温海明、韩盟《传高子绝学续攀龙心意：高攀龙〈周易易简说〉的易简之道诠解》（《江海学刊》2021年第5期）梳理了高攀龙所著《周易易简说》的主要内容，在其基础上指出高攀龙不仅有明显的心学易特点，还将其政治抱负与人生经验融入其中以发扬儒家圣人之道。渠嵩烽《晚明党争视域下的高攀龙文学》（《湖南大学学报》2021年第6期）以晚明党争的政治环境为基础探讨高攀龙文学的意蕴，指出这一时期高攀龙所作尺牍、诗作流露了愤懑、无奈和彷徨的复杂思想，也体现了身陷党争中的高攀龙理学与文学的背离，为还原真实的高攀龙文学形象提供了契机。

袁一舒《顾宪成〈大学意〉辨伪》（《延安职业技术学院学报》2021年第3期）对比了《大学意》与顾宪成传记资料、写作习惯和风格、学术主张等几方面内容，并对该书内容的原创性进行考辨，指出《大学意》在风格和内容上都与顾氏相差甚远，为后人伪作。张亦辰《顾宪成对阳明学良知当下论的改造——以〈当下绎〉为中心》（《中国哲学史》2021年第4期）以阳明学的当下论引出对顾宪成对良知的认识与改造，认为顾宪成运用了朱子学心性二分的思维模式，以性体取代良知心体的地位，重建了以性体为宗的"性宗"思想，为明清之际王学向朱学复归的思想转向埋下了伏笔。李可心《儒家传统中的彰善意识——以顾宪成为代表》（《黑龙江社会科学》2021年第5期）分析了顾宪成对阳明学"无善无恶"说的批判意识，进而指出顾宪成的性学主张，即自古论性本自有定且善恶不可等量齐观，这种观点体现了新旧学说之间的冲突和张力。叶晓丽《顾宪成道德教育思想研究》（哈尔滨工程大学博士学位论文，2021年）系统梳理了顾宪成"为学育德""为官正德""为人修德"等道德教育思想的主要内容，认为顾宪成在体认内心的同时将其运用于实践，用儒学理论对百姓进行道德教化，寄托着其改变社会风气和改善社会衰颓的愿望，也为传承和发扬中华优秀传统文化提供了借鉴。

对明末大儒刘宗周、黄道周思想的研究也有涉及。冯前林《重本·崇礼·尚实：论刘宗周的讲学活动与教化特质》（《学术探索》2021年第3

期)详细介绍了刘宗周的讲学历程,指出其重视未发工夫,反对顿悟空谈,主张实修躬行,认为刘宗周讲学实践与教化思想对家族、门人和浙东学术都产生了很大影响。扈继增《"对越"以见"独":一个解读刘宗周"慎独"思想的新角度》(《中国哲学史》2021年第4期)梳理了"慎独"义的变化情况及刘宗周对这一变化的回应情况,认为刘宗周既反对朱熹仅将"慎独"视为已发工夫,又认识到阳明学"良知"解"独"所造成的弊端,进而重新解释"慎独"之义,使"慎"与"独"成为双向回环、两端互成的关系。张琴《论刘宗周哲学的统合特征》(《汉字文化》2021年第12期)指出刘宗周哲学有着明显的统合特征,主要表现在其将一切分立或对立的观念合而为一并统一于心,并以理气为立论基础,推动了明末清初理气论的发展。魏玲玲《刘宗周诗歌谫论》(绍兴文理学院硕士学位论文,2021年)从题材、语言、诗歌风格与艺术特色等方面介绍了刘宗周所作诗歌,进而认为在这些诗歌中透露着刘宗周沉郁悲慨的气息,也明显表露了其真实政治的风范和气节。

蔡杰、卢珊《从"君臣之义"到"夷夏之防":黄道周与吕留良政治伦理观异同》(《山东青年政治学院学报》2021年第1期)从华夷之辨与君臣伦理的角度比较黄道周和吕留良政治伦理观念,指出二人有着相同的遗民心态,但黄道周是出于维护君臣伦理而抗清,吕留良更倾向于夷夏之防。翟勇《情感的回归:隆武朝的黄道周及其门人诗风》(《北京化工大学学报》2021年第1期)认为隆武时期黄道周及其门人所写诗歌记载了黄道周从幻想到决绝的心路历程,寄托了其和门人对故国的眷恋与无奈哀伤的情绪。邓建民《黄道周楷书隶意表现形式及其审美价值》(《闽南师范大学学报》2021年第2期)从黄道周隶意表现形式出发,考察了这种书法表现形式的3种类型,指出其具有很高的书法艺术审美价值,不仅使楷书创作呈现古茂的审美价值,且对楷书艺术审美个性有着强化作用。蔡杰《易简政治与美德伦理——以黄道周〈缁衣集传〉为中心》(《闽江学院学报》2021年第3期)以《缁衣集传》为切入点,探讨了黄道周建立礼乐教化、达致政治上易简不烦的理想追求,对其所倡"诚""敬""信"3种伦理美德进行分析,认为3种美德是易简之政思想的核心。

郑晨寅《"忠孝"与"爱敬":黄道周家训的文化内涵》(《海峡人文学刊》2021年第4期)梳理和分析了黄道周所作家书,认为这些家书寄予了其忠孝观念和节操志向,对其家族甚至闽南地区的价值追求与文化传承做出了重要贡献。许卉、贡淼《黄道周〈洪范明义〉对古代政治合法性的思考》(《燕山大学学报》2021年第6期)立足于明末社会危机对黄道周关于政治秩序和君权合法性的思考进行分析,指出黄道周借助阐发《洪范明义》来修复和拓展帝国秩序与统治合法性的理论基础,也积极回应晚明政治危机与社会转型环境下出现的问题与挑战。蔡杰《黄道周政治教化思想的工具与目的阐释》(《厦门理工学院学报》2021年第6期)认为在黄道周的思想世界中,礼乐制度是教化民众的重要工具,也强调礼乐制度需有美德教化作为支撑,指出"民有孙心"是黄道周政教思想的教化目的,也是达到易简之政的工具。孙君恒、关殷颖《黄道周的君子观审视》(《国际儒学论丛》2021年第10辑)对黄道周忠君仁爱、效忠社稷的君子情怀进行介绍,指出其君子观的主要特征为遵守道统、善待他人、知难而进等,但也具有时代局限性。

二、教育与科举制度

明代是学校教育与科举制度发展繁荣的重要时期,主要表现在明廷对科举制度的不断完善与学校教育的勃兴。关于明代学校教育、科举制度的研究是明代文化史研究中的重要组成部分。

(一)书院发展与民间教育

有关学校教育的研究主要集中于探讨书院发展和民间教育部分。黄林燕《明代白鹿洞书院史料补遗》(《九江学院学报》2021年第1期)对《白鹿洞书院古志五种》和《新纂白鹿洞书院志》进行整理分析,在其基础上对明代部分进行补遗,并考证了明人丁炼等在白鹿洞书院的活动情况。丁文蓓《明代以来兰州书院园林的发展与特点概述》(《甘肃农业》2021年第2期)以明代以后兰州书院园林为研究对象,梳理了兰州古典书院园林的发展概况,并对其选址特点和造园要素进行了分析。赵伟、邓洪波《明代提学官的书院建设与张居正的学政改革》(《学术研究》2021年第5期)梳理了明代提学官所设书院类型,进而指出其中的聚徒讲学型书院一定程度上填补了官学系统中省一级的空白,是清代省会书院制度的先导。郭云鹏《明清时期邹鲁地区书院发展特质与成因探析——以方志资料为中心的考察》(《中国地方志》2021年第5期)梳理了邹鲁地区有关书院发展的方志资料,指出其发展特征包括重圣迹的分布格局、重祭祀的功能重心、中正保守的教化理念与偏官属的组织形式等,这种格局的形成主要源于这一地区人文荟萃、民风重礼的文化环境。

明代民间教育是2021年度多有涉及的话题。周璇《为己之学:明清童蒙读物的教育导向及传承》(《江苏第二师范学院学报》2021年第2期)列举了多种盛行于明清时期的童蒙读物,分析了明清知识分子编撰这些读物的思想主张,认为这反映了明清知识分子坚持维护儒家原点的育人观以及批驳为人之学、推崇为己之学的理念。张祎《形神兼备:论明清时期蒙学出版物插图的教育作用》(《科技与出版》2021年第3期)介绍了多种明清时期的蒙学出版物,指出这些出版物插图多为手绘,具有强烈的传统艺术与浓厚的文学色彩相结合的特征,对当时儿童的启蒙教育起了积极作用。朱季康《经学教育中的潜流:明清时期江苏民间的科技教育》(《三峡大学学报》2021年第4期)指出明清时期江苏诸多精通天文历法、医学、数学和农学等的学者在地方上开展了相关的科技教育活动,为民间科技教育的普及和发展提供了很大助力。付春梅《古代家学的"三观"教育智慧及其当代资鉴——以明清滨州杜氏家学为例》(《宝鸡文理学院学报》2021年第4期)认为明清滨州杜氏家学人生观的培养涉及志向、习惯、品行、情怀等多个方面,价值观教育主要包括名利、富贵和自我价值判断等,为我们今天树立青少年正确三观提供了经验。

戴元枝《论明清徽州闺塾师的教育活动》(《淮北师范大学学报》2021年第4期)介绍了徽州塾师中闺塾师,并对其形成原因和教育内容进行分析,指出这一群体的教育活动客观上推动了明清时期徽州教育尤其是启蒙教育的发展。白燕玲《明清晋商学徒教育的当代应用价值》(《成都中医药大学学报》2021年第4期)梳理了晋商学徒教育的基本内容,认为正是这一系统的学徒教育为晋商培养了大批商业精英,也为我们今天学校教育中的课程设置、教学内容和教授方法的改进提供了借鉴意义。潘雪婷《从明清代表性小说看中国古代儿童启蒙教育》(《文学教育》2021年第9期)以明清代表性小说观察儿童启蒙教育,认为这些记载映射了当时社会实情,对其内容、方式和特点进行分析有助于推动现今国学启蒙教育的发展。王岩、徐兆洋《明清时期家族教育中的女性角色——以江南地区秦氏家族为例》(《汉字文化》2021年第S1期)透过江南地区秦氏家族女性教育观察女性在家族教育中的角色扮演,指出女性早期所受家庭教育、出嫁后的家庭教育以及社交中的教育文化交流都成为观察明清时期女性角色的重要窗口。

(二)科举制度

对科举制度的关注主要集中于区域性科举发展状况及人才选拔制度方面。王榕烽《明代科举发展对孝行的促进》(《湖北工程学院学报》2021年第1期)梳理了明代科举促进孝行的思想渊源,认为其促进作用不仅是因科举是贯彻落实孝治理念的重要措施之一,还与科举制的长期稳定推行和深入发展有着重要联系。戴元枝《书写与想象:明清时期徽州族谱中的科举》(《宁波大学学报》2021年第2期)分析了徽州族谱中关于科举的记载,认为在科举仕宦的时代氛围和聚族而居的宗族场域中,宗族与科举之间存在着互动关系。牛明铎、李双英《明代科举保结制度的发展》(《莆田学院学报》2021年第1期)指出明代科举保结制度主要由乡里举保、生员互保与官员保结等内容构成,在科举取士和选拔人才方面有着很大促进作用。丁修真《举人的进击:明清时期大运河上的科举、社会与国家》(《运河学研究》2021年第2辑)通过考察归有光、陆陇其、袁中道等明清时期代表性举人赴试途中关于大运河的记载,认为时人相关记载是反映明清大运河及沿线地理状况、社会风貌的生动史料，进而指出运河与举人应考生涯、时势国运紧密相连。孙继民、耿洪利《新见明代科举宴席公文初探》（《河北师范大学学报》2021年第2期）认为万历本《文苑英华》中包含了诸多研究明代科举宴席的一手资料，通过梳理和挖掘这些资料，可观察县衙、铺行和巡按御史在科举宴席中扮演的角色。汪注《明清小说中科举制的商品属性分析——以"范进中举"为例》（《韩山师范学院学报》2021年第2期）以《儒林外史》为中心考察明清科举制的商品属性，通过"范进中举"个案分析观察时人的社会心态和利益趋向，进而揭示商品化的科举制具有加剧阶层固化、加速自身腐败等特征。时亮《明清溧阳马氏家族科举、仕宦与著述考论》（《回族研究》2021年第2期）介绍了溧阳马氏家族的科举盛况，指出马氏家族通过科举入仕在明清时期产生了积极影响，是江南地区文化发展的推动者和引领者。王力《明代贵州科举宾兴研究》（《贵州民族大学学报》2021年第3期）以明代贵州地区宾兴的设立和经费来源为出发点探讨这种助考行为在促进贵州科举发展中的作用。吴航、刘桂娟《南明隆武朝福京乡试考论》（《安徽史学》2021年第4期）对隆武朝福京乡试的考前准备和政策调整做了相关介绍，指出福京乡试虽存在诸多不足和弊端，但选拔录取的科举人才在郑成功的抗清事业中发挥着重要作用。

尹玉清《〈千字文〉编次与明清科举制度》（《教育与考试》2021年第4期）系统介绍了《千字文》的编次规则，指出这种编次方式在维持明清时期科举制度的有序高效运行以及保障选拔人才公平、公正方面发挥着重要作用。许继莹《明代贵州科举发展初探》（《义兴民族师范学院学报》2021年第4期）梳理了明代贵州地区科举发展概况，并对其发展背景和原因进行详细探讨，进而认为科举制度的推广和发展有利于推动贵州地区文化建设和家族教育传承。丁修真《明代福建地区的科举竞争与地域专经》（《安徽师范大学学报》2021年第5期）系统梳理了明代福建各府的中式人数，分析其变化趋势及竞争关系，进而指出明代福建地区科举发展格局不断变动，各地科举优势主要是建立在专经的基础上，而各地科举人数的消长取决于各地专经实力的变化。丁蓉《明代南直隶乡试试经流变考述》(《云南民族大学学报》2021年第5期)通过考察明代南直隶乡试试经状况,指出明前期各经的试经占比波动较大,明中后期中式《易》者渐增,各经占比趋于稳定。张帆、陈文新《集部视野下的明代八股文文体考察》(《哈尔滨工业大学学报》2021年第5期)从修辞、气度和写作风格等方面考察明代八股文文体,指出个性化写作是传统集部的重要特点,也带有鲜明的个人生活烙印和时代气息。李鹤丽《明清科举考试时间祛疑》(《中国典籍与文化》2021年第4期)考察了明清科举文献,对科举考试时间"连考三场,每场三天"的说法表示质疑,指出明代乡试、会试考试时间仅为一天,而清代则于正式开考前一天点名搜检入场,正式考试时间为两天。石鹏《国家图书馆藏明代万历及崇祯缙绅录研究》(《文献》2021年第6期)介绍了国家图书馆藏两部明代缙绅录的版式、内容、成书时间及流传情况,指出其皆为明代北京坊肆所刊,所记官员包括京官与外官,具有较高史料与文献价值。丁修真《明初科举小史:洪武六年郑真赴试事迹发微》(《史林》2021年第6期)分析了有关明初浙东士人郑真的科举史料,以此考察明初士人赴试方式、发解手续、选官过程等具体情形,认为郑真的个人命运折射出了明初科举群体的境遇与地方科举文化的变迁。汪维真《明崇祯十五年直省乡试加额与录取事实》(《史学月刊》2021年第11期)借助崇祯十五年(1642)壬午科乡试录厘清了这年直省加额之数与乡试录取事实,指出清代首个京省额数则例的制定过程是清承明制的具体实践。

三、宗教信仰

有关明代宗教信仰的研究,主要涉及宗教政策、佛教、道教、其他宗教和民间信仰方面。

(一)宗教政策

崇戒《明朝洪武年"裁寺"与"撤律"之辨》(《佛学研究》2021年第1

期)从禅、讲、教三寺各自的本业、功用和居所进行分析,说明三寺并无以教代律或撤销律寺的现象,佛教内部在瑜伽教寺之外则仍承袭传统的禅、教、律的分类,二者因主体或对象的不同而呈现出相应的区别。阴海燕、王清华《明代治藏宗教政策述论》(《西藏研究》2021年第2期)梳理了明廷对西藏的宗教政策,即优礼与管理相结合,认为明代治藏宗教政策的实施推动了西藏和内地的交往交流交融,促进了藏传佛教的世俗化发展,有力地维护了国家统一、社会稳定和民族团结。胡箫白《明朝政策与15世纪中期藏传佛教在汉藏走廊的传播机制述论》(《中国藏学》2021年第3期)对明廷的藏地佛教政策进行介绍,指出藏地僧人将汉地物资引入汉藏走廊用以营建寺庙,寺产更得到明廷敕赐护持保障,同时明廷将番僧封号承袭与朝贡资格挂钩,激发了藏传佛教僧人以宗教安边、招抚番民的积极性。周荣《财政与僧政:从民间赋役文书看明初佛教政策》(《清华大学学报》(哲学社会科学版)2021年第5期)梳理了《吴氏祊坑永禧寺真迹录》和《十王院民由》等民间赋役文书,指出其反映出明初严苛的政策条文在基层社会有着相当的调适和变易空间。

(二)佛教

2021年度对明代佛教的研究主要涉及考证佛教历史文献、梳理佛教人物事迹与佛教在明代的发展状况。潘家猛《明末清初〈成唯识论〉注疏考》(《宗教学研究》2021年第1期)考察了明末清初《成唯识论》的藏内外注疏及其特点,指出在注疏的刊刻与流传上,明末清初士人起到了很大推动作用,且其注疏是一个不断发展和完善的过程。伊吹敦《日藏明刊〈金刚经〉集注的版本情况》(《佛学研究》2021年第1期)对流传于东亚的《金刚经》集注版本做了相应介绍,认为《金刚经五家解》和《川老颂(著)金刚经》虽刊于明代,但收录的核心文献多出自唐宋。文碧方、鞠秋洋《憨山德清以佛解〈老〉的经世指向探析》(《五台山研究》2021年第4期)指出憨山德清对《老子》的佛学解读强调佛法不离世间法,借由对《老子》经世指向的诠释来探讨三教的会通融合,回应了晚明佛教面临的现实性问题,也为佛家涉俗利生提供可行道路。金建锋《〈大明高僧传〉的撰者释如惺生平事迹考》(《古籍整理研究学刊》2021年第6期)介绍了明代佛学家释如惺所刻《佛法金汤编》《得遇龙华修证忏仪》《大明高僧传》等佛家文献,并通过其法名、法号、生平时限和著述等考证其事迹。

周上群《明代寺院赋税探析》(《佛学研究》2021年第1期)介绍了明代寺田赋税征收情况,随着时代变迁这一政策也不断变化,其结果是加重了寺僧经济负担和生存压力。刘雨过《佛教与明代神魔小说的宏观空间构建》(《中国文学研究》2021年第2期)分析了佛教与明代神魔小说宏观空间建构的密切关系,指出神魔小说的创作吸收了佛教三界、地狱和四大部洲的空间观念,并与本土文化相结合形成了有利于小说情节叙述的空间观念。赵伟《明初政治文化与宗泐的创作》(《五台山研究》2021年第2期)认为宗泐在明初宗教政策与管理中发挥了重要作用,但从其所作诗文则明显流露其在当时政治高压下的无奈心境。李禹阶、王超《明清士人对佛教轮回观的回应》(《西南民族大学学报》2021年第2期)梳理了明清士人所持的3种不同的轮回观,认为明清士人基于儒学或世俗立场,对轮回说做出不同解释,表明时人将现世的人间祸福作为轮回转生主体的世俗视界,也表明其对外来宗教的扬弃、利用态度。孙国柱《儒佛交融与明清之际知识社会的形成——以方以智"藏悟于学"为中心》(《西南民族大学学报》2021年第2期)分析了方以智"藏悟于学"的主张,指出其对儒佛会通、明清实学的兴起与知识社会的形态更新等方面都有着促进作用。

胡箫白《明朝政策与15世纪藏传佛教在汉藏走廊的传播机制述论》(《中国藏学》2021年第3期)介绍了15世纪明廷对藏传佛教政策,主要表现在僧人将汉地物资引入汉藏走廊用以营建寺庙,明廷将番僧封号承袭与朝贡贸易挂钩,如此促进了藏地佛教的发展。何孝荣《论孝定李太后崇佛与晚明佛教复兴——以福建宁德支提寺为例的考察》(《安徽师范大学学报》2021年第3期)基于福建宁德支提寺考察晚明佛教发展状况,认为晚明佛教复兴的动因是当时佛教内部的振兴自救,孝定李太后的提倡也是促其发展的重要推动力。吴卿《论支道林与方以智对〈庄子〉"逍遥义"的不同诠释》(《五台山研究》2021年第4期)对比分析了支道林与方以智诠释"逍遥义"的内容和方法,指出二者之间存在的差异体现了佛教理论中国化过程中从般若系"真空观"到如来藏系"妙有观"的转变。陈立华、陈庆英《1414年大慈法王奉命进京朝见及永乐皇帝的安排》(《西藏大学学报》2021年第4期)介绍了大慈法王进京朝见永乐皇帝的时间和地点等问题,并考察永乐帝的相关安排,进而窥探明朝中央政府对藏传佛教格鲁派的支持态度。张南金《碑刻文献所见明代蜀王府与大足佛教的关系》(《大足学刊》2021年第5辑)厘清了明代蜀王府与大足佛教发展两阶段的关系,认为蜀王为恢复四川地区佛教繁盛状况,对大足佛教颇多支持,指出蜀王府与大足佛教的关系是明代藩王在地方宗教建设中的一个缩影。李小荣、侯艳《晚明王彦泓女性佛教生活诗略论》(《安徽师范大学学报》2021年第5期)指出晚明王彦泓所作诗歌大多与女性佛教家庭生活相关,主要源于其崇尚艳体、艳词的文学理论及时代风尚、家族佛教信仰的熏染。

(三)道教

涉及道教的研究主要关注明代统治者对道教的提倡和道教发展情况。贺晏然《赐谭之争:明清时期南京灵应观公产的变迁》(《史林》2021年第1期)梳理了南京道观从官方转为地方,再变为佛寺的过程,认为其中涉及豪绅侵夺寺观产业、宫观统属关系变迁与中央机构在寺观经济中的利益争夺等因素。罗禧《破除"贵阳道教中心论"——与〈明代贵州道教简论〉商榷》(《宗教学研究》2021年第2期)从明初贵州建省的历史背景入手,分析了播州历史沿革、道纪司性质、贵阳道纪司对《道藏》的管理以及贵州永宁卫道纪司等问题,进而讨论明代贵州道教发展的特点。袁春霞《四川云台观与两部明代万历御赐〈道藏〉考析》(《世界宗教文化》2021年第3期)在考察明代两部《道藏》的基础上,分析了《道藏》的流转、版式、存本等相关信息,以期推进现今古本《道藏》的研究。

刘玉敏《宋濂的道教交游与思想贡献》(《宗教学研究》2021年第4期)指出宋濂有着广泛的道教交游,主要内容为文章、养生和丹道等,认为宋濂反对理学家对道教的批判,极为倡导三教并用,对自身思想的形成和道家的发展都有促进作用。林晓君《福建博物馆藏明代道教铜方章考释》(《福建文博》2021年第4期)通过查阅道教典籍和对比相似印章,指出福建博物馆藏明代道教方章应为"雷霆都司之印",并介绍了其含义、职能和使用方法。许蔚《明代道法传承诸侧面》(《宗教学研究》2021年第4期)以明内府钞本《玉清宗教祈雪文检》为中心讨论元明之际道教发展状况,指出为探究《玉清宗教》提供依据,也可管窥明代道教传承各个面相。钟晓君《明代徽州士绅与齐云山道教信仰的世俗化》(《合肥学院学报》2021年第4期)基于齐云山道教信仰发展历程观察其世俗化特征,认为士绅推动了齐云山道教信仰的世俗化,也调节了道教信仰与世俗需求之间的关系。祁刚《明清鼎革之际的江南道士——以无锡〈泰伯道院道谱传芳录〉为中心》(《史林》2021年第5期)以明清易代之际政教关系、儒道交涉为视角,审视江南道士在地方、教团、国家等不同层面的社会活动与生活面相,进而考察易代之际道教发展与地方社会变迁。

(四)其他宗教

除佛教、道教相关研究外,2021年度关于其他类型宗教的研究主要涉及天主教和伊斯兰教两大类。

1.天主教研究

杨慧玲《梵蒂冈图书馆藏明清时期天主教教理类文献研究》(《宗教学研究》2021年第1期)介绍了梵蒂冈图书馆藏天主教教理类书籍情况、类型以及主要内容等,对几种具有代表性的天主教教理类文献进行比较研究,指出这些文献在译名、比喻以及论证逻辑等方面都基本一致。张践《利玛窦〈天主实义〉对于宗教中国化的启示》(《世界宗教文化》

2021年第1期)分析了《天主实义》的基本内容,认为其提倡博爱,认同三纲五常,也对儒家祭祖、祭孔进行世俗性解释,对我们当代坚持宗教中国化的方向具有启迪意义。谈群《"立"与"破":晚明天主教在华形象研究》(《长江师范学院学报》2021年第3期)对利玛窦来华前后的天主教传播情况进行分析,指出利玛窦来华打开了天主教传播局面,也使得天主教在华形象逐渐明晰,但由于党争剧烈和中西文化冲突,天主教在华传播阻碍颇多。史习隽《明末清初上海天主教会与徐光启一族的田房交易——以〈敬一堂志〉为中心》(《宗教学研究》2021年第4期)以《敬一堂志》为中心考察了上海地区教堂建设、西儒官甲与房屋租赁等情况,揭示了上海教会与徐光启家族之间受助、互助、援助的3种经济关系。吴东碧《利玛窦的儒家圣人观——以〈天主实义〉为核心的考察》(《中国天主教》2021年第5期)基于利玛窦所撰《天主实义》指出利氏与儒家圣人观的互动是明清时期天主教中国化的重要实践,利玛窦在肯定儒家圣人道德具有宗教价值的同时,尝试构建"圣人基督论"思想。乐文红、范丽珠、李稣光《"利玛窦规矩"对天主教中国化的启示》(《中国宗教》2021年第11期)认为利玛窦来华对天主教中国化的促进主要因为利氏始终探寻天主教适应中国本土文化之路,文化认同是其中颇为重要的内容,指出"利玛窦规矩"对当下天主教发展有着诸多启示。郑臣《晚明时期天主教与儒学的会通及其启示》(《中国宗教》2021年第12期)介绍了晚明时期天主教与儒学会通的具体情况,指出这种会通并不深入,在学理上并未能真正融通,在某种程度上是天主教思想中国化的一种尝试。

2.伊斯兰教研究

路琦《从明清时期经歌堂看伊斯兰教中国化》(《中国宗教》2021年第12期)介绍了经歌堂的由来,认为经歌堂是伴随明清之际中国穆斯林学者"以儒诠经"活动的开展而逐渐形成的,融合了中国传统儒家文化思想,展现了明清时期伊斯兰教中国化进程。王迪《明清时期清真寺的中国化装饰艺术》(《中国宗教》2021年第9期)介绍了明清时期清真寺的中国化历程,认为其装饰艺术的不同变化是展现伊斯兰教中国化进程的重要缩影。

（五）民间信仰

明代民间信仰丰富多样，其相关研究也涉及多种神明崇拜，主要包括关帝信仰、财神、妈祖、城隍等几种。

郑玉玲《明清关帝祭典乐舞在闽台地区的承继与人文阐释——以东山、宜兰祭典为中心》（《宗教学研究》2021年第1期）立足文献爬梳与田野调查，以东山、宜兰关帝祭祀为个案，从三献仪式雅乐的时空建构、释奠武佾舞的舞意等方面阐释明清传统国家祭祀雅乐与当代闽南民间信仰，进而期望促进关帝祭典的恢复再造与明清雅乐遗韵的传承。赵树国《"先天之孔子"：明清山东文昌崇祀的建构与传播》（《民俗研究》2021年第1期）梳理了明代山东地区文昌祭祀的流传与发展情况，认为文昌祭祀的被提倡是当地官员宣扬教化，加强社会控制的重要手段。刘啸虎、黄燕《明清时期刘猛将军信仰的变迁研究》（《淮南师范学院学报》2021年第1期）分析了刘猛将军信仰的形成过程，这一信仰在明清时期广为流传，反映了民间信仰与官方祀典的互动，两者在碰撞和发展中构成了人们的抗灾记忆。张民服、李颖骅《明清时期中原地区的城隍文化建构》（《郑州大学学报》2021年第2期）分析了中原地区官方和民间城隍信仰的不同功用，官方利用城隍文化维系封建法律和道德观念等，而民间信仰则与日常生活息息相关。秦鼎《明清泽潞地区的风俗嬗变——以民间信仰为中心的考察》（《运城学院学报》2021年第2期）对明清时期泽潞地区风俗变迁做了系统梳理，指出在这一过程中民众将官方倡导的礼仪教化与民间信仰相结合，具有调和社会风俗、稳定地方秩序的作用。庄美连《明清时期妈祖信仰在湖北地区的传播》（《中国海洋大学学报》2021年第3期）考证了妈祖信仰进入湖北地区的背景，认为这一信仰主要通过闽商会馆传播、移民迁移传播和官员推动等途径在湖北地区流传。萧放、叶玮琪《蚕神献丝与三蚕圣姑：明清时期蚕神信仰文化中的"晋南故事情节"与习俗传统》（《中国农史》2021年第3期）聚焦明清时期晋南蚕神信仰与蚕桑习俗文化,认为在此基础上形成的晋南故事代表着蚕神身份认同,是百姓民俗生活传统的生动展现。张凯、成臻铭《明代土司社会宗教信仰研究——以永顺土司区为例》(《青海民族研究》2021年第3期)梳理了明代土司社会道教信仰的兴起情况,指出明代诸土司将神明信仰引入当地社会旨在突出自身统治区的合法性,进而加强对统治区内人们的精神统治,这对维护地方稳定有着积极作用。

张泽琳、王元林《明清时期潮州府陆秀夫信仰形成初探》(《惠州学院学报》2021年第4期)认为在官方倡导和地方精英推动下,明清时期陆秀夫信仰在潮州地区兴起,是明廷维系地方统治、强化正统观念的手段。李宛荫《明清时期五通神信仰的空间分布及信仰群体研究》(《文化遗产》2021年第4期)梳理了明清时期五通神信仰的空间分布情况,从其各异形态和区域差异考察五通神信仰的特征,指出这一信仰具有多面性和适应性特征。吴小伦《盛祀河神:明清黄河下游开封民间信仰的变迁》(《寻根》2021年第4期)利用多部地方志分析黄河下游民间信仰的变化情况,以河神为代表的民间信仰寄托着当地民众灾害治理的愿望,也在一定程度上推动了政府基层管理方式的延伸。胡梦飞《地方精英与民间信仰:以明清时期定陶仿山庙为中心的考察》(《黄河科技学院学报》2021年第12期)考证了定陶仿山庙碑文,认为所在内容是儒家祭祀理念与鬼神观念的反映,表达了地方精英阶层改良社会风俗、维护地方社会秩序的追求。

四、礼法制度与政治思想

明代礼法制度建设与政治运作过程中展现的君臣政治思想在王朝政治文化发展过程中发挥着重要作用,也是政治文化史研究关注的热点问题。

(一)礼法制度建设

高莹《试论泰山与嵩山在明洪武朝祀典中的地位变化》(《泰山学院

学报》2021年第2期)介绍了明洪武年间祀典变化,指出嵩山祀典日益受重视透露了明太祖欲建都北方的礼制准备,也影响了泰山祀典的地位。黄晓翔、冯立昇《灾与祭:明清时期北京先农坛御灾祭祀研究》(《世界宗教文化》2021年第5期)梳理了明清时期先农坛太岁祭祀的发展变化,认为由国家主导的御灾祭祀是农业祭祀中的重要内容,且呈现出与礼制常祀不同的范式,有利于推动救灾、减免赋税与鼓励农耕等政策的实施。李瑞祥、古屿鑫《明代圜丘祭礼雅乐考辨》(《世界宗教文化》2021年第5期)以"礼乐并举"的研究视角对圜丘祭礼雅乐进行历史考辨,梳理并还原了明代正史中记载的圜丘祭祀礼仪程序与雅乐编制,认为对其进行研究能为现今宗教民俗活动中祭祀雅乐的沿用提供借鉴。张幼欣《张璁议礼思想之源流探究——以〈太师张文忠公集〉为中心》(《黑河学院学报》2021年第7期)探讨了张璁的生平和议礼奏疏,剖析其议礼思想的源流及背后的思想文化背景,认为张璁议礼思想的展现是明代中后期社会转型的鲜明体现。李娜《明代吉礼圜丘祭天乐仪考》(《当代音乐》2021年第10期)考察了明代祭天典礼中仪式音乐表演的流程,指出这一过程中太常卿、太常少卿、太常博士分工合作完成繁复的祭天礼仪是明代祭天仪式的重要特征。柏互玖《明清时期安徽地区的国家礼乐与民间礼俗音乐》(《音乐研究》2021年第5期)分析了明清时期安徽地区国家礼乐与民间礼俗的组成部分,认为国家礼乐具有规定性与统一性特征,而民间礼俗音乐则呈现区域性和丰富性,两者相互交融,共同推动明清礼乐文化的发展。

　　李媛《明代〈太常续考〉中的吉礼用乐考述》(天津音乐学院硕士学位论文,2021年)梳理了明以前及明代吉礼发展的历史演进,根据《太常续考》对吉礼的仪式规格和用乐进行考辨,指出这种吉礼用乐不仅是明代礼乐制度的重要组成部分,也对现今民间民俗或祭祀用乐的传承产生影响。高楠《明清两代大同府礼俗用乐研究》(天津音乐学院硕士学位论文,2021年)以明清两代大同府文庙、关帝庙、军礼、王府礼俗用乐为探讨中心,对大同府地方礼俗用乐与王朝典章进行解读,指出地方礼俗与王朝礼乐呈现差异性特征,地方礼俗文化深受王朝礼乐系统的辐射与影响。古宏韬《明清祭文研究》(武汉大学博士学位论文,2021年)分析了明清时期祭文的种类与功能,并讨论明清皇权发展与祭文书写的关系,以及儒家士人在思想文化变动背景下对祭文书写的态度,指出祭文的书写在国家权力层面有着实用性和功利性特征,也成为展现人文精神价值和民众现实需求的载体。

(二)政治思想的践行与发展

杨孝青《论明太祖朱元璋的文化治国方略》(《重庆科技学院学报》2021年第1期)梳理了明太祖在文化发展上所行的一系列治国方略,指出这些措施有利于促进明初社会稳定,也对中华文化发展产生深远影响。郑建超《明代官箴中的廉政文化初探》(《汉江师范学院学报》2021年第1期)介绍了明代官箴中包含的正始、正身、倡廉、戒贪等廉政文化,认为这种文化的提倡对维护当时社会稳定和廉政建设起了重要作用。杜洪涛《朱元璋对儒学的认知与实践》(《内蒙古师范大学学报》2021年第1期)梳理了朱元璋的儒学认知情况,认为朱元璋在治国实践中确立了朱熹对儒家经典的解释在科举考试中的权威地位,但对儒家思想并不盲从。肖俏波《"道治天下":明太祖〈御注道德经〉治道思想》(《政治思想史》2021年第2期)指出明太祖"道治天下"的治道理想注重昭示道统合法性,强调治国理政要顺应人的天性,明太祖在《道德经》影响下将敬天命与重人命视为治国准则。张幼欣《论洪武年间的儒学发展与儒治理念——以儒生陈质军籍豁免为视角》(《河南科技大学学报》2021年第3期)梳理了儒生陈质的生平履历,由此观察明初儒学发展情况,指出明初定科举程式、兴建学校等政策的推行表明儒治理念成为明代国家治理的主要趋向。唐明贵《〈论语〉在明代政治与教育中的地位和作用》(《国际儒学论丛》2021年第9辑)对《论语》在明代政治与教育中的作用进行分析,认为《论语》在皇帝理政与臣下言政以及私学教育、科举考试中都扮演着重要角色。

五、社会风俗

社会风俗是观察民间文化发展、明人生活状况与精神样态的重要面相,是明代文化史研究中颇受关注的领域。涉及明代社会风俗的研究,主要集中于岁时节令、婚丧嫁娶和衣食住行等方面。

(一)岁时节令

司若兰《明清戏曲中的元宵节书写》(《文化遗产》2021年第3期)以《太平乐事》《观灯记》等明清戏曲为中心介绍元宵节盛况,认为其中不仅显示了明清时期的节日文化,也展现了人物风貌与市民阶层的生活状态。叶洪珍《文化传承视角下的明代节日词研究》(《河西学院学报》2021年第4期)介绍了明代节日词中的人物及相关故事,指出节日词的创作不仅体现了词人潜意识的文化自觉、自信,也突出了对传统文化的传承。梁霄云《明代时令类文献编纂特点论述——以〈月令采奇〉为中心》(《西南交通大学学报》2021年第6期)介绍了明代时令类文献《月令采奇》,指出相关文献普遍存在引文内容不严谨、引用书目前后异名等缺陷。匡清清《明代节日研究对北京史的再认识》(《今古文创》2021年第36期)以明代节日为研究视角观察北京的历史发展状况,分析了节日中所体现的京城特色,认为其中展现的世俗生活有利于加深今人对明代社会文化的了解。

(二)婚丧嫁娶

2021年度有关明代婚丧嫁娶的研究主要涉及婚姻文化。谈群《明清徽商婚姻文化考察》(《黄山学院学报》2021年第4期)基于徽州特殊的地域文化,梳理了徽商婚姻的特点和礼俗,指出婚姻资本为徽商发展提供助力,且成为徽州商帮形成和不断壮大的推动力。李庆勇《明代婚外情现象原因探究及其当代警示》(《安徽开放大学学报》2021年第4期)分析了明代婚外情现象出现的主要原因,认为不良的社会风气和家庭默许是重要推动力。曹文怡、莫山洪《论明代宦官婚姻中的女性群体》（《哈尔滨师范大学社会科学学报》2021年第4期）梳理了明代宦官婚姻中女性群体的类型，认为这种婚姻模式虽使得女性群体处于尴尬境地，也开启了女性自我意识的思考。谢一彪《论堕民的内婚制及其向外婚制的蜕变》（《绍兴文理学院学报》2021年第9期）从《大明律》中寻找良贱禁止联姻的法律根据，指出明代平民与堕民联姻实行外婚制则以沦为贱籍惩处。艾丽君《闺门内外：明代品官命妇的世界》（华中师范大学硕士学位论文，2021年）通过女性诗文、医籍、志书和小说等观察品官命妇的婚姻情况及生活世界，认为这一群体呈现了展现自我追求且符合儒家规范的时代形象。

（三）衣食住行

明人衣食住行丰富多样，涉及饮食、娱乐、游宴与家居生活等方方面面。

1.饮食文化

钱国旗、薛繁洪《明代中后期江南文人的饮茶生活及其文化意蕴》（《青岛大学学报》2021年第3期）对江南文人饮茶生活进行分析，认为这种生活寄托了时人恬淡闲适的情怀，也为明代茶文化注入了独特的文化内涵。吴玲玲《从竹枝词看明清贵州酒文化》（《凯里学院学报》2021年第5期）以竹枝词为研究文本，从祖先祭祀、人生礼俗祭祀、游艺习俗祭祀等3方面探讨贵州酒文化与祭祀之间的关系。蔡定益《明代小说中的茶馆文化》（《农业考古》2021年第5期）通过阅读小说观察明代茶馆的特征，指出其主要有休憩、中介、交际与娱乐等功能。于腾等《浅析明清运河沿岸济宁饮食生活的变迁与影响》（《今古文创》2021年第36期）介绍了济宁运河沿岸饮食文化情况，这是推动周边饮食市场拓展的动力，也推动了饮食文化的变迁。

2.娱乐生活

徐子方《明代戏曲藏书考论》（《华南师范大学学报》2021年第5期）

分析了明代戏曲发展状况,指出宫廷戏曲藏书呈现向社会流动的趋势,与传统文化重心流动走向相合。朱浩《明代戏曲插图与舞台演出关系献疑》(《文艺理论研究》2021年第5期)探讨了明代戏曲插图版式、人物动作与构图风格,进而得出明代戏曲插图是对生活场景的描摹而非舞台场面画的结论。饶黎《明代湖州戏曲插图的"雅化"风格》(《江苏社会科学》2021年第6期)分析了明代湖州戏曲插图的表现风格,对以往研究中主张的迎合市民生活口味提出疑问,指出雅化是当时的社会风尚。施俊《明清戏曲的影视改编研究》(《北京印刷学院学报》2021年第9期)介绍了明清戏曲影视改编的类型并总结其特点,继而探讨戏曲改编中的脱离原著、丧失艺术魅力与市场反响不佳等问题。

3.游宴交际

陈刚《晚明文人秦地旅游研究——以文人游记为中心》[《陕西师范大学学报》(哲学社会科学版)2021年第5期]基于晚明时期秦地旅游文献分析这一时期秦地游客的来源,指出晚明文人的秦地旅游时间呈现鲜明的季节性特征。徐丽苹《晚明女性闲游活动研究》(《苏州教育学院学报》2021年第6期)从时代背景、出游原因和出游类型等3个方面考察晚明女性闲游活动,认为这一时期女性受社会风气、文学作品的影响,思想逐渐开化。魏文静《明清以来江南赛会的商业特征与消费文化》(《作家天地》2021年第33期)分析了明清江南赛会的商业特征,进而指出这种特征根植于市镇经济发展和专业化分工,也带动娱乐消费的发展。于腾《试探明清时期华北沿运城市夜市经济的繁盛——以济宁为例》(《今古文创》2021年第35期)梳理了明清时期济宁夜市发展概况,指出夜市繁荣的原因主要有明廷的支持和地理位置优越等。

4.家居生活

贠娟、李中耀《明代耕织图诗的俗化与推广》(《农业考古》2021年第6期)介绍了明人所作耕织图和竹枝词的推广情况,认为这些图诗创作重现了传统家庭的耕织生活图景。冯玮《明末赣、陕两地道地枳壳之兴替与江西"枳种"入川》(《农业考古》2021年第6期)基于气候变化与政治中心转移等因素考察商州枳壳从秦岭移转至江西的过程,以此观察地域文化交流。蒋道霞《明清时期徽州居住民俗文化分析》(《品味·经典》2021年第22期)梳理了徽州居住民俗的历史文化源流,认为徽州民居体现了明清徽州文化的独特造诣。蒋道霞《明清时期徽州的居住民俗》(《今古文创》2021年第30期)介绍了徽州自然环境与人文环境,认为明清时期徽州人的居住民俗是徽州文化的组成部分。

六、宫廷文化

近年关于宫廷文化的研究也日益受到关注。雷文广《明代宫廷丝织品中龙纹的艺术特征及文化内涵》(《武汉纺织大学学报》2021年第1期)分析了明代丝织品出土文物、传世帝王画像、历史文献资料等,认为龙纹构图严谨、造型威严,体现了帝王独尊和顺应天道的文化内涵。王瑞雷《密集金刚于明代宫廷的传播——以山西右玉宝宁寺十六罗汉水陆画中藏文写经为中心》(《美术研究》2021年第1期)介绍了右玉宝宁寺水陆画中藏文题记和典据出处,根据史料所在说明密集金刚在明宫传播的可能性及接受程度,认为这是明廷与藏地佛教交流互通的重要表现。牛健霖、李汉平《以林良为例浅析明代宫廷花鸟画的审美取向》(《艺术教育》2021年第3期)介绍了林良的绘画风格,并结合其生平、社会环境以及统治者偏好分析其绘画中体现的情感特点,这蕴含了明人绘画的以书入画的笔法特点和禅意风格。李娜《明代内廷音乐机构研究》(《文艺争鸣》2021年第11期)介绍了明代主管宫廷音乐的机构钟鼓司和玉熙宫,又对女官掌管的司乐司进行考辨,指出这些音乐机构互相配合为明代宫廷岁时节庆的宴会活动提供服务。朱宝力《明代宫廷朱漆皮箱探秘》(《文物天地》2021年第10期)介绍了明代宫廷中朱漆皮箱的形制与作用,并对其艺术风格和流传情况进行探讨。黄竞娟《明代宫廷杂戏发展述略》(《艺苑》2021年第2期)梳理了明代宫廷杂戏种类,并探讨其发展历程,认为这些杂戏随着王朝兴衰也最终走向没落。

七、灾害文化史

以文化史视角观察明代灾害应对措施及模式是近年明代文化史和灾害史研究的热点问题,逐渐受到学界关注。

何欣峰《林希元〈荒政丛言〉救荒思想研究》(《平顶山学院学报》2021年第1期)介绍了林希元生平及《荒政丛言》主要内容,认为这部著作中的救荒思想具有浓厚的民本意识、较强的实践价值与市场意识,具有注重发挥民间力量的特点。余焜《明嘉靖年间君臣祷雪活动述论》(《历史档案》2021年第1期)介绍了明代祈雪礼仪以及嘉靖年间君臣祈雪的具体情况,指出明廷祈雪蕴含着传统社会的农本思想与君臣敬天恤民观念。郭守运、苏晓虹《明清白话小说中的瘟疫灾害书写探析》(《韶关学院学报》2021年第1期)分析了明清小说中灾害书写情况,认为这些书写反映了时人心理变化及社会卫生观念的发展。张玮、郝平《庙宇空间下的明清华北灾害信仰和乡村社会整合——以昭泽王信仰为例》(《云南社会科学》2021年第2期)介绍了昭泽王信仰形象塑造的具体情况,指出其在信仰发展过程中经历了调适与衍化,具有塑造民风、维系乡村生活秩序的作用。张建国《明崇祯十三、十四年庐州府疫灾及社会救治》(《阜阳师范大学学报》2021年第2期)对崇祯年间庐州府所遭瘟疫灾害进行介绍,认为地方各阶层在救灾中的赈饥、施药等措施对减少人口死亡和稳定社会秩序发挥了积极作用。朱候渝、张献忠《文化与道德的隐喻:明代"龙见"现象及其影响》(《政治思想史》2021年第2期)梳理了明代"龙见"的种类和数量,认为其不仅与自然气候相联系,也与社会和地方文化相关,对塑造地方的社会文化心理具有推动作用。

郭学勤《论明代救荒中的劝善思想》(《河南大学学报》2021年第4期)梳理了明代士绅对劝善思想的实践情况,指出这一思想及其行为具有维护社会治安的功能。谢宏维、甘琪《明清时期江西的洪涝灾害与应对机制》(《江西师范大学学报》2021年第4期)梳理了明清时期江西洪涝灾害发生的频次,并对其所造成的危害进行探讨,认为国家和地方社会在应对灾害时主要采取组织蠲免赈济和举行祭祀活动等应对机制。鞠明库、邵倩倩《灾训齐家:明清家训中的灾害教育》(《江西社会科学》2021年第9期)介绍了明清时期家训中的灾害教育内容,认为灾教内容不仅对官方防灾减灾有补救作用,也提高了家族甚至社会的防灾意识。阎妍《灾害与晚明社会危机——以王恭厂奇灾为例》(辽宁大学硕士学位论文,2021年)分析了王恭厂奇灾发生的时间、地点和影响,认为晚明灾害与政治相互作用,政府经济的困顿与官员的懈怠对灾害的后果产生影响,而灾害又进一步加剧了国家经济的负担和社会的动荡。

八、家族文化与族群文化

家族作为地域社会重要构成元素,其兴衰浮沉的历史记忆与文化传承脉络是地方文化发展中不可或缺的部分。若将视角放大,聚焦于不同民族、聚落以及这些族群之间的交流互通与文化认同,则与整个时代社会文化变迁密切关联。明代家族文化与族群文化近年日渐成为又一研究热点,2021年度相关研究成果也颇为丰富。

(一)家族文化

1.家风家训

紫玮《明清时期闽台地区民间家训文本所反映的家庭教育特点》(《闽台文化研究》2021年第1期)分析了闽台地区家训文化形成的历史背景和原因,且对其敬宗睦族与重视教育等文化特点做了探讨,认为这些特点对改善和提升当代家庭教育质量有所帮助。李锦伟《明清梵净山民族地区族规家训的存在形态》(《贵州文史丛刊》2021年第2期)梳理了明清时期梵净山地区族规家训的不同表现形式,认为其存在形态各异,承载了家族长辈的谆谆教诲与劝导之情。陆睿《论明清士大夫的家风建设实践及其当代启示——基于明清家训文献的考察》(《浙江师范大学学报》2021年第2期)在整理明清家训文献的基础上指出明清士大夫家风建设经历了保守、多元化而至鼎盛的阶段,认为这对当代精神文明建设有助力作用。房金环《明清徽州族规家训的主要目的、实施特征及有效传播研究》(《阜阳师范大学学报》2021年第4期)考察了明清徽州族规家训的主要目的,指出族规家训具有地域特殊性和普遍适应性特征。盛宇灏《明代潼关卫盛氏家族家风家训述论》(《保定学院学报》2021年第5期)介绍了明代潼关卫盛氏家族的传承情况,指出盛氏家族人才辈出与其良好的家风家训分不开。唐小晶《略论明清桐城文化世家的母教传承》(《北京印刷学院学报》2021年第5期)以方以智之媳的家庭教育为例,并结合方氏家族的历史兴衰,对桐城母教特色和影响进行探讨。刘晓钰《曹端治家思想研究》(曲阜师范大学硕士学位论文,2021年)考察了明代理学家所著《夜行烛》《家规辑略》,对其治家思想进行探讨,认为其思想具有现实可行性、社会实践性、教化性和重视礼制治家等特点,对明代治家体系的形成与发展有促进作用。

2.家族故事与文化传承

廖丹《明代松江书家群体与文人结社交游研究》(《中国美术研究》2021年第2期)介绍了明人杨维桢书法艺术活动及元末明初松江书家群,指出这一群体的书画交游活动既是松江文化生态的缩影,也构建了松江地域的文化认同与价值传承。彭勇《家国一体:明末外戚刘氏家族的命运》(《史学月刊》2021年第4期)考察了明廷给崇祯帝生母刘氏家族拨付养赡田、捐资助饷与阖门自尽等历史事件,认为明末外戚家族与皇权、国家命运之间有着密切关系。陈尚学、章辉《明清江安雷氏家族文化成就初探》(《古籍整理研究学刊》2021年第5期)梳理了江安雷氏家族的谱系传承与文化成就,认为人才辈出的雷氏家族在泸州地方家族中颇具影响力。

宋暖《明清时期山东乡贤崇祀文化探析》(《济南大学学报》2021年第5期)在介绍明清时期乡贤崇祀形式演化过程的基础上,认为山东乡贤崇祀经历了若干变化且形成严格的入祀选择方式和标准,具有重要的社会教化功能。吴滔《祖先记忆的再创作:一个运河沿线丝业市镇家族的故事》(《民俗研究》2021年第6期)借助《致身录》对黄溪史氏家族的兴衰浮沉进行探讨,指出黄溪史氏利用旌表建文忠臣这一文化资源渲染先祖故事,是家族走出持续发展困境的重要推动力。薛欣欣、朱丽霞《明代复古诗学与家族之关系——以王世贞家族为考察中心》(《云南社会科学》2021年第6期)介绍了王世贞家族诗学体系的形成过程,考察了王世贞父子在家族诗学复古与革新问题上的认识与实践,认为王世贞对待复古思想的态度与家族诗学取向相适应。刘涛《明万历间漳州李氏宗族反对参与对外贸易原因探析》(《淮阴师范学院学报》2021年第6期)考察了清康熙年间所修漳州龙溪县李氏族谱,对以往认识中百姓对隆庆开海态度提出疑问,指出李氏族谱中所载百姓态度反映了隆庆开海前后漳州地方社会思潮。万笑石《湖边的先祖:明刊〈石湖志〉图绘的乡族势力与地缘策略》(《文艺研究》2021年第7期)介绍了《莫氏庆寿图》背后的莫氏家族故事,并对《石湖志》展现的乡族势力的历史图景进行还原,认为莫氏家族所在地域呈现多元面貌。王志强《忠义传家:明代华州的郡望东氏》(《渭南师范学院学报》2021年第9期)梳理了明代华州地区科举世家东氏的家族传承历史,认为其良好的家风和德行使得其家族文化得以世代传承。

3.家族变迁

常建华《明代苏州宗族形态探研》(《史学集刊》2021年第1期)介绍了明人祖先祭祀情形和地点,认为江南地区族谱盛行表现出强烈的以谱法接济宗法的观念,且带有诸多新的宗族形态特色。祝虹《家史制作:明清徽州宗族祖先谱系的建构》[《安徽大学学报》(哲学社会科学版)2021年第3期]考察了明清徽州地区宗族谱系的一般结构,指出这些祖先谱系是宗族在徽州社会情境下为满足自身需要而进行建构的产物。李斌、吴才茂《明清以来清水江流域民间移民的生存策略》(《凯里学院学报》2021年第5期)基于移民与土著的关系梳理清水江地区的历史与民间文献,指出当地移民采用改姓、变换身份等生存策略与当地少数民族聚合而形成多民族聚居区。唐炜《明清时期桐城姚氏家族的转型与延续》(《中国书法》2021年第6期)介绍了桐城麻溪姚氏的理学思想,认为这种思想传承与姚氏书法特征共同塑造了姚氏家族文化的繁荣。金晶、祝亚雯《明清时期池州宗族与村落关系探析》(《池州学院学报》2021年第4期)在介绍池州地区宗族与村落形成情况的基础上,指出宗族是池州村落的主要建设者和维护者,村落的形成发展是宗族繁盛的见证。胡英泽、张文广《明清时期北方宗族与地方社会》(《山西大学学报》2021年第4期)通过搜集相关族谱和碑刻资料,对山西阳城四大家族的地方公益事业进行分析,指出宗族在不同时期、地域有各自的形态,宗族、村社与里甲等密切联系且在维护地方秩序中共同发挥作用。陈雪明《明清绩溪旺川曹氏宗族祠规的时代变迁》(《徽学》第15辑)考察了绩溪旺川曹氏族谱中宗族族规家法的变迁过程,认为这些变化折射出了明清时期徽州宗族势力不断增强的特征,且还原了宗族组织系统化与经济实力提升的面貌。

(二)族群文化认同

黄志繁《明清乡村治理体系中的文化认同》(《中国史研究动态》2021年第2期)分析了在传统社会国家治理中儒家观念的深入传播及其影响,认为构建与强化宗族组织是促进地方社会国家认同的重要手段。贺卫光、陶鸿宇《明清时期连城鲁土司家国认同研究》(《西北民族大学学报》2021年第3期)将西北土司与西南土司的家国认同进行比较,认为西北土司具有世笃忠贞的特点,而西南土司叛服无常,源于地理环境差异与治边策略有异。田敏、蒋满娟《汉族与少数民族文化"三交"及影响——以明代贵州思南府地区为例》(《中南民族大学学报》2021年第3期)介绍了明代思南府汉族与少数民族交往的表现,指出这种交往建立起共有的文化认同,对当地文化水平提高、民族融合以及地方社会稳定等都有积极意义。

胡丽娜《元明之际金华士人的身份认同与文章观——以危素〈金华柳先生文集序〉为中心》[《安徽大学学报》(哲学社会科学版)2021年第4期]就元末明初金华名士柳贯、宋濂等人的仕进和文章进行探讨,指出这一时期金华士人主张"道之文"是坚持为道德仁义与礼乐刑政立言,是积极行道的用世精神的体现。王丹、唐晓涛《明代昭平地域县治的废设探析》(《贺州学院学报》2021年第4期)介绍了明代昭平县的建置沿革,认为这种废革是明廷难以深入府江流域的表现,县治的废设过程是展现地方社会结构与族群关系的平台。龙小峰《明清时期边疆地区的族群治理与区域社会变迁》(《安徽史学》2021年第4期)考察了明王朝在国家治理范畴内处理边疆族群问题的历史背景,对永安州莫氏家族"献地筑城"与"招抚蛮瑶"等边疆治理措施进行探讨,认为其在边疆社会秩序建构上做出了贡献。罗勇《延续与断裂:元明之际滇缅边境的土著身份》(《中南民族大学学报》2021年第5期)探讨了明代改造元朝社会秩序的措施及其对土著身份产生的影响,认为包括元代镇戍军和官员在内的土著是明初滇缅边境土官、土军与夷民的来源,土著身份变化对当地民族格局产生重要影响。蓝武、黄静莹《白山土司国家认同的主要表征及其意义》(《遵义师范学院学报》2021年第6期)从政治、经济和军事等3个方面分析白山土司国家认同的主要表现,认为其是自上而下、循序渐进的过程,国家认同意识增强不仅维护了地方稳定,也促进了社会文化发展。

九、结语

历史研究的魅力在于回顾和借鉴往事以资于现今社会文化发展,不断推陈出新并结合当下热点问题进行探讨是历史研究不断取得进展的重要动力。纵览2021年明代文化史研究相关成果,主要有以下几点鲜明特征。第一,研究内容丰富多样,且与当今社会文化发展趋势紧密结合。哲学范畴内的学术流派及其思想与科举制度的发展变迁仍是学者关注的重点问题,尤其在程朱理学的流传情况及阳明心学的发展方面给予重点关注。应当注意的是,文化史研究日渐聚焦灾害治理的政治文化内涵,这也是2021年的热点问题之一。随着铸牢中华民族共同体意识的提出,文化史研究也日益关注家族文化兴衰、族群发展与文化认同等问题,且相关研究成果颇为丰富,成为2021年明代文化史研究的又一热点问题。第二,研究方法与视角上不断创新。人类学研究中的田野调查方法、社会学中采用的实地调查与文献分析等方法不断与文化史研究相结合,且从民众心态、日常生活、族群结构与文化变迁等多种视角考察明代文化发展状况,各种创见与新解不断出现。第三,史料运用方面也进一步推陈出新。新见家谱、族谱资料和契约文书的运用,碑刻、墓志资料的日益受关注,出土文物及存世绘画作品的被重视,都说明了明代文化史研究中史料运用的日益丰富。综而观之,2021年明代文化史研究不论是在内容、研究方法上,还是史料运用方面,都较以往研究更为注重学科交叉与新视角运用,从多角度和动态观察文化发展趋势,进而考察社会风貌与时人心理状态成为这一研究的新趋向。可以预见,明代文化史研究将在前人研究成果基础上不断发现新史料、拓展新领域、开辟新视角,推出更多富有创见的新成果。

2021年明代文学与艺术史研究进展报告

廊坊师范学院社会发展学院

迟雪鑫　李建武

明代的文学与艺术都取得一定成就。在文学领域,小说、戏曲等各类创作全面繁荣,其中小说的勃兴最为引人注目,戏曲中的杂剧、传奇等领域涌现出大批名家与作品;诗文也出现了许多不同流派。明代艺术各个门类都取得了成就,尤以书法、绘画、音乐和园林设计成就较高。2021年中国学界对明代文学与艺术史的研究成果斐然,包括明代文学整体性研究、小说、散文与序、诗词与骈文、戏剧文本、文学理论与文学批评、书法、绘画、音乐与戏剧表演、建筑与园林设计等方面。现将2021年研究成果概述如下。

一、明代文学

(一)明代文学整体性研究

一些学者针对明代文学整体或者其中某一阶段、某一地域进行了宏观性研究。陈才训《〈剪灯余话〉之文本形态与明永宣间文学生态》(《文学遗产》2021年第2期)认为李昌祺本人及《剪灯余话》副文本作者的特殊身份,使《剪灯余话》及其"副文本"成为反映明永宣间文学生态的典型标本。永宣诗坛及传奇小说创作领域的宗唐风尚,是明代文学复古思潮的重要表征,这在《剪灯余话》及其"副文本"中也得到充分显现。贺玉洁《论明中叶吴中文章观之演变》(《咸阳师范学院学报》2021

年第3期)以"吴中四子"、黄省曾、皇甫汸等为代表的两代吴中文士不断革新创作理念,其文章观大致经历了从"以相丽益""包文挟质"到"以气为主"的流变,同时也为吴中文学在新时代背景下的继续发展注入生机与活力。李锋《明中期白族的文学交往及成因》[《西北民族大学学报》(哲学社会科学版)2021年第1期]指出明中期的嘉靖至万历初年是白族文学交往的第一个高峰期。通过对这一时期白族代表文士杨士云、李元阳、杨南金、樊相、董难、吴尧献、吴懋等交往对象的考析,可以看出这一文学交往高峰的成因,它也成为明代各民族文化交融的一个历史缩影。冯保善《生命的狂欢——明清通俗小说的文化品格及其文化史意义》(《明清小说研究》2021年第3期)认为顺应明代中期以降大众消费社会的出现及世俗大众娱乐文化消费的需求,通俗小说崛起并迎来了繁荣的时代。小说通俗大众化的形式、娱人效果的追求,反映出生产者对于具体消费者生命个体及其娱乐消费的尊重。通俗小说的崛起,其对于世俗众生个体生命的关注,展现了近世人文主义思想的曙光,在传统文化史、文学发展史上,有着划时代意义。

李敏《"末五子"与晚明文坛研究》(兰州大学博士学位论文,2021年)认为"末五子"是后七子派领袖王世贞命名的一个文学群体,成员包括赵用贤、李维桢、屠隆、魏允中、胡应麟。"末五子"处在七子派与公安派的过渡地带,在晚明文坛由复古向新变发展中起到了承上启下的作用。许建平、许在元《王世贞在明末清初文学演变过程中的价值与地位重估》[《上海交通大学学报》(哲学社会科学版)2021年第5期]认为王世贞是晚明一位影响大、争议多,被误读也多的承前启后的文学家,故须重新认识评价。事实上,王世贞与七子派的诗文理论是王阳明心学与前代诗学相结合的产物,具有先进性和集合性。王世贞诗文创作集前代之精,别开新体,量大、体全而不乏精品,形成雄浑、刚健、清新而自然的风格,被誉为明代苏轼。

石超《科举判体文与明代公案小说的文体生成》[《中南大学学报》(社会科学版)2021年第2期]指出受科举取士制度的影响,公案小说与科举判体文之间形成了一种同源共振的关系。在"明代刑乱国用重典"这股"春风"下，公案小说方兴未艾，最终建构起独特的文体特征，成为明代通俗小说中的一个重要门类。石松《略论明代小说"侠"意识的泛化——以〈水浒传〉与"三言二拍"为例》[《湖北师范大学学报》(哲学社会科学版)2021年第1期]认为侠文化是我国传统文化中的一个重要内容，该文从侠、侠文化、侠的文学形象等3个方面入手，分析研究明代小说中"侠"意识的泛化。颜子楠《抒情与商业：〈剑桥中国文学史〉中的明代诗歌研究范式》(《文史哲》2021年第6期)指出《剑桥中国文学史》于2013年出版了中文版，国内学界对这部文学史的讨论集中在判断其理论框架的优劣与利弊，但尚未思考欧美汉学为何会提出"文学文化史"的研究框架。认为《剑桥中国文学史》对于其读者群体的关注导致了这一研究框架的产生。袁进东、夏岚《晚明苏州文人意趣与造物理念》(《江西社会科学》2021年第5期)认为，晚明苏州文人形成了亦古亦今的闲赏美学风尚，建立起"宜人宜景宜自然"的造物标准，并强调致用为尚的功能主义，从而形成了苏州文人独特的造物观。李慈瑶《打造选本：〈四六法海〉的编纂及其学术个性辨析》[《四川大学学报》(哲学社会科学版)2021年第3期]指出王志坚编纂的《四六法海》是个人与书坊合作的产物，并因其出色的文史功底、历史识见与传世雄心，呈现出高于坊间同类选本的定位与品质。

（二）小说

明代小说研究是我国古代文学研究中的重要领域，研究成果众多，2021年度也如此。

首先是明代小说整体性研究。邵晓林《明代小说叙事理论真实性观念内涵研究》[《安徽大学学报》(哲学社会科学版)2021年第3期]指出随着小说在明代的兴盛和小说观念的调整，明代文人士大夫开始关注这种新文体，新的小说叙事理论真实性观念产生。这种新的叙事真实观念因而不同于传统的历史信实观念，它代表了明代文人士大夫对叙事文体小说的新认识。这一观念的产生也提示着,叙事文学从传统的历史叙事逐渐剥离而走向独立。林泓竹《明末清初小说理论的真实观研究》(黑龙江大学硕士学位论文,2021年)主要探讨了以金圣叹、毛宗岗与张竹坡为代表的明末清初小说理论家的真实观。张宏锋《明代金陵小说版画的构图视角及其"语-图"特性》(《明清小说研究》2021年第2期)认为版画与小说文本皆存在视角问题。画者在构图时,经常使用"全知视角""窥视角"以及"画中人物视角",并形成了不同的构图模式:"全知视角"或借助梦境纹展现人物的异梦空间、心理活动,或通过建筑物划分空间再现故事的完整性;"窥视角"一般采用高俯视角和窗式构图,既满足了观看者的窥视心理,又增强了版画的空间感;"画中人物视角"属于局部性视角,经常与俯视角、仰视角以及"窥视角"相结合,共同再现文本内容。这些构图模式表明版画与小说文本之间既具有共生性,又具有独立性。顾克勇《试论邸报与"明末清初时事小说"的创作及命名》(《明清小说研究》2021年第2期)指出邸报激发了"明末清初时事小说"家创作热情,为他们提供了时政题材,形成了"明末清初时事小说"羽翼信史的特色。同时,受邸报影响,"明末清初时事小说"由于过分关注实录史料,忽视了艺术追求;由于看重邸报的新闻时效,小说拼凑草率成书;由于关注邸报中军国大事,小说有时沦为政治斗争工具。程国赋、李国平《论明清古典小说的近代插图本传播——以小说评点与插图的关系为中心》[《暨南学报》(哲学社会科学版)2021年第4期]从文体内部分析小说评点、插图、文本三维关系,研究近代古典小说插图本评点与插图的刊印观念,评点与插图双重艺术形态之关联及插图本传播中插图、评点充当的主要功能,以期还原明清古典小说在近代传播的真实风貌。蓝勇辉《试论明清白话小说中的天气现象书写及其小说史意义——以"六大名著"中的"雨雪风雷"为例》(《明清小说研究》2021年第2期)指出天气现象的书写是明清白话小说中的一个独特的创作现象,并在不同类型以及不同地域的小说中有不同形态的表现。明清"六大名著"的天气书写奠定了一种叙事典范,对后世同类改编作品产生鲜明影响,具有显著的小说史意义。

二是对各类形象的探讨。刘雨过《佛教与明代神魔小说的宏观空间构建》(《中国文学研究》2021年第2期)认为佛教与明代神魔小说的宏观空间构建有密切关联,以神魔小说中天界、幽冥、凡间三大空间为代表,基本上都吸收和改造了佛教三界、地狱和四大部洲的空间观念。佛教这些纷繁复杂的空间观念在神魔小说中并未被原样照搬,而是与中国本土文化相融合,形成了有利于小说情节叙述的较为简单明了的空间观念。南超《明代小说中吕洞宾形象的演变及其原因》(《兰州工业学院学报》2021年第2期)认为在明代小说中吕洞宾形象发生了巨大变化,首先由神到人,他除恶扬善、周贫济困的人性关怀在济世度民中得以充分展现;其次具有更浓的文人色彩,具有高标傲世的独立人格。刘月月《明清小说中太白金星形象变化研究》(扬州大学硕士学位论文,2021年)指出道教星宿神仙太白金星是明清神魔小说中常见的神仙人物,太白金星的形象并非一成不变,它有一个从最初的星辰形象到后来的老者形象的转变过程。随着形象的改变,太白金星的职能也由主战转变为主张和平,探究明清小说中太白金星的形象和职能变化,能够了解当时的社会文化、政治、经济等方面的状况。

梅东伟《论明代通俗小说的再嫁故事及其伦理价值构建》(《中州学刊》2021年第2期)指出明代贞节观念的强化与伦理实践的脱节,造成现实生活中贞节道德的"失范",明代通俗小说的再嫁故事正是这种"道德失范"情景的形象写照。通俗小说的妇女再嫁故事书写折射出晚明社会多元并存的伦理精神,它是道德至上主义的伦理褊狭,也是面向日常生活和体察人情人性的道德宽容,同时也渗透着明确的礼法精神。何卉、陈洪《论唐代小说中妒妇形象在明清叙事文学中的演变》(《明清小说研究》2021年第1期)指出唐代小说塑造了各式各样的妒妇形象。唐代以后,出现了大量的塑造妒妇形象的叙事文学作品。这些叙事作品中的妒妇在残害妾婢以及禁锢丈夫方面同唐代小说中妒妇的行为极其相似。夏薇《男性的审美:明清小说中的四种理想女性》(《中国社会科学院研究生院学报》2021年第3期)认为明清小说中的理想女性可以概括为4类,即"实用型""灵魂型""德情兼备型""缺憾美型"。这4类理想女性是宗法制出现以后逐渐形成的无职业、无知识、无意志、无人格的"四无"女性,通过小说作者的塑造在文学作品中的反映。曹佳颖《明清小说中"才妓"形象变迁及其文化透视》(上海外国语大学硕士学位论文,2021年)以明清代表性妓女题材小说为研究材料,从才妓与嫖客的关系变化中,观察传统的"知遇感恩"是如何被商业逻辑所取代的,探索整个社会文化心理的变化,进而探讨所折射的社会伦理价值体系的转变及导向现代性的思考。

云玉杰《明末清初才子佳人小说中佳人形象研究》(哈尔滨师范大学硕士学位论文,2021年)从才子佳人小说的起源与演变、佳人形象的社会文化成因、形象特征、文化内涵、佳人形象的传承与超越等角度出发,对才子佳人小说中佳人形象进行了较为全面的阐释。

三是对社会生活的书写研究。单倩倩《明清小说中的游艺运动书写研究》(上海师范大学硕士学位论文,2021年)绪论部分,主要对"游艺"以及"游艺运动"的概念进行界定,并对判定游艺运动项目的方式和遴选游艺运动项目的依据进行了说明。石麟《略论明清小说中"幌子"与"招牌"的抽象描写》(《荆楚学刊》2021年第1期)认为明清小说中的幌子和招牌都有具象和抽象两大类,形而下的幌子、招牌描写,往往是最浅层的、表面的,也是读者可以一眼明了的;形而上的"幌子""招牌"描写,其审美效果和文化意蕴则大多是深层的、深刻的,又往往是读者很难一下就看清楚的。楚爱华、刘冬蕊《明清小说中古琴"听音知事"情结的文化溯源》(《明清小说研究》2021年第3期)指出明清时期,为了更好地服务于作品潜藏着的基本叙述意图,作家将古琴元素大量引入小说,以发挥其多种隐喻和象征功能。古琴"听音知事"情结在明清小说中的成功运用,使小说艺术达到了很高的成就。汪注《明清小说中科举制的商品属性分析——以"范进中举"为例》(《韩山师范学院学报》2021年第2期)认为在以《儒林外史》为代表的明清小说中,科举制的商品属性的生成前提、盈利状况与后续效应得到了形象生动的展现,从实利角度解释了科举制度能够吸引无数士子迷乱癫狂、撩拨市井大众趋之若鹜的重要原因,并以此为基础,揭示出商品化的科举制加剧阶层固化、加速自身衰落、加增统治危机的必然性。贺然杨《晚明短篇白话小说中的明代州县官吏叙事》(河北师范大学硕士学位论文,2021年)主要探讨的是晚明短篇白话小说中涉及的州县官吏的生存情况,小说呈现出了不同于正史所记载的州县官吏的真实生活状态。郑民德《明清小说中运河城市临清与淮安的比较研究》(《明清小说研究》2021年第2期)认为明清小说中有大量关于运河城市的记载与描述,其中临清与淮安占有重要地位。淮安突出的是其河政、河工与交通优势,不同的文字描写体现了运河城市定位的差异,即在作者的视野中,临清与淮安有自身显著的特色。郑民德《明清小说中的山东运河城市》(《城市史研究》2021年第1期)认为明清时期山东运河的贯通,促进了沿线城市的崛起与繁荣。明清小说中有大量关于山东运河城市的记载与描述,其内容在政治方面涉及城市交通、河政与漕政、军事,在经济上涉及商业、商人与贸易状况,在文化上涉及民众生产、生活、风俗、信仰等方面,充分反映了运河对山东区域社会巨大而深远的影响。

四是对《水浒》等著名作品的研究。陈蕾《国家政权·身体话语·民族意识——明清易代的金批〈水浒〉接受考察》(《明清小说研究》2021年第2期)指出明清鼎革之后,王仕云、陈忱等人对清廷顺逆有别的政治态度,及对清人身份的接纳与对遗民身份的持守,导致其对金批《水浒》的接受始终呈现出冲突对立的论争态势。对明清易代之际金批《水浒》接受问题的探究,可以从中洞悉并峙政权间复杂的政治话语,进而考察政权更迭与个人生存际遇、人生道路抉择之间的关系。邓雷《〈水浒全传〉田王故事作者考辨——兼论〈水浒全传〉的刊刻时间》(《中国典籍与文化》2021年第4期)指出自傅承洲提出《水浒全传》田、王故事的增补者为冯梦龙之后,学界多有不同的声音。通过对《水浒全传》田、王故事与

《新平妖传》批语的比对,发现田、王故事的增补者确为冯梦龙。杨波《论明刊〈三国志演义〉中的少数民族收继婚风俗》[《哈尔滨工业大学学报》(社会科学版)2021年第5期]认为明代刊行的《三国志演义》中存有少数民族收继婚风俗,此现象源自刊行者所称的古本。从元代三国杂剧、小说《三国志平话》,再到明代诸刊本《三国志演义》对该情节的因袭衍化,说明三国故事受到少数民族收继婚风俗的影响。这一风俗在嘉靖本《三国志演义》被部分改动后,最终在毛宗岗批评本中彻底消失,由此变得更符合儒家伦理道德观念。李质繁《明人对〈山海经〉的阅读接受与明代学术》(《北京社会科学》2021年第5期)认为《山海经》文本在明代得以广泛传播,明人进入阅读《山海经》的普及化时代;《山海经》的学术价值在明代得以重新树立,通过"夏鼎说"等问题的申说、论争,明人彰显出治《山海经》之学的高度自信。

(三)散文与序

赵学琴《明中期赠序研究》(四川师范大学硕士学位论文,2021年)探讨了赠序的撰写方式与分类、艺术特色与创新、文献与社会价值等方面。马晨燕《浅析明代疏体文的写作特征》(《应用写作》2021年第5期)分析了述政类、陈情谢恩类、宫廷琐事类疏体文的写作特点。朱年志《归有光的两篇运河纪行》(《档案与建设》2021年第12期)认为归有光是明代中期著名的散文家,《己未会试杂记》《壬戌纪行》记载了归有光第七次、第八次赴京参加会试与落第还乡途中的所见所闻,客观真实地记录了运河沿线自然条件、地理环境,保存了运河与区域社会研究的重要史料。

王润英《政治在场与话语转译:论明初士人的谱序书写》[《华南师范大学学报》(社会科学版)2021年第6期]指出明初,随着修谱诏等国家权威文件的颁布,私家修谱被赋予政治意义。相应地,基于谱牒生成的谱序面临新的书写语境。在政治主体的强势笼罩下,明初士人撰做了数量远轶前代的谱序。

（四）诗词与骈文

一是关注地方诗史。余来明《1367年的记忆：吴城之围与元末明初江南诗史的挫折》（《文学评论》2021年第3期）认为作为元末明初文学中心的吴中，在元明鼎革的历史变局中经历由盛而衰的转变，而造成转变的关键在于1366至1367年间长达10个月的吴城之围。这一发生于元明易代之际的历史事件，使元末以来兴盛发展的江南诗歌遭遇挫折，以吴中为中心的江南诗人命运因之发生转折，诗歌唱和群体最终走向瓦解，张羽的"围中忆友"就是在特殊情境下对元末江南诗坛盛景的追忆和悼念。周玥彤《明代江苏地区文人诗文集序跋整理与研究》（上海师范大学硕士学位论文，2021年）以明代江苏作家的诗文集序跋为主要抓手，在搜集、整理、句读序跋过程中，记录序跋中言及的作家生平经历、为文为官思想、创作情况，综合分析其中体现的家族群体和文人交游结社，论述考察序跋中体现的明代江苏作家的整体风貌。范丽琴《明清福建地方诗歌总集的文献考察》[《福州大学学报》（哲学社会科学版）2021年第2期]指出明清福建地方诗歌总集目前所知大致有110种，其中现存65种，已佚45种，现存的版本主要有稿本、抄本、刻本等3种形式。大多数文献著录的内容较为简略，少数著录的内容较为翔实，部分已佚地方诗歌总集的序跋有遗存，成为弥足珍贵的地方诗歌总集研究资料。明清福建地方诗歌总集的时空分布不均，时间上主要集中于明代中后期和清代中后期，地域上主要集中于福州府、兴化府、泉州府。张素梅《〈澹游集〉清丽冲淡诗风的成因及其在元末明初的价值》[《河北工业大学学报》（社会科学版）2021年第1期]指出《澹游集》是元末重要的诗文总集，编者释来复。应当认识到《澹游集》清丽冲淡之诗风在元末明初的价值：《澹游集》是元末东南诗文总集的代表之作；于元末"铁崖体"之外别具一格；影响明初部分主情性、尚自然的诗歌。马强、任柳《以诗证地：元明时期的蜀道诗及其历史地理价值》（《中华文化论坛》2021年第3期）指出元明时期的蜀道诗虽从文学知名度上说要逊于唐宋时期,但也具有鲜明的时代特色:在蜀道诗主题上呈现出重要变化,且折射着丰富的社会生活与历史地理信息。孟石峰《明朝时期朝鲜使节纪行诗中的登州诗》(《韩国语教学与研究》2021年第1期)指出朝鲜使节的纪行诗中有大量与登州相关的纪行诗,这些纪行诗不仅反映了朝鲜使节个人的精神世界,也反映了山东海洋地理文化对朝鲜汉诗的影响。

二是关注个体、群体的诗学思想。左东岭《诗教精神与自我抒写:元明易代之际的诗学指向——王祎诗学思想研究》(《北方论丛》2021年第3期)指出王祎的诗学思想由于受到个人性情与易代政治的双重影响,呈现出独特的内涵与特征。其诗学观念以儒家教化经世为核心,同时更强调情感抒发的真实性与自然性,并由此体现为其认可诗歌体貌多样化的倾向。翟勇《情感的回归:隆武朝的黄道周及其门人诗风》[《北京化工大学学报》(社会科学版)2021年第1期]指出南明时代发端期的隆武朝,虽然存在时间仅一年有余,但却是一代大儒黄道周生命价值最后绽放的时刻。作为写在生命最后时刻的诗歌,它忠实地记载了黄道周从对隆武帝充满幻想到走向生命决绝的心路历程,诗风虽然仍多用典,但在对隆武帝忠贞、对故国亲友眷恋的情感激发下,往日僻晦变得相对朗畅。王婷《杜诗与明清之际遗民的文学宗尚及精神诉求——以傅山为中心的考察》(《地域文化研究》2021年第2期)指出傅山作为山右遗民的代表,诗文中不仅多见对杜诗的推重之语,他还著有《重刊千家注杜诗批注》《杜诗通批注》《杜诗韵字归部》。这种宗尚,就文学生态而言,乃晚近文学风貌之赓续,即他以竟陵派为梯航,进而为自己宗唐宗杜张目。刘萱仪《明代女词人词作研究》(东北师范大学博士学位论文,2021年)将生于明代的女词人词作视作研究对象,在过往大多呈现碎片化、个案化研究的基础上,对明代女词人词作展开系统梳理,在此基础上认识明代女词人创作的整体风貌,阐释其繁荣的背景,探讨其词作的思想情致和形式风格上的特征,进而评价其词史地位。

（五）戏剧文本

一是从宏观上以及从某一时段、某一地区的角度关注戏剧文本。程华平《明清传奇杂剧编年史》（《文艺理论研究》2021年第2期）运用编年体的形式，力求在大量完备、详实的史料基础上，系统展现明清传奇杂剧的历史风貌，进而客观呈现明清传奇杂剧发展的历程与演变轨迹。熊江梅《明清传奇文体"复调"的叙事表现》（《中国文学研究》2021年第4期）指出中国古典小说至"文备众体"的唐传奇而具备成熟形态，此后几经衍化至明清之际适逢文人小说大兴语境而趋于巅峰。这些叙事特质，共同造就明清文人传奇小说史、诗、思并存的"复调"文体，成为小说家心灵世界的艺术"表现"。王萍《略论明清时期西北民间小戏的传承、传播与"在地化"》[《兰州文理学院学报》（社会科学版）2021年第3期]指出明清时期西北民间小戏传承、传播繁盛，特别是有清一代，民间小戏不仅传承人数众多，而且涉及剧种面广，几乎每一个剧种都有为数不少的戏班。从传承上，西北民间小戏体现了家庭班社、自组班社的特点；从传播上，西北民间小戏有艺人流动传播、移民带入传播等形式特点。张文硕《晚明坊刻戏曲与市民文化取向的转变》（《中州学刊》2021年第3期）认为明代晚期，文化政策由早期的控制严格转向宽松，民间文学得到蓬勃发展。晚明坊刻戏曲有4个特征：内容以才子佳人为主，插图精致雅趣，评点增值文化内涵，图文精良体现文化遗产价值。晚明坊刻带动了市民文化向世俗化发展，形成了初期媒介社会。黄亮《明代戏曲中词的变体与词曲的互动研究》（《艺术品鉴》2021年第8期）指出词的变体，主要是指明代人尝试为词律构建秩序时，把词牌相同但调式不同的情形逐一列出来，提供给填词参考依据。王辉、刘天振《明清以来曲学家族文学创作态势之流变——以吴江沈叶姻族与杭州陈氏家族戏曲创作为考察中心》（《理论界》2021年第2期）指出曲学家族因文人参与传奇创作与研究热度的增强而出现，成为传奇（包括南杂剧）兴盛的一个标志。曲学家族的隆衰兴替是与整个传奇兴衰变迁相始终的。两大家族戏曲创作所呈现的过渡性特征不仅是曲学家族演进规律的一个重要表现,也是明清传奇递嬗的一个重要特征。司若兰《明清戏曲中的元宵节书写》(《文化遗产》2021年第3期)认为在大多数明清戏曲中,节日往往作为故事的背景板为情节发展提供推动力,陈铎《太平乐事》、林章《观灯记》、曹寅《太平乐事》即以元宵佳节为主要描写对象,展现了明清时期的元宵习俗和人物风貌。

二是关注戏曲中某一人物或群体形象。张嫒《论元明戏曲小说中的李白形象》(《安康学院学报》2021年第1期)认为元明文人笔下的李白被塑造成才华横溢的文士、蔑视权贵的狂士、针砭时弊的志士、仗义疏财的侠士、志高意远的逸士、嗜酒如命的酒中仙。元明文人怀揣着对李白的崇敬之情,丰富并突出了李白形象,同时将时代文化精神和个人生存理想融入对李白形象的塑造之中。李金娜《明清杜甫题材戏曲研究》(黑龙江大学硕士学位论文,2021年)指出明清杂剧作家常以杜甫的诗歌作品或杜甫生活的某个片段为本事对杜甫故事进行重新构建,传达了丰富且多元的思想内涵,明清戏曲文本中杜甫所呈现出的才子形象、忠臣形象、狂士形象以及隐士形象的个性特征,是文人戏曲家对历史上杜甫的另一维度的阐释,也是文人创作心态影响下的一种审美投射。明清杜甫题材戏曲呈现出了虚实相生的文本建构特征。明代杜甫题材戏曲注重艺术虚构,具有"尚虚"的创作倾向。清代杜甫题材戏曲更加重视历史真实,具有"尚实"的创作倾向。郑世鲜《论明杂剧中的〈世说新语〉文人题材剧》(《浙江万里学院学报》2021年第2期)指出《世说新语》作为一部记录魏晋名士逸闻轶事和玄言清谈的笔记小说,为后世戏曲的创作提供了大量的素材。王祖琪《婚姻焦虑:明清女性"易性"主题戏曲创作中的女性之恋再审视》(《文化艺术研究》2021年第2期)认为明清女性"易性"主题的戏曲创作普遍呈现出暧昧幽微的"女性之恋"。明清之际,女性之间的恋情被宽容甚至受赞赏,具有双性特质的知识女性备受推崇。李礼《明清传统戏曲中"女性意识"的觉醒与反抗》(《戏剧文学》2021年第3期)选取明清时期的戏剧中"女性"形象为例,探究女性意识的觉醒与反抗,以及在进入新时代后的继承与转变。

三是探究某一戏剧作品。董云龙《失意者的自我救赎——明代水浒戏的文化内涵分析》(《唐山师范学院学报》2021年第1期)指出明代文人创作的水浒传奇中,以表现忠奸斗争的方式,寄托文人士大夫对个人理想与朝廷命运的关切,梁山成为失意者回归朝廷的"中转站";明传奇水浒戏的戏剧矛盾也已由元代水浒戏的社会冲突转变为政治冲突,梁山人物都对朝廷和皇帝怀有一片孤忠,这些都具有浓厚的明代政治斗争的印记。赵山林《论〈五伦书〉与〈伍伦全备记〉》(《文学遗产》2021年第1期)指出据吴秀卿教授揭示的资料,可知《伍伦全备记》是丘濬景泰元年(1450)作于金陵。《伍伦全备记》总体构思和具体情节设计均受《五伦书》很大影响,而作者对有关故事做了移植、改造、提炼、变形,且一定程度融汇本人经历,为其讲述完整故事服务。

(六)文学理论与文学批评

刘洋《从性情说看明代理学家诗法论的多重向度》(《文学遗产》2021年第2期)认为薛瑄、陈献章、胡居仁、王廷相、焦竑等明代理学家凡言诗法必称性情,其诗法论语境中的性情说主要包括三重向度,对性情的探讨深度也较明代其他文学流派更为突出。赖晶《元末明初宣徽文学的渊源、观念及影响》[《青海师范大学学报》(社会科学版)2021年第2期]认为宣徽文人多源自汉唐旧家,其文化底蕴浸润于厚重的宣徽古朴儒学,深植"致用"观念。两地文人前后相继的救治与改造,才终成大明帝国平和雍容、雄健雅正的盛大文学景观。黄志立《从注释走向评点:明清赋评的体性》[《哈尔滨工业大学学报》(社会科学版)2021年第2期]认为赋评由赋注嬗递而来。赋注由最初的"古赋不注"到后来"他注""自注""汇注"渐趋拓展和臻于至善的过程,亦由常规的注音、释词、句解到后来的重凡例、擅题解、撰序跋等批评形态的呈现,这既是对传统注释的创新与突破,又是注释形态在语言特征、表现形式、功能表达、文本阐释等方面逐步走向评点的关键。童海旭《明末清初世情小说序跋研究》(哈尔滨师范大学硕士学位论文,2021年)认为明末清初,以才子佳人类题材为主的世情小说蜂拥而起,其序跋创作也随之繁盛起来。明末清初世情小说序跋作为跨时代的成果,有其复杂的社会背景和丰富的文化内涵。

王晓辉《明中叶吴中文学的创作取向及审美流变》(《学术交流》2021年第3期)认为与传统文人相比,吴中文人的个性观念和生命意识发生了转变。他们不再以科举仕进作为衡量人生价值的唯一标准,而是内倾于自我,更多地将目光投向对自我生存方式和生存环境的考察。蒋靖芝、谭琼琳《明清"性灵"诗论的现代符号学诠释》(《中国比较文学》2021年第1期)运用皮尔斯符号学理论,从性灵的主体、符号与结构等3个方面探讨中国古典诗学中"性灵"诗论之特征,认为主体(流派)对客体(诗论)的理解呈无限递归的趋势;性灵符号的"真"与"变"反映了文人对复古思潮的反思和批判,对社会现实的策应;"趣"结构成为性灵诗论的艺术表达。文爽《论明代诗学的"声教"观念》[《安徽大学学报》(哲学社会科学版)2021年第1期]指出"以声论诗"是明代诗学中的显著现象,"以声为教"是其中一个重要维度。明人一方面沿用宋人"诗以声为用"的观念,强调"声"对于诗歌的重要性;另一方面,面对诗乐分流、"雅俗杂出"、礼乐制度失效的现实,希冀以"诗教"接续"乐教",在中国诗学史上第一次正式提出"诗以声为教"的观念。杨志平《"史"与"史料":明清小说理论何以编年?》(《文艺理论研究》2021年第6期)认为明清小说理论编年史并非仅仅是小说理论本身的单一编年,而是对影响小说理论发展的诸种要素的整体编年,它将立体而有效地揭示明清小说理论史的多样性与复杂性,使得接受者得以生成各自理解的明清小说理论史。胡琦《明清文章学中的"调法"论》(《文学评论》2021年第1期)指出"调法"是明清文章学理论中一个重要的范畴,体现了传统文论对古文中内蕴之音乐性的深入认识。从万历年间开始,"调"便成为八股文领域常用的批评术语;时文评家吸收转化了宋元以来字法、句法、章法中的诸多形式批评因素,用以重组、建构"调法"之论述,将对文章整体风格、节奏的抽象体验落实为具体的作文法度,其内涵涉及平仄、句式长短、语序、关联虚词等多个方面,呈现出向"句调"聚焦的倾向。

张荣刚《晚明陈子龙与艾南英文学论争考论》(《中国典籍与文化》2021年第1期)认为到了晚明,"以古文为时文"成为重要的一种文学现象,而其弊端也愈加严重。艾南英以救正八股时文弊端为己任,倡唐宋大家之文。以陈子龙为首的"云间派",为文效法七子,宗尚秦汉。陈子龙与艾南英之间的文学论争及冲突,所争论的焦点虽然在古文的创作,然而其本质则体现的是明代科举与文学之间的影响关系,可以认为是披着文学外衣的八股时文创作方法之争。袁宪泼《永宣艺术场域与台阁文学书写》(《文艺理论研究》2021年第6期)指出明前期永宣时期兴起的台阁体,不仅是诗文概念,还属于书画概念,因而反映出时代整体的审美旨趣。由于院体画和台阁体书法的提倡,台阁文人通过会通诗文、书法和绘画的文艺制作,构建出以书画为载体的山林空间,以区别于庙堂之上的政治空间,他们在休沐闲暇之时畅神适意,恣意享受山林闲适之趣。薛欣欣、朱丽霞《明代复古诗学与家族之关系——以王世贞家族为考察中心》(《云南社会科学》2021年第6期)认为明代后七子复古诗学思想的演进,与王世贞家族的诗学批评呈现出某种正相关性。就诗学论著的创作而言,《艺圃撷余》凝结了王世懋的诗学主张,在继承王世贞《艺苑卮言》诗论创作的基础上,一方面修正了王世贞的复古思想,另一方面也完成了家族诗学体系的构建。王世贞家族对复古诗学思想的接受,呈现出审慎辩证的动态变化过程,而王世贞对待复古思想的态度,始终与家族的诗学取向桴鼓相应。

雷勇、蔡美云《明代隋唐历史题材小说的文体探索》(《明清小说研究》2021年第1期)认为《唐书志传通俗演义》《隋唐两朝志传》和《大唐秦王词话》是明代隋唐历史题材小说的几部代表性作品,它们都以"纪实"相标榜,但在故事情节提炼和创作风格上又有各自的特点,体现了这个时期小说家对历史题材小说创作的一些思考和探索。谷文彬《论明清小说家、评点家对"鹅笼书生"故事的接受》(《华中学术》2021年第3期)

指出明清时期小说家、评点家之所以对"鹅笼书生"青睐有加,与他们对志怪小说价值的重新认识有关,也与他们对"鹅笼书生"的审美认同相关。上述种种,昭示着明清小说家们创新的路径,同时也彰显出以"鹅笼书生"为代表的六朝志怪小说经典是如何生成的。

陈书录《明清商贾与〈聊斋志异〉及山东雅俗文学的典型分析》(《河北学刊》2021年第5期)指出《聊斋志异》等呈现出明清商贾与山东文学交叉的态势,这主要表现为:诗文与小说呼应中的立法救弊,打击豪强奸商;形理兼备之中的经商择偶,看好仁智诚笃;形象与心理互补之中的贩卖为业,人生以快意为乐。这既是明清商贾活跃时代背景下市民意识觉醒的重要方面,也是明清山东地域文化与文学的特色之一。罗剑波《明代〈西厢记〉评点中的读者意识》(《中国文学批评》2021年第3期)以明代《西厢记》评点为例,其中蕴含的读者意识主要表现在以下三个方面:明代《西厢记》评点诸本力图补充与戏曲故事相关的资料,对重要情节和人物作点睛式品评,以此加深读者对原著的认识;注重为读者讲解相关程式体例,并校释隐语、反语、市语等,有助于为读者排除阅读障碍;明代评点家对《西厢记》具体而精妙的品评,不仅具有重要的理论价值,而且在让读者体验到有别于舞台的审美乐趣外,亦可有效提升和丰富其艺术品位与修养。

二、明代艺术

(一)书法

一是对书法家群体的研究。廖丹《明代松江书派研究》(华东师范大学博士学位论文,2021年)通过探讨松江书派的书画艺文活动研究涉及书家的交游、鉴藏、刻帖等活动,认为松江书派艺文活动研究、书风探索和书体实践研究、书学思想研究以及流派意识的研究,遵循的是层层递进、由表及里的逻辑关系,从现象层面到意识层面的研究,以期还原松江书派在书史上的形象建构与艺术价值。赵永恒《跨代与吻合:论明代吴门书派对宋代尚意书风之接受》(《四川戏剧》2021年第11期)指出吴门书派作为明代中期书坛的地域性书家群体,不仅体现了吴门地区的书法高度,同时也代表了明代中期书坛的整体高度。聂国强《明代隶书的风格发展研究——以吴门隶书为线索》(《书画世界》2021年第5期)择取明代隶书作为研究的主要对象,对其进行梳理论证,得出明代隶书成就最高的是以文徵明作品为代表的吴门隶书,由此可以窥见整个明代隶书的发展面目。赵明《明代藩王刻帖及其确立的书法典范》(《书法》2021年第5期)指出明代宗藩受到皇室文艺观念的影响,尤为雅好文学与书画,并积极进行以刻帖为中心的书法活动。宗藩刻帖的传播为明代台阁体书法的兴盛创造了一定的基础,使民众书法的取法更加回归到法度与具有教化性的书风。刘芮杉《她者的失位:明清女性书家地位探析》(《青少年书法》2021年第6期)指出明清女性书家以南北划分,呈现出不同的发展方式与声名地位。然而在书法史中,这一群体却长时间处于失语状态,这同"书乃小道"的世俗观念影响与士人及女性书家对自身的轻视不无关系。廖丹《明代松江书家群体与文人结社交游研究》(《中国美术研究》2021年第2期)指出明代松江地区有着广泛的文人交游和结社活动传统,元末明初以杨维桢为代表的书家群体活动开启了松江的文化艺术圈,继之而起的文人结社活动在明代中后期愈演愈烈,他们既是松江文化生态的缩影,同时也构建了松江地域的文化认同和价值传承,在明代经济和思想解放的潮流中,松江地区也一直与苏州为代表的文化艺术圈不断碰撞融合,发展出了独特的松江区域文化。

二是对书法家及其作品的探讨。彭飞《明代书法家邵珪生平及其〈滕王阁序〉考释》(《书画艺术》2021年第2期)根据原始文献,通过对邵珪生平及其《滕王阁序》考释,指出邵珪生于1440年,卒于1488年。其行草《滕王阁序》是邵珪受到权贵忌恨,即将赴贵州思南县任职时赠别友人之作,作者时年42岁,邵珪借《滕王阁序》来表达自己的志向,流露出感伤、悲悯、激愤之情。通过这件作品可知邵珪书法的师法、师承与风格。程道辐《浅议元明时期道教正一天师的书画艺术成就》(《文化月刊》2021年第3期)指出元明时期,正一道教繁荣,天师不仅道修深远、治教有方,更是博文能学,玄秘既通,尤在书画创作方面有极高的造诣,篇章翰墨,各极精妙。天师的作品自成体系又各有风格,既有传承也有演变,将道诣完美地融入了书画创作之中,拓展了中国传统美学的范畴,具有极高的艺术价值。王亚飞《从赵宧光〈寒山帚谈〉看晚明书家书法用材观》(中国艺术研究院硕士学位论文,2021年)指出晚明社会商品经济的繁荣发展,为书法的发展提供了前所未有的物质基础。以《寒山帚谈》中的"用材篇"为研究对象,通过对当时纸、笔、墨的发展进行考察,对书法"用材"观念进行了系统性的阐释。通过对与赵宧光同时期且在书法上取得瞩目成就的书家如张瑞图、徐渭、倪元璐、王铎等人在书法实践中对于书法"用材"探索,来勾勒出晚明书法新的审美范式。

聂国强《挑拔平硬,方劲古拙——从王世贞管窥明代隶书的审美观念》(《大学书法》2021年第2期)认为《弇州山人四部稿》中收入了他对不同时期隶书碑刻的品评内容,这些品评既有碑刻史实的考证,也有艺术价值的评价。相比较而言,这部分内容在明代就显得极为重要,它是我们研究明代隶书审美观念的重要理论依据和线索。赵作龙《迩议元明书家对褚遂良的行书美学接受——以赵孟頫、董其昌所临〈枯树赋〉为例》(《西北美术》2021年第1期)指出褚遂良以楷书久负盛名,然其行书甚得逸少风神,对李邕、米芾及其元明清书家均有影响,有着承前启后之功。其行书《枯树赋》笔力遒劲,得《兰亭序》之神韵,赵孟頫、董其昌等人均有临作传世。通过比较二者所临《枯树赋》,了解元明书家的习书历程,诠释前贤对"临古""化古"的不同见解,对二者所临《枯树赋》及其题跋进行横向、纵向的对比研究,扩展美学接受与品评的学书范畴。刘正成《徐渭〈白鹿表〉:艺术与生命的考鉴》(《书法研究》2021年第1期)通过对徐渭晚年重要书法作品《白鹿表行书卷》的考鉴,梳理了徐渭为胡宗宪代拟向万历皇帝献瑞的奏章《白鹿表》的故事,阐述了这件不仅使他成名也使他陷入悲剧人生的艺术作品之文献与艺术价值,并由此倡导以作品为中心的当代书法艺术史研究的方法论。田婧媛《崇法·心会·依情：解缙与明代书学观新论》（《中国美术研究》2021年第2期）指出解缙的书学观在明代书法史上具有开创和奠基性意义。他遵循书法的发展脉络，提出由体察书迹、心会境界到依情而生的书法创构过程。在研习书法的初级阶段，解缙重树理学"格物致知"的探索方式，主张"精微得之"，对临古人书迹，强化对书法笔法和章法的认知。解缙在明代初期强调工整典雅与依情而生的书学观，确立了书法的正统笔法，完善了学书到创作的方式与流程，也为明中晚期书家主张承袭晋法，汲各家所长，书法自成一家的书学观奠定了理论基础。张康、宋长江《解缙书法地位在明代的变迁与缘由》（《中国书法》2021年第7期）认为解缙的书法地位在明代晚期发生了较大变化，由明初、中期的"永乐朝第一"降至晚明的"四档下"。其中有着较为复杂的缘由，该文逐一列出，以此分析解缙在明代书坛乃至中国书法史上的地位。

三是对书法作品的特点、观念进行探究。刘相《明代墓志碑刻篆书特点分析——以保山张志淳家族墓志篆额和墓志盖篆书为例》（《大理大学学报》2021年第3期）通过对其篆书风格的深入分析，发现明代篆书家群体在继承前代小篆基础上求新求变的努力。喻阳宇《浅谈艺术社会学视角下的晚明个性书风》（《明日风尚》2021年第5期）从艺术社会学的角度出发，分析晚明个性书风所产生的时代背景，包括当时的政治政策、经济的发展水平、文化思想的整体环境以及资本主义萌芽所带来的影响，结合具体书家在其仕途或是整个人生的遭遇来探索晚明个性书风的生成轨迹，分析明代晚期书法的变化发展。石雅鑫《社会思想变迁中的明代书法审美观念》（《四川戏剧》2021年第2期）指出明代书法审美观念的变革与其时社会思想的变迁紧密相关，且不同时期艺术风格各异。从程朱理学对人性的压抑到阳明心学高扬真性、真情，明代书风也随之从谨慎合规逐步转变为师古且尊重个性，由此可见社会思想变迁对明代书法审美观念的深刻影响。

陶林琛《以"公众性文字"来侧面解读明代精英书法的符号价值》

（《名家名作》2021年第2期）认为明代社会作为柯律格等人眼里中国现代性的序幕，艺术透过视觉物质文化语境转译过后，提炼为追求权力、维持权力、挑战权力的实践活动。殷安琪《明代早中期江南地区书风的嬗变潜流——以〈李梦阳等十三家行书屋舟篇〉为例》[《美与时代（中）》2021年第1期]认为纵观明初书坛，风格单调，基本不出台阁体藩篱。明人《李梦阳等十三家行书屋舟篇》则表明了明初台阁体的消亡趋势，是作在明代的书法作品中尤为特殊，充分体现了个性解放的审美特质，可视作吴门书派的先声。吴门书派经沈周、吴宽、李应祯等至文徵明、祝枝山才基本形成风气，但其形成过程并不局限于吴中这个狭小的区域，很多苏州周边乃至京师的书家都对吴门书派的形成与流行起到了关键作用。姜鑫《台阁体兴衰缘由探微——皇权和理学对台阁书法的造就》（《艺术教育》2021年第2期）分析了明代台阁书法兴起和衰落的缘由，并对台阁书法的表现主体和外在审美特征进行探究。通过对台阁书法兴衰过程的梳理，作者探究了明代皇权和理学对书法的推动作用；并尝试解答台阁书法为何以楷书为主体，以及其结构上为何呈现"方正"审美特征的问题，以此说明皇权和理学对台阁书法的塑造作用。

此外还有对书画中介人员的研究。宋吉昊《明代书画中介人员称谓分化考》（《中国书法》2021年第12期）认为明代书画市场中介人员异常活跃并出现在明人撰写的大量文献资料里，但这些文献里却极少出现"书驵""牙侩""经纪"等史上常见中介称谓，且书画中介的群体构成和服务模式也发生了显著变化，这都给解读和研究明代书画文献和书画市场问题造成了不少困扰。

（二）绘画

一是对画家和画家群体的研究。周蓉《晚明画家宋旭研究》（《中国国家博物馆馆刊》2021年第4期）以宋旭的山水为研究主体。宋旭虽然出身寒门，是一位职业画家，但是他有着不俗的文人素养，而且于佛道之间颇有领悟，宋旭的交游可以串联起嘉兴和松江之间广泛的文人交往。作为一名云游的布衣画家,宋旭又为我们展示了晚明时期丰富的社会信息,宋旭的山水为我们提供了近距离观察湖州、嘉兴、松江等地风土人情的机会。邵敏《晚明画家宋旭交游与创作研究》(上海师范大学硕士学位论文,2021年)指出运用文献学、社会历史学、图像分析等研究方法,以宋旭交游与创作研究为论题,勾勒与概述宋旭人生的主要阶段和生平足迹,对宋旭的卒年进行考证。通过梳理宋旭与佛门中人的交往,论述宋旭的崇佛思想,且对其佛教人物画进行意象释读。梳理宋旭在松江地区与松江书画家的交游,与朝廷官吏的交往,以及与好友的题诗赠画活动,并结合时代背景、师承、画风等方面综合探析宋旭绘画中的复古思想,呈现宋旭在松江画派群体中所处的地位和画史意义。程蕾蕾《浅析明代画家吴伟山水画的语言风格及影响》(《明日风尚》2021年第10期)指出吴伟是明代浙派画家中的领军人物,也是江夏派重要创始人。他精于写意山水,落笔健壮,用笔奔放,泼墨如云,气势恢宏,而其细致缜密的画风同样别出心裁,让人叹服。他将几位前辈画家的长处与个人的自我表达意识完美地融合,达到中国传统山水画的巅峰。吴伟在人才济济的中国古代画家中,人品画品均十分突出。其酣畅淋漓的水墨,令无数人为之倾倒,成为明代绘画史上的一位奇才。

吴杨《明清徽商与新安画派关系考论》(《美术界》2021年第3期)认为新安画派是中国绘画艺术史上一个极具创造性的艺术流派,它是明末清初活跃于徽州的绘画流派,它的诞生与社会环境中的诸多因素有着必然的联系,其中经济对它的影响举足轻重。明末清初,正值封建社会的晚期,资本主义经济开始在社会中萌芽,"贾而好儒"的徽商与当时文人画家往来密切,他们收藏书画、资助书院、频办雅集,对新安画派的形成与发展起到了积极的促进作用,同时,徽州商贾与新安画家两个团体的相互交融也为"儒商"的身份增加了书卷气。张白露《明洪武至嘉靖年间广东山水画家概说》(《艺术研究》2021年第2期)认为明洪武至嘉靖年间,广东山水画得到快速发展,相继出现了颜宗、何浩、陈瑞等第一批扬名宇内的广东籍山水画家,虽然留存至今的作品不多,创新亦有限,但在广东绘画史和山水画史上仍具有划时代意义,了解他们的艺术成就和社会声誉,可以加深人们对那一历史时期广东书画发展状况的认识。司徒元杰《明末清初画派与画家关系之探讨——以芜湖画家萧云从为典型》(《故宫博物院院刊》2021年第1期)认为安徽芜湖画家萧云从(1596—1669),相对清初画坛的主流群体如"四王画派",一向被视为非主流画家。考证萧云从未曾踏足黄山,其生活和重要艺术活动多集中在南京和扬州,活动地区和生活经历建构出萧云从丰富多样又迥异于皖南诸派画家的艺术风格。

二是对绘画元素的探究。尹学文《形与意的蜕变——〈山海经〉明清图本中神异的设计造型考析》(《美术学报》2021年第3期)首先从这些形象的造型规律入手,系统归纳出设计构成方式。而后将明清时期图本从造型方面进行对比分析,以此挖掘在我国特有民族传统观念语境下,各时期再现《山海经》中的形象所呈现出的不同特点。刘洋、刘宝炼、刘顺智《中国画史书写中的要素、编织与关联——〈明画录〉与徐渭画史地位书写》(《美术大观》2021年第5期)通过对明清以来画史的梳理,发现徐沁在《明画录》中对徐渭画史地位的书写是一次对画史材料要素的建构与重塑,背后存在着家学传承、生命性情与时代政治等诸多历史情景的关联推动,而地方文人画史中对明清文人生命精神的曲折表达,却呈现出中国画史书写中要素、编织与关联的内在书写逻辑。隋成龙、陆璐《明代社会因素对山水画的影响》[《美与时代(中)》2021年第5期]主要分析了社会因素对明代山水画的影响,并阐述了明代山水画的文化内涵。赵丹坤《图绘、媒介与性别:明代〈采莲图〉的视觉呈现与性别阐释》[《南京艺术学院学报(美术与设计)》2021年第3期]以明代采莲图绘为中心,讨论该题材的母题构建及其在不同媒介上的视觉呈现与意涵。同时,该文亦指出在晚明时期,随着该题材从文学及绘画领域走向各式大众化媒介,"采莲"逐渐从一个蕴含男性视角及对女性审美品鉴的主题,转化为一种以视觉装饰为主的女性形象的符号。王少浩《物恋的视觉性呈现——从〈素园石谱〉到晚明绘画》(《美术》2021年第5

期)认为晚明的物恋趣味所带来的微观观察方式,为绘画的视觉性呈现提供了新的观照。《素园石谱》是晚明的版画类图谱,描绘了各类名胜奇石、园林立峰、文房雅石,满足了晚明士人对石头的癖好和尚奇的风气。这种精致描绘的方式回应着董其昌既定的审美品位,也使得绘画物象的造型趋向于怪异,从而形成一套独特的晚明视觉形式。该文以石头为母题,通过对晚明士人在物恋上的视觉性呈现进行分析,试图阐释图像观赏与图像制作之间的某种联系,指出版画、中国画无一不是晚明社会生活"观看"的一部分。牛健霖、李汉平《以林良为例浅析明代宫廷花鸟画的审美取向》(《艺术教育》2021年第3期)指出林良以草书笔法入画,笔墨简练奔放,不仅能够真实生动地描绘自然生活,而且表现出在大幅作品经营设计方面的才能——画面构图完整,对繁简、疏密和虚实的处理非常严谨,打破了工笔与写意的界限,丰富了花鸟画的表现方法。文章探讨了林良粗笔水墨的绘画风格,并结合他的生平经历、社会环境、统治者的偏好等方面综合分析林良绘画中体现出的情感特点,包括文人画特点和禅宗特点,以此作为切入点去窥视明代宫廷花鸟画的共性特征与审美取向。林春衍《金石时尚与碑派书风的先声》[《美与时代(中)》2021年第5期]指出晚明社会兴起了一股自由、浪漫的书风,许多书家开始了对书法形式和笔法的新探索。丑拙、狂怪的书法审美逐渐蔓延到精英文人的圈子里,秦汉以来的篆隶也重新出现于人们的视野当中。由明入清的遗民书家开启了一种书法时尚——对金石味、碑刻感的追求,这成为后期声势浩大的碑派书法之先声。

三是对绘画观念、风格的探讨。史明贵《明代陶瓷仕女图的文化表征与审美价值研究》(景德镇陶瓷大学硕士学位论文,2021年)主要以明代陶瓷仕女图为研究对象,从其历史文化背景及其演变,分析陶瓷仕女图在明代盛行的原因,并以此为切入点,分别从陶瓷仕女图所从属的器物文化特质、审美特征、世俗文化传统、经济与政治的影响等多方视角,研究蕴藏在陶瓷仕女图中的深层文化内涵,从而构成明代陶瓷仕女图的文化表征,探索明代陶瓷仕女图的历史文化意义和现代审美价值。

董双叶、董家琪《众源合流：明代宣德画院中的闽浙画风》（《河北学刊》2021年第3期）指出宣德画院是明宣宗时期的宫廷绘画机构，其画家系由全国各地征召而来，因受原生地域特征的深刻影响而画风迥异。这些画家来源以浙、闽两地为主，因地域相连，两地画家的绘画风格又有很多融通之处。明代宣德画院的院体风格来源于四种绘画样式和因素的并存交混，在明宣德画院的发展，促成了其后一个特殊的绘画流派"明代浙派"的产生。江楠《明清时期〈南岳衡山七十二峰图〉的艺术特色及文化传承》（《美术观察》2021年第1期）论述了《南岳衡山七十二峰图》的创作渊源和艺术特色，以此讨论《南岳衡山七十二峰图》在继承发展中的文化传承及意义。樊波《明清中西方绘画审美比较论》[《南京艺术学院学报》（美术与设计）2021年第1期]论述了明清理论家和画家对当时传入中国的西方绘画的反应和认识，进而表明他们对西方绘画既有学习和吸收的一面，又有根据中国艺术立场对西方绘画做出独立审美判断和批评的一面。明清理论家和画家对西方绘画的认识和判断以及批评，对于我们今天依然具有重要的参照价值和意义。

李艳《笔墨至上——明清大写意花鸟画风格浅析》（《美术文献》2021年第2期）认为明清大写意花鸟画的出现是绘画艺术发展的必然结果。随着文人思潮的兴起及思想界心学、狂禅的盛行，明代中后期的画坛酝酿了一场革新。笔墨自陈淳、徐渭起有了实质性的变化，完全从为造型服务中独立出来，具有独特的审美价值，且被看作是一幅作品成败的标准。这股笔墨至上的思潮开启了之后500年中国绘画的新一轮主流，成为绘画的根本。马文真《明清易代之际文人画家艺术观念研究——以王时敏为例》（《苏州教育学院学报》2021年第6期）认为明清易代之际，身处特殊政治社会环境的文人画家需要在政治上做出抉择，是入仕清廷还是隐逸山野。以王时敏为代表的一类文人群体，是一种特殊的存在，他们虽未仕新朝却也有着迎降的污点，并非严格意义上的遗民。孙斐《明清晋陕地区龙王庙壁画图像比对研究》（《文物鉴定与鉴赏》2021年第7期）通过对明清晋陕地区龙王庙壁画图像的型谱分析和色彩因子提取,进一步系统地梳理出晋陕地区的宗教图像特征。同时结合古籍文献资料,论证其绘画的形制符合文献记载。通过比对发现,文化的交流促使晋陕两地的龙王庙壁画更加具有叙事性和民俗性,形象夸张,色彩鲜明,对比强烈,装饰性风格突出,体现出浓郁的地方特色及历史文化内涵。田红岩、代晓蕾、郝建文《以清凉寺为代表的河北省明代寺观壁画研究》[《美与时代(中)》2021年第4期]以史料为基础,结合田野考察的实地经验与临摹复制的实践经验,将零星散落于乡野山村以及流失海外的明代壁画艺术瑰宝进行系统的梳理与研究,探寻其艺术风格特征的形成以及演变,挖掘其所承载的文化价值与学术价值。

四是人物画像研究。许小丽《河南博物院藏明代〈君臣人物图〉考》(《中原文物》2021年第2期)指出河南博物院收藏的明代《君臣人物图》,原鉴定为明代初期的作品,现结合文献资料和传世画像,根据君臣人物穿戴的冠服,认为该画像的创作时代应在明代中晚期。徐小虎《明清肖像人物画发展探微——以南京博物院所藏为例》(《书画世界》2021年第4期)从题材、技法等方面探讨了该院明清肖像人物画。苏大伟、杨传超《明清时期年画的发展与演变》介绍了年画的历史、题材与特征、艺术价值。谭浩源《〈明宪宗元宵行乐图〉货郎形象再探》[《南京艺术学院学报》(美术与设计)2021年第3期]结合文献资料,首先探讨明代货郎图像与宋代货郎概念的差异,进而对传世明代货郎图像做分类梳理,探析明代不同种类的货郎图像之间的区别和关联,由此重新解读《明宪宗元宵行乐图》卷中货郎形象的独特意义。于芹《丹青传妙手 松筠在云端——毕自严画像考》(《山东艺术》2021年第1期)指出明代是肖像画发展的一个黄金时期,山东博物馆藏毕自严画像及毕自严《课子图》,对于研究明代历史人物以及山左地域文化具有重要意义。该文通过毕自严画像、毕自严《课子图》等,从毕自严之父、毕自严其人、毕自严之子、毕自严之友、毕自严之园5个方面,结合画像的绘制时代和背景,对毕自严的履历、政治理念和家庭观念等进行研究。

陈希洋《明中晚期的文人清供题材绘画研究》(湖北美术学院硕士

学位论文,2021年)认为明中晚期文人清供题材绘画不仅仅是一种遣兴寄情的艺术表达,更是古代艺术家对于生命、生活、自我的一种思考和态度,对于清供题材绘画的研究能够更深入地理解其中蕴含的艺术魅力与文人审美情感的表达。张媛颖、王天觉《论明代的题画唱和》(《大连大学学报》2021年第1期)明代题画唱和与明代绘画的发展几乎同步,可分为3个阶段:洪武至弘治年间为第一阶段,正德至隆庆年间为第二阶段,万历至崇祯年间为第三阶段。明代题画唱和具有群体性和地域性特征。其中,京城官员的题画唱和台阁色彩明显,多北地风景;吴中文人的题画唱和生活气息浓厚,多江南风物。同时,明代题画唱和具有画与诗相互生成的关系,一方面题画唱和孕育唱和诗集,另一方面唱和活动造就题画唱和。

陶小军《文徵明对门人书画作伪的态度及其影响》[《东南大学学报》(哲学社会科学版)2021年第2期]指出明代中后期,在商品经济的刺激和社会"尚雅"风气的带动下,书画消费成为社会流行风尚。文徵明以其德望、文学成就,成为吴中地区书画与鉴藏活动的引领者,主导吴中地区风雅之好30余年。文徵明面对广泛的书画市场需求以及社交应酬时,不可避免地托人代笔以应时需,甚至对代笔、作伪行为持默认、鼓励、纵容的态度。随着文人的经济意识萌动,其门人弟子在默许的情况下极力模仿文徵明的书画风格、韵味,以迎合市场,致使书画风格趋于雷同,技法上难以得到变革、创新,最终导致了吴中地区书画创作模式僵化,总体上渐而衰弱。

叶磊《明清中国绘画的对日传播交流及艺术影响》[《南京艺术学院学报》(美术与设计)2021年第2期]指出明代中国水墨汉画的东传奠定了该画种在日本画坛的主流地位,并实现了水墨画样式的民族化改造。清代以来,随着各类画谱、明清插图小说的东传以及民间画师的赴日交流,日本文人画、写生画和浮世绘版画应运而生。可以说,这一时期的日本绘画是在中国绘画的影响下发展起来的,并与明清绘画间保持着千丝万缕的渊源关系。

陈越悦、李沄璋、王昊舒《明清山水画中桥梁类型研究》(《美术学报》2021年第1期)梳理了明清山水画中出现的桥梁类型,详细研究了每类桥梁的建筑特点,并对不同桥型的应用数量进行了统计分析,可补充一些桥梁史料,为研究传统建筑和人居环境提供部分参考。

余辉《图像考据与明清待漏图——从朱邦〈王宫图〉轴说起》(《中国国家博物馆馆刊》2021年第1期)认为明代朱邦《王宫图》轴的像主为蒯祥,但并非严格意义的待漏图;进一步确信《北京宫城图》轴为待漏题材,系明代早中期的民间工匠之作;南博本为明代宫廷画家之笔。此类图像在明清之际具有规律性的发展与演变过程,特别是朝代更迭和宫廷政治对这类肖像画的影响,起到相当重要的作用。

高沙沙、郭锦龙《徐渭写意花鸟画的笔墨特征》[《美与时代(中)》2021年第1期]指出明代后期的徐渭便是一个"笔墨"艺术语言的创新者,他开创了大写意之风,彰显了其"真我"的性格。文章以徐渭的写意花鸟画作品为分析对象,分析其作品所体现的东方气韵以及作品所体现的笔墨特征。

任映霏《明代西湖全景图的谱系》[《云南大学学报》(社会科学版)2021年第1期]指出南宋以降,方志中开始出现表现西湖风光的全景地图。明代志书中的西湖全景图数量增加,无论是方志还是专志都保留了多个版本的全景图。由宋到明,记述西湖的志书在流传中互相借鉴,形成西湖全景图的诸多相似特征。与此同时,西湖全景图在流传过程中不断演变,因文字记述不同,侧重点不同,开始出现示意图与胜景图的分途。

李艺、徐晓庚《明清美术赞助的社会机制》(《民族艺术研究》2021年第6期)指出美术赞助的社会机制是从艺术社会学的角度研究艺术发展的规律之一。明清艺术的社会机制主要体现在朝廷艺术赞助、艺术经纪人、艺术交易媒介、赞助人、艺术收藏与艺术消费等领域,即皇家赞助、好事者、典当、钱票、商帮、商会、雅债、雅好等方面,这些因素合力推动明清美术的发展。通过梳理这些相关性与多元性,有助于深化人们对美术作品中有关来源、收藏、流通、真伪等的认知,便于人们了解明清美术发展的社会规律,从而推进明清美术赞助史的研究。

张彬《洪崖山房诗画与明初阁臣间的交游》(《中国国家博物馆馆刊》2021年第10期)认为洪崖山房是明初阁臣胡俨在江西南昌建造的宅邸,胡俨十分喜爱家乡城西的洪崖山,在那里依山建造归隐后居所,并请诸友绘画、题诗唱咏,遂成一段佳话。

韦俊平、黄建福《明清时期瑶族道教神像画的空间含义——以大道桥画像为例》(《美术观察》2021年第8期)指出大道桥画像是瑶族神像画中最具特色的神像画之一,其图像特征和空间结构具有特殊含义,即大道桥画像既蕴含了瑶族人死后通向梅山的空间走向,又隐含着瑶族道教神灵等级的空间划分。孔翎《明代雅集图中山水图像的空间建构》(《艺术百家》2021年第4期)认为雅集图是以文人雅集为题材的中国传统绘画。明代雅集图一方面承续了这种传统的空间范式,在母题流传下来的空间框架中进行模仿与再次创作,使得不同母题的雅集图所展现的空间具有各自的典型性;另一方面,除了传统母题,纪实性的雅集图使得山水图像在空间建构上更具有叙事性。

曾佳《"似这般姹紫嫣红"——晚明时期关于江苏地区女性绘画的释读》(《中国美术研究》2021年第1期)通过对晚明时期集中在江苏地区的两大女性绘画流派——闺阁画家(仇英、文俶为代表)与青楼画家(马守真、柳如是为代表)两大画家群体的生活区域、艺术题材、艺术风格、作品进入主流社会的流通途径等方面的梳理与解读,进一步阐述江苏的地域性特质(尤其是苏南地区)与女性画家频出之间的某种内在关联性。

杜松《画史、粉本与鉴藏——〈顾氏画谱〉之于明清中国美术的影响》(《美术》2021年第6期)从《顾氏画谱》的文本和图像两个层面,讨论该书中的画史知识及其在明清的传播,同时分析书中插图对明清版画和卷轴绘画创作的意义,以及该插图的图像模式对明清绘画鉴藏的形制和作伪等方面所起到的作用。作为一本由宫廷画家编写的图文结合的版画集和"画史著作",《顾氏画谱》至少在画史知识传播、临摹的粉本和书画鉴藏等方面对明清中国美术产生了较大影响。

熊瑶、祝越《从〈止园图〉到〈圆明园四十景图〉——明清园林绘画的承续与嬗变》(《美术》2021年第6期)明清时期,园林绘画伴随着园林的兴盛而兴起,至清代日臻完善与成熟,甚至在宫廷绘画中也不乏见到极具章法且规格严明的园林画作,其布局之巧、技艺之精、风景之秀丽再现了源于自然又高于自然的景园之美。

(三)音乐与戏剧表演

鸟谷部辉彦、何子珺《日藏明清古琴文献调查报告——〈步虚仙谱〉研究》(《中国音乐》2021年第3期)通过对整体结构及个别琴曲剖析来看,它有同时代的浙派琴学理念,即源于唐代的琴曲组合方式、琴调顺序,以及无词理念。在此理念基础上,它将不同来源的版本重新组织。其版本的一部分与徐门有关,一部分与《西麓堂琴统》有关,另一部分与《风宣玄品》有关。且还载有多首嘉靖年间特有的琴曲,其中还包含了已失传的琴曲。

白佳欢《大音寥寥世传寡 繁声绮调何为者——明代顾揾江及其〈步虚仙琴谱〉研究》(《中央音乐学院学报》2021年第2期)指出顾揾江是明代嘉靖年间松江地区的名士,辑刻有《步虚仙琴谱》传世。文章据日本内阁文库所藏九卷全本复印本,对顾揾江生平及该谱的版本、主要内容、指法特点和琴曲风格进行梳理研究。《步虚仙琴谱》寄托了传统儒家以乐明德正心的乐教思想,收录了较多南宋浙派琴曲,指法部分主要沿袭了《风宣玄品》,但个别指法的解释略有差异。对顾揾江及其《步虚仙琴谱》的研究,可对明代松江琴学以及明代江南琴学的研究提供一定参考。

郭威、庞媛元《从格图到登歌谱:明清太常雅乐歌谱初探》(《音乐研究》2021年第3期)认为"格图"见载于朱载堉《律吕精义》,是将儒家"中声"观念与《礼记·乐记》歌唱理论通过图谱化方式融入"古乐"建设的实践。李之藻《泮宫礼乐疏》"协律歌谱"、张安茂《泮宫礼乐全书》"登歌谱"在其基础上以"泮宫礼乐"为实践对象进一步深入,突出"歌法"之内涵,最终形成一种独立的乐谱形式。

李龙《夜晚的相宜与紧张:影戏与明清以降传统社会的时间管理》[《戏剧》(中央戏剧学院学报)2021年第2期]认为在中国传统社会,影戏借光树影,多于夜晚演出,主要归为夜戏之列。明清以降直至民国时期,在相宜与紧张的特殊时间逻辑中,影戏较多重塑了传统社会的大众文化,对传统时间管理体制进行着一定程度的补充与丰富。

祝陶然《晚明江南戏曲的时代特点与时代特征》(《戏剧之家》2021年第10期)指出中国传统文化历史源远流长,作为国家精粹的戏曲艺术,更是有着数百年的传承与沉淀,是一种综合性的舞台艺术样式,由文学、音乐、舞蹈、杂技、武术等艺术元素汇聚而成,并在各历史时期呈现出了不同的特点,进一步丰富了人们的精神文化生活,相关类课题研究备受关注和热议。该文基于对晚明时期社会形态及中国戏曲基本特征的概述,分析了晚明江南戏曲的时代特点与时代特征,并就其传承发展进行了探究。

谢丹《明代民歌的艺术特征及形成原因》(《四川戏剧》2021年第3期)指出在中国民歌发展史上,明代的民歌有着很高的地位,不仅流传于街头巷尾,也为很多文人学士所推崇。对明代民歌的探究,我们需要了解一下"民歌"本身的形成及发展过程,由此可以了解到明代民歌的艺术特征,找到明代民歌取得卓然地位的必然性。

孙四化《明清徽商对徽州地方音乐发展与传播的贡献》(《内蒙古艺术学院学报》2021年第1期)认为徽州地方音乐具有浓厚的区域特色,受到徽州文化的影响,呈现出兼容性、乡土性和开放性的特点,徽州地方音乐既是徽州文化的组成部分,也是徽州文化的一个载体。徽州文化的形成和发展,因素很多,其中"无徽不成镇",乃是徽商推动徽州文化迅猛发展的总前提。该文基于此,论述了明清徽商对徽州地方音乐在发展与传播中的重要贡献。徽州地方音乐在徽商影响下提升了社会影响,又伴随着徽商脚步而风行天下,扩大了传播范围和丰富了传播形式。

许莉莉《论明清曲谱中几部轻体量曲谱的制谱思想》(《艺术百家》2021年第2期)认为"精简型"曲谱是曲谱主流中的一股潜流。其为数不多,体量单薄,在频出的大部头曲谱的映衬下,不易彰显其自身的意义。它们始终保持着如早期曲谱般的轻型体量,甚至更为缩减。这主要源于其对前辈曲谱中内容、主张、精神的凛然而尊。它们仍将前辈曲谱"欲世人共守画一""必求归一之腔"的精神和实用思想,奉为制谱准则。

程璇《明代的宫廷音乐研究》(《艺术品鉴》2021年第8期)主要以《明史·艺文志》为主要资料,《古今图书集成》《续文献通考》为辅助资料,探究明代宫廷音乐的制定,在重大场合的运用,以及宫廷音乐的乐器与乐队的增加、乐舞生的选拔等方面进行探究,这样可以深入了解明代宫廷音乐的发展状况。

廖俊宁《文献中的明代祭祀管弦乐队研究》(《艺术评鉴》2021年第4期)指出在明代,祭祀乐队作为祭祀礼节中不可或缺的重要组成部分得到统治者的重视,从而获得重大发展。祭祀乐队作为宫廷乐队中的重要组成部分,已逐步发展与完善。皇朝祭祀乐队有3种乐队编制形式:郊丘庙社乐队编制、文庙乐队编制、教坊司合用乐队编制。这3种乐队形式之间存在着诸多相同点与不同点,在皇宫典礼应用中也有着不同的作用。通过对祭祀乐队的形成与发展的分析,进而了解明代祭祀乐队在皇宫典礼中的具体应用及艺术特征。

李奇《试论明代职业戏班的演剧活动》(《浙江艺术职业学院学报》2021年第1期)指出明代职业戏班作为戏剧演出的重要班社组织,贯穿了整个明代戏剧发展史。由于它数目庞大、演员人数众多、分布地域广泛,其演剧活动自然就盛况空前了。具体表现为:在剧目上涵盖了宋元南戏、元明杂剧、明人改本戏文、新编传奇等剧作,在演剧形式上涉及全本戏、节本戏、折子戏、饶戏等形式,在演出类型上包含了时令节候、婚嫁寿诞、丧葬祭祖、祀神酬愿、进学赴试等事项。

邬治国《晚明坊刻戏曲的文化传播价值与影响刍议》(《四川戏剧》2021年第2期)认为明中后期,随着戏曲文化政策的转变和传播媒介的变革,坊刻戏曲到了顶峰时期,流传至今的品类众多,呈现出3个典型的艺术传播特征:内容上的才子佳人,插图上的图文并茂,效果上的图文互动。其凭借文人化的剧本内容以及图文并茂的媒介特点,有力地促进了戏曲文化的广泛传播,并参与建构了初期形式的媒介社会。同时,其作为承载戏曲文化的一种载体形式,也影响到了戏曲文化的流播:为后世保存了戏曲文化遗产;改变了戏曲艺术的审美方式;推动了世俗戏曲社会的形成与发展。

史一丰《明代徽州戏音乐与唱腔研究》(《大众文艺》2021年第2期)指出从明朝中后期起,弋阳腔开始传入徽州,结合徽州地方民间曲调,形成了具有徽州地域特色的徽州戏曲音乐,并在不断演剧和与其他戏曲种类的融合中得以发展。徽州戏是一个地方戏曲的集合概念,它既有弋阳腔的唱腔体系和演唱形成,又表现出徽州曲调的婉转柔美。明代徽州涌现出多位戏曲作家,曲目众多。多部曲目成为之后我国戏曲音乐创作的典范之作。

王芹《明朝时期东莞木鱼歌传播的影响因素研究》(《文化学刊》2021年第1期)综合运用内容分析、文献分析、资料考证、实地调研等研究方法,以东莞木鱼歌的形成时期即明朝时期为历史研究时段,重点研究明朝时期东莞木鱼歌传播的影响因素,即社会经济环境、粤方言环境影响、民俗环境、文化积淀,以大历史观的新视角去审视和重现明朝时期东莞木鱼歌的传播景观。

项阳《明清时期边地和民族区域的国家雅乐存在——国家用乐中原与边地相通性研究之一》(《音乐研究》2021年第1期)认为雅乐为传统国家用乐核心、三千载一以贯之用乐类型,在中国传统文化中具独特历史地位。在国家规制下,边地和民族区域府、厅、州、县之官员和学子同为雅乐仪式参与及践行者,专业乐人亦参与其中部分仪式用乐。雅乐形态对所有国家用乐均有实质性影响,"三献礼"等仪式仪轨为雅乐专创,后被多种仪式用乐接衍,对在传统社会中构建民众国家文化认同有重要意义。

张帆《水上演乐:明清传统节俗与戏曲演出的互构》(《文化艺术研究》2021年第2期)指出古人的水上演乐传统源自先秦,最初与祭祀关系密切。至宋元时期演出种类逐渐多样化,歌舞、杂技、百戏等无所不包。明清以降,逐渐转向敷衍真正意义上的戏曲作品,并与传统民俗尤其是节日习俗产生千丝万缕的联系。元宵、端午、中元、中秋等重要节俗的水上演出活动丰富多彩,形成古代水上演出活动的高峰。对节俗与水上演乐的关系,节俗水戏与戏曲演出活动的相互影响等的研究,能为戏曲学、民俗学、人类学等提供新的材料和视角。

刘志宏《论明清传奇的曲牌音乐叙事功能》(《戏剧艺术》2021年第6期)指出明清传奇叙事艺术研究传统上多关注情节结构、人物时空等文学要素,明清传奇曲牌的音乐叙事功能实实在在地存在于传奇剧本和舞台搬演之中。

(四)建筑与园林设计

李秉星《明代苏州下塘徐氏家世艺文考》[《苏州科技大学学报》(社会科学版)2021年第3期]梳理重要徐氏族人的家世传承与艺文活动,厘清了前人研究中相关族人的世系籍贯、园林营造以及图书刊刻等问题。

周春芳《明清陕西蒙学建筑文化研究》(《建筑与文化》2021年第5期)认为明清陕西的蒙学教育位居全国较发达水平,蒙学也代表了当时陕西教育的最高成就。蒙学建筑在选址和空间布局上有较为鲜明的地域特征。蒙学建筑受关学、农耕文化、隐逸文化等影响,表现出质朴实用、适宜简淡的鲜明文化特色。

叶武、程苗《情景交融——从中国画中探析明清园林意境的表达》(《国画家》2021年第3期)从中国传统自然观的哲学基础、置陈布势经营位置、以情观景情景交融等方面探讨了明清园林意境的表达。

曾雪彬《论明清女性对造园的影响》（湖北美术学院硕士学位论文，2021年）从女性对园林构建的影响、女性对园林意境的影响等方面来具体描述明清女性对造园产生的影响。探索更多女性与建筑的关系，女性对建筑的影响。

邓韵《浅析明清江南古典私家园林中山水画的特色》（《美术教育研究》2021年第8期）指出古典园林是中国传统文化的重要组成部分，其艺术化地再现自然山水，巧妙地将自然美和人工美相结合。在古典园林中，明清江南私家园林闪烁着独特的光芒。文人画家参与园林的设计，将绘画的创造性手法和意境融入园林的布局与造景，推动明清时期江南古典私家园林中的山水画特色越来越明显，在布局经营、审美意识、情感寄托等方面都取得了新的发展。

郭以德、周向频《晚明山东邹平张延登家族园林考略》（《城市建筑》2021年第10期）指出明万历到崇祯年间，张延登家族在山东邹平营建了8处园林。这8处园林在环境选址、要素营造上皆巧于因借，成为自然山水园的杰出典范，引得董其昌、陈继儒、夏允彝等著名文人纷纷撰写园记、园诗，以表赞赏。该文通过史料考证，梳理张延登家族园林分布及选址，进一步探讨和复原园林的空间布局、要素构成，最终总结出张延登家族园林的造园观念与特征，以弥补园林史地域园林研究的不足。

李娜、方小山、刘爽《明代寄傲园与小洞庭考论》（《中国园林》2021年第6期）据正德至崇祯的吴县方志及文人文集，发现《六味斋笔记》《文氏族谱续集》以及《清河书画舫》中新的文献线索。通过基址考证，推断文震亨宅园"香草垞"是"寄傲园"旧址，得出寄傲园与小洞庭是刘珏的两个不同园林的结论。根据文献推测出"小洞庭"的大致空间布局，并对《寄傲园小景十幅仿卢鸿—草堂图》和《小洞庭图》两幅园画做了考证。研究有利于进一步认知和理解明中期的文人造园观念。

三、结语

2021年的明代文学与艺术史研究，研究成果数量较多，研究内容亦较为广泛。学者们从明代小说题材出发,对明代小说理论,明代小说中妇女、神魔各类形象,社会生活等问题的探讨,以及对《水浒》等著名作品的研究,深化了关于明代小说的认识。对明代艺术的探讨,主要集中在对艺术家群体以及艺术作品所体现的观念、艺术特色上,此外还探究了艺术作品与社会的关系。总体来看,2021年度明代文学与艺术史研究不但注重对作品内容的分析,还注重文艺理论、艺术家的探讨,研究对象与内容的不断拓展,将产生更多令人信服的新成果。

2021年明史文献研究与出版进展报告

廊坊师范学院社会发展学院

李建武　马永健

在中国历史上,明代在文献典籍方面取得了高度发展,尤其是明朝中期对于文化典籍等方面出版政策的放宽,极大地推进了明代各类型的书籍面向社会出版。同时由于此时段社会相对稳定,经济进一步繁荣,私家藏书和官府藏书的逐渐积累,使得大量文献资料得以保留至今。这为我们现在从事明史研究提供了大量史实材料,也增进了大量历史工作对于明史研究的热忱。随着网络应用和各高校学者对于明史文献研究的深入挖掘,使得多部明代的文献研究成果在2021年陆陆续续出版,其中不乏对明史最新文献发掘和整理极具历史价值的著作。本部分将对其相关出版物和研究情况进行阐述。

一、明代文献整理出版情况

2021年明代历史文献的整理出版包含了不同类型的研究成果,主要集中在最新的明代史料档案和明代学者诗文集、文书著作的收集整理方面。这些出版文献中,多数以研究课题为核心,具有更多的学术价值,表明其学术贡献和价值的重要性。与前者相较,侧重于白话文与科普的明史文献著作则略显不足。

(一)史料与档案文献

明代是中国古代史上古籍文献最为丰富的一代。2021年诸多学者从不同研究角度出发,深入发掘并整理出版了前沿的明代史料档案方面的材料与研究成果,极具发现意义。本年主要有以下较为重要的文献整理出版。

首先是由孙继民等人所著的《新发现古籍纸背明代黄册文献复原与研究》(中国社会科学出版社,2021年)出版,这本书共分为四章,第一、二章介绍了该书的成书背景并详细梳理了新发现的古籍纸背明代黄册文献,第三章是对新发现的古籍纸背洪武三年(1370)小黄册进行了复原与研究,第四章是对新发现的上图藏古籍纸背明代后湖黄册库藏黄册进呈本文献的复原与研究。这本书公布了一大批之前不为学界所知的古籍纸背明代黄册文献,为研究明代黄册的发展演变及相关问题提供了一批珍贵新资料。

其次是《明实录南方民族研究史料》(岳麓书社,2021年)的问世,此书是湖南省社会科学院历史研究所研究员伍新福编撰。全书是《明实录》的分类辑录,保持了原书的编年体例,以年系月,以月系日,以日系事,并将原书的甲子纪年、纪日,换算成公元纪年和农历纪日,一一加注。此书的史料内容包括:(一)明廷对南方和西南各省民族地区的开拓与统治的建立,(二)民族地区军政建置沿革及其吏治,(三)土司制度的建立发展和变迁,(四)明廷对民族地区各民族的军事征剿与民族抗争,(五)民族风俗、宗教信仰与教育,(六)朝贡与税赋制度、徭役及土兵征调,(七)民族地区的经济与民生,(八)西南疆域与边事等。为方便检索和查找,该著作所记载的每一事项,均提纲挈领,拟定一个标题。又将标题按辑分别编成目录,置于各辑正文之前,从而方便使用者去定点寻找史料。这对于研究《明实录》,尤其是明代南方民族研究具有重要的史学价值。

另外龚延明、邱进春编著的《明代登科总录》(全25册)(广西师范大学出版社,2021年)从浩瀚的现存文献中辑录出明代276年89榜24000多名进士的传记资料,规模庞大,史料丰富,编排科学,可谓明代登科名录之集大成者。全书按89榜榜次顺序编排,各榜前三名列该榜之首,第四名起按姓名笔画顺序排列。书后附《姓名笔画索引》,以便查检。全书总字数近2000余万,相较于现有的《明清历科进士题名碑录》《明清进士题名碑录索引》等同类书稿有较大的增补。该书为每位进士撰写小传、罗列详细书证,具有基础性资料特色的价值,对同类书稿学术信息容量有极大提升,为全面、深入研究明代科举奠定了坚实的基础。该书不但有助于推进明代科举史的深入研究,也将为明代政治史、教育史、文化史、人才学与区域经济的研究开拓新的视角,具有重大的学术价值和文化价值。

由山右历史文化研究院整理出版的《山右丛书三编》(上海古籍出版社,2021年)具有古籍整理意义,是有关历代晋人的著述精粹。该书含31位晋人、39种著作,如王家屏《复宿山房集》、邢大道《白云巢集》二十四卷、亢思谦《慎修堂集》二十卷、韩文《韩忠定公集》四卷等。此次经今人整理点校,乃《山右丛书初编》《山右丛书二编》后又一部大型晋人古籍整理集成性著作。对于深入了解晋人,尤其是明代山西地区文献研究起到积极的推动作用。

侯荣川编著《日本内阁文库藏稀见明人别集汇刊》(第一辑,广西师范大学出版社,2021年),收录日本内阁文库藏稀见明人别集24种,编为50册,影印出版。所收别集大多刊刻于明朝嘉靖、万历、天启和崇祯年间,多数系日本江户幕府时期通过贸易传入日本,其中7种为海内外孤本。陈广宏、侯荣川编《日本所藏稀见明人别集汇刊》(第一辑,广西师范大学出版社,2021年)共收录日本内阁文库、蓬左文库藏稀见明人别集38种,大致以作者登科入仕时间为序,编为50册。所收38种明人别集均为江户时期传入日本的珍稀文献。其中32种为海内外孤本;其他如俞大猷《正气堂集》、谢汝韶《天池先生存稿》、冯时可《冯玄岳金昌稿》、戴士琳《剡山堂稿》、陆卿子《玄芝集》、郑经《东壁楼集》等6种,虽非孤本,但也是稀见文献,具有重要的版本价值。从内容看,本编所收各集,基本均有序跋,其中多者十数篇,如《瓿余》共19序;其他如《南州草》共7序,《缪丁阳诗文集》5序。这些序跋,或叙作者生平,或叙编集刊行传播之况，或评文论诗，是研究明代文学史、书籍史、批评史的重要资料。本编所收各集38种，共36位作者，从籍贯看，其中福建13人、浙江7人、江苏4人、上海2人、山东、湖北、江西等各1人。虽然这些文献只是偶然的聚合，但也真实反映了当时中日贸易中口岸在地物产和文化产品输出的优势。

再有是《邯郸学院藏太行山文书系列丛刊·明清文书》的出版，主编是邯郸学院太行山文书研究院冯小红教授。本次出版的文书是太行山文书首批文书中的明清民国时期文书的一部分，总计1100余件，涉及邢台县、南和县、武安县、涉县、潞城县、长子县、黎城县、和顺县和汾阳县，种类丰富，形式多样。影印文书的同时加以释录，图录并举，最大限度地方便读者使用。该书为不可多得的反映太行山地区乡村社会生活实态的原始资料，可为文献学、历史学、人类学、社会学、经济学等领域的研究提供有力的史料支撑。太行山文书是目前华北地区发现的唯一一种大宗民间文书，它的发现填补了华北大宗民间文书的空白。太行山文书具有时间延续性、地域广阔性和集中性、文献系统性等3个主要特征，是不可多得的反映太行山地区乡村社会生活实态的原始文献资料。

北京明十三陵特区办事处副研究员何宝善的《明实录大运河史料（全两册）》（北京燕山出版社，2021年）选取《明实录》原典古籍整理辑校，将洪武元年（1368）二月至崇祯十七年（1644）二月，270余年连续不断地疏浚清淤、堵塞决口、建闸筑坝、另开新河月河以及漕运管理方面的众多史料依照时间顺序全部记录在一起，形成了一本完整详实的运河工程纪要，为中外研究明代水利工程，漕务运输、漕务文化提供了详细、连贯、权威的官方史料，具有极重要的学术价值。该书作者何宝善先生致力于明史研究多年，具有深厚的学术功底，掌握大量历史资料，保证了本书的严谨、精确与较高学术水准。该书填补了目前学术界在大运河史料辑校领域空白，势必大大推进国内的运河研究，具有不可忽视的社会效益。保护和开发运河文化带是对大运河这一世界文化遗产进行文化传承的重要举措,而整理运河史料是其中重要的一项文化措施。该书的出版,必能为建设运河文化带添砖加瓦,成为千年运河的一张文化名片。

除了《明实录》方面的史料汇集,还有明清档案类文献的出版。由中国第一历史档案馆编著的《明清珍档集萃》(九州出版社,2021年)就是一部汇聚重要明清史料档案的文献资料。明清两代,特别是清代留存下了大量的历史档案,它们原本深藏皇史宬、内阁大库等庙堂重地,不为大众所知晓。20世纪初,明清档案屡遭劫难,部分档案一经散落在社会上,随即引发了巨大轰动,与殷墟甲骨、居延汉简、敦煌写经一起,被称为中国古代文化的"四大发现"。而中国历史档案馆保存有明清档案1000多万件,内容涵盖了政治、经济、文化、民族、宗教、外交、天文、地理、典章制度等诸多方面,是数百年历史的真实记录与凭证。几代明清档案工作者不断砥砺奋进、开拓进取,使明清档案在存史、资政、育人等方面发挥了独特作用,为中国特色社会主义文化繁荣贡献了力量。2020年是中国历史档案馆建馆95周年,编者从馆藏中掇菁撷华,编纂成《明清珍档集萃》,力求博中求精、精中见雅。

最后关于2021年出版的史料与文献方面的成果还有类似于王见川、柯若朴、侯冲、范纯武、游子安等人主编的《明清以来善书丛编·编辑》(全十八册),(新文丰出版股份有限公司,2021年)以及展龙所编的《明代气象史料编年》(社会科学文献出版社,2021年),这两部作品的问世为2021年度的明代文献史料研究增添了极重的成果,推动了明史史料文献的整理工作顺利开展。

(二)明人所撰修文献

明代学者的著作是研究明史的基本史实材料,对于我们从事明代相关研究具有举足轻重的地位。2021年,从事明史方面研究的学者们整理校对出版了一批明人所写史志和相关历史材料。如明代许一德、陈尚象、刘汝辑、周文化编撰,吴迪担任责任编辑,赵平略、吴家宽负责校注的《万历贵州通志(上、下)》(西南交通大学出版社,2021年)。该志是贵州明清两代存世志书中的孤本,由时任贵州巡抚、兼督湖北川东地方军务、右佥都御史江东之和贵州布政使王耒贤、贵州提学佥事(后任副使)沈思充修;云南按察副使许一德、刑部刑科给事中陈商象所纂。这次点校是在认真对照底本和数年走访相关地方进行田野考察基础上完成的,较好地纠正了一些版本的疏漏,对贵州史研究有一定的价值。还有明代著名文学家、博物学家谢肇淛编撰,沈阳图书馆韩梅和辽宁省图书馆韩锡铎点校的《五杂组(精装·繁体竖排)》(中华书局,2021年)。这本书是明代学者谢肇淛的学术笔记,其中"五"指全书共有天、地、人、物、事5个部分;而"杂组"原意是彩色的织品,借指书中内容繁杂丰富。全书共16卷,其中天部2卷,记载了古今岁时、节气、天象、风俗等;地部2卷,记载了历代地理沿革、往来交通等;人部4卷,记载了各式各样的名人和奇人,既包括真实的历史人物,也包括文学作品中的虚构角色;物部4卷,记载了奇花异草、飞禽走兽、琴棋书画、笔墨纸砚等和日常生活息息相关又饶富趣味的物事;事部4卷,记载历代趣闻轶事、世俗市貌等。此书内容广博,对研究历代尤其是明代的社会风俗、政治经济、文化科技、思想观念等方面均具有重要价值。

还有吴世拱汇辑,李梦生点校的洪承畴著《洪承畴章奏文册汇辑洪经略奏对笔记》(商务印书馆,2021年)。这本书主体原为洪承畴在任上所撰章奏,1935年由近人吴世拱据清内廷档案汇辑而成。一部份为顺治二年至五年(1645—1648),为洪承畴任招抚江南总督军务兼理粮饷时所撰,涉及清初江南形势、清军编制及粮饷等。另一部分为顺治十年至十七年(1653—1660),为洪承畴任经略湖广、江西、广西、云南、贵州等处总督军务兼理粮饷时所奏,详载平定经过,细节丰满,可与《东华录》《清史稿》相互发明。而提供了更多的细节,极大丰富了这一段史实的内容。该书记洪承畴回答顺治皇帝的提问,内容涉及天文地理、兵志职官、礼乐道德、诗古文辞,可谓无所不包。但书中所记人事漏洞百出,当为咸、同间人所伪托,以附和世祖倚承畴之传说。因该书在光绪年间有一定的影响,故仍点校出版,以供评骘,不因其伪而弃之。

还有张京华校注的《抄本日知录校注》(华东师范大学出版社,2021年)的出版。此书以北京大学图书馆藏清抄本顾炎武《日知录》32卷为底本,以张继所藏、徐文珊点校《原抄本顾亭林日知录》、潘氏遂初堂初刻本与黄氏西溪草庐集释本,及近年所出栾保群、吕宗力《日知录集释(全校本)》、陈垣《日知录校注》与《陈垣全集·日知录》、张京华《日知录校释》、严文儒、戴扬本《顾炎武全集·日知录》、栾保群《日知录集释(校注本)》等五家参校,整理出一种较完善的《日知录》版本。同月出版的还有李晓方整理出版的《王阳明龙南史料辑录》(中国书店出版社,2021年)。龙南在明代属赣州府辖县域,是王阳明平定广东三浰之乱往返必经之地。正德十三年(1518)正月,王阳明自赣州亲征三浰,途经龙南;三月,平三浰功成回军赣州,再次途经龙南。第二次途经龙南,据说王阳明"驻龙南数月"期间,造访玉石岩,吟诗题刻;视察庙学,督办重建;作《观德亭记》,颁《谕俗文》;等等,留下了大量活动遗迹和文献记载。编者将涉及王阳明的史料碎片辑录整理并进行点校,以便于学界了解研究这段历史,从而客观理性地认识和评价王阳明及其学说,更好地弘扬阳明心学精髓,对其进行创新性发展和创造性转化。

展龙所著《张居正文献辑刊》(北京燕山出版社,2021年)主要收集整理张居正有关著作文献26种。学界对于张居正的研究大多在政治改革方面,而着眼于其文学创作和思想的系统论述是较为缺乏的。以张居正为对象的深入研究对于明清社会史研究及行政思想体系的建设有着现实的指导意义。

(三)今人整理的明代诗词文集

正所谓"人过留名",明代文人墨客热衷于通过诗词文集来表达自身学识,加之明代文化书籍出版方面的进一步发展,有力地推动了明人的诗词文集的流传。2021年度有关今人整理明代诗词文集的著作也有不少问世。

一是明代诗集方面文献的整理出版与点校。由多洛肯、王铭璇辑校的明代木公等人撰《明代纳西族木氏土司文学家族诗集》(社会科学文献出版社,2021年)问世。明代木氏土司文学家族现存诗文集9部,诗文选集1部,即(明)木公《雪山诗选》3卷;(明)木公《雪山始音》上下卷;(明)木公《隐园春兴》;(明)木公《庚子稿》;(明)木公《万松吟卷》;(明)木公《玉湖游录》;(明)木公《仙楼琼华》;(明)木增《芝山云薖集》;(明)木增《山中逸趣》1卷;(明)木增《木生白啸月堂诗云吟阁集》1卷。其中汉语诗文别集主要分布在云南省,多为孤本,属于均为未经刊印的刻本、钞本。通过对明代纳西族木氏土司汉语诗文别集搜集整理的文献考证工作,对各类材料广泛占有、合理分类、归纳总结,在版本上求善,在校勘上求精,从而辑校出迄今为止最为丰富、最为完备、最为系统的明代纳西族木氏土司汉语诗文集成,客观、具体、翔实地展现明代纳西族土司文学的真实面貌。木氏文学家族的著述作品"非徒自私一门之隽而已",它是整个木氏家族精神和文化的集萃,以及对地域文化、家族文化的再扩展。自元代以来,在大一统背景下,政治、经济、文化基本处于稳定发展状态,至有明一代,云南少数民族汉文创作形成一定规模。这正是其与中原民族之间的交往达到一定程度,形成了以经济、政治、文化、血缘等4个方面为联结的纽带关系,从而为其创作的生成提供了合理的空间。统治阶层政治政策的演变、地域文化的变迁、教育科举的建立以及哲学、宗教的介入都对云南少数民族的汉文创作产生了直接或者间接的影响。

另有明人黄绾撰,张宏敏整理出版《石龙集(台州文献丛书)》(上海古籍出版社,2021年)。这部书是明代中期政治家、思想家黄绾的诗文集。《石龙集》再现了黄绾的生命历程与学术思想,涉及较多重大历史事件以及家族情况、师友交游、仕宦活动等。该集的整理,可使研究者深入了解台州思想文化史、浙江阳明学派学术史的重要文献史料,从而推动明代台州学术思想史、浙江历史文化史的深入研究。还有南通大学贾飞整理出版的《王世贞诗文论资料补辑与新论》(社会科学文献出版社,2021年)。该书以王世贞诗文思想研究为中心,对《艺苑卮言》之外的王世贞诗文论资料进行搜集与整理,包括部分散佚文献,弥补了《艺苑卮言》之外王世贞诗文论资料的缺失。该书立足于翔实的文献资料,进而对王世贞的复古实践和其一生的诗文论进行重新认知,提出新论,构建其诗文论体系。而《明人词集序跋辑校》(浙江大学出版社,2021年)是彭志点校出版的一部书籍。该书尝试对有明一代散落在词别集、选集、总集、词话、词谱、词韵之中的序跋进行编辑,撰写出较为详尽准确的小传,并列出详细的文献出处,意在呈现明人书写的本朝词集、前朝词集序跋的生动状貌,借以观照的是明人的"当代"词学观。此外还有上海师范大学李玉宝《上海地区明代诗文集述考》(上海古籍出版社,2021年),该书在述考上重在对上海明代存世诗文集的版本、内容、价值、影响及作者情况等作总体介绍,故"述"是该书主要内容,而"考"则根据实际情况进行,必须"考"的则予以考证、考辨。并且该书首次对上海明代存世诗文集做了有限的搜集,共得有诗文集存世之作家138人(内遗民作家9人),存世诗文集265部,汇编成书目。作者对这些作品进行了详实的叙录、考辨,为地域文学文化研究、明代文学研究提供基础的资料。该书作品严格按照《四库全书总目》分类,取作家"集部"著述。但有个别作品区别对待,按照明人别集的编选习惯,尺牍、随笔等均收录于别集中。

二是文言小说和戏曲方面的成果。明代作为民间私人文化发展时期,除了诗集方面较为典型的就是关于小说和戏曲方面的书籍问世。2021年也有相关研究成果出版。浙江师范大学刘天振所著的《明代文言小说汇编类文献研究》(中国社会科学出版社,2021年)旨在自文献学视域对明代文言小说汇编类文献进行研究,从题材来源、文献类型、文体类型、体例方法、价值与缺失等角度对其实施全面深入的研究,获得了一些独到的认识,一定程度上可以填补学界在这一领域的缺憾。由韦强《明代嘉靖时期戏曲选本研究——以〈词林摘艳〉〈雍熙乐府〉为中心》(四川大学出版社,2021年)为研究明代戏曲选本的学术专著。该书对明代嘉靖时期的戏曲选本进行了全面研究,其中主要的研究对象是《词林摘艳》《雍熙乐府》两部选本。该书在前辈学人的文献整理基础上,从宏观的角度考察嘉靖时期戏曲选本的产生原因、文献特点、选录作品、历史地位和意义,尤其对它们在戏曲、散曲曲文流变过程中的承接作用做了重点分析,考察戏曲选本与戏曲史的关系,探讨明代戏曲发展的脉络。

三是关于诗词文集思想论述研究。近年来,随着对明代文学和诗词学方面研究的深入,不断有学者对其进行反思归纳。该领域相关著作的问世对于研究明代文献极具历史价值。如河北大学陈玉强《轨范与心源:明代诗学的中古接受研究》(社会科学文献出版社,2021年)的出版就是对明代诗学的一种观点表达。"明代诗学的中古接受"是一个值得深入研究的论题,这里的中古,特指汉魏六朝时期。明代文人与中古文人,所属历史语境不同,但在追求创作轨范与探索创作心源上,二者有异代共鸣之处。该书从接受美学的视角考察明代诗论家杨慎、谢榛、王世贞、胡应麟、许学夷、袁宏道对中古诗人、诗歌的接受,这既是探讨明代诗学特点的一种方式,也是研究中古诗歌后世影响的一种途径。除此之外还有明代相关文集论文研究:钱振民主编,曹鑫编著《20世纪中国古代文学研究文献总目·明代论文卷》(国家图书馆出版社,2021年)。这部书从文献学角度着眼,全面系统地考察总结20世纪所产生的这些宏富成果,以简目形式著录之。20世纪是中外学者以现代学术视野和方法研究中国古代文学并取得辉煌成就的一个时期,这一时期积累了大量宝贵的文献资料。文献目录能够如实地总结、反映着一国一家一专业的学术成果、学术水平与活跃状态。该书为明代论文卷,主要收录研究明代文学的相关论文,约10500条。书后附篇名笔画索引和著者笔画索引,方便相关研究人员检索使用。首都师范大学左东岭主编的《明代文学文献与文学思想:中国明代文学学会第十届年会论文集》(社会科学文献出版社,

2021年)从明代文学文献与文学思想学术研讨会暨中国明代文学学会（筹）第十届年会的100多篇参会论文中选编而成的，是分为"文学文献研究""文学思想研究"和"文学史、文体和文本研究"等3个部分。该文集涉及明代文学研究领域多个前沿话题，具有多元视角和方法论意识。推动了明代诗、文与戏曲、小说的研究以及文本、文学史与文学理论研究的平衡发展。

二、明代历史文献研究进展情况

（一）明人撰修史志研究

明代史志方面的深入研究以基础史料为主，不论是官修史籍、实录还是地方史志，都是进一步推动今人展开不同角度研究史实的重要历史文献。

一是基于《明实录》文献方面的研究。刘涛《从文献到文本：地方文庙研究的新路径——以重新书写甘肃武威文庙历史为例》（《地方文化研究辑刊》2021年第2期）通过还原明正统年间重建武威文庙的历史情景，发现武威文庙是明代卫所军户的文化符号，具有重大历史意义，分析明英宗决定重建的原因。进而就武威文庙文化如何超越朝代更迭、族群之分、西方文明影响，思考其传承与发展的原因，揭示武威文庙立匾群体的特征，从而为新时期地方文庙研究提供新的研究路径。谢一丹《王阳明"佞臣"形象的"实录"书写》（《现代传记研究》2021年第1期）认为《明实录》载有大量与王阳明相关的"传记片段"，这些"传记片段"以皇帝敕谕、言官章奏，以及王阳明所上之疏为主，它们共同建构起异于行状、墓志铭、年谱的佞臣王阳明形象。杨德会《〈明英宗实录〉诽谤景帝说"考释——兼论明代史家史权意识的复苏》（《历史教学问题》2021年第4期）认为明代弘治朝以降，史学界逐渐形成了《明英宗实录》有意诽谤景帝的说法。这是值得商榷的。不可否认，受现实政治与实录凡例等客观条件的制约，《明英宗实录》关于景帝的书写与文本确实存在"曲笔"现象。但《明英宗实录》大多数史官主观上不仅没有诽谤景帝的意图,反而明显表现出偏袒景帝的倾向。《明英宗实录》史官在处理景帝书写问题上敢于直面皇权,这在明代历史上是前所未有的,它引领了明代史家史权意识复苏的潮流。杨永康和王晓敏《干犯帝统与万历官修正史之失败》(《学术研究》2021年第5期)认为万历官修国史失败的根本原因是万历君臣就修史问题产生了严重分歧,最终导致万历皇帝的消极抵制,修史活动半途而废。史臣们希望官修正史可以为建文帝、景泰帝、兴献帝正名,传信于后世,万历皇帝则希望官修正史可以表彰祖宗的功业,宣扬明朝皇权的正义性和合法性,两者之间存在着难以调和的矛盾。刘小龙《〈明实录〉建文朝科举书写及其意涵》(《史学史研究》2021年第1期)认为《明实录》书写的建文朝科举,既缺乏三级科举考试的正面记载,又大体上掩盖了建文年间科举中式的信息。本不属于政治敏感性问题的科举史事,因其体现了建文帝泽被天下士子的恩典、妨碍了朱棣"文治"的弘扬,遭到了《明实录》的排斥。这表明实录对建文历史的讳饰,不只限于政治敏感性问题,而是一切有利于建文帝形象的史事。何强、陈季军《〈明实录〉所载土司矛盾冲突事例探析》(《遵义师范学院学报》2021年第1期)认为虽然明朝在继承元朝土司制度上有所发展和完善,但制度本身存在的弊端,导致明代土司地区矛盾冲突频发,给明朝与当地百姓带来了沉重的负担。研究《明实录》中所载土司地区的矛盾冲突事例,以便更加清楚地了解土司制度的弊端,进而深化对土司制度本质的认识。谢贵安《解缙二修〈明太祖实录〉相关问题研究》[《四川师范大学学报》(社会科学版)2021年第1期]认为谢缙奉命总裁二修本《明太祖实录》时,面临篡位伊始的永乐帝朱棣迫切需要清除建文初修本的影响、巩固自己地位的复杂而险恶的政治环境,为应对此一局面,解缙理应拟定妥帖的修纂凡例和宗旨,尽量与当今皇上保持一致,然而解缙内心深处对"据实直书"的执念和保留,使其本人及二修本实录皆未获得朱棣的完全信任。

二是其他史志文献学研究。刘宗勇《明代铁券整理研究》(西北师范大学硕士学位论文,2021年)主要对现存的5副明代铁券文物进行整理,对其具体形制、券文内容、所属者生平及世系都做了较系统的研究。结合史料,统计出明代被赐予铁券的臣子202位,共计223副铁券和12篇铁券券文。明确了铁券的构造、颁赐条件、管理方式和使用权限等具体规定。要佳《明代历朝〈宝训〉研究》(山西大学硕士学位论文,2021年)认为明代《宝训》作为官修史书,以记述历朝皇帝的嘉言圣谟为主,明代官方为每一位皇帝都修有《宝训》。明代《宝训》分门别类地将皇帝的言论划分为多个类目,按照时间顺序逐一记载,这种独特的记述方式是融合了编年体、纪事本末体的优点来阐述谟训,展现了总裁官、纂修官的智慧。朱婷婷《明〈后湖志〉及其文本研究》(西北民族大学硕士学位论文,2021年)认为《后湖志》是明代赵官所作的记录后湖黄册制度的志书,收录有大量关于黄册管理细节的奏疏,具有很高的文献价值和史料价值。该文以《后湖志》为第一研究对象,采用文献研究法、学科交叉法以及文本对比等研究理念,拟从《后湖志》概况、《后湖志》版本研究、《后湖志》文本比较和《后湖志》价值评介等4方面对其加以叙述和分析。毛亦可《明代文书行政中的地方社会意愿表达》(《历史研究》2021年第5期)认为明代地方行政的文书程序中,经常可见由多名里老、生员、乡绅联署的呈文。这些呈文,既是绅士里老向官府反映地方社会意愿的重要手段,也是地方官向上级官府汇报地方事务的重要依据。及至明末,公呈的地位日益重要,其应用规则亦趋于成熟。在部分地方事务中,特定群体的公呈作为地方社会意愿的证据,成为政府决策时必备的文书凭证。石峰雁、徐美洁《稀见明抄本〈皇明肃皇外史〉与王世贞订讹条目考辨》[《上海交通大学学报》(哲学社会科学版)2021年第3期]将明抄本内163条订讹全部做了疏证,发现订讹内容所据史料多为《明世宗实录》,且内容出于一人之手,从而认为订讹出自王世贞之手,普林斯顿本极有可能为王氏家藏付刻本。

(二)明代碑刻与纸背文献研究

明代的历史文献一直处于中国古代史研究宝库中最为丰富多彩的重要位置上。不同类型的明代文献对明代不同方面研究的开展有着积极意义。2021年有关明代碑文与纸背类文献的研究随着相关史料的公之于众，推动明代研究学者们对其学术方面的深入挖掘。

一是碑刻文献方面研究。四川大学历史文化学院张南金《碑刻文献所见明代蜀王府与大足佛教的关系》(《大足学刊》2021年第5辑)认为根据大足宝顶山圣寿寺、石篆山佛惠寺的六则碑刻文献，结合传世文献及摩崖题刻等，初步厘清明代早中期蜀王府与大足佛教之间的关系，历经两个阶段。第一阶段，明早期的洪武、永乐年间，蜀王府与大足佛教的关系紧密，蜀王府资助寺院重修并颁布令旨，圣寿寺、佛惠寺为蜀府及其下属华阳王府的"香火院"。第二阶段，即明中期，由于朝廷迁都，蜀王朝觐路线改变，不再经过大足等原因，蜀王府与大足佛教的关系逐渐疏远，由上一阶段蜀王府在诸多方面的主动支持，变为大足僧众向蜀王府"乞赐令旨"。明初属于蜀国管辖范围内的大足地区，为唐宋的佛教圣地，元末遭兵乱毁弃，以元亮为代表的大足僧众与蜀王府有所联系，蜀王朝觐南京路途中可经大足，多种因素促成蜀王府对大足佛教的重视。相对而言，蜀王府与大足佛教之间，后者更为主动。蜀王府与大足佛教的关系，是明代藩王在地方宗教建设上的一个缩影，更是研究大足地区晚期佛教的重要切入点。刘文青《新见明代〈两院抚按明文〉考》(《文化学刊》2021年第2期)介绍新发现于山东省济南市长清区灵岩寺内的《两院抚按明文》碑文，所载内容是明代中后期济南府下达长清县的一份官府公文。该公文层层转引多个不同衙门的多份文书，详细记述了寺院免粮的流程。由此发现，寺院税粮的豁免并非府县一级可以决定，而是须经过抚按一级官员批准才能免除。

二是纸背档案文献学方面研究。刘文华《〈新发现古籍纸背明代黄册文献复原与研究〉出版》(《历史档案》2021年第3期)介绍了纸背文献是近来学术热点,已成为史学领域新的学术增长点。该书即为对古籍纸背明代黄册文献研究专著。该书公布了一批之前不为学界所知的古籍纸背明代黄册文献,为研究明代黄册的发展演变及相关问题提供了珍贵新资料,将会对纸背文献学、明清赋役制度史的研究有所助益。刘文青《关于〈韵学集成〉纸背明代赋役黄册的几个问题》(山东师范大学硕士学位论文,2021年)研究表述了美国哈佛大学燕京图书馆所藏《重刊并音连声韵学集成》(以下简称《韵学集成》)、《直音篇》古籍纸背文献,是非常珍贵的新见、大宗明代赋役黄册原件。该文即以该批赋役黄册为中心,以其中比较典型的黄册文书为主要研究对象,通过将其与已知明代赋役黄册、上海图书馆藏古籍纸背明代赋役黄册、明代档案以及传世文献等结合研究,对文书所见明代里甲制度、黄册驳查制度等相关问题,进行粗浅的探讨。刘文青《明代"驳查补造"赋役黄册考——以哈佛藏〈韵学集成〉等纸背文献为中心》(《南都学坛》2021年第3期)阐述美国哈佛藏《韵学集成》等古籍纸背文献中藏有比较特殊的"驳查补造"赋役黄册若干件。《韵学集成》等纸背相关黄册反映出,后湖管册官驳查完成并非是黄册"驳查补造"的最后一步,当新一期大造之时驳查内容进入黄册之中,"驳查补造"方告完结。这一发现不仅丰富了前人关于"驳查补造"制度的认识,且为进一步认识明代黄册攒造及"驳查补造"的其他相关问题都提供了重要信息。杜立晖《从〈毅庵奏议〉纸背文献看明代官吏考核制度》(《历史档案》2021年第1期)介绍上海图书馆藏《毅庵奏议》纸背文献之一为明万历四年(1576)山东布政司官吏考语册。据此发现,明代定期对布政司考察时,被考察人包括该区域内当年在任及离任的所有官吏。明代考察所用考语文书,包括被考核人、考核人、考语、考核等次等多项内容,各地官吏考语由布政司统一填注,完成考语书写并提交的时间为年终。该文献涉及明代文武官吏考核等多个方面,该文拟在前人研究基础上,以《毅庵奏议》纸背文献为中心,对其反映的明代官吏考核制度试做探讨。

（三）明代书画乐曲类文献学研究

王照宇《地方文献与古书画鉴藏研究札记——以明代无锡书画鉴藏家华夏研究为例》（《中国美术》2021年第6期）阐述了书画鉴定的实质是在书画史中为被鉴作品寻找准确的时空坐标。开展这种定位性质的研究，有赖于图像和文献两方面的结合。由于地方文献在解决主流学术问题方面发挥着重要作用，借助江苏省无锡市图书馆近年来陆续出版的地方文献"华氏文库"系列影印家谱丛书，对明代中期吴地书画鉴藏家华夏的家系与生卒年进行钩沉，探讨地方文献与艺术史研究相关问题。张啸东《南宋浙本坊刻书画文献的行格特征与明代影（翻）宋版联系之研究》（《荣宝斋》2021年第12期）进一步探究两者之间的学术联系与价值。廖俊宁《文献中的明代祭祀管弦乐队研究》（《艺术评鉴》2021年第4期）认为在明代，祭祀乐队作为祭祀礼节中不可或缺的重要组成部分得到统治者的重视，从而获得重大发展。皇朝祭祀乐队有3种乐队编制形式：郊丘庙社乐队编制、文庙乐队编制、教坊司合用乐队编制。这3种乐队形式之间存在着诸多相同点与不同点，在皇宫典礼应用中也有着不同的作用。通过对祭祀乐队的形成与发展的分析，进而了解明代祭祀乐队在皇宫典礼中的具体应用及艺术特征。

（四）明代文人诗文集研究

石英风《明代王国光〈率意稿〉整理与研究》（山西大学硕士学位论文，2021年）阐述了作为明代"万历中兴"时期政坛上著名的能臣良吏、"千古一相"张居正的得力助手，王国光在明中叶政治与经济领域除弊兴利、锐意改革，颇有建树，他的诗歌创作成就亦不可忽视。该文在对王国光诗集《率意稿》进行首次整理点校的基础上，从王国光的家世生平及交游考略、《率意稿》编修过程及版本致异原因、诗歌创作研究等3个方面展开研究。杨永康《"清沙漠者，燕王也"说质疑——蜀献王朱椿〈与晋府书〉所见晋王朱棡北征事迹》[《南开学报》（哲学社会科学版）

2021年第3期]认为从朱椿《献园睿制集》中的《与晋府书》来看,"不战而屈人之兵"的是朱柏,而非朱棣。"燕王清沙漠"的说法是朱棣的史臣们精心编造的谎言,目的在于塑造朱棣英勇神武、深受朱元璋喜爱的完美形象,强化其继统的合法性。

(五)明代科技类文献研究

梁霄云《明代时令类文献编纂特点论述——以〈月令采奇〉为中心》[《西南交通大学学报》(社会科学版)2021年第6期]阐述了明代时令类文献普遍采用辑录的编纂模式,并借鉴了类书和历书的编排方式,在体例结构上较为严谨。然而,在具体的辑录过程中,明代时令类文献普遍存在引文内容不严谨、引文出处或指明或否、引用书目前后异名以及多务罗列而失于考据等缺陷。同时,由于明代学者在纂辑时令类著述时笃信辑录而缺少纪实,尤其喜欢从类书中辑录材料,且转相钞撮成风,致使文献的史料价值大打折扣。《月令采奇》即存在上述问题,学者利用此类文献进行相关研究时尤应加以注意。

(六)明代边疆类文献研究

毛选《浅谈明代文献〈西域番国志〉》(《丝绸之路》2021年第3期)研究表明永乐年间,陈诚出使西域诸地归来撰写的《西域番国志》一书,作为亲历者记录了其所到之处的见闻,呈现了当时西域与中原王朝的密切往来和文化交融,其意义和价值不容小觑。

三、结语

2021年,学界对明代文献整理与研究取得了一定进展,体现在整理文献类型多样、来源广泛、质量较高。文献整理以传统史料为主,如正史、方志、文集等,辅以新发现的史料,进一步拓展了明史研究的史料来源。新发现纸背黄册为研究明代黄册制度提供了新材料,系统收集的太行山沿线文书填补了华北大宗文书的空白,《明代登科总录》《明清珍档集萃》《明清以来善书丛编·续辑》《明代气象史料编年》及对明实录的分区汇编则是将此前已有史料进行进一步整理及分类。《日本内阁文库藏稀见明人别集汇刊》将大陆罕见、藏于日本的38种明人文集出版问世,具有较高的史料价值。明代文献的不断挖掘与整理为进一步深入开展明史研究提供了坚实的基础,对其加以充分的关注与研究,必将产出更多研究成果。

2021年明代民族关系研究报告

安徽师范大学历史学院

张振国

民族关系是明史研究中不可或缺的组成部分,所涉内容丰富多样。据不完全统计,2021年明代民族关系研究成果出版著作多部,期刊论文120余篇,涉及边疆冲突、边疆治理、边疆防御、土司研究、民族群体、茶马贸易、边地思想文化与特殊景观、重要人物等诸多方面。现将2021年明代民族关系研究成果概述如下。

一、边疆冲突研究

在历史长河的发展过程中,在国家的边疆问题上,有和平也有冲突,每次冲突都在为下一时期更大范围的和平准备了条件。明代边患严重,与北部蒙古、女真的战和,与西部少数民族的抚绥,以及东部海疆倭寇问题等都见于史料记载。2021年众学者在明代边疆冲突问题的研究上涉及了周边海域与国家、西南地区、西北地区以及辽东地区。

(一)与周边海域、国家的冲突

明政府一直深受倭患困扰,嘉靖时期倭寇集中于东南沿海,江浙、福建多地屡受侵扰。为解决倭患问题,明政府明令实行海禁,依靠强盛国力平定海疆冲突。陈昆、孙秀冰《明代朝贡体系下的海上贸易》(《安阳师范学院学报》2021年第4期)认为,在明代朝贡体系中,朝贡贸易与海禁规范了明代的对外关系,逐步建立起完备的官方贸易制度。

明政府为维护其在海外贸易中的垄断地位,对民间海上贸易进行限制打击,施行海禁。而海禁时期是东西方联系密切的重要时期,也是中国走向世界的最佳时期,明朝政府不鼓励外国商人在中国进行贸易,并对本国商人的活动进行限制,弱化了中国商人走向世界的势头,使得中国错失良机。韩虎泰《明代环南海地区防御中参将的设置及辖区变动考》[《海南师范大学学报》(社会科学版)2021年第3期]指出,在明代的整体防务格局中,前中期的重心集中在北部边地,嘉靖以后因倭寇势力兴起,重心逐渐移至东南沿海。就环南海地区防务而言,嘉靖以前主要是镇压广西和粤西少数民族叛乱,嘉靖末期西部"瑶乱"并未完全平定,而环南海地区东段海防形势迫切,因此,整个防务格局呈现东西重、中部轻的态势。万历以后随着葡萄牙人的入侵和澳门商业地位日隆,加之倭寇海盗的威胁,环南海地区中段逐渐成为防务的重心。这一军事防务的演变过程与参将的设置及其辖区的时空变动密切相关。陈政禹《明清惠州海防建置及遗存述略》(《惠州学院学报》2021年第1期)提出,明清时期惠州作为抵抗倭寇和海盗的前沿地区,是广东海防中枢,这里遗留了历史遗迹卫所、烽火台和炮台等文化遗产。以惠州海防遗存为基础,深入挖掘史料,使人们了解遗址背后蕴含的历史意义,惠州的商船外来、卫所建制、军队防务、海患与应对策略揭示了明清时期惠州作为广东海防重地的丰富历史,为今天惠州海防文化遗存的开发利用提供历史动能。

李蒙蒙《洪武时期明丽关系中的耽罗因素探析》(《暨南史学》2021年第1期)认为,高丽利用北元与明朝冲突,从北元夺得耽罗旧地后转而向明朝寻求认同。洪武帝在初期与高丽的关系中承认了这一事实,但随着明朝对北元用兵失利,洪武帝态度逐渐变化,通过一系列措使迫使高丽与北元关系破裂。纵观整个过程,洪武帝对耽罗并无占有之意,对耽罗问题利用的根本原因是阻断北元与高丽的联动,以遏制北元对明国家安全及明丽宗藩关系的影响。围绕耽罗归属问题的较量,是洪武时期明丽关系变化的重要侧面,值得深入探究。

　　刘喜涛、宋明哲《明朝东亚地缘政治思想及其在抗倭援朝战争中的体现》(《长春师范大学学报》2021年第11期)指出,中国古代地缘政治思想源远流长,并且对中国封建王朝的内外政策具有深远影响。明朝的东亚地缘政治思想是对前代地缘政治思想的继承和发展,可以概括为:在"守在四夷"的基础上"时谨备边",保障边疆安定的同时以军事力量为后盾,通过羁縻怀柔政策来维持东亚的封贡秩序。抗倭援朝战争是明朝在东亚地缘政治思想基础上的一次大规模军事实践,充分体现了明朝的东亚地缘政治思想的原则和运行机制,对研究朝鲜王朝的中华认同理念及明代东亚国际关系具有指引和探索意义。

　　张弛《明清鼎革与朝鲜王朝对华观的嬗变》(《中州学刊》2021年第10期)认为,明清鼎革之后,随着清军定鼎中原,统治的稳固和国家实力的上升,加之朝鲜内部"祛文务质"兴起,使得朝鲜王朝对华观从抗拒转向认可。虽对明朝的怀念还在朝鲜国内以一种非公开的形式在进行,但终究随着时间销声匿迹。朝鲜的上层统治者开始正视清朝的强大,认可清朝对中原的统治,并出现"北学"清朝的局势。朝鲜对华观念的转变历史历经百余年,不仅促进了两方关系的改善和经济文化的交流发展,而且引领了其他周边国家对清关系的正常化。

　　陆爱未《从万历朝鲜战争"朝鲜辩诬"中解读中朝封贡关系》(《今古文创》2021年第40期)提及,明朝万历年间,日本出兵朝鲜,中国将这次战争记载为"万历朝鲜战争"。此外,中朝之间曾出现信任危机,朝鲜多次派使进京辩诬,最终解除信任危机,联合抗敌。该文以"万历朝鲜"战争中的"辩诬"为出发点,运用文献研究的方法,理清信任危机的缘由以及朝鲜的应对措施,从而解读中朝的封贡关系。

　　侯冠宇《明代洪武永乐年间中朝官方贸易对朝鲜货币改革的影响》(兰州大学硕士学位论文,2021年)提及,明初洪武帝详细规定中朝两国贸易细则,朝鲜也制定与明朝相适应的贸易政策。永乐时期,明朝出使朝鲜的部分宦官向对方索要物品,两国"舞弊之举"频发,中朝贸易由洪武时期的稳定发展向永乐时期的规模化转变。研究将政治局势的变动、倭寇变化、两国使臣舞弊、朝鲜与别国互动均视为中朝贸易变化的影响因素,这些都在一定程度上加速了朝鲜内部货币改革的失败。

冯震宇《红夷大炮东来与明朝的兴亡》(《文史知识》2021年第6期)通过梳理明代辽东地区中朝贸易活动,展现辽东地区作为中原与朝鲜半岛货物相通的重要桥梁,在与朝鲜半岛间的贸易活动中发挥了独特作用。在两国构建宗藩关系过程中,以官方贸易活动为主导,民间贸易往往受到禁令限制。有明一代,明廷与朝鲜半岛政权通过奉表、传诏、献礼等方式维系了紧密的宗藩礼制,宗藩体系下的辽东地区与朝鲜半岛贸易规模进一步扩大,贸易内容呈多元化发展态势。明廷统治辽东期间,各种贸易活动相互依存又彼此制约,受到明朝对外制度和边疆政策的双重支配。辽东地区与朝鲜半岛间的贸易活动对双方宗藩关系、经济社会发展进程以及区域社会秩序变迁等影响深远。

崔志金《争贡之役》(《中国海事》2021年第9期)提及,宁波作为海上丝绸之路的重要节点,历史悠久。在明朝时,还是朝廷指定与日本开展勘合贸易的唯一沿海港口。嘉靖二年(1523),日本两班朝贡使团在宁波因争辩勘合资格真伪大打出手,导致流血冲突,连累宁绍两地生灵涂炭,史称"争贡之役",这一事件深远影响中日两国关系。

李晓巧《明朝与日本"朝贡堪合贸易"及引发的"倭患"》(《文史天地》2021年第1期)通过分析沈德符的记载,认为明代士大夫们知道日本对明朝的"朝贡",本质是为了赚取贸易利润;明朝政府尤其是中期以后的政府对日本的官方交流和朝贡堪合贸易不太积极,采取"来不拒去不招"的政策,指出这是两国貌合神离的官方合作必定散伙的因素之一。

黄阿明《再论明嘉靖朝勘处安南之政策》[《清华大学学报》(哲学社会科学版)2021年第6期]指出,嘉靖帝借皇子出生诏和黎氏旧臣郑惟憭等赴明告难为由出兵安南,经嘉靖十五年(1536)十一月廷议,兵部左侍郎潘珍初步提出设想,成于毛伯温,并获得云南、两广地方官员的支持。明廷最后实施的莫登庸归降方案,最初由武定侯郭勋提出思路和措施,经林希元完善后形成一套可行性方案,由征南军统帅将官通过在与莫登庸方面往还谈判的过程中最终达成。明朝降安南国为都统使司,实质上是改原本的宗藩关系为中央与土司的羁縻关系,扩大了中央对周边地区的控制。

（二）在西南地区的冲突

明廷在西南地区的冲突集中于土司与中央的关系上。冯刚《靖难之役与西南边疆安全研究》(大理大学硕士论文,2021年)指出朱棣靖难成功,在南京登基为帝,建文帝下落不明,传说藏身在西南边疆地区。因此,朱棣登基后,西南边疆的安全成为首要问题。永乐初期朱棣通过对滇黔卫所重新布防,与云南沐氏重新进行联姻,设置贵州布政使司进一步完善西南边疆的政区设置,征讨安南等多重手段巩固西南边疆的安全稳定。该文以《明实录》和西南地方志为主要资料,以田野调查、明代名人传记、私人篆书碑刻资料等为辅助,试图发现"靖难之役"与明代西南边疆安全二者之间的内在联系。这有助于我们更好地理解西南边疆发展史,也为今天的边疆治理安全提供借鉴和参考。何强、陈季君《〈明实录〉所载土司矛盾冲突事例探析》(《遵义师范学院学报》2021年第1期)认为,土司制度是中央王朝在少数民族地区,因地制宜地任命少数民族地区首领为官,将少数民族首领纳入中央王朝职官体系,以此达到对少数民族地区有效管辖的区域行政制度;也是中央王朝为管理西南少数民族地区所采取的过渡性政策,有着鲜明的时效性和先天的不足。虽然明朝在继承元朝土司制度上有所发展和完善,但由于制度本身存在弊端,明代土司地区矛盾冲突频发,给明朝与当地百姓带来了沉重的负担。研究《明实录》中所载土司地区的矛盾冲突事例,以便更加清楚地了解土司制度的弊端,进而深化对土司制度本质的认识。任柳《"麓川战役"与云南卫所军功研究》[《云南民族大学学报》(哲学社会科学版)2021年第1期]提及,麓川平缅宣慰司之乱关涉西南边疆的稳定和国家的安危,对西南边疆的政治和明朝国势产生了重大影响。云南卫所职役在麓川战役中系本省参战,肩负着护国捍边的重任,其获功依据主要为阵亡功、奇功和头功。"冲入敌阵""深入敌境"的奇功以及"当先破敌""出哨杀敌"的头功,均需莫大的勇气,尤其是内陆移入云南的职役群体,面对麓川地区复杂的环境和边境危机,军功升赏的激励机制可以增加职役群体的战斗力,更有利于麓川叛乱的平定。军功授予依参战地点环境的险恶程度、战阵的难易情况区别升赏,是为明朝廷"以靖边境""护国捍边"的实际举措。由于麓川战役持续时间长,大小战役众多,过程复杂,嘉靖、万历年间,明廷对麓川战役获功者子孙应袭、应革功次作清理时规定:奇功、头功袭职仍循旧例,仅对麓川战役中越升职级者和查无头功、奇功字样者减革,折射出西南边疆地区制度、文化与内地的差异,使得中央对其实施不同的治理策略。

(三)在西部边地的冲突

明代在西部问题的处理上,一边奉行固守疆域的政策,一边谋划开疆拓土。吐蕃、蒙古各部等都曾在西部与明廷发生军事冲突。

代维《明代边疆经略视域下回回通事群体研究》(《回族研究》2021年第2期)认为,回回通事因其语言文化优势,是明廷与西域诸地乃至中亚各权力中心交往的重要媒介,扮演译者、使者的多重角色,在明代西北边疆经略中发挥了积极作用。然而随着吐鲁番东进、西北边境形势骤然紧张,明朝无暇西顾,同西域的交往开始趋于稀疏。加之个别通事煽惑外夷、串通贡使舞弊等行为令部分官员心存疑忌,促使明朝政府开始限制回回通事,回回通事地位开始下降。文章通过回回通事地位的兴衰起伏,反映出明朝对外交往态势的演变。

陈跃、韩海梅《明代哈密危机与嘉峪关开闭之争》(《安徽史学》2021年第2期)提及成化年间,明朝在西域的"基点"哈密遭吐鲁番侵扰,触发"哈密危机"。明政府向吐鲁番遣使责难并以关闭嘉峪关相逼,迫使后者暂时妥协。弘治年间,吐鲁番再侵哈密,明政府复以闭关施压,结果反令吐鲁番铤而走险进犯甘肃。杨廷和主政后,对吐鲁番采取强硬政策,继续关闭嘉峪关,断绝与吐鲁番的朝贡贸易,导致西北边疆局势动荡不定。"大礼议"后，王琼主政西北，开关通贡，放弃收复哈密。明政府对吐鲁番在开关与闭关问题上的反复不仅受西北边情变化影响，而且与内部朝政波动有关。最终，明政府承认吐鲁番吞并哈密，确立了西域地区的新秩序，开启了明代西北边疆的新局面。

王平《"经世"意识与明嘉靖、万历时期北方边防图籍——以记述蒙古史料为中心进行考察》[《青海师范大学学报》(社会科学版)2021年第2期]认为，有明一代，明蒙沿线"九边"战略地位极为突出，嘉靖、万历时期北部边疆危机日促，为了给边疆防御提供借鉴，以防御蒙古为主旨而形成的北方边防图籍大量涌现。在蒙文相关史料稀缺的今天，这些史籍无疑成为考证明代蒙古史料的直接来源。该文在梳理嘉靖、万历时期北部边防图籍文献具体情况的基础上总结出了其强烈的经世思想，以及内容丰富、体例各异、重视地图的作用等史籍特点。

张萌《明代甘肃总兵群体研究》(黑龙江大学硕士论文，2021年)指出，明初蒙古与西北帖木儿帝国的侵扰于明廷而言是亟待解决的问题，统治者遂在西北地区依次设立甘肃镇、宁夏镇。作为九边军镇之一的甘肃镇，下辖十二卫三所，处于西北边陲，地跨河西走廊、北遮蒙古、南抵诸番、西控西域，在保障北方边境安全等方面起到了不可忽视的作用。作为甘肃镇的军事镇戍长官，在其设立后的一段时间，甘肃总兵群体充分发挥了其地方军事职能。随着明蒙关系的不断变化以及西北形势的发展，明廷对西北地区的治理进行了全面的调整，甘肃总兵的驻防是极为重要的一环，也受其影响发生了巨大的变化。文章从明代甘肃总兵的设立及职掌、明代甘肃总兵群体概况及个案分析、明代甘肃总兵的评价等3个方面对甘肃总兵群体进行系统的分析，明廷对甘肃总兵的任用反映了西北边防形势的变化。

冯晓多《明代宁夏镇历史地理研究二题》(《西夏研究》2021年第1期)提及，明代宁夏镇中卫枣园堡设置时间有永乐二年(1404)与正统四年(1439)两种记载。依据文献分析，枣园堡为正统四年(1439)所设，旧址在今中宁县枣园乡。嘉靖十八年(1539)，枣园堡因秋青草采集争议而改隶广武营。明代宁夏河渠提举司乃工部侍郎罗汝敬为解决豪强占据水利而奏设于宣德六年(1431),但其实际职权少有作为,因其不具有征人为其服役的权力及其与管屯官之间存在责权重叠,最终于成化元年(1465)被废除。

毛雨辰《洪武五年明军西征史事稽考》[《闽南师范大学学报》(哲学社会科学版)2021年第2期]提及洪武五年(1372)明军西征虽大获全胜,但中路主力在岭北惨败后,西征甘肃的战略企图宣告破灭。为化解北元反扑的危机,朱元璋采取了召回西路军,扼守北疆要塞的决策。冯胜弃退甘肃,正是受这一战略决策影响所做出的选择。

王元禄《明代万历"松山新边"考略》(《丝绸之路》2021年第1期)提及洮河之变,其造成的明蒙冲突及万历朝的边疆政策趋于激进,是松山之战爆发的重要背景。为了维护松山之战的胜利成果,明朝边臣修筑了松山新边。新边从区划上分属甘肃、临洮、固原三镇,也由三镇的官员协同修筑。明朝系统地在新边修筑边墙城堡,屯驻兵马,给予新边的明军以较高比例的火器装备和较优厚的兵饷,使得新边具备了较强的防御能力。对于新边临洮部分的物资供应问题,也采取调遣卫所士兵采草与招募人员运粮的方式加以解决。但边疆战争与边墙修筑也加重了民众负担。

(四)在辽东地区的冲突

明政府在北部边疆冲突中采取严守和整修策略,在边地的整修过程中,军队战马问题是当务之急。郭顺风《明代辽东马政衰败考释》(《炎黄地理》2021年第3期)谈及马政作为中国古代封建社会针对军马而制定的一种行政管理制度,具体包括马匹的孳生、牧养、训练等内容。马是古代封建社会中重要的战略物资和交通运输工具,明代辽东马政的建立曾在边防保障上发挥过重要作用。但明中后期国家制度出现问题,马政也随之衰败,究其微观上亦有多重原因导致马政的衰败。

二、边疆治理研究

边疆的治理与民族关系之间有着紧密的联系,也与国家的发展之间密不可分,边疆所代表的是一个国家的版图范围,故而边疆治理的重要性不言而喻,众学者对边疆治理的高关注度也正说明了这一点。

(一)边地行政建置

建立特殊的边地行政机构,是明代进行边疆治理的一个重要方式,特别是卫所的设置,更是重中之重。杜洪涛《戍鼓烽烟:明代辽东的卫所体制与军事社会》(上海古籍出版社,2021年)是深入分析辽东地区卫所与地方社会的一部力作,改变了长期以来明代东北史和明代辽东史通常侧重政治与军事的研究取向,改以明代辽东社会为研究对象。鉴于明代辽东是一个推行卫所体制的军事社会,作者以卫所体制的演变为主要线索,结合全球化背景下长途贸易网络的兴起,隆庆议和后边疆军事形势的变化与明清易代对辽东社会的冲击,考察明代辽东的社会变迁。彭恩《明代贵州实土卫屯制的实施及其成效》(《农业考古》2021年第6期)提到明初在贵州推行实土卫屯制,实土卫屯制的实施促进了贵州土司地区农业经济开发,推动了西南边疆和内地的一体化进程,在贵州开发的历史进程中占有重要地位。王国斌《明代靖虏卫研究》(西北师范大学硕士学位论文,2021年)关注的则是靖虏卫,指出明初在靖远地区无迫切边防需求,仅于迭烈逊置巡检司,缉拿盗贼,戍守黄河。洪熙、宣德以后,蒙古势力开始进入河套,并以此为基地,频繁南下,侵扰内地,巡检司不足以防守,于正统元年(1436)设置靖虏卫。该文对靖虏卫进行了细致的分析,从多个角度阐述其在边疆治理方面发挥的重要作用。谢栖炜《明代广西驯象卫新论》(《广西地方志》2021年第6期)考察了中国的驯象传统,指出为满足朝仪需求,明代在广西设置驯象卫,对野象加以捕捉驯化。驯象卫自设立后,其驻地几经迁移,最后移至横州。随着明朝驯象体制的建立与完善,以及愈演愈烈的广西少数民族起义,驯象卫的职能也从驯象为主转变为镇戍地方,这一过程与桂西南地区野象数量的减少和边疆形势的变化息息相关。高丽珊、颜丙震《明代贵州卫所粮饷困境与来源多元化研究》(《安顺学院学报》2021年第6期)指出明王朝在贵州共设有十八卫二守御千户所。充足的粮饷供应是卫所得以正常运转的保证,始终受到明中央及地方政府重视。但明代贵州卫所粮饷困境及统治者在解决途径上的努力,反映出明代卫所制度崩坏、土司日益桀骜、土兵征调频繁、省际矛盾凸显等系列政治问题。

除了陆疆的卫所以外,蒋宏达《嘉靖倭乱前后的沿海卫所与海疆庇护网络——以杭州湾南岸地区为中心》(《史林》2021年第3期)则从海疆这一方面进行阐述,提出明朝嘉靖后期的倭乱平息以后,江浙沿海进入了一段较长的安宁期。这种安宁局面的形成不仅是王朝政策转变及其控制力上升的结果,而且与倭乱前后沿海社会自身的演变历程息息相关。杭州湾南岸的历史表明,嘉靖倭乱为王朝国家与海疆社会的重新整合提供了契机。以此为转折点,沿海庇护网络从向外游离转为向内聚敛,其主导力量由具有离心倾向的卫所武官、窝家势要一变为代表王朝国家的各级官府。在此形势下,"一条鞭法"改革次第展开,江浙海疆复归平靖。此外,谢景连《府卫分制:明代行政设置中的一种特殊"插花地"——以明代贵州为研究个案》(《贵州民族研究》2021年第2期)则提到府卫分制是明代行政设置中非常普遍的现象,旨在通过府和卫互不统属、犬牙相制、互相犄角,指臂相使,以达统治地方的目的。但若按照今天"插花地"评定标准的话,府卫分制却是一种特殊的"插花地"。该文就以明代贵州为例,基于史料的记载,探究明代贵州境内府卫分制这种特殊"插花地"的形成原因及清理拨正的历史过程,明晰府卫分制的实质。

在卫所以外,还有其他的各种边地行政机构在边疆治理方面发挥着重要作用。黄粲茗《明清时期中越边境"四寨六团"行政建置变动始末》(《中国历史地理论丛》2021年第4期)提及万历年间,广西思明土府的官族为了争夺"四寨六团"归属权,不惜同室操戈。出于调停纷争的需要,明廷将"四寨六团"归思明土府同知所辖。在此过程中,"四寨六团"渐渐成为一个独立的辖区,有政区之实却无政区之名。又因同知久不驻该地,"四寨六团"在此后一直面临着行政治理的困难。牛浪《明代云南府巡检司的设置与分布研究》(《文山学院学报》2021年第4期)则指出巡检司也是维护基层治理的重要机构,云南府作为云南的政治中心,明代先后在云南府设置10个巡检司。这些巡检司的设置与分布具有一定的特点,设置时间主要在洪武时期,土巡检的裁革主要时间在嘉靖、万历时期。巡检司主要沿交通要道的关口分布,并与卫所互相补充。云南府巡检司的设置在景泰元年(1450)基本成型,且稳定性较高,所以一直持续到清初。刘淼《明贵州都匀府建置时间考》(《安顺学院学报》2021年第1期)考察的是都匀府,详细梳理了其发展脉络,指出明前期,明政府设立都匀卫对都匀地区进行管理。至成化、弘治年间,都匀地区发生大规模苗民叛乱,明政府派兵平定,随后设置都匀府。关于都匀府设置时间,各种资料记载混杂,有成化十年(1474)、弘治六年(1493)、弘治七年(1494)五月等3种记载。经过仔细考证,作者最终确认都匀府设置时间应为弘治七年(1494)五月。

除了重要的地区,交通要道也是进行边疆治理不可或缺的组成部分。张应强、周凯《驿道开发与空间生产:明清黔东南区域社会结构的过程探析》(《贵州民族研究》2021年第2期)从走廊与通道视角对特定社会结构过程展开区域研究,指出明清时期贵州东南部地区以驿道为中心对区域道路网络开发与维护,不仅连接和拓展了特定的地理空间,不同人群的互动和社会关系的调整更展示了一个多元复合空间生产的过程。杨志勇《明代凉州路军事设施调查与研究》(西北师范大学硕士学位论文,2021年)强调了凉州路的重要作用,指出其作为河西走廊的一部分,承担着东通中原、北联宁夏、西南连接西宁的任务,发挥着枢纽的作用,在西北边防史上具有重要的战略地位。从洪武年间起,明王朝在凉州路设置卫所。此后根据边防的需要,各类军事设施逐步修筑完善,主要包括了边墙在内的军事堡寨、驿站、关隘等,并构成了一个较小区域内的军事防御体系。这些军事设施在明代军事防御上发挥了重要的作用。

(二)边疆治理与治策

单有行政机构建制显然无法进行有效的边疆治理,许多学者就从明朝政府的边疆治理思想与举措方面进行了研究。许若冰、杜常顺《明代岷州地区的民政治理与行政制度变迁》(《中国历史地理论丛》2021年第4期)提出,洪武初年,明廷在整合藏边番族部落的基础上建立了岷州卫,藏区的番族部落也深深嵌入岷州卫的军事与里甲系统,并引致地域社会番汉共处、军民杂居态势的形成。嘉靖年间,增置岷州抚民同知管辖民政并促使当地形成卫所与州县系统分辖军民的州卫共治格局。蔡亚龙《元明边疆治理的传承与变迁——以明初军民府沿革为中心》[《中央民族大学学报》(哲学社会科学版)2021年第3期]则是从行政机构的设立角度,发掘元明两朝边疆的治理理念与模式。通过对军民府的建置源流的梳理,指出军民府是明代管理边疆民族地区的特殊建置,提出"灵活治边"的原则是元明两朝的重要共识,土官制度和土司制度分别在元明两代起源和确立,王朝中央"华夷观"抬头和边疆内、外分层逐渐明晰,推广以卫所为载体的"军民融合"边疆治理模式。

刘正刚、高扬《明嘉靖朝依"例"经略河西走廊研究》(《中国边疆史地研究》2021年第3期)指出现存嘉靖朝多部孤本"例",涉及对河西走廊边防治理的条文,其中清理军伍、填充卫所、操练军人等,以增强边防实力,又有改折色为本色,开中招商,奖励屯田并建墩堡护卫,以保障边储无患;又以闭关、安抚等禁弛手段,维持朝贡有序开展。郭海东《钦使巡边与明嘉隆万时期的河西走廊经略》(《青海民族研究》2021年第2期)指出作为明朝巡视边防的钦差,巡边钦使在纠察腐败、考核边臣、维护边防稳定等事务中发挥着重要的作用。嘉、隆、万时期,巡边钦使在其参与边防经略的过程中发挥了抚番定边的作用,强化了中央对河西走廊边疆事务的治理能力,彰显了中央权威。冯刚《靖难之役与西南边疆安全研究》(大理大学硕士学位论文,2021年)以《明实录》和西南地方志为主要资料,以田野调查、明代名人传记、私人篆书碑刻资料等为辅助,试图从中发现"靖难之役"与明代西南边疆安全二者之间的内在联系。张萌《明代甘肃总兵群体研究》(黑龙江大学硕士学位论文,2021年)指出作为甘肃镇的军事镇戍长官,在其设立后的一段时间,甘肃总兵群体充分发挥了其地方军事职能。随着明蒙关系的不断变化以及西北形势的发展,明廷对西北地区的治理进行了全面的调整,甘肃总兵的驻防是极为重要的一环,也受其影响发生了巨大的变化,明廷对甘肃总兵的任用反映了西北边防形势的变化。

对于贵州的研究,是其中的一个重点部分。翁泽仁《明代贵州民族治理中的民生关怀问题探析》[《贵州民族大学学报》(哲学社会科学版)2021年第2期]主要聚焦于明廷对贵州的民族治理政策,用以探讨贵州得以发展的重要原因。聂雨欣《明代贵州方志中的地名与治理》(《汉字文化》2021年第3期)则更换了一个角度,对武力治理之外的内容进行分析,指出对于贵州的治理,虽有卫所、高墙深池以为捍卫,但武力治理终不是计策。而有明一代,中央王朝在设立卫所、改土归流的同时,也在不停地对社会进行治理,其中地名的教化是国家治理中的一项重要措施。

除了贵州之外,西藏也是一个研究的重点。杨洁、周润年《明代治理西藏的特点及其作用》(《西藏研究》2021年第4期)指出,明朝实行"多封众建"等治藏方略,对汉藏民族友好交流起到了很大的促进作用,不仅使西藏的政治、经济、文化等方面得到了较大发展,而且也使藏族与各兄弟民族的关系得到了全面增进。阴海燕、王清华《明代治藏宗教政策述论》(《西藏研究》2021年第2期)则从宗教政策的角度,对明朝于西藏的治理进行了分析。认为明代封建统治者对西藏的宗教政策,一方面给予藏传佛教各教派足够的尊崇和优礼;另一方面又从国家法律和制度层面进行必要的限制和管理,有力地维护了中央政府对西藏地方的主权管辖和有效治理。陈武强《明代对藏册封问题研究》(《西藏研究》2021年第5期)指出明朝建立后,基于中央政府"多封众建,因俗以治"的治藏方略,朝廷一方面对西藏和其他藏族聚居区来京觐见朝贡的政教头目、番僧、番族等给予册封赏赐;另一方面,对影响较大的寺院高僧或势力较大的世俗地方首领则派遣中央使者亲往册封,使其在各自辖区合法行使管理权,抚治民众。胡箫白《明朝政策与15世纪中期藏传佛教在汉藏走廊的传播机制述论》(《中国藏学》2021年第3期)认为,明朝于15世纪出台的一系列政策刺激了藏传佛教在汉藏走廊地带的发展。一方面,藏传佛教僧人将汉地的丰厚物资引入汉藏走廊用以营建寺庙,寺产更得到明廷敕赐护持保障;另一方面,明廷将番僧封号承袭与朝贡资格挂钩,激发了藏传佛教僧人以宗教安边、招抚番民的积极性。杨洁、周润年《明中央与乌思藏迎接与宴请礼仪考述》(《中国藏学》2021年第1期)指出明朝中央与乌思藏双方非常重视对方的迎接及宴请规格和仪式,不仅体现出明代汉藏民族之间密切融洽的关系,也从另一个方面说明了明中央政府对乌思藏实行有效的管理,一定程度上为藏族社会带来了较为稳定的局面。

　　和平时期的边疆治理政策,与战争之后的边疆治理政策之间显然存在着一定的差距。黄阿明《再论明嘉靖朝勘处安南之政策》[《清华大学学报》(哲学社会科学版)2021年第6期]提出,勘处安南的政策发生了一个从起初的"兴灭继绝"到震慑降服莫氏的转变。明廷最后实施的莫登庸归降方案、降安南国为都统使司等事件,实质上改明朝与安南原本的宗藩关系为中央与土司的羁縻关系,并承认莫登庸政权,造成安南黎、莫南北政权长期对峙的局面。任柳《"麓川战役"与云南卫所军功研究》[《云南民族大学学报》(哲学社会科学版)2021年第1期]指出,麓川平缅宣慰司之乱关涉西南边疆的稳定和国家的安危,对西南边疆的政治和明朝国势产生了重大影响。该文不仅研究了军功制度在卫所军士之间产生的重要影响,而且折射出西南边疆地区制度、文化与内地的差异,使得中央对其实施不同的治理策略。李贤强《明代北部边疆兵变的发生与处置》[《湖北大学学报》(哲学社会科学版)2021年第4期]从驻兵与政府之间的矛盾出发,指出北部边疆兵变的发生是明初以来政治、军事、经济发展过程中层累矛盾的极端反映。明廷对北部边疆兵变的处理经历了从抚剿不定到以抚为主的转变,表明明廷应对兵变的方式更加务实、理性。段培西、杨荣星《从边堡事件看明中期以后边防政策的变迁——以土木堡之变等三个边堡事件为例》(《山西广播电视大学学报》2021年第3期)指出,正统年间明军在今河北省怀来县的土木堡被也先重创,明朝采取了对蒙"绝贡"等若干消极固守政策;嘉靖年间"庚戌之变"后,明朝施行的政策则趋向于强边与通贡并举;"隆庆和议"封贡互市后数十年,明廷与蒙古双方则很少爆发大规模战争。这三个边堡事件说明了明廷在屡遭重创后才找到一种比较务实的处理边患的对蒙政策,从而大大缓和了双方矛盾,汉蒙交流和融合的大趋势不可阻抑。

(三)防御体系的建立

边疆是含义很广的地理概念。我国地域辽阔,边境线漫长,边疆可细分为海疆与陆疆,与之对应的海防与陆防的治理既关乎边疆地区的和谐稳定,又关涉国家的稳步发展的整体环境。明代针对边疆冲突问题,实行了一系列政治、军事措施,用以平息混乱。2021年学者聚焦明朝边疆的治理问题同样可分为海防与陆防两部分。

1.海防

我国海疆防御体系早在明朝就见记载,今人研究也多以明朝为开始,关注点集中在海疆治理与中央策略的关系上。龚金镭《明代后期海事案件处理方式与根源探析》(《西部学刊》2021年第22期)指出,明代在经历了"嘉靖大倭乱"之后,迎来"隆庆开海"的政局。虽然开海的力度和范围是有限的,但明廷对于海洋贸易管理,尤其是对于海事案件处理方面有了不少技术性调整与进步。从《莆阳谳牍》和《盟水斋存牍》等判牍中,可以清晰地看到当时面对纷繁复杂的海事案件,以推官为代表的司法官员运用自有的一套逻辑,针对具体的案情,熟练地综合运用律例与习惯等多元断案依据审理之。这些海事案件处理方式的形成有其深远的社会根源,也体现了地方特色。当然,某些程度上也反映了明代后期地方官员对海洋贸易及海事活动在司法层面一定的积极努力。蒋宏达《嘉靖倭乱前后的沿海卫所与海疆庇护网络——以杭州湾南岸地区为中心》(《史林》2021年第3期)认为,明朝嘉靖后期的倭乱平息以后,江浙沿海进入了一段较长的安宁期。这种安宁局面的形成不仅是王朝政策转变及其控制力上升的结果,而且与倭乱前后沿海社会自身的演变历程息息相关。杭州湾南岸的历史表明,嘉靖倭乱为王朝国家与海疆社会的重新整合提供了契机。以此为转折点,沿海庇护网络从向外游离转为向内聚敛,其主导力量由具有离心倾向的卫所武官、窝家势要一变为代表王朝国家的各级官府。此形势下"一条鞭法"改革次第展开,江浙海疆复归平靖。周秀秀《类型学下明清闽浙海防卫所聚落空间形态比较研究》(华东理工大学硕士学位论文,2021年)提及,明代因海防需要,曾于沿海设立众多海防卫所聚落,这些聚落具有强烈的人为规划色彩,与自然生成渐进演化的一般聚落有着明显差异性。

近年来线性遗产日益受到国家重视,成为学界研究和关注的热点。由于卫所的军事特质,沿海卫所聚落多数仍留有遗存,且沿国家海岸线呈现线状分布,具备线性遗产的潜质。研究海防卫所聚落的地理格局、空间形态等因素,是揭示该类军事线性文化遗产特征的基石。海防卫所聚落因出于人为规划,在短期内快速建设而成,可看作是同一化倾向十分显著的军事防御聚落,然其微观表征仍富有个性。该文选取浙江和福建的海防卫所为研究对象,探索该类线性遗产的空间特质,得出闽浙海防卫所聚落空间形态存在的相似性和差异性规律,这为海防聚落的针对性保护提供理论依据,同时也为卫所聚落的未来发展提供现实指导意义。万明《明代海疆治理与危机应对——以两部〈闽海纪事〉为线索》[《中央民族大学学报》(哲学社会科学版)2021年第3期]认为,关于海疆治理的研究,现有的视角:一是以军事史为主,集中在军将活动;二是从海防角度,关注国家政策与制度层面的沿海军事和行政机构设置及其海防实践;三是从社会史出发,聚焦沿海或岛屿地方士绅与普通居民生活环境。明朝海疆治理与危机应对中的地方官角色及其作用,长期以来成为一个缺失的视角。实际上,无论军将还是地方官,均守土有责,二者在战时的互动关系与作用,体现了明代海疆治理的整体特征。该文即从两部《闽海纪事》入手,发掘利用新资料,考察嘉靖末年福建海疆治理与危机应对中的文武协同,彰显地方官的作用,以期推进明代海疆治理的基础性研究。吴蓓、谭立峰、张玉坤《明代海防与长城军事聚落时空演变比较研究——以南直隶海防与宣府镇长城为例》(《中国文化遗产》2021年第1期)认为,明代沿海防御体系和长城防御体系在军事聚落的时空演变方面具有相似性与差异性。南直隶海防和宣府镇长城是海防和长城防御体系中两个具有代表性的防区,南直隶海防防御沿海倭寇,护卫南京城;宣府镇防御北部势力入侵,护卫北京城。二者均为明朝防御体系中的军事重地,防御等级相近,具有可比性。通过对其军事聚落的数据梳理、分析与对比,探讨其在防御体系建置、空间布局、规模方面的时空演变过程,并结合历史因素分析各自的形成演化原因,由此得出两防区虽在统一的防御思想和军事制度指挥下,又形成各自的特点:海防军事聚落布局开放、规模灵活多变,长城军事聚落设防严密、等级分明。这为揭示海防和长城两套防御体系的内在特征提供了参照。王子天《明清时期海南岛的海防与黎防研究综述》(《中国民族博览》2021年第1期)指出,明清时期是中央王朝治理海南的重要时期,这一时期海南的发展状况呈现出两个特点:一是不断镇压的黎族起义促进了中央王朝在黎族地区和其他少数民族地区治理的不断深入和完善;二是由于海盗和倭寇的袭扰和东南沿海航海贸易的发展,海防意识不断增强。海防和民族治理就成为明清朝廷治理海南的两个重大问题。王珍珍、刘国维《明代广东海防卫所城防工程形制分析》(《南方建筑》2021年第1期)谈及,明初在广东沿海地区构建了防御倭寇的海防卫所聚落群址,是明代封建集权下统一建制与建筑防御性的集中表现。该文通过查阅史籍、系统调研和数据分析,对明代广东海防卫所城防工程的城垣本体、构成要素及垣外城壕的尺度形制和营造方式进行统计、分析及归纳，揭示广东地区海防卫所的空间形制、尺度规律，并通过与内地卫所、府县城垣尺度的比较，明确明代广东地区海防卫所的形制特点，明确明代城防工程军事防御功能与制度的高度统一性和有效性特征。

2. 陆防

海疆防范的同时，内陆边疆防护体系也在不断修缮。郭海东、陈武强《奏报与应对：明嘉靖朝九边兵变中御史的作用》[《河南师范大学学报》（哲学社会科学版）2021年第6期]认为，派遣御史巡视九边是明朝强化边镇监察的重要举措，御史奏报边情是明朝治理边镇的重要信息来源。嘉靖朝平息九边兵变过程中，巡按御史的信息奏报为明朝及时做出决策提供了信息参考。巡按御史在兵变平息中献计献策、率军平叛等积极作用的发挥，显示出皇权对边镇的掌控。但是，由于受边地军政中利益因素的干扰，边镇存在选择性奏报信息的情况，致使明朝中央不能完全获悉边镇实情。同样，身为天子耳目的御史也存在选择性奏报信息的情况，这又导致边镇长久以来聚集的军政矛盾无法从根源上化解。巡按御史奏报边情的直言距离真言存在一定差距。蔡亚龙《元明边疆治理的传承与变迁——以明初军民府沿革为中心》[《中央民族大学学报》（哲学社会科学版）2021年第3期]认为，军民府是明代管理边疆民族地区的特殊建置，制度起源可以上溯到元代的路军民总管府、军民散府，是路总管府、散府适应边疆民族地区特殊地情后的变体，集中分布在西南边疆地区，零星分布在东北边疆区域。入明以后，明王朝对军民府建置既调整又承袭，促使军民府分别向府、土司建置、军卫以及羁縻土司建置等多种建置类型分流，又适时添置少量军民府建置，形成了崭新的明代军民府分布格局和管理体制。因而，军民府在明初沿革的背后，深刻反映着元明两朝边疆治理及其理念的传承和变迁："灵活治边"的原则是元明两朝的重要共识，土官制度和土司制度分别在元明两代起源和确立，王朝中央"华夷观"抬头和边疆内、外分层逐渐明晰,推广以卫所为载体的"军民融合"边疆治理模式。崔继来《明代九边军兵的冬衣布花赏赐》(《安徽史学》2021年第2期)谈及,明代赏赐军兵冬衣布花制度不断完善。以九边军兵为例,赏赐对象覆盖卫所制和省镇营兵制下的军兵种类,并照顾到家属。常例赏赐有布四匹、花一斤八两,布三匹、花一斤八两,布二匹、花一斤八两,布二匹、花一斤等标准,体现着区域和军兵种类差异。布花的有效解运是发放的基础,国家调整解运程序,尽量保证布花输运不辍。国家还调整财政机制、规范支领程序,保证冬衣布花发放。冬衣布花赏赐在一定程度上保障了军兵生活,很多时候又难收实效,缺乏有效整合与监督机制的多头财政体制和官员腐败是主要原因,君主个人意志和国家明显的施政失当影响亦深。

李贤强《明代北部边疆兵变的发生与处置》[《湖北大学学报》(哲学社会科学版)2021年第4期]提出,明代北部边疆地理位置重要,明朝在此布下重兵。这些驻兵在守护帝国北境的同时,也会发生兵变,加剧边境危机。北部边疆兵变的发生是明初以来政治、军事、经济发展过程中层累矛盾的极端反映。从宏观角度看,明代北部边疆兵变在时间分布上呈现初期后期多、中期少的V字形特征,在空间分布上呈现出先从西到中、再东西并发的发展态势。明廷对北部边疆兵变的处理经历了从抚剿不定到以抚为主的转变,表明明廷应对兵变的方式更加务实、理性。明廷对叛兵首恶和当事官员的追责日益加重,与叛兵素质、叛乱程度、吏治革新息息相关。从明初到明末,北部边疆的兵变越来越难处理,影响越来越大,最终加速了明朝的衰亡。

三、土司研究

土司制度作为一种特殊形式下的产物,在明代的民族治理方面起着极其重要的作用。关于土司问题的相关研究是明代民族关系研究中一个重要的组成部分,2021年度的土司研究成果主要涉及地区社会治理、国家认同、土司承袭、改土归流以及土司机构等方面。

（一）土司地区社会治理

土司地区由于管理者的特殊性和区域人文的特殊性,所实行的社会治理措施也较为特殊。沈乾芳、冯灿《明清时期社会变迁背景下滇西地方治理——以邓川州傣族阿氏土司为中心》(《曲靖师范学院学报》2021第5期)指出,明清数百年间,滇西地区因国家制度和地方基层治理而发生了一系列的变化,位于洱海北部的邓川州极具代表性。明初,威远州傣族土酋阿氏因立功而授邓川土知府职,作为非本地人,阿氏首先通过扩大联姻网络不仅得到故地土司的援助,还获得了周边各族土司和当地豪强的支持,稳固了在邓川的政治统治基础。此外,滇西地区开发较早,加之明朝大量汉族的进入,以儒学为基础塑造文化身份变得异常活跃。阿氏通过建构历史记忆,实现了文化身份的转变,加强了在当地的文化统治基础。邓川州境农业发达,又形成了以土司为总理,各阶层和各民族相互协作的高效运作体系,强化了土司在当地的经济核心地位。这种治理方式既有西南民族地区的共性,也形成了滇西地方治理的特色。胡尚《明朝对乌蒙山土司地区的控制及纠纷解决机制研究》(《开封文化艺术职业学院学报》2021年第6期)的关注点转移到了国家制度在实行过程中与地方原有传统之间产生的碰撞上,指出为了稳定国家局势与边疆安全,统治者对乌蒙山土司地区加强了政治控制与法律治理,通过军事、政治策略、文化教育等手段逐步将国家力量渗入该地区。在此背景下,国家法律与当地少数民族传统习惯法中的纠纷解决机制自然会发生碰撞与摩擦,统治者既要考虑当地复杂的民族、地理情况,又要保障其在该地的统治利益,故而不断寻求一种平和而渐进的方式推进国家治理。岳小国《明清时期武陵土司地区的社会治理研究》(《中国史研究》2021年第1期)强调,明清时期的武陵地区是古代中国推行土司制度的重要区域,该地的社会治理对整个土司地区而言具有一定的代表意义。其社会治理的模式体现在两个方面:一是与王朝国家权力相关的制度体系,二是与土司地方文化、传统相关的社会组织系统。王朝任命的各级土司与土司的佐贰官共同构成了土司地区一套制度化的治理体系。在社会组织系统中,土司、宗族大姓首领身份合二为一,土司制度和宗族制度对接,构成对民众日常生活控制的基础。地方神灵、国家信仰等在身份认同及价值观念上向土司地区注入了王朝国家的背景,从而达到整合与教化民众的目的。并提出土司地区的社会治理是对传统社会结构的延伸与发展,这种变化是在王朝权力干预下完成的。最终得出土司地区的社会治理也是土司制度推行后的一大特征的结论。

(二)土司与国家认同

对于国家的认同,是政府允许土司存在的前提条件,此方面的研究成果也颇为丰富。蓝武、黄静莹《白山土司国家认同的主要表征及其意义》(《遵义师范学院学报》2021年第6期)指出,作为王朝中央封授的基层土司政权之一,白山土司不仅表现出强烈的国家认同意识,而且呈现出明显的国家认同轨迹。白山土司国家认同意识的不断增强,维护了白山司域的政治稳定,促进了白山司域社会经济文化的发展,保障了王朝边疆的稳定和多民族国家的统一。贺卫光、陶鸿宇《明清时期连城鲁土司家国认同研究——兼与播州杨土司央地关系之比较》[《西北民族大学学报》(哲学社会科学版)2021年第3期]提出,随着中央集权的不断强化和土司制度的日趋完善,以连城鲁氏为代表的西北土司与以播州杨氏为代表的西南土司的家国认同之路却迥然有别。前者表现出"世笃忠贞"的特点,后者表现出"叛服不常"的特点,究其原因,主要是两地区社会历史环境的差异和中央对两地治边政策的不同。田敏、安志强《从历史记忆到当代展演:唐崖土司田氏夫人遗产及其开发中的国家认同》(《贵州民族研究》2021年第5期)指出,明清时期南方民族土司的国家认同具有历史的典型性,作为世界文化遗产的湖北唐崖土司是其中的代表之一。该文以方志、家谱和民间传说资料为基础,挖掘唐崖土司田氏夫人的文本材料,凸显土司对国家认同及民族交往交流交融的历史内涵。

赵桅《从容美土司贡茶看地方与中央的关系》(《青海民族研究》2021年第3期)指出,朝贡作为元明以来土司制度内容的一部分,在土司地区普遍实行,贡赐往来反映出地方与中央关系的互动。一方面使得中央朝廷确认了自身的统治地位与管辖区域;另一方面贡茶行为也可视作中央王朝对于土司的一种间接的文化濡化手段,朝贡往来间使得土司认可中原士人的生活方式、奉行王朝规定的礼仪,并在交往过程中,对中华文化的认同感不断增强。宋灿云《播州神武祠铜钟研究》(《北京民俗论丛》,2021年)指出,贵州省博物馆收藏的播州神武祠铜钟又称"平播报德钟",钟体铸有280字铭文,承载着丰富的历史文化信息,不仅反映了明代中央王朝与西南土司之间相互关系,也反映了源自中原的关公信仰在西南地区传播的历史面貌。

(三)土司承袭

朱皓轩《明清西南土司承袭方式演变考论》[《云南民族大学学报》(哲学社会科学版)2021年第4期]指出,明清时期西南土司的承袭曾在两种方式间发生多次转变:一是赴京告袭,即土司或亲自或遣人赴京请求承袭,其显著特点是将承袭与朝贡结合;二是就彼冠带,即土司在地方请求承袭,但长期要求土司承袭时需按品秩纳粮。由第一种赴京告袭向第二种就彼冠带的方式演变,符合了行政运作简化的规律,背后隐含了中央与地方经济获取状况的变化。这是中央政府对西南土司经济管控不断深入的过程,也是西南少数民族逐渐被纳入国家统一管理的过程。

(四)改土归流

陈永萍《明代思州土司改土归流与黔东社会变迁研究》(贵州师范大学硕士学位论文,2021年)指出,明代为经营西南,在今贵州地区大刀阔斧进行整治,明永乐十一年(1413),对思州、思南土司进行改土归流,并在贵阳设立布政使司,标志贵州省的建立。思州土司的改土归流,使得黔东的政治、经济、文化方面发生一系列的社会变迁。此外,明代黔东通过移民带来了中原先进的农业技术、儒释道文化,这样持续且广泛的汉文化传播使黔东处于大一统王朝庇护下,同时促进了黔东地区的经济、文化、社会等多方面的发展,奠定了贵州的社会基础,使西南边疆与内地呈现一体化的发展趋势。

(五)土司机构

土司的内部构成也是学界关注较多的一个领域。胡超、许未《试论明代土司机构中的把事与汉把》(《安顺学院学报》2021年第3期)指出,把事是元代以来土司机构中的属员,多由土司"保用",其任用具有很大的灵活性。"汉把"则是汉人把事,由汉人"投充"而来,是土司机构中所任用把事中的一种,多见于贵州水西土司中。汉把在土司机构中起到协助土司治理、加强土流沟通的作用。鉴于汉把在土流博弈中的重要影响,明廷试图对土司机构中汉把的任用和管理进行一定限制,但未能成功。傅锼《宣慰司、"皇坟"、改流:唐崖土司历史疑云再论》(《中国民族博览》2021年第1期)通过探究唐崖土司这一机构的发展历史,指出唐崖司在天启时就升为宣抚司,此后因政权更迭而时升时降。改土归流时,清朝正视唐崖司的雄厚实力,承认其祖上仍为宣抚司使;改土归流完成后,施南府设文武官员驻扎唐崖,为土司城幸存至今奠定了基础。普丽《武定凤氏土司演变》(《炎黄地理》2021年第9期)指出,凤氏土司作为西南地区众多彝族土司之一,是西南少数民族史和地方史、边疆史必不可少的内容之一。其统治对云南乃至西南地区的政治、经济、文化、社会生活等产生了重要而深远的影响。何强《明代播州杨氏土司覆灭原因探究》(贵州师范大学硕士学位论文,2021年)指出,土司制度虽然在一定程度上促进了西南少数民族地区社会各方面的发展,然而随着时代的变迁,土司制度的弊端逐渐显现。该文从国家治理视野的角度出发,通过爬梳《明实录》所载土司叛乱和冲突事件,揭示明代土司制度的弊病,阐明土司制度的实质。并对明代万历朝播州杨氏土司内外矛盾深入研究,分析得出播州杨氏土司覆灭是必然的。

(六)其他研究

孙炜、段超《明代湖广土司区的"无印土司"》(《民族研究》2021年第2期)指出,明代湖广行省西部土司区内,除了45家朝廷敕封的"建制土司",还有许多未经朝廷敕封的"无印土司"。根据来源的不同,"无印土司"可分为4类:其一是元末明玉珍所建夏政权或明洪武朝所封,永宣后未获承认;其二是"建制土司"或卫招抚设置;其三是从"建制土司"中分化而来;其四是来源不详,认为无印土司是自立发展。此外,明朝对"无印土司"的态度及管理使土司制度的运行呈现出刚性规定与弹性管理兼而有之的特点,这使得王朝治理更符合当时当地的社会状况,有利于维护湖广土司地区的稳定和发展。

四、民族群体研究

生活在同一区域中的不同民众,在主动或者被动的情况下进行融合、交流能够起到稳定边疆局势,强化大一统国家认知的作用。在此过程中,也产生了许多新的问题和交流成果,许多研究者从不同的角度给我们展现了不同的群体发展过程。

(一)族群研究

李琳倩《试述明清闽西畲民的社会参与》(《福建史志》2021年第5期)指出,在明清"小冰期"引发的流民迁移以及王阳明治理闽赣政策的影响下,畲民于明清时期形成了现有的分布格局。留在闽西地区的畲民,一方面在社会生活中保留着民族特色,另一方面在政治、经济、文化等方面加快了封建化进程。龙小峰《明清时期边疆地区的族群治理与区域社会变迁——以永安州莫氏家族为中心的考察》(《安徽史学》2021年第4期)强调,在明代不断将国家治理能力投射到边疆非汉族群聚居地区的背景下,莫氏通过"献地筑城"与"招抚蛮瑶"的治理策略为边疆社会秩序的建构做出了贡献,官方也因之分别在成化和万历年间授予莫氏子孙免夫役的权利。入清后,随着人群结构的变化和边疆区域社会的变迁,莫氏免夫役的权利开始遭到质疑,但是基于莫氏家族自身的实力和在瑶人中凝聚的巨大社会影响力,清朝最终认可了莫氏的特权。秦浩翔《从"控驭"到"认同":明清时期广西地方志的族群书写》(《民族论坛》2021年第2期)从瑶僮等少数族群的角度出发,发现其是明清广西地方志的重要书写对象。在国家边疆控制力不断加强、各民族日趋融合以及清王朝民族观念、治边政策等因素的影响下,由明至清的广西地方志族群书写的重心由"控驭"转向"认同",其书写具有存史、资政、教化等重要作用,对于宣扬国家一统、加强边疆治理、促进民族融合意义重大。

任建敏《明中前期两广瑶僮地区招主控制体系的形成与扩散》[《中央民族大学学报》(哲学社会科学版)2021年第1期]指出,招主控制体系是理解明代以来两广边山地带族群关系与社会结构的一个核心因素,明代所形成的民、瑶、僮的身份分界线,就体现在他们在这一控制体系中各自所处的位置。在研究了两广地区招主控制体系内部人员身份自然转变的基础上,该文还指出招主的产生意味着明初两广边山地区形式上的、有名无实的里甲制度难以为继,招主控制体系在这一过程中进一步确立与扩散。

(二)移民与地域社会

崔继来《腹里卫所移民与地域社会演进——以明代赣州卫为个案》(《赣南师范大学学报》2021年第4期)指出,卫所军事移民是国家强制力造就的移民群体。不同地域军事移民群体来源地区、移入时间、在地化程度、在区域社会中的作用不尽相同。以明代赣州卫为代表的漕运卫所跨越明清5个多世纪,是探究卫所制度、屯田制度、军户制度诸问题的极好案例,需要运用传统制度史与区域社会史结合的研究方法、家谱及科举录等新史料深入讨论。李斌、吴才茂《明清以来清水江流域民间移民的生存策略》(《凯里学院学报》2021年第5期)指出,清水江流域在明清时期,是一个容纳军事移民和民间移民的重要区域。不管是军事移民还是民间移民,移居到清水江地区以后,不可避免地要处理与周边少数民族之间的关系。通过历史与民间文献的梳理可知当他们进入清水江流域之后,利用改姓、变换身份等生存策略,逐渐与当地少数民族形成了一个"你中有我、我中有你"的多民族聚居区。冷先平《图像传播:明清鄂湘赣移民圈民居建筑装饰图形符号解析》(《中国设计理论与国家发展战略学术研讨会——第五届中国设计理论暨第五届全国"中国工匠"培育高端论坛论文集》,2021年),通过对装饰图形符号生产过程中的形式与意义、视觉思维、图像语言及其传播可操作意图的分析,旨在阐释鄂湘赣移民圈传统民居建筑装饰图形传播的内在奥秘。

(三)民族关系

吴建勤《川西南明清移民孤岛汉族与少数民族关系研究》[《重庆交通大学学报》(社会科学版)2021年第5期]一文,对明清时期川西南地区的民族关系进行探讨,归纳出川西南民族关系的两大主要特征,一是孤岛汉族与后迁汉族的关系,二是汉族与周围少数民族的关系。孤岛汉族凭借其文化特质,保持着"我族"与"他族"的"双重"边界,显示出汉族和少数民族民族学意义上的流动性,为如何处理民族关系、保护自己民族的传统文化提供新的案例。段丽波、龙佳《交往交流交融:明代哈尼族与汉族关系述论》[《湖北民族大学学报》(哲学社会科学版)2021年第2期)]指出,明承元制在滇南少数民族地区推行的土司土官制,强化了哈尼族与明王朝的政治关系;随着以各种途径和方式进入滇南地区汉族移民的增多以及当地交通条件的改善,哈尼族地区甚至出现了"夷汉"杂处聚居区,汉族与哈尼族之间不断交融。这不仅增强了哈尼族对明王朝的国家认同,还对中国历史上王朝国家多元一统格局的巩固和发展产生了重要影响。田敏、蒋满娟《汉族与少数民族文化"三交"及影响——以明代贵州思南府地区为例》[《中南民族大学学报》(人文社会科学版)2021年第3期]指出,民族交往交流交融包括政治、经济、文化、社会4个方面内容,其中文化交往交流交融对民族关系发展产生的影响最为持久、深刻。撤司建府后,在官方推动和民间交往的背景下,明代思南府地区汉族与少数民族间文化交往交流交融进一步深化,主要表现在儒学的广泛传播、风俗习惯的变迁、宗教信仰的相互影响、汉语使用范围的扩大、族际通婚范围的扩大等5个方面。

黄荣《贵州明代民族地区与汉族地区遗存陶瓷比较研究》(《中国民族美术》2021年第2期)指出,朝廷调集大量的军队进入贵州并实行屯田制,军人家属也伴随而至。此外还调了大量中原与江南汉族农民、商人,俗称"调北征南"。大量的移民进入贵州,生活必需的陶瓷也伴随他们到了黔地,主要是江浙一带的陶瓷器。而当地的少数民族则因经济与政治原因,鲜有使用外地陶瓷器者。明代贵州社会的历史变化与大量移民的进入,使贵州遗存明代陶瓷器在民族地区与汉族地区呈现各自不同的历史特点。罗勇《延续与断裂:元明之际滇缅边境的土著身份——兼论明初土官、土军的来源》[《中南民族大学学报》(人文社会科学版)2021年第5期]强调,明初滇缅边境的土著是相对于移民而言的,包括南诏大理国以来就居住在这一区域的居民后裔及元代进入的镇戍军和官员。认为包括元代镇戍军和官员在内的土著是明初滇缅边境土官、土军和夷民的来源,土著身份的变化对元明之际及此后的滇缅边境民族格局变化产生重要影响。黄孝东、张继焦《明清时期蒙汉民族的交往交流与交融——基于蒙晋冀长城金三角区域文化遗产的调查研究》(《内蒙古社会科学》2021年第4期)指出,对蒙晋冀长城金三角区域文化遗产的调查研究发现,该区域内的很多物质文化遗产与非物质文化遗产都具有同根、同源、同宗属性,具体体现在文化遗产要素的互嵌、遗产主体的相互联结以及遗产功能的相互依存上,这充分说明蒙汉民族在经济、社会、文化等多方面交往的双向性、自愿性与互补性。

五、茶马贸易

2021年有关明代茶马贸易的研究成果较少。敏政《岷州茶马司设立原因再探——兼论其设立时间和"招番中马"》(《西藏研究》2021年第5期)指出,岷州茶马司的增设有其特殊的原因。通过对徐彦登《历朝茶马奏议》中大量明中后期巡茶御史奏疏材料的整理和研究,认为岷州城外番族众多,情愿纳马,并在嘉、万时期"招番御房"的大背景下,受诸茶马司"招番中马"热潮的影响,岷州茶马司增设的行为是明王朝在特殊情境下的特殊举措。朱晓峰《明末戍将茶痴龙膺——青海西宁茶文化建设的奠基人》(《农业考古》2021年第2期)研究了"茶痴"戍将龙膺的生平。指出其是湖广武陵人,万历八年(1580)进士,两次治兵湟中(今西宁),驰骋疆场,建立武功,官至南京太常卿,著有诗文专集《龙膺集》。在西宁任职期间政绩卓著,创作了大量诗词和茶文佳作,是当之无愧的青海茶文化建设的奠基人。张洁《茶马古道线路兴替:基于官办茶马贸易的考察》(《西北民族研究》2021年第4期)指出,明清之际茶马贸易拓展至川边,并上升为针对卫藏地区的驭番边策。清朝中期,随着甘边茶马司的悉数裁撤,官办茶马贸易走向衰落,而川边、滇边凭借自身优越的资源禀赋延续着对藏贸易的繁荣。姚健、樊志民《试论明清时期陕西茶品牌的嬗变》(《安徽农业科学》2021年第12期)认为,明清时期陕西茶品牌嬗变是由茶马贸易制度的演变、人口迁徙融合、内在文化濡化等因素造成的,陕西茶的发展有利于推动统一的多民族国家形成,有利于促使制茶技艺简化和陕西地区经济水平的发展。

六、边地思想文化与特殊景观

移风易俗、强化认同,单单依靠国家权力的强制推行是无法完成的,推行教化也是一种重要手段。2021年,很多学者从人才选拔、史料分析、思想与文化、特殊景观等不同的方面进行研究,推动了研究范围的不断扩展,亦使研究深度不断提升。

（一）人才选拔

刘额尔敦吐、聂雪芳《明朝少数民族人才选拔政策及其启示》（《民族高等教育研究》2021年第2期）指出，明朝为了维护统治和促进少数民族经济及其健康发展，颁布和推行一系列的少数民族教育政策，少数民族人才选拔政策是其有机组成部分。尽管明朝实施的少数民族人才选拔政策是出于边疆地区稳定的需要，但对促进民族文化教育的发展起到一定的积极作用。许继莹《明代贵州科举研究综述》（《宁夏师范学院学报》2021年第3期）强调，明代贵州科举研究总体较为薄弱，主要集中在明代初期的"附搭合并""就近乡试"和中期的独立开科，至于明代贵州科举整体的轮廓式梳理还缺乏全面系统的探讨。另外，文中提及目前关于贵州最具地域及民族特色的卫所军户、少数民族科举研究鲜有人问津，有很大的研究空间和价值。王力《明代贵州科举宾兴研究》[《贵州民族大学学报》（哲学社会科学版）2021年第3期]指出，因黔人赴乡试、会试均较遥远，加之经济滞后，贫生较多，作为助考行为的宾兴因而具备重要意义。宾兴经费的来源主要有两方面：一是土地和各类生产资料产生的租金，二是宾兴银两所产生的利息。谢孝明《邓廷瓒与云贵分闱、贵州独立开科肇端考述》（《地域文化研究》2021年第3期）指出，贵州官绅为争取贵州独立开科，经历了一个漫长的过程，付出了艰辛的努力。在这个过程中，邓廷瓒的发端肇始之功意义尤为重大。该文从多个角度考察邓廷瓒所造成的影响，也总结了云贵分闱对于云贵两省文化发展、边疆治理以及科举改革所产生的巨大影响。

（二）史料分析

白丽萍《〈明史·云南土司传〉勘误一则——以明清大理方志的记载为中心》（《中国地方志》2021年第6期），对于《明史》所载段世和段明皆是段宝之子这段史料进行辨析，得出段宝与段世非父子关系，而是叔侄关系。何强、陈季君《〈明实录〉所载土司矛盾冲突事例探析》（《遵义师范学院学报》2021年第1期)指出,土司制度是中央王朝在少数民族地区,因地制宜地任命少数民族地区首领为官,将少数民族首领纳入中央王朝职官体系,以此达到对少数民族地区有效管辖的区域行政制度。这也是中央王朝为管理西南少数民族地区所采取的过渡性政策,有着鲜明的时效性和先天的不足。研究《明实录》中所载土司地区的矛盾冲突事例,更加清楚地了解土司制度的弊端,进而深化对土司制度本质的认识。刘涛《嘉靖〈漳南道志〉考述》(《长江文明》2021年第3期),主要围绕嘉靖《漳南道志》的作者、内容、版本流传、学术价值等问题,运用文献分析与文本分析相结合的方法对其进行考察,指出该志作为漳南道历史上唯一的方志,是闽粤赣区域社会历史文化变迁的重要文献,为新时期旧志研究提供新的路径。

叶权胜《明代播州杨辉墓志考释》(《乐山师范学院学报》2021年第10期)指出,杨辉是播州杨氏政权第二十五代统治者。杨辉墓志详细地记载了杨辉的生平事迹及其家庭成员情况,是研究杨辉乃至明代播州土司的重要材料。通过移录、句读以及考释杨辉墓志,结合文献资料以及其他杨氏家族成员墓志,这些有助于认识明代土司制度对于西南地区的影响。黄文《明清时期碑刻文献中的村寨自治研究》(贵州师范大学硕士学位论文,2021年)认为,村寨自治是我国古代自魏晋以后县以下广大农村自我管理、自我教育、自我发展的基层社会管理制度。在少数民族聚居区,由于特殊历史原因,这项基层治理制度特点尤为明显。该文主要以明清时期乌江流域的碑刻为研究对象,试图挖掘其中符合村寨自治的相关内容。孙俊《多重镜像:元明时期云南游历资料中的边地形象及其知识生产》(《中国历史地理论丛》2021年第4期)指出,元明时期的云南游历资料建构了完整的"多重镜像"边地形象,体现着边地认知的推进。"多重镜像"边地形象及其知识生产,体现了游历资料的大一统多民族国家空间建构意蕴。杨波《论明刊〈三国志演义〉中的少数民族收继婚风俗》[《哈尔滨工业大学学报》(社会科学版)2021年第5期],通过研究明代刊行的《三国志演义》中存有少数民族收继婚风俗,认为从元代三国杂剧、小说《三国志平话》，再到明代诸刊本《三国志演义》对该情节的因袭衍化，说明三国故事受到少数民族收继婚风俗的影响。张萍《明清西北筑城碑记的形成、特征及历史地理学价值》（《历史地理研究》2021年第1期）指出，甘、宁、青三省现存明代碑记最有特色，有大量卫所营堡的筑城碑保留。这些碑记作为第一手资料，内容涉及筑城过程、工程耗时、销银数量以及捐资人户，对于考证原委、制度复原、社会阶层以及城镇职能与形态扩张都有极重要的史料价值。

（三）思想与文化

张凯、成臻铭《明代土司社会宗教信仰研究——以永顺土司区为例》（《青海民族研究》2021年第3期）指出，根据史料的记载以及当代的考古发现可知，明代有不少土司区，尤其是靠近内地的土司，坐落着当时社会各大主流宗教的祭祀场所。该文以永顺土司区为例，发现当地主要祭祀场所共有九座，基本涵盖了当时社会的各大主流宗教。深入研究这些祭祀场所的各类功能，能够揭示明代土司社会的信仰取向以及土司对汉文化的向化之心。盖建民、刘雪涛《明代土司罗谦端三元合修丹法思想形成考论》[《云南民族大学学报》（哲学社会科学版）2021年第4期]指出，罗谦端为明代西南少数民族地区道教南宗陈致虚道脉后学，其"三元合修"的丹法思想，渊源于道教南宗内外丹合炼的思想传统，并在西南少数民族地区产生了深远影响。明代壮族土司罗谦端的丹道思想作为历史上道教文化与少数民族文化互动紧密联系的生动案例，显示了道教文化在促进中华文化认同，铸牢中华民族生命哲学共同体意识过程中的独到作用。李锋《明中期白族的文学交往及成因》[《西北民族大学学报》（哲学社会科学版）2021年第1期]认为，明中期的嘉靖至万历初年是白族文学交往的第一个高峰期。就宏观而言，这一文学交往高峰与明廷的文化战略以及在西南边地积极推行设学、科举和派遣流官等文化、政治制度有深刻联系；就微观而言，与白族文士群体拥有相对较高的文学修养和积极的交往态度有直接关系。白族的文学交往及成果对南方少数民族文学、西南地区文学发展有重要意义。同时，它也成为明代各民族文化交融的一个历史缩影。

（四）特殊景观

李渌《书写"要荒"："八景"所见明清贵州的开发与社会变迁》[《中央民族大学学报》（哲学社会科学版）2021年第5期]提出，作为一种基于地域生态与时代文化的风景创造，"八景"在贵州的形塑，不仅是明清两代王朝对西南边疆地区的经营及施治的呈现，也是贵州社会变迁的见证。此外，"八景"塑造也与地方精英有着紧密联系，他们通过"八景"诗、"八景"画把对情感、理想、信仰与审美的诠释融于地方景观的书写中，使之成为地方人们表达思想和认同的重要手段，也是普及并推进"八景"文化在明清时期贵州各地发展的重要动力。"八景"文化属于贵州古代史研究的重要组成部分，对全面研究贵州社会史有着不可或缺的作用和价值。李昌佐、李佳佳、魏代谋、张斌《明清"苗疆边墙防御体系"文化景观遗产价值剖析》（《中国文化遗产》2021年第3期）指出，苗疆边墙防御体系位于湘西苗疆地区，是我国南方山区体量最大、设施最健全的明清防御系统，是苗疆地区独特的自然地理环境与军事文化、治边文化的共生体。苗疆边墙防御体系的兴建跨越明、清两朝，历经从单一的城镇防御空间、单个防御聚落到整体防御体系的构建过程。在防御设施总体空间布局、防御机制等方面不断完善，同时对居住环境和区域内的山水资源进行了整体的营造，在有限的山地地区构建了宜战、宜居、宜耕的特殊人居环境图景，体现了"因俗而治"的治边思想、"屯田戍边""因地之形，用地之利"的军事思想和人与自然和谐的山地人居思想。

七、重要人物研究

（一）女性人物研究

民族人物是一个民族的精神领袖与时代代表。2021年，学者对于民族女性人物有很多分析。马强、韦薇《明末西南社会动荡中的女土司——朱燮元〈督蜀疏草〉〈督黔疏草〉札记》(《遵义师范学院学报》2021年第5期)提及,崇祯初年兵部尚书朱燮元奏疏涉及石砫女土司秦良玉与镇雄女土司陇应祥两位女土司,及其在襄助平叛与战后恢复重建中的作用。从朱燮元奏疏看明末社会大动荡可知,两位女土司皆深明大义,或在平叛战争中亲率土兵冲锋陷阵、屡建功勋;或襄助明军平定叛乱、竭诚于地方社会的恢复重建,是西南女性土司精英的代表,值得钩沉与发扬光大。李瑜玲《承袭制度与地方习俗:明代女土司瓦氏夫人研究》(《遵义师范学院学报》2021年第5期)指出,女土司问题是土司研究的重要内容之一。而广西瓦氏夫人之所以能够作为土官之妻进行辅政,在孙子和曾孙年幼的情况下上台执政,与明代土司承袭制度承认女性的继承权,以及广西壮族地方习俗中女性具有较高的地位和瓦氏夫人个人独特的政治才能密切相关。刘柱《奢香民族融合的施政举措浅析》(《六盘水师范学院学报》2021年第3期)指出,在元末明初之际,奢香对于西南地区甚至全国局势都具重要影响力。作为西南少数民族领袖,通过将各项主张与实践都置于国家大一统之下,避免中央王朝的武力"改土归流",表现出对中央朝廷的绝对向心力,并积极配合明初政权,清除元朝在西南的残存势力。通过开辟驿道改善西南交通,进而推动当地政治、经济、文化等方面发展。大力发展民族教育,使汉、彝文化得到沟通与交流,保护文化多样性,推动当地多民族融合。刘小侠《性别视域下的明洪武年间女性土官探析——以西南地区为例》(《文山学院学报》2021年第2期)指出,明朝对土官的承袭方式做出了明确的规定,由于少数民族的特殊性,女性在一定条件下可以继任为土官。洪武年间政局甫定,少数民族地区女性土官的设立体现出巩固政权的需要,女性土官对当地历史的发展同样能做出重要贡献,中央和地方对于女性土官的双重肯定也使得从性别阈域下重新审视女性的社会地位成为可能。

（二）男性人物研究

男性人物研究方面，也有一些成果。希都日古《关于马可古儿吉思可汗时期明朝与蒙古的关系》（《中国边疆史地研究》2021年第4期）指出，马可古儿吉思可汗统治时期，君臣二人主政下的北元与明朝的朝贡关系维持了10余年。尽管这一时期明朝与北元之间发生了纠纷乃至小规模的军事冲突，但双方和平贸易的大局并未发生大的逆转，这对于维护此时期北部边疆的稳定具有积极意义。邓涛《历仕三朝　备受信赖——回人哈铭与明前期北部边疆经略》（《丝绸之路研究集刊》，2021年）指出，哈铭在明英宗北狩期间曾服侍左右，后来"哈铭从帝还，赐姓名杨铭"，故哈铭又名杨铭。彼时，哈铭为明朝通事，而明代通事"初隶通政使司，通译语言文字"，这为杨铭后来隶属提督四夷馆做足了前期准备。哈铭由于懂蒙古语，任职四夷馆时能代明朝与蒙古传话，在两者之间起到了沟通和斡旋作用。杨铭历经天顺、成化、弘治三朝，在三朝边疆治理上都发挥了重要的沟通作用。

八、结语

2021年明代民族关系的研究成果非常丰富，涉及政治、经济、军事、文化、社会等诸多领域；立足点亦各不相同，遍布国家、社会、群体、个人以及其间的相互联系等；既有对诸如茶马贸易、土司制度和民族冲突等传统问题的再审视，也有对诸如特殊景观、女性人物、地区形象等新型问题的初步探讨。此外，更紧密联系现实，重点探讨中华民族内部的交往、交流、交融及其与国外民族之间的联系，凸显中华民族在明代的蓬勃发展。但受多方面的制约，也存在部分领域研究成果薄弱、理论关注不够等问题，需要学界对这些方面投入更多的精力，使明代民族关系研究结出更丰盛的果实。

2021年明代对外交流研究进展报告

天津师范大学欧洲文明研究院

王　臻　骆　姚　刘小丽　杜帅荞

明朝作为帝制中国的重要王朝,在明太祖、成祖奠定的对外开拓基础上,经过历代君主的继承发展,尤其是统治后期明神宗万历皇帝的一番作为,明朝的对外交流取得了较大的成果。2021年明朝的对外关系研究主要体现在与周边朝鲜、日本、琉球、安南等交流往来的探讨,与西方关系往来的剖析,还有针对丝绸之路及郑和下西洋相关问题的探究等,出现了大量的研究成果,深化了明代对外关系史的研究。根据基本统计,2021年出版明代对外交流方面的相关著作10余部,发表论文90余篇,相关博士硕士论文有20余篇。接下来结合相关研究成果具体阐述一下明代对外交流的开展情况。

一、对周边国家交流研究

明朝建立后,太祖朱元璋为确立与周边国家的封贡体系,选定了15个"不征之国",意在宣示柔远外交策略,在后世的成祖永乐皇帝等的努力下,明朝基本确保了"华夷秩序"中的上国地位。属国朝鲜、安南、琉球等与明朝结成了稳定的封贡关系,日本也与明朝保持过一段时间的正常交往,只不过后来随着日本对朝鲜的侵略,明朝出兵援朝抗倭,东亚地区的政治秩序发生了深刻变化。鉴于此,学界有关明朝与朝鲜、日本、琉球、安南在政治外交、经济贸易、文化交流方面的研究成果较为可观,在此分别予以简要介绍。

（一）中朝交流研究

中国与朝鲜半岛山水相连,陆境毗邻,中国与朝鲜半岛各政权(以下简称"朝鲜")自古便有着密切的交往,至明朝时,中朝两国的交流更趋频繁,李氏朝鲜成为以明代为中心的封贡体系中最具代表性的朝贡国,故中朝交流研究一直是明朝对外关系研究的重要内容。

1.政治交流

政治交流是明代中朝交往的前提,历来是学者关注的重点课题,因而涌现出大量的研究成果。

其一是明朝与朝鲜间政治关系的研究。屈广燕《元明嬗代之际中朝政治关系变迁研究》(中国人民大学出版社,2021年)一书爬梳中外史料,在整体把握元明时期中朝两国对外政策的基本特点的基础上,分阶段论述元末至明前期中朝关系由动摇逐步走向稳定化、制度化的演进历程,同时,亦关注到理学思想、边防安全在中朝外交关系中的影响。该书系统探讨了彼时中朝政治、经济、文化、贸易、思想、外交等多个方面的交流概况,有助于推进元明嬗代时期中朝关系研究的深化与细化。李蒙蒙《洪武时期明丽关系中的耽罗因素探析》(《暨南史学》2021年第1期)认为耽罗(即现今的济州岛)归属议题是洪武帝拉拢和牵制高丽的重要外交手段之一,明朝与高丽就耽罗归属展开的交涉,揭示了洪武时期两国关系随着北元势力消长而产生的曲折变化。丁晨楠《16世纪朝鲜对明朝情报的搜集与应对》(《古代文明》2021年第1期)指出,明朝朝报、题本等文书是16世纪朝鲜对明朝情报的搜集活动的重点关注对象,通过这些文书,朝鲜可以详细了解明朝政局的最新动向,从而介入明朝的政治博弈,最大限度地谋求本国利益。此外,朝鲜士人还将此类情报作为干预朝鲜本国政治,表达自身政治理想的一种手段。马云超《"己亥东征"与15世纪前期的东亚外交博弈——以朝鲜王朝初期的对外政策为中心》(《江海学刊》2021年第5期)将发生于1419年的"己亥东征"这一看似只发生在日朝之间的军事行动置于东亚世界的大背景下考察,作者钩稽了"己亥东征"发生的背景、具体过程,以及战后东亚外交关系的走向,并借由"己亥东征"重新审视册封体制,强调作为册封体系核心的明朝在这一事件中所扮演的角色,体现出了东亚视阈的研究特色。

其二是明清鼎革后的朝鲜对华观问题。孙卫国《大明旗号与小中华意识:朝鲜王朝尊周思明问题研究(1637—1800)》(修订版)(四川人民出版社,2021年)初版于2007年由商务印书馆付梓出版,此次修订版,对初版存在的不足之处进行了修正,内容上仍以朝鲜王朝"尊周思明"这一问题为主旨,通过比较朝鲜对明清两朝不同的文化心态,系统全面地论述了朝鲜尊周思明的渊源、表现以及清朝的应对方式,对清代中朝关系做出重新解释,促进相关研究向更高水平、更理性客观的方向发展。张弛《明清鼎革与朝鲜王朝对华观的嬗变》(《中州学刊》2021年第10期)一文考察了明清鼎革后朝鲜对华观由"反清复明"到"北学"清朝的转变历程及其特征,剖析这种变化背后的原因,并阐释了朝鲜王朝对华观的转变对中朝关系甚至东亚秩序的深远影响。李佳《文庙祭礼变动与16至18世纪中朝关系的演进——以朝鲜王朝启圣祠为中心》(《古代文明》2021年第2期)以朝鲜肃宗二十七年仿照明朝礼制在本国文庙内修建的启圣祠为切入点,以小见大,探析明清鼎革后明朝礼制对朝鲜仍保有的主导性影响,以及所体现出的明清两代中朝关系中的差异性。张琦《〈朝天录〉〈燕行录〉中的北京孔庙和国子监形象研究》(北京外国语大学硕士学位论文,2021年)梳理了《朝天录》《燕行录》等朝鲜时期文学作品中的北京孔庙和国子监形象,并解释这些作品中北京孔庙和国子监形象的形成原因,认为《朝天录》《燕行录》中的北京孔庙和国子监形象的差异,亦是明清时期朝鲜对华观的嬗变的重要侧面。

其三是明清更替时期的中朝政治关系变迁问题。李宗勋、姚兰《朝鲜朝光海君时期对明关系略析》(《社会科学战线》2021年第12期)一文对明朝拒封光海君、"野史辨诬"事件进行了梳理,并论述了光海君所采取的"事大"明朝、"交邻"后金的中立政策,指出该政策的施行,既加剧了明朝与朝鲜的相互猜疑，又使中朝传统封贡关系出现裂痕。尹铉哲、尚冬雪《仁祖前期朝鲜朝对外交往政策的成因与影响》(《东疆学刊》2021年第1期)一文以丁卯之役、丙子之役为节点，探讨和分析了仁祖时期的对外政策，指出仁祖统治集团的外交政策是基于维护自身地位和统治集团利益需要，批判其政策为朝鲜朝带来了沉重的负担。赵亚军《登莱巡抚袁可立与朝鲜仁祖请封》(《海交史研究》2021年第3期)一文对登莱巡抚袁可立"仁祖反正"事件发挥的至关重要的作用做了阐述，认为袁可立的"双重权威"最终促成明朝对朝鲜的允封。郭婷婷《十七世纪初明清博弈与朝鲜参战——以松锦之战为中心》(延边大学硕士学位论文，2021年)以发生于1640年的松锦之战为中心，探讨了17世纪前半期明清博弈时期朝鲜王朝的艰难抉择，以及朝鲜参战松锦之战及其表现，论述了松锦之战对朝鲜王权、外交和社会的影响。

其四是关于中朝人员往来的相关研究。王珂、[韩]韩钟镇、唐润熙《漫漫朝天路——明末朝鲜使臣海路使行研究》(登州卷)(中国社会科学出版社，2021年)一书以40余种朝鲜使臣海路使行文献《朝天录》为研究对象，结合人文地理学或文学地理学的研究方法，在考证并重构朝鲜使臣登州海路使行路线的基础之上，对明末朝鲜使臣视阈中的中国文化空间进行还原。马建春、李蒙蒙《明代居留李氏王朝西域人史事辑述》(《回族研究》2021年第2期)对李氏朝鲜史籍所载西域人做了一梳理归纳，再现了西域人在李氏朝鲜活动之史事行迹，同时指出，15世纪中期后，随着李氏王朝族群同化政策的实施，本保有族群特征的西域人逐渐融入主体族群中。贾雨新《朝鲜初期"向化"女真人研究》(延边大学硕士学位论文，2021年)一文则着眼于"向化"女真人，即归附于朝鲜王朝并长期定居下来的女真人，并分别考述了"向化"女真人的来源、在朝鲜王朝的活动、影响，对"向化"女真人对建州女真、明朝与朝鲜王朝间关系的作用也有所论及。

其五是关于明代中朝制度交流的研究。刘波《明清藩封体制视角下的朝鲜王朝国家机构》(东北师范大学博士学位论文，2021年)以更宏大的藩封体制视角来审视明清时期的朝鲜国家机构,在具体探讨了朝鲜王朝的各重要国家机构后,得出结论:朝鲜在设计、组织和变革国家机构时虽具有较高的自主性,但其国的政治制度建设与运作却深受藩封体制下"上国"典制文化的影响,与周边局势的变动亦存在密切关联。

2.经济贸易交流

明代中朝经济贸易交流是两国关系的重要组成部分,学界也有较多成果对此问题予以研讨。尽管2021年并无相关研究专著出现,但有一定研究成果以论文形式呈现,此外还有硕士博士论文关注经济贸易交流问题。

期刊方面,衣保中、郭思齐《明清时期中朝贸易的发展与演变》(《吉林大学社会科学学报》2021年第2期)在详细介绍明清时期中朝朝贡、使行、边市、海上四种贸易形态的基础上,主张明清时期中朝贸易发展是多种因素促成的,与以前时代相比,明清时期中朝贸易发展具有较大的历史进步意义。戴琳剑《明成化年间朝鲜之"成化别贡"再考》(《当代韩国》2021年第2期)围绕始于韩氏族亲与宫人韩氏间私献的"成化别贡"展开,梳理了"成化别贡"的常态化与结束历程,并进一步深入探析了"成化别贡"背后所牵扯的包括明宪宗、韩明浍、成宗国王等人在内的多方势力,以及所揭示的错综复杂的政治角力。

学位论文方面,张晓明《明代辽东地区与朝鲜半岛贸易研究》(辽宁师范大学博士学位论文,2021年)按照时间顺序,在回顾辽东地区与朝鲜半岛的地缘关系及交往历史后,分别考察了明代前期至中期、明代中后期、万历时期、明清易代4个时期辽东地区与朝鲜半岛贸易活动,对辽东地区的中朝贸易对双方宗藩关系、经济文化交流、区域社会秩序的促进作用予以充分体现。闫悦《15—18世纪中朝弓角贸易研究》(东北师范大学硕士学位论文,2021年)认为明朝与李朝两国的弓角贸易以公私贸易形态并行,作者在分别考察李朝与明朝、李朝与清朝的弓角官方贸易以及李朝与明、清两朝的弓角私贸活动后,对中朝弓角贸易的意义进行探讨。侯冠宇《明代洪武永乐年间中朝官方贸易对朝鲜货币改革的影响》(兰州大学硕士学位论文,2021年)考察了洪武建文时期中朝官方贸易及朝鲜货币流通状况,其后对永乐年间中朝官方贸易对朝鲜货币改革的冲击,以及朝鲜太宗时期的货币改革措施做了探析,对于当代经济政策的制定有一定启示作用。

3.文化交流

明朝时期,中朝政治关系友好,在此基础上,两国在文化上的交流亦十分密切、频繁,2021年,学界在中朝文化交流方面的研究成果也颇为丰硕。

在文学交流方面,韩东《李攀龙、王世贞复古文风在朝鲜朝文坛的传播与影响》(《东疆学刊》2021年第4期)厘清了李攀龙、王世贞复古文风在朝鲜朝文坛传播的路径与动因,认为李攀龙、王世贞复古文风在朝鲜朝文坛的传播使得朝鲜散文创作风格向"艰涩""奇僻"转变,并促成了"秦汉古文"经典地位的确立。韩东《〈唐宋八大家文钞〉在朝鲜文坛的传播、再选与影响》(《外国文学评论》2021年第1期)分析了茅坤编选的《唐宋八大家文钞》在朝鲜社会的传播动因,认为《唐宋八大家文钞》在朝鲜社会的再选体现出朝鲜社会在接受《唐宋八大家文钞》的同时,又对自身文化风俗做了文学评判与现实考量,最后亦对《唐宋八大家文钞》在朝鲜传播之影响做了探讨。韩东《袁宏道"性灵"文学观在朝鲜文坛的接受与变异》[《延边大学学报》(社会科学版)2021年第5期]认为,袁宏道的"性灵"文学观对朝鲜后期文坛的"反拟古"与"求创新"思潮产生了重要影响,但同时,袁宏道的"宁今宁俗"与"真诗"理论,在传播的过程中也发生了一些变异,分别呈现向"古今调和"与"朝鲜诗"的演化。李丽秋《朝鲜朝文人对钱谦益的接受研究》(《东疆学刊》2021年第3期)一文对朝鲜朝文人对钱谦益的接受的具体方式、主要原因以及重要意义进行了阐释,认为朝鲜朝文人对钱谦益的接受促进了朝鲜朝文学的进一步发展,无论在文学创作还是在文学理论方面均具有重要意义。

诗歌交流方面,张景昆《文雅之力:论中朝诗赋外交对古代朝鲜汉诗的形塑》(《江西社会科学》2021年第4期)一文主要包括"诗道高雅"与诗赋外交的政治文化意义、诗赋外交对古代朝鲜汉诗的影响机制、诗赋外交影响下的古代朝鲜汉诗等3部分内容,将朝鲜汉诗放置于东亚文化圈的背景之下,对中朝诗赋外交进行了多方位的考察。翟宇佳《〈列朝诗集〉中朝鲜汉诗的选录与批评研究》(延边大学硕士学位论文,2021年)以钱谦益《列朝诗集》中朝鲜汉诗为研究对象,依据《列朝诗集》等文献资料,运用归纳总结法和比较考证法对《列朝诗集》的朝鲜汉诗选录及批评情况进行研究,进而分析其选录朝鲜汉诗的意义。蒋琴青《朝鲜使臣李民宬〈燕槎唱酬集〉汉诗研究》(延边大学硕士学位论文,2021年)围绕朝鲜使臣李民宬于天启四年(1624)辑成的《燕槎唱酬集》展开研究,分章论述了李民宬的生平和《燕槎唱酬集》的概况以及《燕槎唱酬集》中汉诗的情志内涵、艺术特色和文学价值、史料价值。

文献、制度考订方面,杨海英《朝鲜康氏的女真血统及其变异——明清时期朝鲜康氏叙事的真伪》(《清史论丛》2021年第1期)对中朝历史中有关康世爵的叙事记载进行考辨与还原,分析了两者差异及根源,并阐释了万历壬辰东征、明清易代等重大历史事件如何影响、塑造朝鲜国家叙述和康氏家族的历史记忆。年旭、王澈《内阁大库中朝鲜档案〈迎接都监都厅仪轨〉之由来》(《历史档案》2021年第4期)考述了现藏于中国第一历史档案馆的两册《迎接都监都厅仪轨》的由来,并对不同版本的《迎接都监都厅仪轨》的形制和内容进行对比,进一步分析用于接待明朝使臣的《迎接都监都厅仪轨》如何影响朝鲜接待清朝使臣的礼规。

艺术交流方面,崔雄权、张雪君《接受与传达:仇英画作与朝鲜半岛题画诗文》[《延边大学学报》(社会科学版)2021年第5期]指出明代画家仇英的作品传入朝鲜半岛后,朝鲜士人接受仇英画作并创作出题画诗作,其揭示了朝鲜文人对中华文化的认同和接受,反映出朝鲜士人崇明排清心理、超然物外的审美自由以及忧患意识。杜松《〈顾氏画谱〉在朝鲜和日本的传播与接受》(《美术观察》2021年第2期)考察了《顾氏画谱》在朝鲜的受容情况,认为《顾氏画谱》成为朝鲜文人和画家获取中国绘画知识和图像的重要来源,对中国绘画,特别是文人画在朝鲜的传播起到了重要作用,其后又比较了《顾氏画谱》在朝鲜和日本的传播情况之差异。

此外,史学交流方面,孙卫国、袁昆仑撰《〈朱子封事〉的思想特色及其在中朝之影响》(《学术研究》2021年第4期)对朱熹《朱子封事》蕴含的哲学理念和政治思想做了解读,并进一步探析《朱子封事》在朝鲜王朝的传播与影响,认为《朱子封事》作为明清之际朝鲜王朝宣扬"讨复大义"的思想源泉而备受推崇。医学交流方面,柴瑞义、郑洪《从〈医鉴重磨〉看明中期以后的中朝医学交流》(《中国中医基础医学杂志》2021年第7期)以朝鲜医家李圭晙编撰的《医鉴重磨》为中心,对《医鉴重磨》内容的增补、基础理论的发展、药性理论的发展、"方制八法歌""五类三统"方剂分类法等问题进行了探究,认为《医鉴重磨》反映出朝鲜末期的医家出现了一定的自主发展意识。

4. 壬辰战争相关问题

万历年间,明神宗耗费大量人力物力出兵抗倭援朝,虽再造了朝鲜,但对明朝也造成了极大的冲击。作为明朝外交的重要活动,壬辰战争历来是学界研讨的重点、焦点问题。

壬辰战争有关人物的研究,孙卫国《再造藩邦之师——万历抗倭援朝明军将士群体研究》(社会科学文献出版社,2021年)一书基于朝鲜王朝与明清史料的对比研究,考订出明军总人数及其群体特征,并以石星、宋应昌、李如松、杨镐等为代表,系统梳理明军将士在战争中的相关问题,还原万历抗倭援朝明军将士群体的整体风貌,此外亦关注到《纪效新书》东传与朝鲜王朝军制改革间的关系,对于壬辰战争的研究有较大推动作用。解祥伟《壬辰战争第一阶段宋应昌朝鲜善后经营及其影响》(《暨南史学》2021年第1期)探讨了宋应昌朝鲜善后提议的背景、内容以及朝鲜善后的经营、影响,并认为宋应昌坚持以善后为经,议和为权,故以往史家多指斥宋应昌力主议和是有失偏颇的。郑洁西《万历朝鲜战争再战前夜日朝外交关系探微——以金应瑞与小西行长的外交活动为中心》(《古代文明》2021年第2期)通过对万历朝鲜战争再战前夜朝将金应瑞与日将小西行长间的外交文书的探微烛隐,基本厘清了金应瑞与小西行长的交涉情况,还原了日朝两国将领为以和平手段终结战争所做的努力。齐畅《万历朝鲜战争初期袁黄朝鲜行迹新考》(《外国问题研究》2021年第2期)一文以朝鲜史料为线索,钩稽明朝名士袁黄在朝鲜的基本行迹:作为宋应昌的代表先行赴朝、与接伴使金宇颙交游,其后因信奉阳明心学而遭到朝鲜王廷非难,与李如松产生矛盾而黯然归国。徐丹《万历朝鲜战争中的福兵与中朝交流——以游击将军许国威为中心》(《当代韩国》2021年第2期)选取了水军将领许国威为代表,对其在"杨镐罢职"等事件中发挥的政治作用以及在中朝军事、文化交流中的重要价值进行了研究,对后世朝鲜人普遍认为许国威是高丽后期名士金澍在中国的后裔这一错误也予以了纠正。于跃《邢玠与壬辰战争后期(1597—1598)的中朝协作》(山东大学硕士学位论文,2021年)以壬辰战争后期明军的最高指挥邢玠为主线,通过探究他在后期战争中的一系列行动,主要包括在后方的调兵、筹饷、协调各方和在前方的军事策略4个方面,同时以具体战役为例,分析在壬辰战争后期中朝海陆协作的情况以及中朝双方在协作中摩擦不断的原因。

围绕壬辰战争的思想文化的研究,刘晓东《壬辰战争出兵与乞师言说中的政治伦理》(《古代文明》2021年第2期)指出,壬辰战争明朝、朝鲜、日本三方都从政治伦理方面为出兵与乞师寻求合理性,明朝认为"恤远字小"与"守在四夷",朝鲜方面强调"事大以诚""兴灭继绝",日本则主张朝鲜"交邻无信"与"通贡见拒"才不得已兴兵相向,其差异揭示出此时华夷秩序体系的渐趋解体。朱若翌《晚明士人对壬辰战争以及日本的认识(1599—1644)》(山东大学硕士学位论文,2021年)以黄克缵、李邦华、黄汝亨三位在朝官员与茅元仪、吴应箕两位在野士人及他们的文集为研究对象,分析晚明士人对壬辰战争以及日本的认识,此外,还以《明经世文编》为例,探讨了晚明士人对于御倭驭倭、经略朝鲜等事务的思想倾向。

　　除前述专题研究外，还有一些相关的研究成果。在移民研究方面，[韩]朴现圭，马元杰译《壬辰倭乱时期移居明朝的朝鲜流民考》（《东疆学刊》2021年第1期）探讨了壬辰倭乱时期迁入中国的朝鲜流民移居明朝的背景与状况、原因及其地域分布，以及迁入中国后的生活及思想状态，指出朝鲜流民在回国意愿上受各种因素影响而表现出巨大差异。有关辽东在壬辰战争中的地缘作用方面，李雨晴《辽东在万历朝鲜之役中的战略地位》（东北师范大学硕士学位论文，2021年）以辽东为中心，探讨辽东在万历朝鲜之役中的战略地位，主要从万历朝鲜之役前的辽东、明代辽东地区在中朝关系中的特殊地位、万历朝鲜之役中的辽东、万历朝鲜之役后的辽东4个方面进行考述，肯定了辽东在万历朝鲜之役中发挥的尤为重要的作用。

　　通过对2021年明代中朝交流研究的梳理，我们可以发现，在学界的努力下，中朝交流研究依旧保持繁盛局面，相关研究成果层出叠见，涉及政治制度、军事、外交、文化、移民、历史地理等诸多领域，其中，"政治关系""对华观""文化交流""壬辰战争"等仍是中朝交流研究领域的热点问题，其中不少成果表现出了较高的学术水平，促进明代中朝交流研究取得长足进步。

　　综观2021年中朝交流的研究，虽佳作迭出，但尚有一些缺憾。首先，就研究领域而言，显示出重政治关系、文化交流而轻贸易来往的状况，中朝贸易的研究处于相对薄弱环节，但以朝贡贸易为主要形式的中朝贸易往来亦是中朝交流的重要内容。此外，中朝文化交流相关的研究也表现出明显的分化，中朝文学、诗歌交流的研究取得累累硕果，但其他方面，如中朝农业、医学、艺术、天文历法、数学等交流的研究成果则显得不足。其次，就成果形式来看，多以期刊、学位论文形式呈现，学术专著寥寥可数，相关论文由于篇幅所限，往往浅尝辄止，无法对某一问题进行深入研究。最后，就内容来看，总体研究呈现向细化、深化发展的趋势，往往以某一具体的事件、人物或现象为中心展开论述，以小见大，较少出现以宏观视角对中朝交流进行研究的成果。希冀更多专家学者对相关问题予以更多关注,推动明代中朝交流研究进一步向多元化、均衡化方向迈进。

(二)中日交流研究

作为中国重要的邻国之一,日本和明朝之间始终保持着十分密切的交往,中日一衣带水的地理关系也为两国的历史交往提供了有利条件。在政治与外交、经济与贸易以及文化交流与传播方面,日本与明朝都有着紧密且深入的交流与互动。2021年,学界对中日交流的各个领域都展开了更加深入的探索和思考,壬辰战争与倭寇研究依旧是受众多学者密切关注的学术热点,优秀的学术成果层出不穷。

1.政治与外交方面

在政治方面,杨立影、赵德宇《"日本型华夷秩序"辨析》(《古代文明》2021年第1期)作者考察了"日本型华夷秩序"理论的形成过程及其历史虚幻性,认为"日本型华夷秩序"和中国传统华夷秩序主导下的行事路径完全相反,中国事实上是在维护国际秩序的稳定、实行不干涉主义,而日本则是用武力破坏国际秩序的和谐。葛兆光《蒙古时代之后——东部亚洲海域的一个历史关键时期(1368—1420)》[《清华大学学报》(哲学社会科学版)2021年第4期]在文中提出了"后蒙古时代"(或称"蒙古时代之后",指1368—1420年间)的概念,认为此期间,蒙古帝国衰退、大明王朝崛起,其后东部亚洲地区的主要国家之间经历了妥协、对峙、冲突及再平衡的历史发展过程,奠定了15世纪上半叶到19世纪中叶东亚基本政治经济格局。葛兆光《难得儒者知天下——侧写朝贡圈》(《读书》2021年第12期)通过明朝的一个儒者许孚远于壬辰战争期间在东亚的合纵连横,揭示了整个东部亚洲的大明、朝鲜、日本、琉球、吕宋以及西班牙殖民者之间的复杂关系,探讨了大明朝贡圈分崩离析之前的东亚政局变化。

在外交方面,马云超《足利义满对明外交政策的调整——"日本国王源道义"成立之前》(《世界历史评论》2021年第1期)提出在永乐年间明朝和日本的外交模式基本固定之前,日本对明朝的外交政策出现过多次变动,从而梳理了1372—1403年足利义满对明外交政策的演变历程,探明了在遣明使制度基本成型之前日本外交政策变化的动向与原因。阎瑾《明朝前期中日关系浅析》(《历史档案》2021年第2期)主要探讨了明朝前期即洪武—宣德年间的对日外交政策,以及以勘合贸易为中心的朝贡贸易情况,提出中日之间此时期双向互动的外交关系对明朝和日本都产生了重要影响:明朝一方利用日本缓解了沿海倭寇骚扰,日本一方利用明朝保持政局稳定和促进经济发展。马云超《"寿安镇国"封山问题论考——永乐年间明日外交的一个侧面》(《中国区域文化研究》2021年第1期)通过对明成祖封名日本国内名山的考述来分析永乐年间明日外交的特点,揭示了明朝与日本二者间的政治意图的不同。

2.经济与贸易方面

在经济方面,孔祥祯《晚明外国白银输入量研究之研究》(东北师范大学硕士学位论文,2021年)从梳理和总结晚明外国白银输入量估算前期研究者(以西属美洲白银输入量估算为主)、估算中期研究者(以日本白银输入量估算为主)、估算后期(对前期的整合估算)研究者们的研究出发,力图探明晚明时期外国白银输入量估算研究的整体进程与趋势变化,并提出晚明外国白银输入量应不大于1.78亿两到2.08亿两,这应是量化研究的体现。

在贸易方面,郑维中著,蔡耀纬译《海上佣兵:十七世纪东亚海域的战争、贸易与海盗》(*War, Trade and Piracyin the China Seas 1622—1683*)(卫城出版社,2021年)概述了十六、十七世纪明朝衰弱、东亚朝贡贸易经济体系摇摇欲坠而日本试图自行建立对外贸易关系的历史背景,以世界史的眼光来考察17世纪东亚海域上的历史发展,梳理了郑氏政权的崛起和没落,对40多年东亚海域上的多角贸易进行了深入论述,推动了相关领域的研究。伍跃《关于明代勘合形制的再探讨》(《史学集刊》2021年第2期)通过考察明代勘合的发行和使用的流程,探讨了明代勘合的特点和相关制度,为探查明朝与日本之间的关系提供了新的路径,通过对明、日关系中使用的勘合形制的再探讨,肯定了作者多年前对明朝和日本交往过程中使用勘合形制所做的相关推论。周佳《中日勘合贸易中的明代丝绸研究》(东华大学硕士学位论文,2021年)深入探讨了中日勘合贸易中流播到日本的中国丝绸及其特点,进而对其在日本的用途和影响做出阐释。石晶晶《明代双屿港与十六世纪东亚海上贸易网络的形成》(上海师范大学硕士学位论文,2021年)提出明代双屿港是东亚海域四大矛盾下产生的私人贸易港口,并且是中国—东南亚—日本的东亚海洋三角贸易圈的中心,最终湮没于明朝廷的军事攻击之中。作者概述了明朝外交政策以及东亚海洋贸易网络,全面探究了明代双屿港的兴衰过程,并对其衰亡后的东亚地区贸易经济发展进行了考察。冯丽红《江户早期唐船贸易及唐商管理研究》(浙江大学博士学位论文,2021年)考察了日本江户时代唐船贸易背景、唐船贸易制度的变迁、唐朝贸易管理机构以及唐商管理制度,揭示了中日贸易形式从官方到民间私人的转换原因。作者提出明末清初的唐船贸易十分兴盛,连接了东亚、东南亚以及欧洲等地,促进了当时的贸易全球化,并称日本是"海上丝绸之路"的重要一站。

3.文化交流与传播方面

在书籍及文学交流与传播方面,徐克伟《汉译西书之于日本江户兰学的借鉴意义》(《国际汉学》2021年第1期)以日本官方主导的《厚生新编》这一作品为中心,调研了日本对明清两代汉译西书的具体使用情况,探讨了汉译西书对于日本江户兰学的借鉴意义,认为日本西学蕴含着对明清时期汉译西书的参考和批判,从一个侧面展现了中国、日本和欧洲之间的文化交流与互动情况。胡建次《1980年以来日本学者明代诗学研究述论》(《百色学院学报》2021年第3期)从诗歌综论与诗歌史、诗人诗作个案、诗学理论批评这3个领域论述了1980年以来日本学者的明代诗学研究,认为其存在着关注点不平衡、铺展面狭窄等缺点,在研究领域上也不够全面,但是日本学者的明代诗学研究为东亚古典诗学的学科建构做出了重要贡献。鸟谷部辉彦、何子珺《日藏明清古琴文献调查报告——〈步虚仙谱〉研究》(《中国音乐》2021年第3期)分析了日本所藏有的全本《步虚仙谱》的琴学理念以及版本构成,认为《步虚仙谱》蕴含同时代的中国浙派琴学理念,其版本与徐门、《西麓堂琴统》和《风宣玄品》有关。张涌泉、吴宗辉《明正统五年朝鲜活字本〈国语〉及其日本影抄本考论》(《华夏文化论坛》2021年第1期)叙述了朝鲜活字本《国语》一书的形成、价值、流播过程,给东亚国家之间的典籍交流史提供了一个生动实例。伊吹敦、李铭佳《日藏明刊〈金刚经〉集注的版本情况——以〈金刚经五家解〉和宗泐〈金刚经注〉为例》(《佛学研究》2021年第1期)考订了日本所藏的洪武年间御敕刊本宗泐注《金刚经注》和永乐年间朝鲜王朝刊本《金刚经五家解》的版本,概述了其基本内容和成立状况,为全面研究东亚受容中国《金刚经》的细节打下基础。许建业《题李攀龙〈唐诗选〉在晚明与江户时期的文本流衍》[《首都师范大学学报》(社会科学版)2021年第4期]作者在更为宏观的视野上,聚焦晚明和江户日本两个出版高峰时期,深入考察了《唐诗选》在这两段时期内印刻情况与文本衍变的关联,探索其中文本变异特点及其体现的文学意义。胡梦飞《策彦周良〈入明记〉中的明代沧州运河》(《沧州师范学院学报》2021年第3期)作者对日人策彦周良《入明记》中记载的明代沧州运河的运河通行状况、运河交通设施、运河城镇风貌进行了叙述,认为《入明记》为当代学人展示了明代中后期沧州沿运地区社会风情,是进行相关领域研究的重要视角。唐新梅《日本国立国会图书馆〈武林妙赏楼藏书志〉辨伪》(《古典文献研究》2021年第2期)考察了日本国立国会图书馆藏有的稀见明代私家藏书目录——《武林妙赏楼藏书志》二卷的真伪,侧面反映了中日之间书籍交流的频繁程度。

在艺术及物品交流与传播方面,叶磊《试论明清中国绘画的对日传播交流及艺术影响》[《南京艺术学院学报》(美术与设计)2021年第2期]提出明清时期中国的绘画艺术通过多种途径(宗教、商贸、文学作品)和多种形式(插图小说、画谱、民间画师交流)传播到日本,并被其进行了民族化改造,促进了日本绘画艺术的兴起与发展,进而在一定程度上影响了西方绘画。张宇一《浅析明末清初外销日本瓷器中的兔形纹饰》（《陶瓷研究》2021年第2期）通过对明末清初外销日本瓷器中的兔形纹饰的比较研究，认为中国传统图案纹饰和装饰技法在日本也被推崇和受容，但在表现手法、审美意趣方面存在差异，明末清初外销日本瓷器的风格由民窑转变为日式平面绘图风格，以兔纹为代表的瓷器装饰不仅蕴含中国传统特色，也凸显了日本本土思想和民族风格，反映了中日审美的差异和特点。邹文烨《汉代至明代中国对日本漆艺的影响研究》（扬州大学硕士学位论文，2021年）认为中国的漆艺文化对日本影响深远，在叙述中国传统漆艺发展兴衰的基础之上，探查了从汉代到明代，中国漆艺东传日本的途径以及所产生的影响。周佳、赵丰《明朝与日本勘合贸易中的织金锦研究》（《丝绸》2021年第6期）通过对明代文献《大明别幅并两国勘合》的分析，认为明朝赏赐日本的织金胸背在种类、织金方式和图案选择上应是与元制相似；明朝织金锦在日本的流播与受容，体现了以此为载体的中日两国之间的文化交流与互动；日本对明朝织金锦的使用和本地化探索，对日本的染织纹样、丝绸生产技术等都起到了促进作用。王静雯《宋元明绘画文化的东传与接受研究》（鲁东大学硕士学位论文，2021年）认为宋元明时代往来中日的僧侣成为传播中国绘画艺术的重要使者，日本僧侣和文人在受容中国绘画文化的同时将其本土化，对日本水墨画、障壁画和浮世绘的产生与发展意义深远，作者对宋元明时代中国绘画文化东传的背景、作为东传使者的僧侣身份、日本绘画艺术发展特点等进行了深入探讨。李吉远、谢业雷《以剑为媒：明代中、日、朝刀剑武艺交流研究》（《浙江体育科学》2021年第5期）从明代中、日和明代中、朝两个方向分别论述了三国武艺交流特点，认为三国武艺在交流中不断向前发展。

在思想交流与传播方面，郝祥满《禅宗东渐与中世日本的社会转型》（中国社会科学出版社，2021年）综合探讨了中世日本禅宗史、中世日本社会史，宋明之际中日文化交流史等多个方面的内容，涵盖了中世日本政治、外交、宗教、文化、经济等众多领域，重点考察了1170年以来中日贸易与禅宗交流及其对中世日本社会转型的影响,推动了中日思想交流领域的研究。吴疆著,吴瑾珲、卢中阳、赵飒飒、许诗翎译《蹈海东瀛——隐元隆琦与前近代东亚社会的本真危机》(宗教文化出版社,2021年)以明末清初东渡日本创建黄檗宗的隐元隆琦(1592—1673)为中心,讲述了在明清交界背景之下一个中国僧人对日本宗教文化产生影响的前因后果,其内容涵括了政治和经贸等方面,对隐元隆琦东渡日本的意义进行了深入思考和高度评价。是中日思想交流研究的一个范例。林晶《妈祖信仰在日本的传播与转型》[《华侨大学学报》(哲学社会科学版)2021年第1期]探讨了妈祖信仰传播到琉球、日本长崎、东日本地区、现代日本都市的过程和特点,认为妈祖文化在日本的流播经历了自官方信仰转为融入本土信仰的过程,证明了中国传统文化的强大生命力和包容力。陈佳《徐福东渡与日本秦俗文化——以明清时期朝鲜官员的记载为例》[《鲁东大学学报》(哲学社会科学版)2021年第3期]运用明清时期朝鲜官员记载相关史料,认为徐福东渡带到日本的中国秦俗文化是日本原生文化的重要来源之一,对日本影响深远,直到明清时期,日本仍旧保留着中国秦朝时期的民风民俗,至今仍旧认同且传承着徐福文化。何鹏举《明清变革与中国道路——沟口雄三的思想世界》(《国际汉学》2021年第2期)力图通过对包含沟口雄三的评论、随笔在内的文献的解读,全面剖析其本人的思想世界,将沟口雄三不断强调的发生在明末清初的中国思想以及社会变迁定义为"明清变革"说。高薇《"一带一路"视域下中国文化"走出去"研究——以明清圣谕在中日两国的传播为例》[《北京科技大学学报》(社会科学版)2021年第6期]叙述了明清圣谕在中日两国的传播与通俗化过程,日本通过多种途径(插图、民间故事等)将明清圣谕和日本社会文化、地域特点、时代特征相融合,揭示了日本对中国传统思想文化吸收与借鉴的过程和特点。

4.壬辰战争与倭寇研究

壬辰战争与倭寇研究是明代中日关系史的重要组成部分,学界对其给予了高度关注,主要有以下成果:

在倭寇研究方面,三田村泰助著,许美祺译《明帝国与倭寇》(四川人民出版社,2021年)作者以海洋史为视角出发点,在东亚的整体视域之下审视明帝国的兴衰历史,书中重点介绍了明朝与日本的关系、倭寇形成发展的历史以及丰臣秀吉的政治构想,后对壬辰战争与明朝的衰弱进行了细致介绍,推进了古代中日关系史及相关领域的研究。王锐《借尸还魂——宫崎市定的倭寇论批判》(《中国图书评论》2021年第3期)以日本人宫崎市定的倭寇论为例,提出此人的史学思想与近代日本右翼思潮联系紧密,宫崎市定是在为日本近代侵略扩张行为进行论证。

关于壬辰战争过程及战后问题方面,郑洁西《万历朝鲜战争再战前夜日朝外交关系探微——以金应瑞与小西行长的外交活动为中心》(《古代文明》2021年第2期)通过对金应瑞与小西行长在壬辰战争爆发期间、再战前夕的外交交涉的探讨,明晰了此时期的日朝外交关系变化与特点,认为当时虽处于战争期间,但是有和平的力量在不断涌动,这一时期的日朝外交非常特殊。王臻《东亚区域外交:壬辰战后朝鲜与日本之间的关系态势探析》(《安徽史学》2021年第4期)论述了壬辰战争之后朝鲜与日本之间的外交关系变化过程与原因,认为壬辰战争之后,虽然两国都愿意发展外交,但是过程曲折,且明清王朝在东亚区域秩序中仍旧占据着主导地位。刘喜涛、宋明哲《明朝东亚地缘政治思想及其在抗倭援朝战争中的体现》(《长春师范大学学报》2021年第11期)概述了中国古代地缘政治思想的演进,提出明朝的东亚地缘政治思想是"守在四夷"和"时谨备边",且以和平为前提,此思想在抗倭援朝战争中得以充分实践。

关于壬辰战争的思想认识方面,刘晓东《壬辰战争出兵与乞师言说中的政治伦理》(《古代文明》2021年第2期)论述了东亚秩序中"事大字小"的政治伦理所包含的逻辑关系,认为壬辰战争之后,参战三国都在为自己出兵与乞师的行为做出解释,其政治言说仍旧未超出东亚华夷秩序基本政治伦理的范围,为战后的"和谈"打下了基础。朱若翌《晚明士人对壬辰战争以及日本的认识(1599—1644)》(山东大学硕士学位论文，2021年）着重关注晚明士人这个群体，就这个社会群体对壬辰战争以及日本的认识进行考察，发现士人们肯定壬辰战争的必要性、重视朝鲜动态、充分意识到日本的威胁，晚明士人编撰的《明经世文编》也成为后人认识日本的重要资料。

5.其他方面

除了上述汇总分析，还有一些相关的研究成果。在有关遣明使的研究方面，安艺舟《日本遣明使的江南记忆与城市认同——从中国宁波到日本堺市》（《日语学习与研究》2021年第1期）认为日本遣明使是中国江南文化的初期的旁观者和后期的直接参与者，回国之后在日本堺市复制了明朝江南记忆；作者考察了堺市吸收江南文化的可能性以及对此文化的重构过程，提出堺市是明文化向世界传播的窗口。在人物形象研究方面，寇淑婷、曹顺庆《日本的郑成功形象建构及其对台湾的文化殖民》[《四川大学学报》（哲学社会科学版）2021年第2期]叙述了日本对郑成功形象塑造的过程，从郑成功到"和藤内"，再到"日本人的英雄"和"台湾人的英雄"，作者认为日本正是通过这个过程实现日本和台湾地区"命运共同体"意识的构建与催化，从而达到文化殖民台湾地区的目的。有关日本的地理形象，万映辰、毛曦《明清时期的日本地理形象及其意蕴》[《天津师范大学学报》（社会科学版）2021年第5期]分析了明清时期日本地理形象的演变和其所含意蕴，明代以及清代中前期的日本地理形象是"琵琶"和"蜻蜓"，晚清经过了从"蜻蜓"到"肺叶"等多样化的转变，折射出明清两代对日本地理认识深化、态度转变的过程。

通过对2021年明代对日本交流领域的梳理，我们可以看出：对于明朝与日本交流的研究，所涉及的领域众多，每个领域都有不少佳作诞生，给学术界注入了新的活力，促进学者们进行更深入更全面的思考。总体来说，学界在政治和经济方面的成果较少，在中日贸易上的研究成果主要以学位论文为主；学界在文化交流方面成果迭出，主要体现在书籍及文学交流与传播、艺术及物品交流与传播、思想交流与传播这几个方面,可见学人们对文化交流的重视;同时,学者们对壬辰战争研究依旧热情不减,呈现出不少成果,但较之以前,对倭寇历史研究的关注度有所降低。

(三)中琉交流研究

中国与琉球拥有久远的历史渊源,以明洪武五年(1372)年为伊始,中国与琉球开始了500多年的宗藩关系,后者因其地理位置也和东亚各国保持着经济来往。琉球是东亚各国商业联系枢纽之地,对东亚海域的经贸活动有深远影响,探索其和明朝的历史交流具有重要意义。2021年学界主要发表了明朝与琉球交往的史料整理与溯源、明朝与琉球在政治与外交方面、经济与文化交流方面上的学术成果。

1.史料整理与溯源方面

关于明朝与琉球交往的史料整理与溯源问题,主要有以下学术成果:徐永明、钱礼翔《孤本总集〈今文类体〉价值考论》[《浙江大学学报》(人文社会科学版)2021年第2期]考察了孤本总集《今文类体》,认为其保存的明代文集刊本较多,是关于明代中琉外交、文人结社、"北虏边防"等多方面的资料,有助于学界进行明代史学和文学等相关领域的研究。王雅洁《久米村系家谱浅论》(《史学集刊》2021年第4期)指出久米村系家谱是明太祖朱元璋派遣移居琉球的闽籍三十六姓人编写的家谱,虽然久米村系家谱有些许缺陷,但是此家谱对研究明清时期中国和琉球的关系非常重要,应该对其给予更多的重视。方宝川、徐斌、张沁兰《"闽人三十六姓"移居琉球史料钩沉及其史实考析》(《海交史研究》2021年第3期)剖析了明代"闽人三十六姓"移居琉球的史料,认为"闽人三十六姓"移居琉球是陆续渐进的过程,且其身份多样,推动了琉球国的发展。陈颖艳《〈历代宝案〉的版本演变与收藏》(《历史档案》2021年第4期)概述了《历代宝案》的内容、版本演变及其收藏情况,认为《历代宝案》作为琉球与周边国家的外交关系文书集,时间跨度长达400余年,是研究明清中琉关系等相关学术领域的重要史料。

2.政治与外交方面

学界多把明朝和琉球间的政治和外交放在一起进行探讨。薛彦乔《明册封琉球副使王士桢为杨元山所撰墓志铭考释》(《武夷学院学报》2021年第1期)考释了明册封琉球副使王士桢为福建建安人杨元山所撰墓志铭一事,将其作为一项社会交往活动进行深入探讨,是对中琉外交关系研究的重要补充。刘丹、周南轩《琉球使团朝贡路线之福建段史迹遗存考》(《福建商学院学报》2021年第1期)考察了琉球使团在福建段朝贡路线的相关史迹以及此历史遗迹的价值意义,在多方面提出了对相关史迹的保护以及利用建议(依法保护、数字化保护和利用等),力图使民众和遗迹之间的联系紧密起来。张沁兰、方宝川《明代洪武永乐年间中琉关系探微》(《东南学术》2021年第4期)通过探查明代洪武到永乐年间中国与琉球交往的史事——谕赐、朝贡、册封、"赐闽人三十六姓"等,进一步明晰了此时期内中琉外交关系。刘旭康《明代中琉封贡关系的调适倾向——以琉人来贡中的违纪事件为视角》[《江苏海洋大学学报》(人文社会科学版)2021年第4期]通过独特的视角探讨了明代中琉外交关系变化情况,认为明朝依旧在中琉关系中占据着主导地位,在琉球来贡人员违法乱纪事件发生之后,明朝改变了琉球朝贡贡期以规范其朝贡行为。伍媛媛《清宫档案里的柔远驿——中国与琉球历史交往的特设机构》(《清史论丛》2021年第1期)以柔远驿为着眼点,探讨了柔远驿的历史背景以及性质和作用,认为柔远驿是促进中琉两国政治交往、贸易往来和文化交流的重要机构,深化了明清时期中琉关系的研究。徐业龙《明清时期中国与琉球国的宗藩关系——以琉球国朝京都通事郑文英墓为中心的考察》[《淮阴师范学院学报》(哲学社会科学版)2021年第5期]以琉球国使节郑文英墓为考察中心,在概述中琉宗藩关系的基础之上,论述了郑文英的人物、家族背景和墓地情况,以期促进对明清时期中琉两国外交关系和琉球华裔民族发展的研究。

3.经济与文化交流方面

在经济交流方面,娄婷婷、孙晓光《明代琉球中介贸易对东亚经贸活动的影响》[《渤海大学学报》(哲学社会科学版)2021年第5期]指出在海禁政策给东亚贸易活动造成严重消极影响的背景之下,东亚海域各国的贸易势力减弱,琉球凭借开展中介贸易逐渐发展起来,促进了东亚各国之间的经贸联系与交流。王歆《明代琉球王国对外贸易兴盛原因之探究》(外交学院硕士学位论文,2021年)摒弃一国史的角度,从海域史的视角出发,探索了琉球王国的大交易时代和海外贸易盛况,以期全面理解琉球成为东亚历史上"万国津梁"的原因。

在文化交流方面,余练一丹、赖正维《福建中琉民间信仰历史遗存》(《福建史志》2021年第1期)考察了位于福建省内的天妃宫、蔡仙府、尚书庙、拿公楼、金将军庙等中琉双方的民间信仰历史遗迹,对其历史背景、地理位置等内容做了细致探讨,认为这些历史遗迹见证了明清时期中琉友好关系,是推进相关研究的重要史料。修斌、郭有志《琉球汉籍文献管窥》(《汉籍与汉学》2021年第1期)一文以流布琉球的汉籍为中心,深入挖掘了琉球汉籍形成、流布和影响等内容,深化了相关学术领域的研究。刘晓飞《古代中国文化在琉球的传播发展与变异》[《散文百家(理论)》2021年第6期]考察了明清时期传播到琉球的中国文化(儒家文化、汉字、医学等)的发展,认为琉球自主受容后的中国文化元素在琉球呈现出受气候环境影响大、与中国原本传统文化"和而不同"的特点,并且指出琉球是中国文化海上东传的中转站。肖秋红《琉球的食文化在中国文化的影响》(延边大学硕士学位论文,2021年)探讨了在明朝与琉球建立宗藩关系之后,琉球饮食文化的形成原因以及中国文化对琉球饮食文化生活所产生的影响,虽然琉球自身的历史和地理因素铸造了其饮食文化的独特性,但是依旧不能忽视中琉文化之间的强大关联性。韩艳红《明清时期琉球王国的中华文化认同研究》(曲阜师范大学硕士学位论文,2021年)认为在明洪武五年(1372)建立宗藩关系之后,琉球在文化上也不断受到中国文化的影响,中国文化在琉球有广泛的传播途径以及受容基础;琉球在物质层面、制度层面和精神层面都日益认同中华文化,由此促进了琉球王国社会风气的改良、政治体系的完善、经济的发展和文化水平的提高。

对于明朝与琉球交流的研究,2021年学界主要发表了明朝与琉球在政治与外交方面、经济与文化交流方面的相关研究,以及明朝与琉球交往的史料整理与溯源上的学术成果。学界重视对政治外交和文化交流领域的探索,成果较多;但是在明朝与琉球经济交流上的成果较少;从学界对史料溯源和整理上可以看出,研究者们越来越关注史实、史料的真实性和全面性,在研究上愈加追逐真实、正确的历史。

(四)中越交流研究

越南古称交趾、越裳或安南,与中国在地理上山水相连,在历史上交往颇深。公元968年越南历史上的丁朝建立,标志着中越两国交往正式开始。在1885年《中法新约》签订之前,越南因为处在以中国为中心的汉字文化圈和儒家文化圈之中,所以其历代王朝都与中国保持着宗藩关系,是中国周边关系的重要组成部分,对中越关系展开深入研究具有重要意义。2021年学界有不少关于明朝与越南关系史的学术成果,主要分为政治、外交和其他方面。

1.政治与外交方面

在政治方面,黄粲茗著《明清时期中越边境"四寨六团"行政建置变动始末》(《中国历史地理论丛》2021年第4期)深入考察了明清时期中越边境上"四寨六团"行政建置的历史变动过程,对其由来、清朝廷的处置过程以及关于思明州、宁明州、明江厅的行政建置等疑问进行了探讨,深化了相关领域的研究。黄阿明《再论明嘉靖朝勘处安南之政策》[《清华大学学报》(哲学社会科学版)2021年第6期]探讨了明嘉靖朝征讨安南决议出台的历史背景和原因,以及勘处安南政策形成的曲折过程和变动因素,认为明朝廷实质上将安南由宗藩关系下的独立国家降为内属于明朝的"司",明廷的介入也使得安南黎、莫南北政权形成长期对峙的局面。

在外交方面,尧育飞《赋与明朝的对外信息传递——以〈朝鲜赋〉

〈交南赋〉为中心》(《中国韵文学刊》2021年第2期)以明代两篇著名出使赋——《朝鲜赋》和《交南赋》为中心,探讨了赋作诞生与外交的关系及其影响等内容。作者指出,赋不仅可以展示出明朝外交信息传递机制,而且出使赋承担着传递外交讯息的作用。彭崇超《陈文源:〈明代中越邦交关系研究〉》(《海交史研究》2021年第2期)分析了《明代中越邦交关系研究》这一著作,在概述其内容的同时,提出了此书的几点独到之处,例如充分开拓越南史料、新见迭出等,认为此书对推进明代中越关系史研究具有重要作用。

2.其他方面

除了政治与外交方面,还有一些相关的研究成果。在中越钱币交流方面,杨君、潘信豪、廖林灵《安南"通行会宝"钞版考论》(《中国钱币》2021年第2期)以安南"通行会宝"为焦点,探讨了其钞版文字、性质、流通状况等内容,并且和"大明通行宝钞"进行了比较,认为安南通行会宝的印造和颁行都模仿借鉴了明朝的大明通行宝钞制度。关于边民移民方面,凌钦章《明清至民国时期凭祥人移居越南原因初探》(《八桂侨刊》2021年第2期)聚焦于凭祥人,具体探讨了从明清到民国时期凭祥人移居越南的复杂原因(异族掳掠、逃难、抗战不归等),认为除开广西人移居越南的共性特点,凭祥一地的独特性(地缘因素以及发生的各重大事件)也是造成凭祥人移居越南的重要因素。有关中越人员往来方面,叶少飞《17世纪东亚海域华人海商魏之琰的身份与形象》(《海洋史研究》2021年第2期)分析了东亚海域华人海商魏之琰(1617—1689)的身份、人生经历和形象,对于与安南的海贸生意和联系进行了针对性探讨,是研究明朝与越南关系史的生动实例。冯小禄《南望眼〈明人出使越南专集〉》(《北京社会科学》2021年第11期)指出,在中越长时期的宗藩关系交往背景之下,大量互使史料和使行专集被保存下来,作者着眼于现存的15种明人出使越南专集,运用跨文化旅行书写理念来研究"异地"岭南镜像的推进、明朝人的安南情节以及宗藩文学的底蕴的内容,深化了相关领域的研究。在越南本体论的研究方面,阮功成《17—19世纪越南平定省经济与社会研究》(华中师范大学博士学位论文,2021年)指出平定省是越南国家经济、社会的一个典型缩影,文章进行多方面考察,展示了此时间段内越南平定省在经济、社会方面的真实面貌,并对越南平定省经济与社会的特点、作用做了细致探索,深化了对越南国家发展与变化的思考。

可以看出,对于明朝与安南交流的研究,主要体现在政治、外交和其他方面,虽然成果数量并不多,但是所涉领域多样,包括中越钱币交流、边民移民、人员往来等方面,成果中也出现了对史料整理的关注和以小见大的思考,体现了学界在中越交流研究上的广度和深度。

二、中西交流研究

作为当时世界上两个最大文化体系的接触及交流,明代的中西文化交流具有开创意义,特别是当时的西方传教士不但为中国带来了西方先进文化,同时也将中国传统文化带到西方,最终成为两大文明交流的重要媒介。学界对此问题非常重视,在2021年的研究中,涌现出较多成果。在此,本文分别对明代以传教士作为媒介的中西交流研究、宗教与中西交流研究及西学东渐问题、中西交流代表人物研究、中西文化交流研究、中西关系的综述及文献整理等研究情况进行梳理。

(一)以传教士作为媒介的中西交流研究情况

中西之间的接触始于文化体系之间的接触与交流,来华传教士先成为沟通中西方的文化桥梁。西方传教士以来华传播天主教为目的,并以此作为媒介,不但带来了他们国家宗教、伦理、思想意识、文学艺术层面的精神文化,同时也将中国的精神文化带到欧洲,不同文化彼此交流汇通,产生了积极的影响。

在明代以传教士传播宗教为媒介的中西文化交流的研究方面,白靖宇的《翻译与中国近代科学启蒙——传教士科技翻译研究(1582—1911年)》(科学出版社,2021年)一书中从历史学、翻译学等跨学科角度,以基督教徒在华传教掀起的高潮为依据,探讨了明代来华传教士科技文献翻译活动的基本脉络和特征,认为明代西方科技文献在中国的传播改变了国人观念,使国人逐步树立科学思想,促进中国科学技术发展。此书从翻译史的角度推进了明代中西关系史新的研究思路。杨虹帆的《来华传教士的祭巾问题》(《国际汉学》2021年第1期)从在华天主教会和罗马教廷授予佩戴祭巾这一新的研究视角,指出明末清初在华天主教会为适应中国习俗,创造出司铎佩戴祭巾这一中国特有的礼仪,体现了在华教会对中国社会的适应,传教士和中国教徒的合作以及罗马和在华天主教会的交流。该文为探讨明代传教士与中西文化交流问题提供了新的诠释。

传教士在华传播天主教的同时,做出了适应中国本土的传教策略,传教士们或将天主教文化与儒家文化结合,或将传教士身份形象与中国本土儒士形象融合,达到在中国的身份认同。王佳娣《从文化适应到文化自觉——论晚明来华耶稣会士的身份演变》(《湖南第一师范学院学报》2021年第1期)认为晚明来华耶稣会士,以罗明坚和利玛窦为代表,其文化自觉涵盖了对中国文化的认知、认同、思考和批判,最终选择了"补儒易佛"之路。两次易服完成了从"耶稣会士"到"西僧"再到"西儒"的身份转变,并指出第一次身份的转变是由外而内对未知文化的妥协和适应,第二次身份的转变是由内而外的文化自觉过程。廖文武《在中国寻找"上帝的启示"——明清之际耶稣会士对儒释道三教的认识》(《宗教学研究》2021年第2期)认为耶稣会士研究中国宗教是为了在其中寻找"上帝的启示",以此证明在中国人的传统信仰中有上帝信仰,利于争取西方社会对传教事业的支持,从而推进基督教在中国的传播。文章将中西方不同类型的宗教和文化间建立联系的方法,推动了对天主教文化与中国文化交流研究。同样,叶君洋《17世纪西班牙在华方济各会士的文化适应策略》(《国际汉学》2021年第4期)认为晚明西班牙方济各会士一直为在天主教在中国得以立足而努力。他们在中国长期的观察过程中借鉴耶稣会士的经验,结合自身的传教实践,形成了独具特色的文化适应策略,即学习语言、取汉字名号、易服、学术传教和医疗传教。

除了与明代来华传教士直接相关的宗教、思想层面的中西文化交流之外,中西双方在文学艺术方面还有很多与传教士间接相关的交流往来,体现出来宗教传播媒介下的明代中西文化交流。学界对此也有较多成果呈现。在文学方面,李奭学的《从灵魂到国魂:略论明清基督宗教的小说》[《国际比较文学(中英文)》2021第4期],在其中介绍了晚明时期最早的汉语基督宗教小说的翻译或创作,一本名为"圣传"实为"小说"的作品:龙华民译《圣若撒法始末》。其改编自佛教《普曜经》中释迦牟尼佛的传记,作者认为这本天主教化的佛教传记是为整个基督宗教的散体叙事文学入华的开端,推进了传教士翻译文学史的研究。在美术方面,徐振杰的《明末清初西方科技插图的传播对本土美术的影响——以〈奇器图说〉为主要线索》(《艺术探索》2021年第5期)探究了明末清初主要通过传教士传来的西方科技插图,受当时背景影响,它们被有选择地摹绘于一些中文书籍中,画法和内容经过了本土化的"转译",焦点透视法有所运用但错误较多,明暗法运用较少。作者运用宗教、艺术和科学的交错关系,对于研究明代中国士大夫对待西方科技学艺术的态度问题以及西方科技插图的对本土美术的影响问题有一定研究意义。在语言学交流上,谢兆国《16—18世纪西人对中国官话的认识》[《云南师范大学学报》(对外汉语教学与研究版)2021年第3期]介绍了16—18世纪来华传教士倡导"文化适应"传教策略,为适应中国本土文化,而学习官话,推崇南京官话。为传教士编撰的汉语教材、研究著作及书信文献等研究进行了梳理,对相关研究提供了资料上的补充归纳。

2021年学术界对于明代传教士的中西精神文化交流问题的研究成果主要集中于以宗教为媒介的中国精神文化与西方思精神文化的交流融合问题。该部分研究视角丰富,多从跨学科角度探讨该相关问题,主要以明代在华传教士传播活动研究为研究主体,在活动领域方面主要以传教士在华事迹考证、传教士传教策略研究、传教士思想著述研究为主,对传教士活动地域范围方面进行了专门性探讨。传教士与中国士人的交往、以传教士为媒介的文学艺术方面交流研究、与朝廷的关系研究等多样性方面发展,呈现出多样化的趋势。

(二)宗教与中西交流研究及西学东渐问题的思考

1. 宗教与中西交流的研究

传播天主教是明代西方传教士在中国最主要的目的,宗教在中西交流当中同样扮演着重要的角色,对于这一问题的研究,学术界成果颇丰。谭家齐、方金平《天道廷审——司法视野下天主教的传播与限制》(香港城市大学出版社,2021年)的研究从法制史的角度审视天主教在华传播过程中所引发的冲突与教案,作者以关键刑案及事件如晚明南京教案剖析控辩双方如何援引中国国法于庭审周旋,又以判牍史料解释了明代后期对澳门的管治,以及广东士人对传教士科学传教的反应,同时又以多个案例点明中国本土天主教信徒在坚持信仰时所付出的沉重代价,由此重现基层教众在禁教令下的具体司法负担,以突显中国信徒的真实面貌。

张凯作《明末清初天主教与阳明心学关于"灵魂"的论辩》(《北京行政学院学报》2021年第2期)指出传教士认为灵魂是性且不灭,天堂地狱存在;阳明学者认为灵魂是心,最终回归太虚,天堂地狱皆是心的反映,对善恶的奖惩不是进入天国或下入地狱,而是良知的满足与否。作者认为这些论辩反映出传教士对阳明心学持批判态度,阳明心学则是本土学者用以抵制天主教的武器。作者用比较方法追本溯源,推进了利用中西方文化的不同理论思维角度的研究方法。谈群《"立"与"破":晚明天主教在华形象研究》(《长江师范学院学报》2021年第3期)指出以利玛窦、龙华民、艾儒略、汤若望等为代表的晚明传教士在华形象的变化,呈现出"立"与"破"是其变化的两个阶段,为打开传教工作局面,身穿儒服到以进贡名义入京,抑或进贡各种物品,传授西方自然文化知识;借儒学语言和概念阐述天主教教义的尝试使天主教在华形象渐次明晰,但最后由于后来者的"无知"、中西文明的冲突以及明朝党争,天主教传教士遭到迫害,作者认为晚明传教士的确为中西文化交流做出了贡献,这并不意味着在利氏的思想体系中已经真正实现了中西文化的"融会贯通"。考察地域性天主教传播方式的研究成果,如闫佩玲《明清时期山西天主教研究(1620—1900)》(辽宁大学硕士学位论文,2021年)重点分析了明清时期天主教传入山西,及其在山西发展、停滞和重新发展的过程,认为晚明天主教得以在山西传播发展由于实学兴起,山西士绅阶层对天主教的接纳和引入为内因,艾儒略寻找弥撒所用葡萄酒为外因;并且山西地方官和士绅对待天主教的态度友好宽松,大量民众加入天主教;明清战乱之际,天主教传播陷入了短暂的停滞。王启元的《徘徊于菩萨与耶稣之间——崇祯宫廷信仰变迁及其影响》[《国际比较文学(中英文)》2021年第4期]通过对崇祯帝曾尝试接触到信仰天主教的活动考察,认为西方天主教在华传播,与近世时流传于中原的佛教一起,为统治者所重视并长期处在互相制衡的状态。该文视角独特,从明代崇祯帝个人信仰问题论诸中西文献、立场差异等因素对宗教史研究的影响。

另外,除了天主教作为明代宗教与中西交流的重要部分,明代与伊斯兰教也同样有精神文化上的交融共通,主要体现在艺术、建筑等方面。王爱红、罗顺仁《中国伊斯兰风:明代正德官窑青花瓷装饰纹样研究》(《中国陶瓷》2021年第57卷第2期),指出明代正德时期官窑青花瓷装饰纹样主要表现为阿拉伯文或波斯文、开光装饰和植物纹样的特征。指出了明代正德官窑基本特征及其中西文化交流的深远意义。在建筑方面,刘苏文《"大运河与宗教文化"系列之七:明清时期大运河沿岸清真寺建筑的中国化特色》(《中国宗教》2021年第1期)明代大运河沿线城市成为穆斯林商人重要聚集区,作者认为这些运河沿岸修建的清真寺建筑呈现地域上的差异,以及与中国本土建筑风格结合的特色,从建筑史的角度探讨了伊斯兰文化与儒家文化的交流融合问题。在宗教传播方面,路琦的《从明清时期经堂歌看伊斯兰教中国化》(《中国宗教》2021年第8期)指出明清时期经堂歌的由来,经堂歌始于明代中期,伴随明清之际中国穆斯林学者"以儒诠经"活动的开展而逐渐形成的,是当时的中国穆斯林学者采用"伊儒会通"的方式,将伊斯兰教文化与中国传统的儒家文化相融合,创作出的一种通俗易懂的民间歌谣。作者将伊斯兰经堂歌在中国具体如何传播问题进行总结,进一步深入了明代经堂歌文化问题的研究。

2.西学东渐问题的思考

发生在明清之际的西学东渐,正是处于新旧社会变革转型期的西方文明与处于传统社会变革期的中国文明,发生历史性接触的时刻,同样也是中西交流又一次交叠汇通的时刻。在西学东来的影响下,明清之际一些中国士大夫知识分子也开始对中国社会转型进行深刻思考。王定安《祭如在:明清之际西学观照下的儒家丧葬礼》(复旦大学出版社,2021年)以中西丧祭礼的可比性为突破口,通过对清初儒士矛盾杂陈的有关丧祭祀的观点进行比对,反思阿奎那祭礼神学,对儒家丧祭礼进行重新考量。认为儒家丧祭礼礼意之核心乃魂魄观,它与西方灵魂观的遭遇所产生的影响深远而细微,以此阐明儒家的魂魄观。聂敏里《明清之际的西学东渐——两种社会变革模式的重叠与交织》(《天津社会科学》2021年第3期)以明末清初西学东渐重要切入点,中国现代化制度转型之艰难的更深层次的历史原因。认为守成的社会制度是不利于科学技术发展的,明末清初中国的技术水平与由耶稣会士传来的西方古代的科学技术相接触时,由于彼此之间模式一致,它体现不出自身的缺陷与不足;后者属于初起阶段,也同样体现不出自身的缺陷与不足。它就不会由于与西方科技的接触而引起制度层面的革新。张西平《明清之际西学东渐的历史反思》(《中央社会主义学院学报》2021年第3期)从西学传入、西学中源说、罗马梵蒂冈教廷与清政府的礼仪之争等方面探讨,明清之际的西学东渐是中国历史上首次与西方文化的接触,推动了中国文化的发展,但最终以失败而告终。刘亚斌《中西会通的历史命运——明清时期浙东学派科学研究及其学脉构建》(《江苏理工学院学报》2021年第5期)指出,明清时期,西学东渐背景下浙东学派在科技研究方面完成了科学研究体系的建构。其中以李之藻、陈荩谟、黄宗羲等为代表以西学阐释、演绎和增补传统科学研究,其中西文化观念注重在中西会通基础上的吸纳、补益和创造,提出西学中源说。

2021年学术界有关明代宗教在中西交流之中的研究情况,成果主要围绕传教士代表的西方宗教文化与中国本土思想文化进行比较研究以及中国与伊斯兰教文化的交流等;西学东渐问题上主要以探讨在西学东来的背景下西学对中国的影响、明代中国士大夫对待西学态度以及对中国地域性学派与西学问题。

(三)明代中西交流代表人物研究

在明代中西交流过程中,以利玛窦、艾儒略等为代表的传教士以及与这些西方传教士接触的中国士大夫如徐光启等人,这些人物在其中起到了不可忽视的作用。

1.利玛窦的研究

利玛窦作为晚明来华最有代表性的传教士之一,学术界对其研究成果颇多。张践《利玛窦〈天主实义〉对于宗教中国化的启示》(《世界宗教文化》2021年第1期)指出利玛窦的《天主实义》用儒家的仁解释天主教的爱,人人平等,对儒家祭祖、祭孔进行通俗解释,是坚持宗教中国化方向,既需要结合时代的需要、文化传统的阐释也需要对基本信仰、核心教义的坚守的成功的范例。该文对于进一步提升学术界认识利玛窦著作在中西交流史当中的地位有重要意义。孙琪《〈友论〉与利玛窦在南昌的"中国化"》(《国际汉学》2021年第4期)通过梳理利玛窦《友论》的版本与流传,认为《友论》在明清之际的重要性和流传范围,不亚于被视为天主教文献权威版本的《交友论》。这本书的诞生和流传,是利玛窦对明代较高的友伦地位、南昌兴盛的讲学和结社活动的敏感捕捉,是对晚明重视道德宣讲和以友辅仁的社会文化的主动参与。孙宇锋、曾峥《再谈利玛窦的韶州居所位置和教堂建筑风格》(《韶关学院学报》2021年第10期)通过对1589—1595年间利玛窦移居韶州并建造的中式教堂和居所遗址进行研究,首先指出"西河天主教堂"并不是由利玛窦所建造,而是20世纪初由意大利传教士雷鸣道建造;利玛窦建造的韶州教堂将教堂建成了中国式样的"八方高阁"造型,是为了更好地适应当时的文化环境而入乡随俗。该文以利玛窦居所问题为切入点,视角独特。

2.其他人物的研究

除利玛窦外,还有一些代表性人物同样有着重要地位。谢辉《明清之际西学汉籍重印初探——以艾儒略〈天主降生出像经解〉为例》(《南京师范大学文学院学报》2021年第1期)通过对明代传教士艾儒略的《天主降生出像经解》为代表的西学汉籍重印情况的考察,均为明崇祯间所雕板片在不同时期的印本,认为雕版保存时长、刷印频繁,逐渐形成了以教堂为主的书板收藏中心,由此在很大程度上推动了西学汉籍重印行为的发展繁荣。该文进一步推动了对艾儒略在明代中西交流史上的研究。陈曦子《耶稣会传教士陆若汉三份汉文书札的文献意义》(《国际汉学》2021年第2期)介绍了耶稣会传教士陆若汉留存的几件汉文介绍西洋军事科学技术的书札,从中可以了解到部分西洋造城法、西洋大炮的制造与使用,及望远镜在军事上的使用。该文进一步诠释耶稣会传教士的汉文书札的重要文献意义,并且起到推动明代"西学"史料在史料溯源方面研究的特殊意义。

晚明与西方传教士接触的中国士大夫以徐光启为代表。李腾龙《明清科技翻译之思想史意义发微——兼论徐光启和傅兰雅的翻译思想》(《上海翻译》2021年第1期)其中探讨了晚明之际积极投身于翻译事业的徐光启,作者从徐光启的译文中总结出,无论是天文、历算、火器等具体的科学技术,还是形而上的道德哲学,中国均已落后于西方,若要扭转中国文化停滞不前,甚至有所倒退的态势,势必通过翻译引进异质的西方文化以促进自身文化的更新与发展。进一步阐释了徐光启在明代中西翻译史上具有"质的变化"的贡献。

对于明代中西交流史上的相关代表人物研究,学术界主要依旧是多集中于对代表人物利玛窦研究,对于传教士个案研究的选题方面呈现出多样化的趋势。利玛窦的研究继续得到深入的探讨,并且与利玛窦同时代的陆若汉、徐光启、艾儒略等人也得到了关注。这体现出学术界对于相关资料的积累和研究的深入,研究视野也在不断拓宽。

(四)明代中西文化交流研究

在明代中西交流过程中,科学技术、军事、天文学、数学以及医学都扮演着交流史上重要的角色,并且有不同程度的相互促进。学术界为此也进行了探讨,涌现出一些研究成果。

在明代科学技术交流方面,黄立波《明末科学近代化的尝试:王徵与邓玉函〈奇器图说〉编译考》(《上海翻译》2021年第3期),作者指出王徵与邓玉函合作编译的《奇器图说》是中国早期借助翻译进行科学近代化尝试的一个范例。其源文本与翻译文本在各自文化中的地位、预期目的和预期读者差异决定了二者迥异的呈现方式;翻译文本未能充分发挥其预期功能,主要原因在于翻译产品在目标语文化中的兼容度有所欠缺。

在明代军事交流方面,谢盛、谢贵安《明清官史对西器东传的选择性记载》(《史学史研究》2021年第4期)指出明代官方史书记载了西方气象仪器、西方火器、西方贡品。但由于受"重道轻器"观念的影响,明代官吏视为奇技淫巧而予以忽略。这反映了明代官方出于国家利益需要而对西方文明"迎受或拒斥"的本质,进一步深化了西方传入中国的器物在此时期中西文明交流方面承载的历史意义。冯震宇《红夷大炮东来与明朝的兴亡》(《文史知识》2021年第6期)提出红夷大炮是明朝最重要的3种外来火器之一,伴随传教士来华传入,是明廷在面临东北边患时所采取的主动行为。这一过程由中国主导的3次赴澳购募西炮西兵所促成。该文进一步深化了红夷大炮在明代中西军事交流的历史意义。郑诚《明清之际的西学兵书》(《文史知识》2021年第10期)认为明清之际,中国的火器技术在欧洲的影响下,出现了最早一批编译性质的西学兵书介绍16至17世纪的欧洲炮学与筑城术。这些作品多源于有识之士出于挽救时局的目的,增添了明代中国军事技术的文化意义,反映知识传播的文化遗产。

在明代数学交流方面,潘澍原《订正与会通:勾股定理在晚明〈几何原本〉(1607)中的呈现》[《内蒙古师范大学学报》(自然科学汉文版)2021年第5期]阐述了在利玛窦、徐光启译介的晚明西学经典《几何原本》中对于勾股定理的深入理解。认为附录直角三角形"任知两边而求其余边"解法,其算法特征显示出中国本土知识体系对于徐光启翻译的影响,揭示中西会通已自然蕴藏,进一步深入了明代中西数学交流史的研究。

在明代天文学交流方面,马豪《"一带一路"上的科技之光:以明代天文学与星象学为例(英文)》[《中阿科技论坛(中英文)》2021年第2期]作者主要依据历史学文献考证与语言学审音勘同的研究方法,厘清马德鲁丁家族的相关历史信息,通过细节展现中西文化交流史中的生动案例,同时为更好地实施"一带一路"倡议提供历史经验。王皓《明清之际西洋气象学对中国传统气象观念的冲击刍议》(《基督宗教研究》2020年第1期)指出明清之际传教士将西方气象知识传入中国,是为取代中国气象观念,以便传播西方信仰。作者认为这些西洋气象知识在中国产生的影响甚微,反映出中国社会气象观念现代转型的漫长性。作者从气象学角度为基督教在华传播问题提供了新的研究思路。

近年来,对于医学史方面的研究热度递增,医学在明代中西交流过程中同样至关重要,学术界研究成果颇丰。朱素颖《中国最早的西医院:澳门白马行医院》(《中华医史杂志》2021年第2期)介绍了澳门白马行医院自1569年(明隆庆三年)开办,是迄今为止中国历时最长、历史最悠久的西医院。由于留存文献在澳门,中文资料少,笔者综合利用各档案文献,并实地考察,为进一步研究提供参考与借鉴。侯滢、李亚军《明代中医药海外交流中的互融互通》(《现代中医药》2021年第5期)作者认为明代中国在药材贸易、医药典籍、医疗技术的中外交流方面空前繁荣。从中医药体系角度进一步深化了中医与各国本土医药的交流研究。袁玮蔓《16—18世纪德国的中医研究》(《国际汉学》2021年第4期)

提出这一时期德国中医知识的主要来源于传教士与荷兰东印度公司，中药、脉学和针灸是这一时期中医西传的主要方面。德国对中药和脉学持积极态度，而对针灸经历了从好奇推崇到批评拒绝的转变。该文基本梳理了明代中医在德国的传播情况，推进了中医西传以及中医在西方受容问题的研究。吴芳颖、晨伊、赵健、乔晨曦、王博文、盛燕雯《明末清初医家交游对中医知识演进的影响探析》（《湖南中医杂志》2021年第11期）分类梳理了明末清初医家与社会各阶层人士包括传教士的交游，体现在4个方面，其中包含中西交流方面的是：中西汇通，兼收并蓄。该文从医疗社会及人物史的角度拓宽了明代中西医交流的研究思路。

2021年明代中西物质文化交流围绕科学技术、数学、天文学、军事方面的交流为主要研究角度，并随着医学史的热潮逐步升温，明代中西医学史也逐渐为学者们重视，体现出明代中西交流研究的与时俱进。

（五）明代中西关系的综述及文献整理

学者们还对明代中国与西方各国关系史的研究进行了综述性整理。在中德关系史研究方面，李雪涛《中国学界中德关系史研究四十年》（《社会科学战线》2021年第2期）其中提出改革开放40多年来，中国学界在中德关系史研究方面取得了5项成就，其中与明代中德关系研究方面的包括：对德国来华传教士邓玉函和汤若望的研究有诸多突破性的进展；明代德国人对中国文化的研究已有"前汉学"的内容。从明代文化和思想交流史的视角对中德关系史进行研究，对于研究明代中德关系史提供了系统的梳理总结。对于中国与荷兰的关系研究，刘勇《中荷关系史研究综述》（《国际汉学》2021年第4期）总结了改革开放以来荷兰与中国台湾、澎湖地区关系史以及荷兰与中国大陆地区关系史的研究成果，梳理总结了明代中荷关系史重点研究在殖民与贸易问题，有助于推进中荷关系史进一步拓展和深化，总结出荷文原始档案史料利用困难是中荷关系史在大陆关系史中成为较薄弱的环节的原因。

另外，一些学者也对中西交流史当中的一些相关文献进行了整理。

余东、董丹、虞瀚博《16世纪梵蒂冈图书馆的中国文献:Vat. estr.-or. 66 与尼古拉斯·奥德伯特抄本(节译)》(《国际汉学》2021年第3期)通过对法国人文主义学者尼古拉斯·奥德伯特于1576—1577年(明万历四年至五年)访问梵蒂冈图书馆时所抄录的《中文字母表》(*Alphabetum idiomatis de Cina*)手稿的细致研究,将其与梵蒂冈图书馆所藏文献进行仔细比对后,得出确切结论:奥德伯特所抄写的《中文字母表》的底本为今梵蒂冈图书馆藏Vat. estr.-or. 66文献的第V叶,为该相关研究提供了文献溯源上的扩展。

陈虹霞《〈西洋记〉中的中外文化交流研究》(山西大学硕士学位论文,2021年)以《西洋记》为研究对象,发现《西洋记》小说中的西洋国家是作者在史料的基础上创作的。香料传入也影响着中国香料文化的形成,促进了中外文化交流。文化交流背景下《西洋记》中的信仰崇拜,天妃信仰和郑和崇拜都是从明代传入西洋国家的,并在西洋国家发展演变。该文拓宽了对于明代中西信仰文化交流的角度及思路。贺明媛《从梵蒂冈馆藏中文文献看明清之际中国士人与"天学"》(北京外国语大学硕士学位论文,2021年)通过对梵蒂冈馆藏的来华传教士的中文文献总结来华传教士的特点及明代中国社会和士人的特点,讨论分析中国士人兼天主教徒如何调适儒家传统与天主教仪轨之间的问题,介绍分析的《梵蒂冈图书馆所藏汉籍目录》增添了该研究领域史料上的丰富性。

通过对2021年明代中西交流领域的梳理,可以看出:对于明朝中西交流的研究,学界成果所涉及的领域众多,领域内成果丰富、视角独特,为学术界在这一领域的研究提供了新的角度和线索,促使学者们进行更深入全面的思考。总体来说,学术界在中西交流问题上,主要集中于以明代来华传教士为媒介引发的有关天主教来华传播问题以及中西文化交流问题探讨上,可见这一话题为学术界相关领域学者所重视。对于利玛窦、艾儒略等传教士以及与西方传教士接触的中国士大夫、知识分子等为代表的人物研究上,依旧在学术界保持一定热度。对于中西科技、军事、数学、天文学、医学等方面的交流,则体现出学术界相关研究学者对于研究视角的拓宽,转变新的研究思路,特别是随着近年来学术界对医学史的研究热度逐渐增长,中西医学交流也逐渐被学者们所重视,成果颇丰。从学术界相关学者对于有关中西交流的史料溯源和文献整理上可以看出,研究者们越来越关注史料的真实性和全面性。

综上所述,学术界在2021年对于中西交流方面贡献出了不少优秀的佳作,为中西交流史的研究注入了新鲜的活力与动力;同时也为其他领域的史学工作者开拓学术视野、创新研究方法等方面产生了一定启发作用,激发学者进行更深层次的挖掘和探索。但是应该指出的是,今后对明代中西政治、经济方面的研究还需要进一步加强细化研究,以更加促进明代中西关系史的发展。

三、丝绸之路及郑和研究

(一)有关丝绸之路的研究

受益于建设"新丝绸之路经济带"和"21世纪海上丝绸之路"合作倡议的大力推行,学界对历代丝绸之路的研究热情愈加高涨,明代陆海丝绸之路亦成为重要研究选题,数量甚众的研究成果随之不断呈现。

著作方面,万明、赵现海编《中国中外关系史研究回顾与丝绸之路的互动》(中国社会科学出版社,2021年)为"中外关系史学研究回顾与丝绸之路互动"学术研讨论坛论文的合集,收录了段渝、于向东、成思佳、乌云高娃、万明、邹振环等学者的20余篇论文,论文以中国中外关系史研究的回顾与前瞻、郑和研究、中外关系史其他专题研究、三条丝绸之路互动与中外交流等为主题,众学者从不同维度对相关问题展开交流探讨,对于促进明代丝绸之路的研究有所裨益。

论文方面,主要集中于明代丝绸之路的本体研究和西域研究两个版块。首先是明代丝绸之路的本体研究。万明《全球视野下的明代北京鼎建》(《史学集刊》2021年第4期)一文用全球视野来探析明代北京鼎建,北京成为国家首都这一事件,在回顾明代北京鼎建的曲折历程后,重新审视明朝北京鼎建的重大意涵,同时也考证了永乐帝如何以北京作为丝绸之路的新起点与交汇点,将古代丝绸之路发展到一个崭新阶段。崔思朋《明清时期丝绸之路上农作物传播及对中国的影响》(《全球史评论》2021年第1期)考察了明清时期丝绸之路上的农作物传播,包括美洲作物在中国的传播以及中国本土作物在域外的传播,证明了明清时期丝绸之路的农作物传播是中国与世界交流互动的重要媒介,其后还论述了外来作物的不断引入并融入中国农业生产系统之中,对明清中国农业文明的影响。迟帅、许明武《海上丝路典籍〈瀛涯胜览〉英译史与丝路文明西传》(《中国翻译》2021年第2期)梳理了记述郑和下西洋所走"海上丝绸之路"沿线各国的纪实文献《瀛涯胜览》的译本源流,重点从历时视角探究其英译史,并探讨了英译本在传播与传承丝路文明中的作用。

其次围绕西域展开的研究。西域位于明代陆上丝绸之路的重要枢纽,故明代丝绸之路的研究也很大程度上带动了西域区域史的研究。陈跃、韩海梅《明代哈密危机与嘉峪关开闭之争》(《安徽史学》2021年第2期)以因吐鲁番迭犯哈密而引发的"哈密危机"为研究对象,对明廷由强硬的"闭关"之议到"大礼议"后决定再次开关通贡的转变进行分析,认为明廷放弃哈密而承认吐鲁番为丝路贸易提供了良好的环境。宋立州《明清丝绸之路哈密—吐鲁番段"沙尔湖路"研究》(《历史地理研究》2021年第1期)利用《蒙古山水地图》等文献,对明清丝绸之路哈密—吐鲁番段"沙尔湖路"具体行经进行复原,作者首先考证了明清文献关于"沙尔湖路"的记载,其后考辨了《蒙古山水地图》与"沙尔湖路"沿途地点,并指出频繁的军事和政治活动以及充足的水源和草料是"沙尔湖路"形成的原因。代维《明代边疆经略视域下回回通事群体研究》(《回族研究》2021年第2期)对回回通事的构成和其在明廷西北边疆经略中所发挥的作用等方面进行考察,认为回回通事地位的兴衰起伏,正是明朝对外交往态势演变的反映。邓涛《历仕三朝,备受信赖——回人哈铭与明前期北部边疆经略》(《丝绸之路研究集刊》2021年第1期)主要关注回人哈铭及其同明朝边疆治理间关系,作者对回人哈铭身份进行考辨后,肯定了哈铭在英宗北狩期间的斡旋之功以及在明代朝贡贸易、边疆防御中的重要作用。田玉梅《屯垦戍边视域下明朝中期哈密危机问题研究》(塔里木大学硕士学位论文,2021年)鉴于哈密地区在联络西域以及沟通"丝绸之路"中的特殊意义,考察了明初哈密卫的设置背景,并梳理了哈密危机的产生、演变和结果的演变历程,以期为现代边疆地区的稳定建设提供思考与启发。

(二)郑和相关的研究

郑和下西洋是古代中国对外关系史和航海史上罕见的壮举,在传播中华文明、促进经济文化交流和经贸往来、扩大中外友好关系上都有着不可磨灭的贡献,故一直是明史中外交流研究的重要内容。

对郑和下西洋的性质的研究。张晓东《郑和下西洋的海权性质》(《史林》2021年第4期)从贸易海权、军事海权两方面考察,指出郑和下西洋活动具有为贸易护航的性质,也具有制海权性质,并具备了由海向陆的强大作战能力,军事海权有"超前性",但贸易海权则是其弱项,故郑和"海权"具有发展不充分、不平衡的特点。尽管如此,作者仍肯定了郑和下西洋对明代中后期海洋活动所具有的重要意义。安焕然《软实力和硬实力:郑和下西洋与满剌加》[《贵州师范大学学报》(社会科学版)2021年第4期]从窥探满剌加(马六甲王朝)对明代中国朝贡体制的参与及建交得出认识,中华朝贡体制得以张扬的关键在于"德"与"威",即软实力和硬实力的相得益彰,旨在为当今"走出去"战略提供有益启示。

对郑和下西洋相关典籍展开的研究。季翊、刘迎春《生态翻译学视角下航海典籍〈瀛涯胜览〉米氏英译本研究》[《南京工程学院学报》(社会科学版)2021年第3期]对英国汉学家米尔斯的曾对明朝通事马欢所著的航海典籍《瀛涯胜览》英译本进行研究,从生态翻译学视角解读,认为米尔斯成功实现了《瀛涯胜览》英译本适应性选择的语言维、文化维、交际维的转换目标。季翊、刘迎春《中国航海典籍〈瀛涯胜览〉英译本的副文本解读》(《外国语文研究》2021年第4期)一文对米尔斯的《瀛涯胜览》英译本中的标题、序言、编辑说明、导言、插图、注释、附录等7种副文本展开研究,认为副文本在航海典籍《瀛涯胜览》翻译中的有效运用发挥着协调多元主体互动、实现多元文本互鉴、拓展多元文化互通等3个方面的积极作用,促进了中国海洋文化的翻译与国际传播。李文化、袁冰《数字人文方法下的〈郑和航海图〉暹罗湾地名考证》(《图书馆杂志》2021年第8期)利用数字人文方法考证林树教《癸亥年更流部》暹罗湾更路地名、《郑和航海图》暹罗湾地名,对《郑和航海图》暹罗湾部分争议地名进行辨析。曾玲、郭宗华《印尼井里汶传统手稿中"郑和记录"的发现与研究——兼与〈三宝垄与井里汶华人编年史〉及其他文献的比对》[《厦门大学学报》(哲学社会科学版)2021年第1期]将印尼井里汶传统手稿中"郑和记录"的内容转译并注解后,与《三宝垄与井里汶华人编年史》"井里汶"部分郑和相关叙述进行比对,指出两方叙述有相互呼应之处,进一步肯定两者作为海外郑和文献的史料价值。

关于郑和下西洋影响的研究,王润华《郑和登陆马六甲以后:中华文化的传承与创新》[《贵州师范大学学报》(社会科学版)2021年第4期]从郑和登陆马六甲这一时间节点出发,结合相关新发现史实认为,郑和协助建立马六甲王朝,并推动马六甲峇峇文化的形成与发展。

伴随着国家"一带一路"倡议和"走出去"战略的实施,丝绸之路及郑和研究被赋予新的时代任务,相关研究正逐渐走向学术前沿,研究的广度、深度进一步加强,2021年呈现的研究成果,对丝绸之路、西域、郑和下西洋、文化传播等问题进行了专题性探讨,对于推动丝绸之路及郑和研究的继续发展有重要意义。

尽管2021年涌现较多研究成果,但仍有以下遗憾。第一,大多研究成果以论文呈现,过于碎化、细化,缺少对明代丝绸之路及郑和相关的整体性、系统性研究;第二,囿于研究专注度和篇幅,大部分研究成果只是起了一个提供信息、初步导向的作用,大部分研究仍有可供扩展的空间,如郑和下西洋的影响、与西洋诸国的交往等;第三,仍有不少研究领域处于少有学者涉足甚至空白的状态,亟待扩荒,如丝绸之路相关的政治、宗教、文化交流以及郑和下西洋的船舶、人员等重大问题的研究。希冀2022年在学界的共同努力下,丝绸之路及郑和研究能更趋完善、深化。

四、结语

综观2021年度明代对外交流史的研究,可以看到,学者们在该领域出版、发表了众多的相关成果,丰富了明朝历史的研究。而在明朝对外关系的研究方向上,主要还是体现在与周边朝鲜日本国家关系的研究、中西关系史的研究以及丝绸之路与郑和研究等方面。

具体而言,明代中国与周边朝鲜日本的研究,主要是从政治外交关系、经济贸易、文化交流等方面展开;而明朝的抗倭援朝战争研究仍然是学界关注的重点问题,为此学者们进行了深入的研讨,提出了一些新的观点。中西交流的重要媒介是宗教和传教士,因而很多成果皆是围绕此进行写作,当然也有较多成果剖析中西的具体文化交流形式。至于丝绸之路的研究,伴随着国家"一带一路"倡议推进的大背景,学者们与时俱进,推出一批带有时代性的成果;郑和研究则是老话题新创意,作为长期以来的热点问题,学者们在学术视野开阔、史料溯源、研究方法创新等方面做出了努力。

总之,随着国家对区域与国别史研究的重视,作为对外交流的明朝对外关系更加引起学者们的普遍关注,这其中年轻学者们做出了较多贡献,为数众多的硕博论文即为例证。但也应该指出的是,作为对外关系的研究成果,还存在一定的不足,一是在理论创新性上尚存有不足,理论体系建构上也不很完善;二是学者们与国外学者的对话意识还不是很强,大多是"自说自话",仅是依据自己对史料的理解来解析历史。因此,今后还应以区域与国别研究视角,利用新文科视阈下的数字人文研究方法,继续加强对明代中外关系史的探讨,以进一步拓展和深化对明朝整体史的研究。

2021年台港澳地区明史研究报告

闽南师范大学历史地理学院

刘伊芳

一、前言

2021年,台港澳地区多数学术研究单位及活动受到疫情影响,除行之有年的学术活动外,如中国明代学会固定于每年年初举办的"青年学者论文发表会",或明清研究推动委员会于年底举办的"明清研究国际学术研讨会"等,多数为公开性演讲、工作坊、学术会议等,或严格限制入场人数,或改为线上方式,使得学术研究活动逐渐出现线上化的趋势。研究资源利用上,因疫情关系,许多单位不得不严格管控人员出入,为此线上学术资源的开放与扩大再利用,逐渐成为趋势。

此外,近三四年来,随着退休潮兴起,许多学术研究单位及大学系所陆续开出职缺。2021年明清史领域开缺单位有:台湾"中研院"史语所、台湾大学历史学系、淡江大学历史系等。尽管学术单位频频开缺,但在僧多粥少的情况下,"流浪博士"的就业问题仍十分严峻。历史系博硕士研究生在招生方面,受到学术环境、就业市场恶化等因素的影响,除台湾大学、政治大学、台湾师范大学等知名大学外,陆续出现招生困难的情况。

与相对悲观的学术就业市场相较,近几年新入职的青年教授受到学术环境及大学学科特色化趋势的影响,研究方向与课程开设上更为开放与多元,形成不同学科领域结合的特点,例如文献阅读结合田野访查、GIS地理应用、图像史学运用等。这一方面体现青年教授在明史研究上的取向,另一方面也对研究生的培养与论文选题形成影响。

二、台港澳地区明代研究的相关学会及学术活动动态

台港澳地区明史研究相关学会及团体,以中国明代研究学会及台湾"中研院"的明清研究推动委员会为代表。然2021年因疫情关系,诸多活动的举办受到影响。研究人员的流动与学术交流也受到阻碍,往往被迫转往线上发展。2021年,可说是"线上学术活动"持续摸索与发展的一年。

(一)中国明代研究学会动态

2021年,中国明代研究学会于每年年初固定的青年学者论文发表会外,仅举办一场线上论坛及一场线上专题演讲。

1.中国明代研究学会2021年年会(第十三届第一次)

2021年1月17日,于台湾师范大学历史学系视听教室召开"2021年明代研究学会会员大会暨青年学者论文发表会"。在第十三届理事长李卓颖(清华大学历史所教授)进行会务报告后,进行了两场青年学者论文发表会。第一场由巫仁恕(台湾"中研院"近代史研究所研究员)担任主持人,发表人及其题目为:屠德欣(政治大学历史所硕士)《衍伸的"贤宦":胡惟庸案中的云奇告变》、傅范维(台湾师范大学历史所博士)《清乾隆时期"东林"论述之转变》。第二场由王鸿泰(台湾"中研院"史语所研究员)担任主持人,发表人及其题目为:林晋葳(台湾师范大学历史所硕士)《圣谕与教化:明代六谕宣讲文本〈圣训演〉探析》、简瑞瑶(成功大学历史所博士)《明清之际今释澹归与丹霞山别传寺之营运》、赖姮仔(政治大学历史所硕士)《李时珍〈人傀〉中的性别与产育异常》。青年学者论文发表会后,为学会与联经出版公司合办之张艺曦(新竹交通大学人文社会学系副教授)主编《结社的艺术:16—18世纪东亚世界的文人社集》新书发表会,由邱澎生(上海交通大学人文学

院特聘教授)、王鸿泰担任与谈人。

此外,本届面临学会理事长改选,受疫情影响,理事长选举改为线上投票方式进行。会后,选出台湾"中研院"近代史研究所研究员兼所长吕妙芬为第十四届理事长。

2.新书发布会及专题演讲

2021年8月28日,由中国明代研究学会及联经出版公司共同合办徐泓教授(南开大学历史学院讲座教授、厦门大学终身讲座教授及暨南国际大学荣誉教授)《圣明极盛之世?明清社会史论集》在线新书论坛。会议分为两场:第一场主题为《明清社会史研究的展望》,依序由王鸿泰、巫仁恕、邱澎生、唐立宗(暨南国际大学历史学系副教授)分别讲述跟随徐泓教授学习明史的经历。第二场主题为《研究明清史的学与思》,依序由汪荣祖教授(南开大学历史学院讲座教授)、林丽月教授(台湾师范大学历史学系名誉教授)及徐泓教授分享明史研究的经历、反思及其未来展望。

2021年10月30日,沈玉慧(中兴大学历史学系助理教授)以视频连线会议方式进行《明中期以来东亚海域的漂流救助与隐蔽政策:以漂抵朝鲜的萨摩船为例》演讲。

3.编辑出版《明代研究》(THCI核心期刊)

《明代研究》第三十六期(2021年6月)在主编李卓颖规划下,出《明代学术思想史》专号,由吕妙芬撰写《专号导言》。收录论文3篇:何威萱《宋元理学家从祀明代孔庙小考——兼论明代孔庙与理学道统的关系》,考察数个明代提议从祀宋元理学家的案例,分析从祀的标准与理据,指出明中叶后,经程敏政(1445—1499)提倡,理学道统成为孔庙从祀的标准,同时又受到政治因素影响。杨正显《后死有责:从〈阳明先生文录〉到〈王文成公全书〉的师教衍变》指出,隆庆六年(1572)钱德洪(1496—1574)为了支持王阳明从祀孔庙,重新编辑《王文成公全书》,而该版本的编辑又受到当时政治与学术论争影响,最终未能忠实反映王阳明思想全貌。吴孟谦《晚明虞山书院的生死轮回之辨——兼论耿橘、张鼐的思想立场》，主要分析张鼐《虞山书院志》第十四卷记载两次书院讲会中士人对生死轮回的讨论。史料分析1篇：刘勇《新见明儒湛若水〈格物之说〉手迹的文本问题与文献价值》，该文指出现存《格物之说》有5种版本，4种存在湛若水的文集中，1种收录湛氏门人纂修的《增城县志》。该文献的价值主要在创作时间介于《大学测》与《答阳明王都宪论格物》之间。学讯有吴元祺《近期国内外明代研究期刊、论文集目录》。

《明代研究》第37期(2021年12月)收录论文3篇：刘紫依(上海复旦大学历史学硕士)《贡品与时尚：明代川扇考论》指出，川扇发端于明初，成为宫廷贡品后，成为明代无书画折扇的代表，其发展体现明代物质文化的发展与变迁。詹前倬(加拿大英属哥伦比亚大学亚洲研究系博士生)《杨起元的思想发展及其对师门之学的塑造》指出，杨起元(1547—1599)在罗汝芳(1515—1588)过世后经历两次师学塑造运动。第一次是在罗汝芳丧礼上，与同门咸集验证所得，以"明德"私谥罗汝芳。第二次在数年后，感悟"孝"，开启《孝经》编纂，完成《大学》到《孝经》的转化。彭皓(香港中文大学历史系哲学硕士)《晚明军士收入考——兼论明代国家财政之基本精神》指出，晚明财政白银化并未对军士收入与生计造成实质影响，军士生活水平仍与洪武时期相符，仅能勉强维生。募兵的饷银反而较高。造成两者差异的原因与明代财政奉行的"原额主义"有关。史料解析1篇：徐泓、林丝婷(暨南国际大学历史学系硕士)《〈明史纪事本末〉卷之四十二〈弘治君臣〉校释》指出，《明史纪事本末·弘治君臣》主要史源出自《皇明大政纪》，但因编者未参考《明实录》，全篇史料99条，时间错误有47处，人名、官名和文字缺漏有18处，然其优点在叙事能忠实地反映弘治朝君臣的互动。书评1篇：张欢欢《评张艺曦主编，结社的艺术：16—18世纪东亚世界的文人社集》。[①]

---

① 《明代研究》已于"期刊文献资讯网"上公开，第36、37期可于通过条目查询下载全文。

（二）台湾"中研院"明清研究推动委员会

台湾"中研院"明清研究推动委员会自2009年改组后，由历史语言研究所、近代史研究所、中国文哲研究所、台湾史研究所相关学者共同组成，为台湾地区推动明史相关研究的重镇。自2011年，举办第一场"明清研究前瞻国际学术研讨会"起，每间隔两年举办一场国际学术研讨会。2015年后，改为一年一期，于每年年末举办，为台湾地区明史研究年度盛会。

1.学术演讲（附台港澳地区大学院校主办之演讲与学术会议）

2021年1月7日，邱澎生《货币经济如何冲击明清中国的工作伦理》。

2021年1月12日，李毓中（清华大学历史研究所副教授）《以父／富为名：当西班牙传教士在马尼拉遇上中国生理人》。

2021年1月14日，胡晓真（台湾"中研院"中国文哲研究所研究员兼所长）《〈桃花扇〉西游记——从〈容美纪游〉看明清之际西南土司的认同政治与文化经营》。

2021年1月21日，罗士杰（台湾大学历史学系副教授）《明清以来的民间信仰与地方政治》。

2021年2月25日，卜正民（Timothy James Brook，加拿大英属哥伦比亚大学历史系教授）《全图：中国与欧洲之间的地图学互动》新书发表会（采视频连线方式）。

2021年3月10日，陈玉女（成功大学历史学系教授兼文学院长）《明清港口佛寺与佛教的海外移植——从〈嘉兴藏〉流通谈起》。

2021年3月22日，文良哲（Prof. Christopher Joby，Department of Dutch & S. African Studies，Adam Mickiewicz University），《十七世纪台湾基督教福音的接收》。

2021年3月23日，长谷川正人（台湾大学历史系助理教授）《明清鼎革与朝鲜社会》。

2021年3月26日，李孝悌（台湾"中研院"历史语言研究所兼任研究员)《中国的戏曲演出:明清到20世纪》。

2021年3月31日,王鸿泰《阴暗人格,辉煌帝国——大明永乐帝的性情与文化》。

2021年4月9日,李孝悌《美国的中国社会史研究概论》。

2021年4月13日,何淑宜(台北大学历史学系副教授)《明清的生祠与地方社会》。

2021年4月14日,巫仁恕《饮食习惯的流转与变化:以东亚文化中的东坡肉为例》。

2021年4月19日,吴政纬(台湾大学历史学系博士候选人)《朝鲜史料与明清史研究》。

2021年4月23日,李孝悌《明清士大夫的日常生活与宗教世界》。

2021年4月23日,吴周炫(美国哈佛大学历史及东亚语言系、中国文哲研究所博士候选人培育)《霹雳:明清时期自然思维模式》。

2021年4月28日,游丽玉(法国达尔多瓦大学教授)《红楼琴话:〈红楼梦〉与明清古琴音乐美学》。

2021年4月28日,蔡振丰(台湾大学中国语文学系教授)《方以智的诠释观与明末三教论的发展》。

2021年4月29日,李卓颖《互文性的书写行动:从明代苏州的记忆争辩谈起》。

2021年5月19日,吕妙芬《十七世纪中国儒学人性论与天主教灵魂观》。

2021年5月20日,吴周炫《与气之外,空中有物:以纪昀为中心的明清时代来说》。

2021年5月24日,李仁渊(台湾"中研院"历史语言研究所助研究员)《〈幼学须知〉与晚明到民初的大众书籍出版》。

2021年6月22日,谢国兴(台湾"中研院"台湾史研究所研究员)《霞漳:16—17世纪台湾早期闽南移民的主要原乡》。

2021年7月21日,陈冠妃(台湾师范大学历史学系博士后)《打造

"城"与"市":清领以前的台湾市镇》。

2021年7月29日,庄民敬(台湾大学中国文学系博士候选人)《湛若水礼学管窥——以〈小学〉改编与〈燕射礼仪〉为核心》("2021经学工作坊"讲座,视频连线)。

2021年8月14日,林丽月《乡邦之光／祖考之荣:明代乡贤祠祀的社会文化史考察》。

2021年8月20日,蒋竹山(台湾"中央"大学历史学研究所副教授兼所长)《植物与帝国:全球视野下的明清博物学故事》。

2021年8月30日,李彦仪(台湾"中央"大学哲学研究所助理教授)《试论张星曜〈天儒同异考〉里反映的"儒家"图像》。(视频连线)

2021年9月4日,王鸿泰《美感空间的经营——明清间的城市园林与文人文化》。

2021年9月9日,马孟晶(台湾清华大学通识中心与历史研究所合聘副教授)《叙事与诗意:晚明〈西厢记〉刊本之诗意式插图》。

2021年10月18日,金文京(日本京都大学名誉教授)《近世建阳商业出版与官方的关系》。

2021年10月28日,侯洁之(台湾大学中文系副教授)《顾泾阳、高景逸的修身知本说——以李见罗为参照系》。

2021年11月30日,洪维晟(台湾清华大学历史所博士)《明清东亚政经变局下的潮州商人》。

2.学术会议

2021年5月29—30日,佛光大学佛教研究中心召开第四届"近世东亚佛教的文献和研究"国际学术研讨会,会议分为专题演讲及青年学者论坛。由沈卫荣(台湾清华大学人文与社会科学高等研究所教授)进行《萨斯迦道果法于西夏、元、明三代的传播:从文本到历史》专题演讲。议程以"明清佛教"为主,议题涉及佛学文本考辩、佛学传播、佛学比较研究、佛学文化交流等。

2021年6月5—6日,政治大学中国文学系、中国经学研究会、台湾

"中研院"中国文哲研究所、香港浸会大学中国传统文化研究中心、台湾古籍保护学会、孔孟学会联合主办"第十二届中国经学国际学术研讨会"。明史相关论文有：杨自平（台湾"中央"大学中国文学系教授）《明代马理的〈易〉学师承与治〈易〉特色论析》、杨晋龙（台湾"中研院"中国文哲研究所退休研究员）《卫湜及其〈礼记集说〉在明朝士人著作内的身影考述》。

2021年7月5—7日，台湾"中研院"中国文哲研究所主办"雏凤清声：文哲青年学者夏季论坛（二）"。明史相关论文有：林小涵（暨南大学中国语文学系博士）《明末清初布衣文人徐士俊的文学经济生活》、赖思妤（日本东京大学文学博士）《玄机制斗阵：〈水浒传〉中九天玄女的武神意象及其道教六壬遁甲传统》、罗圣堡（台湾大学中文系博士）《〈古今禅藻集〉的文献价值与校勘问题》、余雅婷（日本关西大学东アジア文化交涉研究科博士）《飘洋渡海的自然史观——以利类思的〈狮子说〉与〈进呈鹰论〉为研究》。

2021年8月26—27日，台湾地区科技主管部门历史学门人才培育计划、中兴大学历史学系主办"近世社会文化史的议题与趋势"学术研习营（线上进行）。明代研究相关论文有：巫仁恕《明清史的文化转向》、李华彦（彰化师范大学历史学研究所助理教授）《明蒙交流史》、沈玉慧《日本学界的明清史研究回顾与新趋势》、郭安瑞（Andrea S. Goldman，加利福尼亚大学洛杉矶分校历史系）《美国关于帝制晚期文化史研究的新趋势》。

2021年10月21—22日，台湾"中央"大学中国文学系、文学院儒学研究中心、台湾"中研院"文哲研究所共同主办"2021年宋明清儒学的类型与发展Ⅷ"学术研讨会。明史相关论文有：袁光仪（台北大学中文系教授）《王龙溪"四无说"之当代诠释——与萨提尔理论之对话》、游腾达（清华大学华文所副教授）《阳明后学对"朱子晚年定论"说之余响——张元忭〈朱子摘编〉析论》、杨自平《明代方献夫以博约法治〈易〉学析论》、陈睿宏（政治大学中文系教授）《明代时期〈洪范〉会通〈易〉说图象数理化之流衍与重要内涵》、侯洁之《从"知本"义论顾泾阳、高景逸的〈大学〉诠释——以李见罗为参照系》、齐婉先(暨南大学华语系副教授)《王龙溪的圣学诠释与颜渊圣人形象之探讨》、陈逢源(政治大学中文系特聘教授)《述朱与衍朱:蔡清〈四书蒙引〉初探》、史甄陶(台湾大学中文系副教授)《张溥〈诗经注疏大全合纂〉之编纂理念与方法研究》、王清安(台湾师范大学国文系博士候选人)《乾元与太和:阳明后学唐鹤征的道统观》、黄崇修(台湾"中央"大学哲学研究所教授)《主静变革中的天道指涉——以阳明良知天道一体观为视点》、锅岛亚朱(华清大学中文系副教授)《由〈四书知新日录〉探讨明末思潮——以〈中庸章句〉批注为例》。

2011年11月12—13日,中国文化大学东亚人文社会科学研究院、韩国海洋大学国际海洋问题研究所合办"第十一届世界海洋文化研究所协议会(WCMCI)学术大会暨第十七届海港都市国际学术研讨会:东亚海域社会的构成、经验、问题"。刘序枫(台湾"中研院"人文社会科学研究中心研究员兼执行长)、王日根(厦门大学人文学院副院长)、伍伶飞(厦门大学历史系助理教授)、姜帆(中山大学马克思主义学院副教授)、蒋竹山、连启元(中国文化大学历史学系副教授)等出席会议,探讨明代到现代"东亚海域"文化知识交流、人群移动及其社会经济生活等课题。

2021年11月17日,清华大学历史研究所主办"明清出版文化中的版画"座谈会,马雅贞《园林相关的出版文化:从〈扬州东园题咏〉谈起》及马孟晶《叙事与诗意:晚明〈西厢记〉刊本之诗意式插图》进行报告。

2021年11月25日,台湾"中研院"中国文哲研究所主办"宋明理学工作坊",明史相关论文有:王清安(台湾师范大学国文学系博士候选人)《乾元与太和:阳明后学唐鹤征的道统观》。

2021年12月1—2日,台湾"中研院"台湾史研究所、台湾"中研院"明清研究推动委员会主办"近代社会·经济·环境史研究暨刘翠溶院士八十大寿志庆"学术研讨会。明史相关论文有:邱澎生《由律学检视明代商业法律的建构和运作》、曾美芳(台北医学大学通识中心副教授)《明代的财政数字及其对财政管理的意义》、江丰兆(台湾清华大学历史研究所博士生)《明清至民初淮北食盐生产与管理的变化》、范毅军(台湾"中研院"历史语言研究所兼任研究员)和白璧玲(台湾"中研院"人文社会科学研究中心地理信息科学研究专题中心博士后研究)《明清驿递制度下驿站网络与讯息传递的时空分析》、张继莹(台湾清华大学通识教育中心暨历史所助理教授)《生态与政治:环境史视野下的蝗灾》。

2021年12月9—11日,由金门县文化局、桃园市政府文化局主办"2021闽南文化国际学术研讨会——跨境闽南·文化连结:金门与桃园视角的全球过程与移民记忆"。陈国栋进行专题演讲《航海、贸易、移民与手艺:明清以来的闽南海域》。明史相关论文有陈炳容的《明清时期金门盐业的发展与变迁》。

2021年12月10日,香港浸会大学历史系主办"第三届性别与明清文化研究论坛",采线上会议方式进行。卓清芬、方秀洁、刘咏聪、胡晓真、黄卫总、李贞德、李国彤、卢苇菁、毛文芳、苏成捷(Matthew H. Sommer)、魏爱莲(Ellen B. Widmer)、叶山(Robin D. S. Yates)、杨彬彬、衣若兰、张宏生等22位学者出席会议,交流明清时期性别研究心得、最新动态与信息。

2021年12月15—17日,台湾"中研院"明清研究推动委员会主办"2021台湾'中研院'明清研究国际学术研讨会"。会议为期3天,共有45场论文发表,发表论文近170篇。会议期间,受疫情影响,会议全面采取线上视频进行。涉及明史研究领域的议题有29组,每一组别有3至4篇会议论文,反映研究趋势为:一是涉及"宗教史"研究的议题高达6组,包括:"明清儒学与宗教""明代前期的政治与佛教文化""宗教信仰与风水文化""近世僧人书写中的文体类型与文化交涉样态""明清时期儒、道宗教仪式的创构与竞合""明清道教文学中的宗教修行与实践"。其中有两组的议题集中在宗教相关文本与知识的生产与流传,其余组别则分别与理学、政治史及区域社会史研究结合,形成相对多元的研究视角。二是知识的生产、出版与传播仍是热门课题之一,相关议题有4组:"明清时期的知识生产与传播""知识的形制:明清文言笔记的编创策略与知识书写""流动中的副文本——晚明书籍的生成、传播与阅读""明清类书的流传和东亚知识的重构"。三是性别史相关议题有两组:"近世中国与东(南)亚性别/图像的环流视野与知识考掘""女足之痛、性密病体、强武国魂:流动于性别与身体之间"。四是物质文化研究相关议题有两组:"模块、新样与风潮:明清工艺中的物质文化""陶瓷书籍·中国风:物质的全球移动与权力再现、重构"。其他议题中,较为特别的有:地图史、边缘族群的多元研究等。地图史研究受到东亚海洋史及全球史研究的影响,近几年十分热门。边缘族群的研究受到新清史研究,以及边界史与人群移动研究的影响,也讨论颇众。

3.《明清研究通讯》电子期刊

《明清研究通讯》每隔两个月出刊,内容主要以学人访谈、会议及演讲报导、读书会及工作坊纪要为主,体现当下台湾地区明清史研究动态。2021年出刊期数为第83—88期。

《明清研究通讯》第83期(2021年2月),明史相关报导:吴景杰《专访邱澎生教授》。邱澎生教授以"有用"为思考起始,长年于明清经济史及法律史领域耕耘,通过他的访谈报导,可深入了解其研究立论的学术思想脉络。张惠敏《2020年宋明清儒学的类型与发展Ⅶ会议报导》、黄祖恩《廖肇亨教授演讲"僧诗研究的回顾与展望——从新出文献谈起"纪要》。

《明清研究通讯》第84期(2021年4月)明史相关报导:江昱纬《"中国明代研究学会2021年会暨新秀论文发表会"会议报导》、王鹏惠《胡晓真教授演讲"〈桃花扇〉西游记——从〈容美纪游〉看明清之际西南土司的认同政治与文化经营"纪要》、林荣盛《罗士杰教授演讲"明清以来的民间信仰与地方政治"纪要》、黄祖恩《陈玉女教授演讲"明清港口佛寺与佛教的海外移植——从〈嘉兴藏〉流通谈起"纪要》。

《明清研究通讯》第85期(2021年6月)明史相关报导:赖廷威《何淑宜教授演讲"明清的生祠与地方社会"纪要》。

《明清研究通讯》第86期(2021年8月)无明史研究相关报导。

《明清研究通讯》第87期(2021年10月)明史相关报导:柯韦帆《"〈圣明极盛之世?明清社会史论集〉在线新书论坛"报导》。

《明清研究通讯》第88期(2021年12月)明史相关报导:林小涵《马孟晶教授演讲"叙事与诗意:晚明〈西厢记〉刊本之诗意式插图"纪要》、曾诗涵《金文京教授演讲"近世建阳商业出版与官方的关系"纪要》、唐宁《高明一教授"〈宝绘录〉所反映晚明苏州的古画收藏"纪要》。

三、台湾地区科技主管部门学术补助奖励

台湾地区科技主管部门学术补助奖励性质与大陆国家社科项目相仿,为观察学术研究风向的指标之一。2021年,台湾地区科技主管部门通过明史研究相关计划计36项,历史领域9项,文学领域24项,哲学领域3项。

2021年度通过计划申请人与项目:

文 学		
姓名	单 位	项目名称
侯洁之	台湾大学中国文学系暨研究所	顾宪成《大学》诠解及其与李材、高攀龙的格物身本论辩
黄启书	台湾大学中国文学系暨研究所	孔子庙礼制与文史系列研究——以明代李之藻《頖宫礼乐疏》为核心(一)
庄民敬	台湾大学中国文学系暨研究所	明儒对朱熹礼学的承继与转化
王喆慈	台湾大学中国文学系暨研究所	良知流衍与三教交涉——从中晚明良知学思想发展见明清学术思潮之转向
范宜如	台湾师范大学国文学系(所)	记忆/异之城:《帝京景物略》的城市书写与人文观照
林佳蓉	台湾师范大学国文学系(所)	词与地方的抒情叙述
陈英杰	政治大学中国文学系	大历以后书勿读?——明代诗学中的"中晚唐诗批评"议题
洪敬清	政治大学中国文学系	明代国朝小说编写与江南出版文化
林宣佑	台湾清华大学中国文学系(所)	江右王门学者邹元标思想研究
杨自平	台湾"中央"大学中国文学系	明中叶《易》学研究 II:王恕、马理、吕柟之义理《易》学研究、与阳明心学关系密切之方献夫与杨爵之《易》学研究
吴孟谦	台湾中山大学中国文学系(所)	明代佛门的儒释之辨:以心性论为中心

续表

姓名	单 位	项目名称
林芷莹	台湾中山大学中国文学系(所)	晚明戏曲选本所反映的编选意识与文人群落——以《怡春锦》为例(Ⅱ)
黄莘瑜	暨南国际大学中国语文学系(所)	"伦理"与"逸乐"——晚明"戒杀"论述与清初"佳话"的构成
袁光仪	台北大学中国文学系	李贽的阳明学研究
陈恒嵩	东吴大学中国文学系(所)	经义与科举——王樵《尚书日记》及相关问题探究
赖信宏	东吴大学中国文学系(所)	万历年间丛书《草玄杂俎》之钩沉与文献考察
连文萍	东吴大学中国文学系(所)	明代科举与女性——以诗文史传为考察中心
侯淑娟	东吴大学中国文学系(所)	论《万壑清音》"末、外"行当演唱北曲的艺术特色
李忠达	东海大学中国文学系	典范重构:明清思想史脉络中的方以智天学思想
林伟淑	淡江大学学校财团法人淡江大学中国文学学系	明末至康熙年间世情小说中女性身体书写的研究
张美娟	云林科技大学汉学应用研究所	从王龙溪"曾点兴"学脉系谱到公安派山水文学
许怡龄	中国文化大学韩国语文学系(所)	朝鲜与越南对朱子"辟异端论"的接受比较:以《家礼》在东亚的在地化与谈论为中心
黄羽璇	台北商业大学通识教育中心	明代礼书评点研究
施盈佑	勤益科技大学基础通识教育中心	明清重气儒者的群体观研究Ⅰ——王夫之《读通鉴论》的历史与群体
历史学		
陈宗仁	台湾"中研院"台湾史研究所	唐人与十六世纪东亚的知识传播:以 Boxer Codex 的鸟兽图绘为例
衣若兰	台湾大学历史学系暨研究所	性别与明代户口管理
何幸真	台湾大学历史学系暨研究所	明代行政体系下史馆的建置与运作
吴政纬	台湾大学历史学系暨研究所	天朝遗文:近代东亚的书籍环流与历史书写
康培德	台湾师范大学台湾史研究所	荷属时期台湾岛上从事南岛语族交易的华商
李宗翰	台湾师范大学历史学系(所)	宋元明方志之演变
陈玉女	成功大学历史学系(所)	晚明清初东南沿海禅师与其家族女眷出家的法脉关系
何淑宜	台北大学历史学系	抚恤与报功:明代中后期东南沿海地区的御倭人物祠庙及相关记事
连启元	中国文化大学史学系(所)	明代宗藩"越关奏扰条例"的审判与法源依据研究
哲 学		
黄崇修	台湾"中央"大学哲学研究所	主静工夫变革中的天道指涉——以王阳明、刘蕺山言说为核心

姓名	单　　位	项目名称
张超然	辅仁大学宗教学系(所)	本山、京阙与地方:元明之际龙虎山道士的多样化发展
梁淑芳	体育大学通识教育中心	明清之际马山全真教龙门宗传道东北与狐仙信仰关系之研究

四、专著与学术期刊论文

台湾地区新出专著、论文集、文献集等出版品,可通过台北"国家"图书馆"'全国'新书资讯网"(网址:https://isbn.ncl.edu.tw/NEW_ISBN-Net/)及"台湾书目整合查询系统"(网址:https://metadata.ncl.edu.tw/blst-kmc/blstkm#tudorkmtop)进行检索,该检索系统涵盖部分港澳图书出版资讯。检索系统外,出版社新书资讯也是观察重点。

(一)专著

1.新出版专著、论文集

台港澳地区学者出版专著10种。社会史有:江昱纬《救婴与济贫:乳妇与明清时代的育婴堂》(秀威资讯,2021年),该书以育婴堂乳妇为研究对象,探讨士人的行善理念,以及面对育婴堂经营不善时,乳妇如何在"救婴"与"济贫"之间抉择。史学书写与心态分析有:庄郁麟《存史与失节:危素历史评价探析》(秀威资讯,2021年)考察元明易代之际危素(1303—1372)基于"存史"目的,由元臣转投明廷的心路历程,以及明嘉靖到清乾隆间,危素"失节"形象塑造背后的政治、学术等变化意涵。文学与史学结合的专著较多:金明求《反思"死亡":〈三言〉的死亡故事与主题研究》(秀威资讯,2021年)指出,冯梦龙《三言》出版时,正是明代思想由传统抑制人性的"重理"转向"重情"的阶段。作者借由考察《三言》小说人物面对"死亡"时的思想与处事,以厘清文学作品在建构人物、思考生命时的思辨过程。刘柏正《读史与述事:冯梦龙作品之历史意识与政治关怀》(新文丰,2021年)考察冯梦龙的作品,通过

"编辑活动""历史意识""叙述话语""政治关怀"等4个层面,建构冯梦龙编辑与叙述活动之间的动态关系,进而深入了解晚明小说与历史叙述之间的离合关系。鹿忆鹿《异域·异人·异兽:〈山海经〉在明代》(秀威资讯,2021年)考察《山海经》在明代的出版与流传情况,并结合《山海经图》建立图本间承衍的谱系,进而论述明代士庶及海外贵族如何理解与接受《山海经》中各种记载,形成文化上的融会。高明一《从书迹还原书史:北宋新风在明代松江的遥传》(新文丰,2021年)指出,北宋时怀素《自叙帖》、晋人小楷新解、颜真卿书法地位提升,并于明代前期于松江地区再度兴起,影响力持续至成化朝。嘉靖后,随着董其昌书法地位奠立,吴门取得书坛地位。曾永义《戏曲演进史(二)宋元明南曲戏文》(三民书局,2021年),先说明"南曲戏文"的形成及其时代背景,接着,深入考察作家、剧作及戏文唱法腔调的关联与演变,了解"宋元南曲戏文"到"明改本戏文",再到"明人新南戏"3个阶段体制规律及其文学成就的发展。蒲彦光《从文学及思想层面探讨明清经义文》(花木兰,2021年)。历史科普类的专著有:杨照的《不一样的中国史》第10、11册(远流,2021年),以小说叙事方式,描绘明代的政治、社会经济与文化的发展;陈福成《大航海家郑和:人类史上最早的慈航图证》(文史哲,2021年)。

大陆学者研究于台港澳地区出版5种:王水根、傅琴芳、王者《明代小说视域下的"涉佛"女性意象研究》(花木兰,2021年)。黎晓莲《明代八股文批评研究》上、下册(花木兰,2021年);孙彦《唐顺之文学思想研究》(花木兰,2021年),该书为作者2015年南京大学文艺学博士论文基础上新修后出版;李志鸿《闽浙赣宝卷与仪式研究》(博扬文化,2021年);杨忠《明清国家档案:那些影响历史发展的重大案件》(大旗,2021年),为科普类历史读物,收录13篇文章,其中4篇涉及明史领域。

论文集3种:柯浩仁主编《明椠宝光:明代文献学学术研讨会论文集》(台湾师范大学出版社,2021年),该书为"明椠宝光:明代文献学学术研讨会"论文成果,收录7篇论文,包含4大主题,分别为明代文献学、版本学、小说戏曲文献及其典藏与传播;蔡泰彬《明代水利社会史研究论集》(花木兰,2021年);金国平(暨南大学澳门研究院研究员)主编、杨迅凌(澳门科技大学图书馆助理馆长)副主编《〈全海图注〉研究》(澳门基金会,2021年),全书分为"论文卷"及"地图卷"。

《全海图注》为万历年间的中国东南海防图,自广东防城营(今广西防城港市)至长江口,转而西向延伸至南京太平府止,是现今已知最早标注香山和澳门地区的中文地图,原收藏中国国家图书馆和大英图书馆。2019年1月,澳门基金会等筹办"《全海图注》学术座谈会",与会学者论文集结为"论文卷"。

2.明史相关译著

宋怡明(Michael Szonyi)"*The Art of Being Governed: Everyday Politics in Late Imperial China*"(Princeton University Press, 2017)出版,经钟逸明翻译《被统治的艺术:中华帝国晚期的日常政治》,2021年由台北联经出版中译繁体版。日本岩波书店出版专题式"中国的历史",共5册,第4册由檀上宽主笔的《陆海の交错:明朝の兴亡》(岩波书店,2020年),论述自14世纪元末到17世纪清朝建立为止,明朝廷如何调处中华与夷狄、华北与江南、草原与海洋等3个冲突主轴,并以儒家理论进行规范。2021年经郭婷玉翻译,中译书名《陆海的交会》,由台北联经出版。郑维中著,蔡耀纬译《海上佣兵:十七世纪东亚海域的战争、贸易与海上劫掠(*War, trade and piracy in the China Seas, 1622—1683*)》(卫城出版社,2021年),由全球史角度介绍17世纪东亚海域上的各式势力交锋的过程。冈本隆司著,侯纪安译《历史学家写给所有人的中国史:从环境、气候到贸易网络,全球视野下的中国史》(台湾商务印书馆,2021年),该书以世界史为脉络,从环境、气候及社会变迁等不同角度理解中国历史的发展。杨斌《流动的疆域:全球视野下的云南与中国》原为其博士论文"Between Winds and Clouds: The Making of Yunnan"(2004年),2008年在美出版,2021年经韩翔中翻译后,由台北八旗出版。该书由全球史的视角分析"云南"的形成,不仅受到传统帝国更迭与转型为民族国家的影响,西南丝绸之路的交流与兴衰、世界贸易格局的转变等皆对"云南"的形塑构成影响。

3.文献整理与校注

李奭学、林熙强主编《晚明天主教翻译文学笺注·别册·索引》共4册（台湾"中研院"中国文哲研究所,2019年初版,2021年修订再版）。陈鸿瑜《皇明外夷朝贡考校注》（新文丰,2021年）。王盘原著,潘富俊考证《野菜谱:明朝的荒年宝典,60种可食可药用的杂草野花》（台湾商务印书馆,2021年）。陈帅（湖南大学岳麓书院助理教授）、简凯廷（成功大学中国文学系项目助理教授）合作编辑《明清〈因明入正理论〉珍稀注释选辑》共2册（佛光文化,2021年）,收录4种明清《因明入正理论》注释,明代版本有:明代真贵《因明入正理论集解》、明代永海《因明入正理论会义》,是研究明代因明学的重要材料。汤开建（澳门科技大学社会和文化研究所教授）编辑点校《大航海时代与澳门——中日朝越四国澳门汉文文献档案汇编(1500—1644)》共2册（澳门特别行政区政府文化局,2021年）,收录明英宗至南明时期澳门地区各国（特别是葡萄牙和西班牙）航海活动的东亚汉文文献史料。孙虹（江南大学文学院教授）《〈皇明恩纶录〉笺证》（花木兰,2021年）,《皇明恩纶录》收录历任明代皇帝给丽江土司的诏书、敕谕,有助于明代丽江区域研究的展开。

4.出版品再版

2021年,明代研究相关专著重新再版,以及大陆学者作品于台港澳地区再版数量颇丰。

台港澳地区学者专著再版6种。徐泓《圣明极盛之世? 明清社会史论集》,该书先于2020年由北京大学出版社出版简体版,书名《明清社会史论集》。2021年由台北联经出版繁体版,篇幅增加,由简体版的8篇论文,增为12篇论文,新增论文有《明初的人口迁徙政策》《明洪武年间的人口迁徙》《明永乐年间的户口迁徙》《罗香林教授对中国移民史研究的贡献:读〈中国族谱所见之明代卫所与民族迁移之关系〉》,另增第三章附录《万历四十三、四年山东饥荒与人相食史料》。新增4篇论文集中讨论明代前期人口迁移脉络,相较简体版仍有可观之处。徐文琴《西厢记版画艺术:从苏州版画插图到"西洋镜"画片》(新锐文创,2021年),是在其《文本与影像:西厢记版画插图研究》(历史博物馆,2020年)的基础上进行扩写,新增第四章"西厢记年画、月份牌与'西洋镜'画片",由西厢记版画插图的讨论,延伸至"西洋镜"年画、月份牌、画片的兴起,以及18世纪海外画家模仿促成的"中国风尚"潮流。杨永汉《虚构与史实:从话本〈三言〉看明代社会》(万卷楼,2021年),最早于2006年万卷楼出版,2021年新增版,增加第八章"《三言》所反映的明代宗教思想"。陈剑辉《孟称舜〈花前一笑〉与卓人月〈花舫缘〉两剧的比较研究》(学海,1988年)由学海再版。周志文《晚明学术与知识分子论丛》(大安出版社,1999年)改由台大出版中心再版。王春瑜《明朝酒文化》(东大图书公司,1990年),东大图书公司再版。

大陆地区明史相关论著在台港澳再版6种:吴晗《明史简述》早期有2005年及1980年中华书局版,2021年由香港中和出版再版。晁中辰《明成祖传》(人民出版社,1993年),由台湾商务印书馆出版。度阴山《知行合一 王阳明(1472—1529)》(北京联合出版公司,2014年)由台北大旗出版。林梅村(北京大学考古文博学院教授)《观沧海——大航海时代诸文明的冲突与交流》(上海古籍出版社,2018年)改名《观沧海:青花瓷、郑芝龙与大航海时代的文明交流》由台北联经出版。龚重谟《汤学探胜》(南方出版社,2018年)由新北市花木兰出版。阎崇年《故宫六百年》共2册(华文出版社,2020年)由台北时报出版。

另外,尚有重要经典与手稿的再版2种。孟森《明代史》由新北市华夏出版公司再版。方济各·沙勿略神父、贝尔西奥神父等著,王锁瑛译《葡萄牙人在华见闻录:十六世纪手稿》(澳门文化司署,1998年),由澳门特别行政区政府文化局重新出版。

2021年,台港澳地区各类出版品计有43种。新出研究专著中,文学相关研究相对较为丰富,研究上也不再局限文本研究,大多将文本视为讨论媒介,进而与社会现象、创作者乃至阅读群众心态等议题结合。比较值得注意的有两个方面：一是，海洋史及其相关课题的研究有上升的趋势，澳门地区关于海图研究或对外交流文献的整理持续进行，台湾地区相关译著也不断出版；二是，大陆学者研究在台港澳地区出版的比重逐渐上升，侧面一定程度反映学术交流的情况。

（二）学术期刊论文

学术期刊检索方面，台北"国家"图书馆、"期刊文献资讯网"（网址：https://tpl.ncl.edu.tw/NclService/）已将台湾地区（包含部分港澳地区）发行期刊进行整合。港澳地区期刊论文可利用香港中文大学图书馆主持开发的"港澳期刊网"（网址：http://hkmpnpub.lib.cuhk.edu.hk/）检索，唯"港澳期刊网"在人文社会期刊涵盖面上，仍有不足处。

2021年，台港澳地区有明代研究相关论文101篇。

1.历史学领域

社会史8篇。社会史中关于"集体记忆""历史书写""地方叙事"等分析增加，如李卓颖、陈元朋（东华大学历史学系教授）、潘宗亿（东华大学历史学系副教授兼大众史学研究中心主任）《互文性的书写行动：从明代苏州的记忆争辩谈起》（《人文与社会科学简讯》，22:4），以元明易代下的苏州士人记忆与历史书写为切入点，讨论易代时期遗民士人的认同倾向、转话语身份政治。黄郁晴《不忍细读的历史缝隙：张烺〈烬余录〉与明末清初屠蜀纪闻》（《静宜中文学报》，19，第51—74页），该文以张烺（1627—1715）的《烬余录》为主，蜀地幸存者的记忆为辅，探讨明清易代的历史书写与地方叙事之间不同观看角度。张万民（香港城市大学中文及历史学系副教授）《困境与精进：明清阅读史中的朱子"淫诗"说》（《汉学研究》，39:3），该文由"阅读情境"梳理明清《诗经》学者对读者阅读能力的担忧及其相应的举措、普通读者对《诗经 国风》"淫诗"的阅读反应、明清小戏曲阅读实践对"淫诗"的改造挪用，重新论证朱熹"淫诗"如何由理论层面转化至阅读实践层面。

社会生活的研究有李仁渊《元、明刊〈居家必用〉与家庭百科的诞生》(《"中研院"历史语言研究所集刊》,92:3),该文指出元代建阳书坊出版的《居家必用》是中国已知最早"家用"知识分类纂辑的商业出版品,并为宋元以来的权威版本,进而影响明代中晚期大量出版的"家庭百科"。同时,该类文本知识亦可视为元明以来家庭与宗族实践的思想基础来源之一。刘紫依《贡品与时尚:明代川扇考论》(《明代研究》,37),由社会生活与物质文化的角度指出,蜀地士人通过川扇形塑其文化风尚,其品味塑造与宫廷好尚攸关,作为贡品背后又与蜀地社会经济变化有着密切的联系。谢绣如《饮之长物:明代中国饮茶风尚之"物"的审美观》(《警专论坛》,38),由明代饮茶风气的变化,论述饮茶思想与观念的转化。

社会医疗 / 疫病的讨论有董立夫《明代疾疫现象及其对策之初探:以〈明实录〉为线索》(《中国行政评论》,27:1),该文通过《明实录》记载的明代疾疫现象,考察官方的疾疫对策。刘振仁《明代瘟疫与帝国的覆亡》(《中国行政评论》,27:1),该文总结明亡原因与明后期瘟疫大量流行无关,症结仍在统治者身上。

制度史及财政史5篇。林文中《影响中国明朝文官考核制度因素之探讨:以考核权责机构为例》(《警察行政管理学报》,17)。王筱雯《明代乡试判文出题探析》(《思辨集》,24)。柏桦《明清时期的府县社会治安管理制度》(《南国学术》,澳门,11:3)。财政史有彭皓《晚明军士收入考——兼论明代国家财政之基本精神》(《明代研究》,37)。孙继民、宋坤《新发现的明代赋役黄册:内涵与价值》(《南国学术》,澳门,11:2),该文介绍近4年学者在整理公文纸本古籍时,意外于公文纸本背面发现后湖黄册库藏进呈原本,40余种,计3560余页,对于明代赋役黄册的研究极具价值。

学术思想4篇。2021年,学术思想方面成果颇丰,史学领域在《明代研究》主编李卓颖规划下,推出"学术思想专号",收录何威萱、杨正显及吴孟谦等3篇专文,刘勇介绍湛若水史料1篇(相关介绍见前述《明代研究》)。

宗教及民间信仰相关4篇。谭世宝、谭学超《大汕等和尚与澳门普济禅院(观音堂)的历史新研究》(《文化杂志》,澳门,111),该文由海上丝路与澳门区域史的角度,重新梳理澳门普济禅院及"大汕宗风"的兴衰过程。孙旭亮《明末反教人士对天主教的邪教形象建构》(《文化杂志》,澳门,112)指出,明代耶稣会来华初期,通过"文化适应"传教政策,成功形塑"西儒""天教"等正面形象,然此情况于明末逐渐翻转,反教人士将其与白莲教等"邪教"并论。黄绎勋《明末汉月禅师〈三峰和尚心忏〉略探和点校》(《佛光学报》,7:2)指出,约1618—1619年,汉月法藏(1573—1635)驻锡常熟三峰禅寺时,各地僧人前往习禅,但这些参禅者多困于各种禅病与孽缘,为此汉月特地造了《心忏》,以协助僧人顿悟。该忏法兼具理观与事忏的完备忏仪之一,反映明代净土和密教思想的融合特色。释法幢《〈径山藏〉文献特色与史料价值》(《佛光学报》,7:2),该文以文献学方法分析《径山藏》刊本状态,并从文化出版的角度,概述《径山藏》存世版本与出版情况,进而阐述其在佛教文化传播和大藏经发展史上的价值。

海洋史及其相关研究4篇。徐晓望《早期台湾秘史:论晚明海寇林道乾在台湾的活动》(《人文及社会科学集刊》,33:1),指出约嘉靖末年,在颜思齐、郑芝龙对台湾展开经营前,林道乾在戚继光及其部下的驱赶下,曾于台湾沿海活动,并考虑在台建立据点,后因明军追击而放弃台湾的经营。卢嘉诺《行商海外:明清时期香山北岭徐氏宗族与澳门关系考述》(《文化杂志》,澳门,112),该文考察香山北岭徐氏家族的移居澳门及其参与海上贸易的过程,从中梳理出以澳门徐氏为中心的关系网络。阮宏《明代"刀法得之佛朗机"若干问题考证》(《文化杂志》,澳门,112),该文重新考证明代倭刀刀法传入时间、刀法师承脉络及所习刀法差异,进而提出"刀法得之佛朗机"的说法有误,倭刀应为嘉靖末中国人从澳门倭人处习得,而非学自葡人。詹坚固(华南师范大学历史文化学院副教授)《明清澳门疍民探略》(《文化杂志》,澳门,113)指出,宋明时期澳门人口主要由疍民组成。16世纪时,随着葡人东来,下层葡人如士兵、水手等多与疍民女子结婚,继而形成澳门土生葡人群体,人口结构与型态出现变化。

2.文学领域

2021年,明代文学相关研究课题除了传统的戏曲、小说、诗词等文本分析外,讨论方向更多呈现与性别史、心态史、社会文化史等领域结合的现象。

文本分析12篇。文本及其创作手法分析有,简泽峰《论钟惺"以情解诗"的《诗经》评点及其诠释问题》(《思与言》,59:1)。骆淑文《略论〈冷邸小言〉中的创作观与诗法观》[《屏东大学学报》(人文社会类),6]。黄家桦《明末蕅益智旭〈一笔勾〉曲调研究》[《高雄师大学报》(人文与艺术类),50]。张凯特《公案流别:论明代公案小说集体例的依违》(《台北大学中文学报》,29)。文本作者的写作心态、立场与目的等分析有许建业《"文学"与"文"学:晚明胡应麟对金华诗文学术传统的重省》(《汉学研究》,39:2)。赖霈澄《商人、居士与遗民:论毛晋〈明僧弘秀集〉的编选意义》(《政大中文学报》,35)。刘家幸《诗心与佛教:晚明渡日华侨陈元赟诗歌厘探》(《汉学研究》,39:3)。李惠绵《明清昆腔音韵度曲的发展脉络》(《戏曲学报》,24)。或是将文本内容与社会现象、地方文化结合,如曾世豪《从桃李不言到另辟蹊径:由明清平倭叙事论〈草莽英雄〉对"王翠翘故事"英雄形象之承继与转化》(《东吴中文学报》,41)。谢玉玲《明代地方文献之传记书写探论:以桐城方学渐〈桐彝〉及〈桐彝续〉为例》(《淡江中文学报》,44)。王达甫《知诗者的多重身份:〈列朝诗集〉与〈明诗综〉的吴中倾向与对史传文学的影响》[《高雄师大学报》(人文与艺术类),50]。刘亚《明代笑书〈古今谭概〉"虾蟆给事"考:兼论官场谑称的流传》(《东海大学图书馆馆刊》,57)。

性别、欲望等3篇。近年文学领域涉及性别史的讨论,远较史学角度分析的成果更多,议题或分析手法也更为多元。相关研究有:王水根、傅琴芳《明代小说视域下观音意象之色欲化审美述论》(《宗教哲学》,95)、高祯临《不安于室/是:明清女性剧作的空间出走与性别越界》(《戏剧研究》,28)、谢晓菁《男性文人笔下的从军女性:以明末女将沈云英为核心》(《女学学志》,48)。

人物为研究3篇。王国良《明末清初的典籍庋藏与传承:以钱谦益为主轴的探讨》(《书目季刊》,54:4)。此外,受到史学明遗民研究的影响,文学领域也出现相关分析,并与心态史结合,从中窥看大历史脉络下研究对象的思想变化与调处之道。张莉涓《末世顽童:王思任的戏谑人生》(《东海大学图书馆馆刊》,60)通过王思任(1572—1646)的诗文,论述其人生哲学,以及其于晚明动荡局势下的生存之道。另外还有刘幼娴《文人仕宦或是职业作家:李渔明清之际的抉择》(《树德通识教育专刊》,15)。

3.学术思想与宗教

宋明理学与阳明心学为传统研究课题,相关研究有29篇。其中,阳明心学相关有19篇:王涵青《刘宗周对朱熹、阳明及其后学〈大学〉诠释之反思》(《揭谛》,40),王磊《王阳明〈大学古本旁释〉定本续辨》(《哲学与文化》,48:1),周福《理学中的师法与体证:从朱陆鹅湖之辩到阳明龙场悟道》(《鹅湖》,47:3),林维明《无求三教的相异,但求其道同而学:以王阳明对三教合一的看法为主》(《海潮音》,102:1),林维杰《王阳明哲学的内在化》(《应用伦理评论》,70),武韦《"致良知"与"超生死":王阳明破生死关圆融智慧之探微》(《孔孟月刊》,59:5/6),陆畅《王阳明的良知自知与他心知问题辨析:以"不逆诈,不亿不信而先觉"为考察中心》(《哲学与文化》,48:6),云龙《和会朱陆如何可能:基于内在与超越的关系对王阳明"心即理"思想的考察》(《哲学与文化》,48:6)、黄信二《论阳明的自然观与其致良知学说》(《哲学与文化》,48:5),黄慧英《〈牟宗三先生论阳明工夫要义:工夫进路与中国经典诠释〉补遗》(《鹅湖》,46:11),钟治国《王阳明的格物说的演变》(《哲学与文化》,48:10),罗永吉《以"一心开二门"的义理架构诠释王阳明之"四句教"》(《鹅湖》,46:11),朱燕玲、廖晓炜《潘平格的心学思想与明清儒学转型》(《哲学与文化》,48:4),张雅评《王阳明与湛甘泉"一见定交,共倡圣学"的三件疑案考察》(《元亨学刊》,7)。王学门人思想相关有3篇:林胜彩《傅斯年图书馆藏杨东明〈论性臆言〉〈性理辨疑〉的文献价值》(《醒吾学报》,64)、陈剑虹《罗近溪生死实践的工夫论研究:以〈明德夫子临行别言〉为中心》(《鹅湖》,46:10)、潘玉爱《明代两广的王学社群与教化伦理》(《哲学与文化》,48:5)。另外沈鸿慎及李瑞全针对牟宗三疏解阳明心学各有1篇商榷文章:沈鸿慎《逆觉体证与顿悟:牟先生疏解龙溪"四无"前后不同之比较:就李瑞全先生〈牟宗三先生论阳明工夫要义:工夫进路与中国经典诠释〉一文商榷》(《鹅湖》,46:11)、李瑞全《论牟宗三先生之宋明儒学之工夫与本体的要义:响应沈鸿慎〈从"化仪"之教衡定近溪"觉悟"之中蕴含的儒家圆教问题:以牟宗三先生的疏解为基础〉一文之若干观点》(《鹅湖》,47:4)。

明代儒学思想6篇:黄泊凯《湛甘泉对于明儒功夫论进路的会通与融摄》(《问哲》,10)、李昭鸿《〈解愠编〉里的耆旧者及与他人互动之论述》(《新生学报》,23)、许育嘉《从"中国之鲁索"回到黄宗羲:跨文化脉络下的〈明夷待访录〉及其理论侧重》(《元亨学刊》,7)、陈畅《机制、存有与政教:明代哲学"自然"之辨的三个向度》(《哲学与文化》,48:5)、陈睿宏《明代朱升重要象数〈易〉说析论》(《辅仁中文学报》,52)、钟永兴《宋季与明季士儒"殉节"之思想较析》(《弘光人文社会学报》,24)。

儒学与佛学相关4篇:吴孟谦《宋明思想史中的〈楞严经〉:荒木见悟相关研究成果述评》(《中国文哲研究通讯》,31:1)、李威侃《与余英时先生商榷:明末清初佛学转向"道问学"是受儒家影响?从释圣严法师的研究谈起》(《中国语文》,129:1)、刘琳娜《晚明三教会通视域下的"克己复礼"新释》(《鹅湖》,46:12)、蔡祥元《感通与一体感:舍勒视域下的宋明儒学万物一体观》(《哲学与文化》,48:9)。

宗教相关7篇,其中佛学及其思想4篇:王柏凯《晚明清初天台宗幽溪法脉受汰系的传承》(《中华佛学研究》,22)、廖肇亨《从主体到关系:谈荒木见悟的中国思想史研究》(《中国文哲研究通讯》,31:1)、廖肇亨《荒木见悟明代佛教研究再省思》(《中国文哲研究通讯》,31:1)、陈帅

《明清因明史上被忽视的一环:明释真贵〈因明入正理论集解〉评析》(《佛光学报》,7:2)。西方宗教在华发展3篇:王喜亮《晚明首部天主教版画〈诵念珠规程〉考》(《哲学与文化》,48:7)、周伟驰《明清奥古斯丁末世论之东传》(《哲学与文化》,48:10)、林珊妏《明清传教士的天论初探:从罗明坚的天概念书写分析》(《德霖学报》,34)。

4.艺术领域

图像研究为艺术史的传统课题。近几年,研究对象开始由图画本身,延伸到图画内容及其背后显示的各种文化意涵的分析,相关研究有:林丽江《解构与重建:明仇英〈临宋元六景〉图册研究》(《故宫学术季刊》,38:3)、高明一《〈宝绘录〉所反映晚明苏州的古画收藏》(《故宫学术季刊》,39:1)、简欣晨《明代谢宇〈盘石诸侯图〉的发现》(《故宫文物月刊》,462)、黄铭瑶《明绘画中士人形象之"广袖长袍"形制初探》(《议艺份子》,36)。值得注意的是,明代帝王图像研究渐成趋势,研究方向也由帝王画像内容的考察,延伸到各种政治权力与文化象征意涵的分析,如石钊钊《秘藏的御容:两件传世明成祖朱棣像》(《故宫文物月刊》,455)、何嘉谊《文字纪实? 图像写真? 从文献与〈明孝宗坐像〉看明代帝王画像的写实性与社会功能》(《故宫文物月刊》,455)、林莉娜《明代帝王坐像团龙纹饰之演变》(《故宫文物月刊》,460)。

明代书法研究也开始关注书法背后的书风变化、书学思想建构等课题,如陈维德《从晚明狂怪书风看书艺的发展》(《明道学术论坛》,12:2)、阙菊《试论晚明变异书风对清领台邑书家创作之启发:以"林朝英〈鹅群书法帖〉"为例》(《中华书道》,110)、赵明《台阁体书法称谓与书史中书学观念构建》(《中华书道》,112)。另外祝允明的书法研究成果颇丰,仅陈翡娟即有3篇研究成果:《狂乱与潇洒:从祝允明书写方式谈鉴赏》(《书画艺术学刊》,30)、《祝允明书法伪作现象初探》(《书画艺术学刊》,31)、《纵逸独造:探索祝允明草书创新》(《艺术学报》,17:2)。冯士彭亦有两篇相关研究:《祝允明的书法特色及其对明代书坛之影响》(《中华书道》,110)、《祝允明的书法特色及其对明代书坛之影响》(《中华书道》,110)。雷皓天《祝允明草书〈后赤壁赋〉研究》(《书画艺术学刊》,31)。比较值得注意的是朱书萱《历史与识鉴:王世贞的书法批评及其与祝允明之异同》(《成大中文学报》,75),该文以祝允明为参照,与王世贞的书法题跋进行比较,借以观察明代书法批评中,鉴赏家与艺术家的不同关怀。

陶瓷研究则与海洋史结合,由海上贸易与文化交流的角度进行分析,相关文章有:黄兰茵《交流的具体例证:一件十五世纪早期特有的陶瓷器》(《故宫文物月刊》,465)、万明《北京毛家湾明代瓷器坑的历史真相——兼论正嘉之际中外关系转折与文化变迁》(《南国学术》,11:4)。

艺术工艺研究,向为传统课题,相关成果有:国帅、徐健国《明代书画装裱艺术浅析:以苏州装裱为例》(《书画艺术学刊》,31)、韦佳《明清印论中的秦代印风》(《书画艺术学刊》,30)、周少华《明代云南雕漆再考》(《故宫文物月刊》,463)。

2021年,台港澳地区明代相关研究在期刊论文计101篇,史学领域25篇,文学领域18篇,哲学思想及宗教领域36篇,艺术与文物相关22篇,比重上史学相关文章占25%,文学比重相较往年略有下降,而哲学思想领域文章数大幅提升。课题研究上,"记忆书写""人物心态分析"等研究数量逐渐增加。

五、学位论文

台湾地区博硕士研究生毕业后,依据规定需在期限内向台北"国家"图书馆提交电子论文档案及书面纸本论文,经审核后,随即可通过"台湾博硕士论文知识加值系统"(https://ndltd.ncl.edu.tw/)进行检索。港澳地区没有类似的检索系统,仅能通过各高校、学术研究单位进行个别查询。

(一)博士学位论文

2021年,台港澳地区明代研究相关博士论文22篇,其中历史论文5篇,文学相关14篇,宗教相关2篇,艺术文物相关1篇。

1.历史领域5篇

朱冬芝《明代的四夷馆与译字生》(政治大学历史学系,332页),通过四夷馆制度及其周边人事、译字生、采用的译写规则的考查,说明元明文化的交替与明代四夷馆制度的特色。吴宇然《皇权的建构与再现:明朝皇帝衣冠形制研究》(台湾师范大学历史学系,318页)指出,明代的历代皇帝对服饰有不同程度的更定,在进行服饰更定的过程中,经常伴随着政治斗争,服饰呈现等级序列的样貌,再现权力的等级。吴彦儒《六师之任:明代协理京营戎政与北京防御》(台湾师范大学历史学系,371页),该文先是考察《明实录》中京营相关记载,制作《协理京营戎政年表》;再以此对比协理京营戎政的创制渊源与其他军事文臣的异同;进而分析协理京营戎政如何执行代理天子守边的任务及其建置兴废的过程;最后说明北京防御军镇化的过程,形成实务上的"北京镇总督"。萧琪《宋明之间老年医护观念的形成与传衍》(台湾大学历史学研究所,263页)指出,老年医护知识在唐代萌芽、宋代确立,于金、元、明三代间逐渐融合与实践,并在传播过程中产生的变化。明末蓬勃的出版市场,也增加老年医疗知识下渗于社会的可能。林逸帆《近代初期东亚贸易网络下的台湾》(政治大学台湾史研究所,252页),以台湾岛屿为中心,讨论台湾于17世纪的岛内情况与岛外连结。从东亚小岛的角度,分析贸易与航海网络的流通与联结,兼论台湾岛内早期历史的发展。

2.文学领域14篇

文本分析及其延伸展开的讨论可说是文学领域主要研究模式,依据文本性质的不同可分为几类:

经书类3篇:陈莹珍《丰坊〈诗经〉学研究》(淡江大学中国文学系,200页)指出,丰坊(1494—1569)的"作伪",寄托其对儒家经传重写的想法,并借由《鲁诗世学》的考察,说明丰坊的作伪只是表象,作伪初衷乃是为了回归经学本质。有两篇研究通过四书等科举用书的注解、传播及阅读感官变化,分析明代学术风气及科举社会现象的变化过程。如李函香《传衍与融裁:明代科举四书著作探究》(辅仁大学中国文学系,346页)指出,明儒注疏四书讲义可分为正德以前、嘉隆、万历、天启及崇祯等5个时期,在补足宋元以来理学的内容外,重新论证清儒对其"其存不足取"评价有失公允。庄淳斌《品味知识——晚明阅读模式与当代阅读理解的比较研究》(淡江大学中国文学系,164页),该文考察晚明科举的内容、进行方式、社会现象及观念变化,借以反思现代素养教育执行上需要具备的能力及现在考试的困境。

诗文、笔记、小说、戏曲等9篇。记忆书说写有:游胜辉《史外传心——清初江南遗民诗之生计书写研究》(台湾大学中国文学研究所,393页),以明清江南遗民诗之生计书写为研究对象,分析明遗民如何书写生计难题与从事治生活动的所思所感,从而"史外传心",体现遗民现实考虑与政治寄托难分难解的生存情境。

性别研究相关有:陈明致《艳与情——明代文言小说合集的女性想象》(台湾师范大学国文学系,228页),以艳与情为关键,分析明代文言小说合集的女性想象。吴静怡《〈金瓶梅〉、〈牡丹亭〉评点中的画论应用与情理交涉》(彰化师范大学国文学系,205页)指出,明代《金瓶梅》《牡丹亭》评点中画论的应用、情与理的交涉,以及绘画概念与情理交涉的关联性。

物质文化有:杨建国《玩具新论:明清器玩美学发微》(中正大学中国文学研究所,614页),以明清有关器玩审美、赏鉴、品味为核心,发掘周边环节包括身体感、雅俗观、物质文化、器物与人互动等思考面向。

值得注意的是,文学领域关于志怪及民间信仰的研究比重逐年增加,如吕柏勋《中晚明志怪笔记的博物与知识向度》(台湾清华大学中国文学系,357页),指出明人对志怪类书的定位并不明确,四书中时常游移于子部及史部之外。在明代"物"的知识体系建构上,也是明人理解天地异常事物的体现。此外,晚明许多士人也借由志怪的创作与描述,反映其怀才不遇、远离中心的反抗精神。范玉廷《明清时期妖邪异类叙事的思维》(东吴大学中国文学系,232页),由文学与信仰的角度分析晚明至清代的官方、士人及庶民如何面对大量出现的"妖邪异类"谣言与记载,其应对的态度与采取的措施,也反映当时人们面对世局转变的考虑。陈昱甫《从成人到成神:明代吴鹏的生平事迹与修行转升研究》(台湾师范大学国文学系,217页),考察明代吏部尚书吴鹏从成人之道到成神之道的过程,指出瑜珈法教有向中央政府靠拢的倾向,并通过政府肯定的天台山、嵩公道德、吴公太宰等信仰,建构自身的正统性、合法性与权威性。叶威伸《赵云信仰与传说研究》(东华大学中国语文学系,298页),通过明清方志、民间文学及故事集的考察,辨析赵云传说在民间信仰及传说中的变化过程。吴黎朔《八仙俗文学研究》(世新大学中国文学研究所,403页)指出,民间八仙信仰的传播与小说、戏曲、传说、鼓词、宝卷等传播有密切关系。流传过程中,人物形象随着小说等记载也出现不同的变化。

音韵研究2篇:庄子仪《元、明时代回鹘文文献与汉语近代音比较研究》(台湾师范大学国文学系,234页),通过比较元、明时期的回鹘文文献的汉语对音及汉语近代音,发现文献会因其性质的不同,影响其对音的表现。黄文慧《程元初音学著作及其音韵系统》(高雄师范大学国文学系,350页),考察程元初《律古词曲赋叶韵统》(茅元仪版、程明善版)、《黄钟音韵通括》和《律吕音韵翻切卦数通》3本音学著作,分析作者的编纂理念、著作体例及其语音特色,重新建构程元初音学著作的音韵系统。

3.宗教学领域2篇

吕烨《江西地方道教研究:以赣东北上饶、信州、广丰、横峰为中心》(政治大学宗教研究所,300页),该研究考察赣东北四县地方道教的发展脉络、演变与竞合关系,并分析地方道教与明《道藏》所代表的"典型"传统之间的关系。彭嘉炜《明代三一教主林龙江的修炼思想与实践之发展》(辅仁大学宗教学系,236页)指出,明末宗教思想家林兆恩(别号龙江),在而立之年放弃举子业,以孟子学、阳明心学为进路,提倡三教合一,力主宗孔、归儒,创立以"九序心法"为核心的思想学说,并以此教人祛病疗疾、性命双修。

4. 艺术文物研究1篇

黎雪羣《中国明清时期社会结构对漆艺设计影响之研究》（云林科技大学设计学研究所，175页），以布迪厄社会实践理论中的"场域""惯习"及"资本"等3个概念，分析明清社会各阶级于不同活动场所、趣味爱好及资本构成，对明清漆艺设计风格产生的影响。

（二）硕士学位论文

2021年，明史相关研究硕士论文台湾地区有40篇，港澳地区有2篇。

1. 历史学领域5篇

政治史有：詹舜卉《明太祖子女与"淮西集团"结亲之研究》（台湾"中央"大学历史研究所，169页）指出，洪武前期，皇室子女普遍与"淮西集团"功臣子弟联姻，背后有明太祖的政治考虑。然而，十三年（1380）后随着政治情势的转变，太祖为了巩固皇权与为子孙铺路，先后兴起"胡蓝之狱"，"淮西集团"姻亲多遭株连。王昊天《从汉族政权正统性与继承论明洪武修〈元史〉》（东吴大学历史学系，80页），从史学史角度分析明初政治及民族观建立。

财政史有：朱乐峰《〈万历会计录〉与晚明财政主权研究》（香港大学中文学，145页）指出，明中后期随着全球白银流入中国，明朝廷逐渐出现"货币控制权"问题，到了明末朝廷财政更面临"结构性白银赤字"的危机，其背后也反映儒家价值体系受到白银货币化的冲击。

社会文化史与性别史有：李汉平《笑话何以晚明？明代笑谈文本的文体、编者及副文本研究》（台湾清华大学历史研究所，149页）指出，晚明商业出版的发达，推动"笑话"文体的发展，于晚明趋于成熟，其注重"雅谑"的通俗文化表现，至清代迄民国期间转为侧重口头表演的"笑话"。吴宥纬《从"男宠"到"情外"：明末清初对于"男色"的认识》（政治大学历史学系，56页）。

2. 文学领域28篇

以《三言》作为研究对象的有4篇。孔约纳《追溯瘗花源：才子佳人文类与明清思想史》（台湾大学中国文学研究所，87页），以《醒世恒言》和《红楼梦》为例，探讨"才子佳人"文类与宋明理学如何看待"知人"的问题。陈怡媛《〈醒世姻缘传〉伦理叙事研究》（台湾师范大学国文学系，100页），指出作者借由"父子""夫妇"及"朋友"等3个面向的取喻书写，刻画明清世变下伦理失序的样态，进而表达作者试图"伦理重建"的目的。卜慧文《〈三言〉中的命》（台湾师范大学国文学系，131页）指出，冯梦龙在《三言》中通过"时、运、缘"等3个面向，展现其对于"命"的看法。张中函《〈型世言〉中的文人意识之探究》（彰化师范大学国文学系，115页），指出陆云龙兄弟二人通过《型世言》内容的创作，反映并抨击晚明衰败的世风，试图宣扬儒家伦理道德观念。

性别与情感有2篇：曾姵宁《〈金瓶梅词话〉中男性视域下"宴乐"叙写之研究》（中兴大学中国文学系，133页），由《金瓶梅词话》中饮宴场景的描述，分析各种场域中身份与地位、权力与利益、情欲与物质等交错形成的关系网络及其价值观。郭晋嘉《情文与情痴：论〈红楼梦〉与〈长生殿〉情的书写》（东海大学中国文学系，149页），指出洪升《长生殿》及曹雪芹《红楼梦》通过"情痴"的书写，一则回应过去才子佳人的文学传统，二则体现出作者的爱情观。

人物心态及其思想6篇：侯宇丹《制造钱谦益：明清之际书写活动中的钱谦益身份建构》（台湾清华大学中国文学系，121页），分析钱谦益（1582—1664）的诗文，重新审视钱谦益对自我身份认知的定义与建构过程。王诗茱《吴梅村序跋文研究》（台南大学国语文学系，244页），通过吴梅村序跋文分析，梳理吴梅村于晚明清初心理状态的变化，以及其既重抒情又重经世的文学观。另外4篇是李慈谦《明中晚期重意思想之演变——以王一庵、王塘南、刘蕺山为核心》（台湾师范大学国文学系，136页）、许格佳《论王阳明仕宦历程在其心学之意义》（中兴大学中国文学系，111页）、刘景平《王阳明思想研究——以"生"为进路》（淡江大学中国文学学系，82页）、黄威豪《胡居仁理学思想研究》（铭传大学应用中国文学系，158页）。

社会文化史 4篇:张光欣《竟陵钟惺、谭元春游记散文研究》(成功大学中国文学系),分析晚明竟陵派钟惺与谭元春山水游记的文学手法及其理念,进而说明晚明游记文学的流变趋势。林丛婧《理想废墟:明清忆传体散文中的疾病与身体》(香港大学哲学系),考察《影梅庵忆语》《浮生六记》《香畹楼忆语》《秋灯琐忆》等4部忆传体散文文本,分析文本中涉及疾病和身体内容的书写及其意义,以及明清男性文人的社会文化观念。颜定敏《〈寓山注〉注——祁彪佳寓园之景观建构与居游体验研究》(台湾师范大学国文学系,109页)。谢珽絜《黄檗山与茶文化》(淡江大学中国文学系,106页),探讨江西、福建与京都的黄檗山寺院环境及其禅茶思想的关系与意义。

经典与学术思想 6篇:于荃《经学与通俗文学之交涉:以〈春秋〉学与〈新列国志〉为研究中心》(台湾师范大学国文学系,145页),指出冯梦龙《春秋》学承袭自《胡传》解释,在写作《新列国志》时,在《胡传》基础上延伸出个人对圣人经义的解释,其目的在于试图导正晚明政治社会的乱象。叶骐睿《焦竑〈老子翼〉的诠释向度》(台湾师范大学国文学系,115页)、石佩仟《沈一贯〈老子通〉诠解的义理向度》(台湾师范大学国文学系,102页)。王亭林《明代江西安福〈春秋〉学研究》(台北市立大学中国语文学系,211页),考察明代江西安福地区的《春秋》科举概况,指出明代科举制义的盛行,造成经学研究发展出不同于其他朝代的依存方式。尤冠捷《朱鹤龄及其〈禹贡〉学》(东吴大学中国文学系,136页),指出朱鹤龄通过《禹贡》解经,一则试图弥补蔡沈《书集传》不足之处,二则意图达到通经致用的目的。严传凯《元明清〈周易〉"洗心"思想研究》(台湾师范大学国文学系,160页),分析元明清三代《易》学家的"洗心"思想。

文学创作特色分析 6篇,卢奕钧《蔡献臣诗注及研究》(高雄中山大学中国文学系,324页),主要为蔡献臣《清白堂稿》中的诗作进行"诗注"。许天涵《〈窦娥冤〉之改编本研究》(高雄中山大学中国文学系,149页),分析元代到现代《窦娥冤》戏曲内容改编与创作的文学脉络。王乃葵《〈肉蒲团〉的借鉴研究:以〈如意君传〉、〈痴婆子传〉、〈绣榻野史〉为主》(东华大学华文文学系,76页),重新检讨与分析《肉蒲团》等明代艳情小说是否具"狭邪"外的创作与借鉴含意。杨蕴辰《明清诗词的悼亡书写:以薄少君与纳兰性德为例》(台东大学华语文学系,159页),以薄少君(1596—1625)及纳兰性德(1655—1685)为例,分析不同性别、时代、社会地位与家庭角色等因素,对作家创作悼亡诗词的影响与表现手法。江慧芳《项穆〈书法雅言〉研究》(嘉义大学中国文学系研究所,200页),通过《书法雅言》17篇编排、写作特色的分析,梳理项穆要传达的书学理念。卢嘉玲《郑仲夔〈清言·巧艺篇〉研究》(南华大学文学系,94页),分析《清言·巧艺篇》中13则小品文的文学特色与价值。

3.艺术文物相关6篇

书画及其相关研究有5篇:李鑫《马轼、李在、夏芷合绘〈归去来辞图卷〉研究》(台湾师范大学艺术史研究所,280页)、陈映均《明晚期到清代的"集古"观念与收藏之研究——以〈唐宋元名画大观〉为基础》(台湾师范大学艺术史研究所,167页)、郭佩珊《陆治〈唐人诗意图册〉研究》(台湾师范大学艺术史研究所,156页)、黄靖婷《孙克弘〈销闲清课图〉研究》(台北艺术大学美术学系,149页)。比较特别的是吴佳佩《明清苏州文人的园林植物图像》(台湾师范大学美术学系,150页),以明清时代苏州文人绘画与文献中出现的植物为对象,该文探讨了植物在园林的样貌及其在社会文化中扮演的角色。另有戏剧系研究生通过李渔的戏剧小说,与现今剧场艺术进行比对分析,如杨子苇《李渔〈比目鱼〉剧场性之探析》(成功大学戏剧系,132页)。

4.社会史范畴3篇

2021年,较为特别是非文史哲专业的研究生,在博硕士论文写作过程中,参与到明代研究行列,如林采萱《明代河南藏书家研究》(辅仁大学图书信息学系,171页)、洪玺滨《李时珍〈濒湖脉学〉的学术内容探讨》(中国医药大学中医学系,190页)、王怡仁(释知瑞)《憨山德清〈肇论略注〉之研究》(佛光大学佛教学系,112页)。

六、结语

回顾2021年台港澳地区明史相关研究概况,受疫情影响,许多公开活动如演讲、学术会议等,或采取线上、线下结合方式(以线上为主),或减少活动场次、缩小规模,可谓冲击颇大。但另一方面,学术活动线上化的趋势逐渐形成,对于外地或不克前往参加相关学术活动的学者及研究者而言大有裨益,如何配合线上平台实现同时多地学术互动,为未来学界交流的重要课题之一。

观察研究趋势,台湾地区科技主管部门通过明代研究相关项目有36项:历史学领域9项、文学领域24项、哲学领域3项,艺术领域没有。与过去相比,文学领域比重再次提升。计划通过单位回到以台大、师大、政大等重点大学为主的情况。研究题目上,明代思想学术相关约占1/3,文学研究有逐渐倾向学术思想的趋势。出版品及期刊论文方面也有类似的情况。2021年,初版专著18种、译著5种、文献类6种、再版14种,计43种。当中,台港澳学者初版专著仅10种,社会史及历史书各1种外,多为文学及思想范畴的研究。期刊论文方面,历史领域25篇、文学领域18篇、学术思想与宗教36篇、艺术领域22篇,计101篇。当中,涉及明代理学、心学及思想范畴的研究有33篇,约占1/3比例。博硕士论文方面,则呈现不同的情况,明代学术思想相关研究偏低,反而是艺术史、宗教学乃至医学领域参与至明代研究的情况增加。

总结2021年台港澳地区明代研究,明代文学及学术思想相关研究成果丰硕,然史学相关研究稍嫌不足,亟待努力。